Стивен Кинг

Стивен Кинг

Билли Саммерс

Издательство АСТ
Москва

УДК 821.111-312.9(73)
ББК 84(7Сое)-44
К41

Серия «Темная башня»

Stephen King
BILLY SUMMERS

Перевод с английского *Е. Романовой*

Художник *Д. Андреев*

Компьютерный дизайн *В. Воронина*

Фото автора на обложке: Shane Leonard

Печатается с разрешения автора и литературных агентств The Lotts Agency и Andrew Nurnberg.

Кинг, Стивен.

К41 Билли Саммерс : [роман] / Стивен Кинг ; [перевод с английского Е. Романовой]. — Москва : Издательство АСТ, 2024. — 544 с. — (Темная башня).

ISBN 978-5-17-138788-4

Билли Саммерс — профессиональный киллер с жестким моральным кодексом: он принимает заказы только на действительно «плохих парней». Но ему, бывшему морпеху, это занятие не по душе, и однажды он решает отойти от дел, чтобы начать новую жизнь. Перед этим Билли предстоит выполнить еще один заказ, который обеспечит ему безбедное существование.

Его чутье и опыт подсказывают: в этом деле что-то не так и оно не такое простое, как кажется на первый взгляд.

Однако на кону стоят слишком большие деньги.

И Билли отправляется в тихий провинциальный городок Ред-Блафф и начинает тщательную подготовку к своему последнему выстрелу.

Последнему ли?..

УДК 821.111-312.9(73)
ББК 84(7Сое)-44

Думая о Реймонде и Саре Джейн Спрюс

Был мертв и чудом стал живой.

О, благодать

Глава 1

1

Полдень пятницы. Билли Саммерс сидит в холле гостиницы и ждет, когда за ним заедут. В руках у Билли комикс-дайджест «Друзья и подружки Арчи», но думает он об Эмиле Золя и его третьем романе «Тереза Ракен», с которого началась литературная слава писателя. Он думает, что по книге сразу можно догадаться: автор еще молод. Думает, что Золя только открыл золотую жилу, которая на поверку окажется сказочно щедрой. Думает, что Золя был — и остается — эдаким Чарлзом Диккенсом из ночных кошмаров. Думает, что это хорошая тема для эссе. Правда, он никогда не писал эссе.

В две минуты первого дверь открывается, и входят двое: один высокий, черноволосый, с прической «помпадур», какие были в моде в 50-х, а второй — коротышка в очках. Оба в деловых костюмах. Все люди Ника носят костюмы. Билли знает, что высокий родом с запада и давно работает на Ника. Зовут его Фрэнк Макинтош, но из-за начеса коллеги за глаза называют его Фрэнки Элвисом или — поскольку сзади у него нарисовалась крошечная, сияющая на солнце проплешина — Солнечным Элвисом. Второго Билли видит впервые. Наверное, он из местных.

Макинтош протягивает руку. Билли встает и пожимает ее.

— Здорово, Билли, давно не виделись. Рад встрече.

— И я рад, Фрэнк.

— Это Поли Логан.

— Здравствуй, Поли. — Билли жмет руку коротышке.

— Приятно познакомиться, Билли.

Макинтош берет у него номер «Арчи».

— А ты все комиксы читаешь?

— Ну да, — отвечает Билли. — Нравятся они мне. Особенно смешные. Про супергероев тоже ничего, но эти я больше люблю.

Макинтош наспех пролистывает журнальчик и показывает что-то Поли Логану:

— Глянь на этих кисок. Я бы подрочил.

— Бетти и Вероника, — говорит Билли, забирая у него комикс. — Вероника — подружка Арчи, а Бетти нет, но очень хочет ею стать.

— Книги тоже читаешь? — спрашивает Логан.

— Бывает, читаю в дороге. Журналы еще. Но обычно комиксы.

— Славно, славно, — говорит Логан и подмигивает Макинтошу на глазах у Билли. Макинтош хмурится, но Билли не в обиде.

— Ну, готов?

— Ага.

Билли засовывает комикс в задний карман. Арчи и его фигуристые подружки. Об этом тоже так и подмывает написать эссе. Об утешении, которое читатели находят в старых как мир прическах и идеях. О Ривердэйле[1] и об остановившемся там времени.

— Тогда в путь, — говорит Макинтош. — Ник ждет.

---

[1] Ривердэйл — тихий американский городок, где разворачивается действие комиксов об Арчи Эндрюсе и его друзьях. Сначала это были незамысловатые истории о подростках, позднее в них появились фантастические персонажи и стали происходить загадочные события. По мотивам комиксов снято несколько фильмов и сериалов («Ривердэйл», «Кэти Кин», «Сабрина — маленькая ведьма», «Леденящие душу приключения Сабрины» и т.д.). — *Здесь и далее примеч. пер.*

2

Машину ведет Макинтош. Логан говорит, что поедет сзади: мол, рост позволяет. Скорее всего Ник Маджарян поселился на западе — там находятся самые престижные районы города, — поскольку и дома, и в поездках привык жить на широкую ногу, а гостиниц он не любит. Однако едут они на северо-восток.

В двух милях от центра начинается район, где, по мнению Билли, должны обитать представители низшего среднего класса. Кварталы эти поприличнее трейлерного парка, в котором вырос он сам, но и фешенебельными их не назвать. Величественных особняков за коваными воротами здесь не найдешь, все застроено простенькими одноэтажными «ранчо». На клочках газона вертятся поливалки. Дома в основном ухоженные, однако некоторые давно пора покрасить, а лужайки перед ними заросли сорной травой. В одном доме разбитое окно закрыто куском картона. Перед другим на пластиковом стуле из магазина вроде «Костко» или «Сэмс клаб» сидит толстяк в майке и шортах-бермудах, потягивает пиво из банки и глазеет на прохожих. Какое-то время людям в Америке жилось неплохо, но скоро, возможно, все изменится. Билли повидал немало подобных районов. Они — своего рода барометр, и этот явно падает. Местные жители в большинстве своем работают от звонка до звонка.

Макинтош подъезжает к двухэтажному светло-желтому дому с плешивой лужайкой. Ник Маджарян здесь не остановился бы даже на пару дней. В таком доме должен жить какой-нибудь механик или служащий аэропорта: двое детей, жена, вырезающая из газет скидочные купоны, ежемесячные выплаты по ипотечному кредиту и боулинг с пивом по четвергам.

Логан выходит первым и открывает дверь для Билли. Тот выбирается из машины, положив комиксы на переднюю панель.

Макинтош поднимается на крыльцо, ведя остальных за собой. Хотя на улице жара, внутри прохладно: работает кондиционер. Ник Маджарян ждет их в коротком коридоре, ведущем в кухню. На Нике деловой костюм, который наверняка стоит как одна ежемесячная выплата за этот дом. Редеющие волосы гладко прилизаны; «помпадур» — это не про него. Лицо круглое, с лас-вегасским загаром. Сам он крупный, даже тучный, но брюхо у него как камень. Он заключает Билли в объятия.

— Билли! — восклицает он и крепко целует его в обе щеки. — Билли, Билли, как я рад тебя видеть, дружище!

— И я рад, Ник. — Билли оглядывается по сторонам. — Обычно ты выбираешь жилье пошикарнее... — Он медлит. — Не в обиду будет сказано.

Ник смеется. К красивому, заразительному смеху прилагается улыбка на миллион долларов. Макинтош тоже хохочет, а Логан ухмыляется.

— Да нет, сам я поселился на Вест-Сайд. Ненадолго. Можно сказать, за домом присматриваю, пока хозяева в отъезде. Во дворе фонтан с голым мальчуганом, как там они называются...

Херувимы, думает Билли, но вслух ничего не говорит — просто улыбается.

— В общем, шкет мелкий водой ссыт. Ты все увидишь, все увидишь. Нет, этот дом не мой, Билли. Он твой. Будет твоим, если возьмешь заказ.

3

Ник проводит небольшую экскурсию.

— Все комнаты полностью меблированы, — говорит он, словно его задача — продать Билли дом. Отчасти так оно и есть.

На втором этаже расположились три спальни и две ванные комнаты (вторая совсем маленькая, вероятно, для детей). На первом — кухня, гостиная и крошечная столовая, скорее закуток. Подвал представляет собой одну-единственную длинную комнату с ковролином на полу, большим телевизором в одном конце и столом для пинг-понга в другом. Под потолком — трековые светильники. Ник называет это помещение «игровой», и здесь-то они и устраиваются.

Макинтош спрашивает, не хотят ли они чего-нибудь выпить. Есть лимонад, пиво, содовая и чай с лимоном.

— Мне коктейль «Арнольд Палмер», — говорит Ник. — Чая и лимонада поровну. И побольше льда.

Билли просит то же самое. Пока Макинтош ходит за напитками, они ведут светскую беседу о погоде и о том, какая здесь, на крайнем юге, адская жара. Ник осведомляется, как прошла поездка. Хорошо, отвечает Билли, но ничего не говорит про то, откуда он прилетел, а Ник не спрашивает. Потом Ник говорит, мол, ну и паскуда этот Трамп, на что Билли соглашается. Больше им сказать друг другу нечего, но это не беда, потому что Макинтош как раз приносит напитки: два высоких стакана на подносе. Когда он исчезает, Ник переходит к делу:

— Я с твоим Баки поболтал. Он говорит, ты мечтаешь уйти на покой.

— Подумываю. Я давно в деле. Слишком давно.

— Согласен. А сколько тебе, говоришь?

— Сорок четыре.

— И ты этим промышлял с тех пор, как форму снял?

— Примерно. — Нику, конечно, и так все это известно.

— Много на твоем счету?

Билли пожимает плечами:

— Точно не помню.

Семнадцать. Восемнадцать, если считать первого, с рукой в гипсе.

— Баки сказал, ты готов взять еще заказик, если оплата будет достойная.

Он ждет от Билли вопросов. Тот молчит, и Ник выкладывает все сам:

— В этот раз оплата более чем достойная. Если согласишься, всю жизнь проведешь где-нибудь в тепле, лежа в гамаке и попивая пина-коладу. — Он опять выдает широченную улыбку. — Два миллиона. Пятьсот тысяч авансом, остальное после.

Билли присвистывает, и это даже не спектакль. Впрочем, свое поведение он называет не спектаклем, а «тупым я», которое демонстрирует только ребятам вроде Ника, Фрэнка и Поли. Это как ремень безопасности. Многие им не пользуются, потому что не собираются попадать в аварии, но мало ли идиотов на дорогах? Неизвестно, кто выедет на твою полосу из-за холма. То же относится и к дороге жизни: люди на ней порой перестраиваются не пойми как, а то и прут по встречке на скоростной трассе.

— А чего так много? — Самый крутой заказ в его жизни стоил семьдесят тысяч. — Надеюсь, это не политик? Политиков я не беру.

— Ничего общего.

— Плохой человек?

Ник смеется, трясет головой и с нежностью глядит на Билли.

— У тебя всегда один вопрос.

Билли кивает.

Может, «тупое я» ему нужно для прикрытия, но вот это — чистая правда: он берется только за плохих. Это позволяет ему спать по ночам. Разумеется, работает он тоже на *плохих*, но тут как раз нет моральной дилеммы. Если плохие готовы платить, чтобы убивать плохих, — да на здоровье. Билли вроде мусорщика, только с винтовкой.

— Очень плохой.

— Ладно...

— И миллионы не мои. Я в этом деле всего лишь агент, получу комиссию. Не из твоих, мне сверху заплатят. — Ник подается вперед, зажав ладони между ног. Лицо у него серьезное, и он смотрит Билли прямо в глаза. — Убрать надо профессионального стрелка вроде тебя. Только ему без разницы, хорошего или плохого человека ему заказали. Ради денег он на все готов. Пока будем звать его Джо. Шесть лет назад — а может, семь, не важно — Джо пришил пятнадцатилетнего парня, когда тот шел в школу. Был ли тот парень плохим человеком? Нет. Даже в медалисты метил. Но кое-кто захотел послать его отцу весточку. Вот паренек и стал этой весточкой, а Джо — вестником.

Интересно, так все и было? Возможно, и нет, история слишком смахивает на нравоучительную сказку, но почему-то кажется правдивой.

— Ты хочешь, чтобы я убил наемного убийцу, — произносит Билли так, будто пытается уложить все у себя в голове.

— В яблочко! Джо сейчас в Лос-Анджелесе, мотает срок в Центральной мужской исправительной колонии. Получил его за вооруженное нападение и попытку изнасилования. С попыткой изнасилования вообще умора — если ты не из активисток «Me Too», конечно. Он принял одну писательницу, приехавшую в Лос-Анджелес на конференцию — не просто писательницу, а феминистку, — за шлюху. Ну, подкатил к ней — грубовато, конечно, — а та ему перцовым баллончиком в глаза брызнула. Он разок двинул ей в зубы, челюсть вывихнул. Надо полагать, она благодаря этой истории продала кучу книжек. Ей следовало бы поблагодарить его, а не подавать в суд, как считаешь?

Билли не отвечает.

— Да брось, Билли, сам подумай! Чуваку, который всю жизнь мочил народ — включая очень суровых парней, — задала перцу лесбуха-активистка? По-моему, обхохочешься!

Билли выдавливает дежурную улыбку.

— Лос-Анджелес — на другом конце страны.

— Да, но он был *здесь*, пока не уехал *туда*. Не знаю, чем занимался, и не хочу знать. В какой-то момент он начал искать, где можно поиграть в покер по-взрослому, и ему подсказали одно местечко. Видишь ли, наш друг Джо считает себя крупным игроком. Короче говоря, он проиграл кучу денег. Когда победитель в пять утра вывалился из заведения, Джо пустил ему пулю в живот и забрал не только свои, а вообще *все* деньги. Какой-то бедолага хотел его остановить — наверное, игрок из той же компании, — так Джо и его пристрелил.

— Обоих убили, что ли?

— Победитель умер в больнице, но успел рассказать полиции, кто его порешил. Второй парень выжил — и подтвердил показания убитого. Знаешь, что еще?

Билли помотал головой.

— Там были записи с камер наблюдения. Понял, куда ветер дует?

Разумеется, Билли понял.

— Не особо.

— В Калифорнии ему пришили статью за вооруженное нападение. Она никуда не денется. Обвинение в попытке изнасилования скорее всего снимут — он же не тащил эту бабу в подворотню, наоборот, даже *денег* предложил, а это домогательство. Окружному прокурору на домогательства плевать. Ну, впаяют ему дней девяносто от силы — с учетом тех, что он уже отсидел, — и все, свободен. Но *здесь-то* Джо человека убил, а к убийствам на этом берегу Миссисипи относятся очень серьезно.

Еще бы. В «красных штатах» мокрушников избавляют от страданий раз и навсегда. Билли это не смущает.

— Просмотрев записи с камер, присяжные наверняка признают Джо виновным. Так что ему светит укольчик. С этим все ясно?

— Яснее некуда.

— Адвокат пытается отмазать его от экстрадиции. Ты же в курсе, что такое экстрадиция?

— В курсе.

— Отлично. Адвокат у него толковый, не разводила какой-нибудь. Добился тридцатидневной отсрочки следующего слушания, чтобы время потянуть. Однако в конце концов он проиграет. Джо сидит в одиночной камере, потому что сокамерник пытался его пырнуть. Старик Джо отобрал у парня игрушку и сломал ему запястье, но где один парень с заточкой, там и десяток наберется.

— Какие-то бандитские разборки, что ли? Может, он «Калекам»[1] насолил?

Ник пожимает плечами:

— Кто знает? Суть в том, что у Джо теперь отдельные покои и с остальными зэками во дворе он не толкается —

[1] «Калеки» — крупнейшее преступное сообщество в США, состоит из множества группировок, большинство из которых находится в Лос-Анджелесе, Калифорния.

на тридцать минут выходит подышать в гордом одиночестве. А тем временем его адвокат связывается с нужными людьми. Посыл такой: не сумеете отмазать Джо, пеняйте на себя. Ваше тайное станет явным.

— Разве это возможно? — Билли думает, что вряд ли, даже если человек, которого Джо убил после покера, был плохим. — Смертный приговор отменят? Или какие-нибудь смягчающие обстоятельства придумают?

— А ты молодец, Билли. На верном пути. Но я слышал, что Джо требует снять с него все обвинения. Видно, припас немало козырей.

— Он думает, что сможет поторговаться и ему все сойдет с рук.

— Говорит человек, которому все всегда сходило с рук, — со смехом замечает Ник.

Билли не смеется.

— Я убиваю людей не потому, что проиграл им в покер. Я вообще не играю в покер. И я никого никогда не грабил.

Ник энергично кивает:

— Знаю, Билли. Не в обиду. Ты валишь только плохих. Пей давай.

Билли послушно пьет, а сам думает: два миллиона за один заказ. И еще он думает: в чем подвох?

— Видимо, кто-то очень не хочет, чтобы Джо запел.

Ник делает из пальца пистолет и наводит на Билли, словно тот высказал гениальную догадку.

— В точку. Короче, со мной связался один местный воротила — ты с ним встретишься, если возьмешь заказ, — и сказал, что ему нужен самый крутой стрелок, лучший из лучших. По мне, это Билли Саммерс, без вариантов.

— Ты хочешь, чтобы я убил Джо, но не в Лос-Анджелесе, а здесь?

— Не я. Помни, я в этом деле посредник. Кто-то из местных, человек при деньгах.

— В чем подвох?

Ник расплывается в фирменной улыбке. Наводит на Билли очередной «пистолет».

— Прямо к сути, а? Прямо к сути, мать твою! Только подвоха нет. А может, и есть, это как посмотреть. Понимаешь, на это уйдет много времени. Ты здесь...

Он обводит рукой желтый дом и жилой район — под названием Мидвуд, как Билли выяснит позже, — а то и весь городок, что стоит к востоку от Миссисипи, прямо под линией Мэйсона-Диксона[1].

— ...надолго.

4

Они разговаривают еще какое-то время. Ник сообщает Билли, что площадка уже определена — имея в виду место, откуда Билли будет стрелять. Пока можно ничего не решать, сперва ему все покажут и расскажут. Сделает это один местный по имени Кен Хофф. Сегодня он уехал из города по делам.

— Он знает, что я использую для работы?

Этот вопрос — еще не знак согласия, но большой шаг в нужную Нику сторону. Два миллиона за то, чтобы ничего не делать, а потом произвести один-единственный выстрел? От такого предложения сложно отказаться.

Ник кивает.

— Ладно, и когда я встречусь с этим Хоффом?

— Завтра. Он позвонит тебе в гостиницу сегодня вечером, сообщит время и место.

— Если я соглашусь, мне понадобится какая-то легенда — зачем я приехал.

— Все продумано. Легенда просто чумовая! Идейку подкинул Джорджо. Мы все тебе расскажем завтра, после встречи с Хоффом. — Ник встает и протягивает ему руку.

---

[1] Линия Мэйсона-Диксона — граница, проведенная во второй половине XVIII века английскими землемерами и астрономами Чарлзом Мэйсоном и Джеремайей Диксоном с целью разрешить вековой территориальный спор между двумя британскими колониями — Пенсильванией и Мэрилендом. До Гражданской войны служила символической границей между свободными от рабства штатами Севера и рабовладельческими штатами Юга.

Билли ее жмет, как делал уже не раз, всегда неохотно, потому что Ник — плохой человек. Однако испытывать к нему неприязнь сложно: Ник тоже профи, и его улыбка работает безотказно.

5

Поли Логан отвозит Билли обратно в гостиницу. Он не слишком разговорчив. Только спрашивает, не возражает ли Билли против радио. Билли не возражает, и Поли включает радиостанцию, которая крутит софт-рок. Один раз говорит:

— «Логгинс и Мессина» — лучшие.

И это единственная его реплика за всю дорогу, если не считать брани в адрес водителя, подрезавшего их на Сидар-стрит.

Билли только рад. Он пытается припомнить все фильмы, в которых грабители планируют «последнее дело». Если нуар — это жанр, то «последнее дело» — поджанр. В таких фильмах последнее дело всегда заканчивается плохо. Билли не грабитель, он работает в одиночку и не суеверен, однако эта тема с «последним делом» не дает ему покоя. Может, потому, что ему посулили слишком большие деньги. Или потому, что он не знает настоящего заказчика и его мотивов. А может, его смущает история Ника про то, как Джо пристрелил пятнадцатилетнего медалиста.

— Ну, остаешься? — спрашивает Поли, когда они въезжают во двор гостиницы. — Хофф скоро раздобудет тебе ствол. Я бы и сам раздобыл, но Ник не велел.

Остаюсь ли я? — думает Билли.

— Не знаю. Может быть. — Он ненадолго замирает, вылезая из машины. — Наверное.

6

В номере Билли включает ноутбук. Меняет системное время и проверяет, включен ли VPN, потому что хакеры любят отели. Хорошо бы загуглить протоколы слушаний лос-анджелесского суда по делам об экстрадиции — они наверняка должны лежать в свободном доступе, — но есть более простые способы получить информацию, которая ему нужна. А она очень нужна. Правильно говорил Рональд Рейган: доверяй, но проверяй.

Билли идет на сайт «Лос-Анджелес таймс» и покупает полугодовую подписку, расплачиваясь кредитной картой на имя некоего Томаса Гарди. Вообще-то Гарди — любимый писатель Билли (по крайней мере, из представителей натуралистического движения). Попав на сайт, он забивает в поиск «писательница-феминистка», потом добавляет: «попытка изнасилования». Получает полдюжины статей, одна другой короче. Есть и фото писательницы. Она красотка, и ей явно есть что сказать. Предполагаемое нападение произошло во дворе отеля «Беверли-Хиллз». При обыске среди вещей обвиняемого было обнаружено множество поддельных документов и кредиток. Согласно «Таймс», его настоящее имя — Джоэл Рэндольф Аллен. В 2012 году, в Массачусетсе, ему было предъявлено обвинение в изнасиловании, но тогда его оправдали.

Выходит, он в самом деле Джо, думает Билли.

Затем заходит на сайт местной газеты, от имени Томаса Гарди вновь покупает подписку на полгода и вбивает в поисковую строку «убийство жертва покер».

Тут же выскакивает нужная статья, а с ней и фотография злоумышленника с камер наблюдения. Случись все часом раньше, на улице было бы слишком темно, чтобы разглядеть убийцу, однако в нижнем углу фотографии стоит отметка: 5:18. Солнце еще не встало, но вот-вот встанет, и на фото отчетливо видно лицо человека, притаившегося в переулке. Какая удача для обвинителей! Человек держит руку в кармане, поджидая жертву у двери с табличкой «ЗОНА ПОГРУЗКИ, МАШИНЫ НЕ СТАВИТЬ». Окажись Билли на скамье присяжных, он, вероятно, проголосовал бы за смертельную инъекцию на основании одной этой фотографии. Потому что Билли Саммерс — эксперт по части предумышленных убийств, и на этом снимке затевается именно оно.

В самой свежей заметке газеты «Ред-Блафф» говорится, что Джоэл Аллен уже арестован в Лос-Анджелесе по обвинению в другом преступлении, никак не связанном с последним нападением.

Ник, безусловно, уверен, что Билли принимает его слова за чистую монету. Как и прочие клиенты, на которых ему довелось работать за последние годы, Ник считает, что Билли обладает феноменальными снайперскими навыками, но в остальном глуповат, даже немного умственно отсталый. «Тупое я» получилось таким правдоподобным, потому что Билли во всем знает меру: не ходит с разинутым ртом, не таращится в пустоту. Откровенная тупость насторожила бы людей Ника. Зато комиксы про Арчи творят чудеса. Роман Золя, который он сейчас читает, покоится на самом дне чемодана. А если кто-нибудь обыщет чемодан и найдет книгу? Билли скажет, что подобрал ее в самолете — лежала в кармане для журналов. Девица на обложке была симпатичная, вот он и прихватил книжку с собой.

Хорошо бы еще поискать статьи про пятнадцатилетнего медалиста, но слишком мало вводных данных. Можно полдня потратить на поиски и ничего не найти. А даже если что-то попадется, не факт, что это будет тот самый медалист. Ладно, это не так важно — главное, что в остальном Ник его не обманул.

Он заказывает сэндвич и чайник чая. Когда все приносят, устраивается у окна, ест и читает «Терезу Ракен». Занятный все-таки роман, эдакая помесь «крутых детективов» Джеймса М. Кейна с комиксами-ужастиками из 50-х. После запоздалого обеда он ложится в кровать, закидывает руки за голову и сует их под подушку, где прячется прохлада. Как молодость и красота, она не вечна. Завтра он выслушает Кена Хоффа, и если история подтвердится, вероятно, возьмет заказ. Ждать придется долго, а Билли никогда не любил ждать (однажды пробовал практиковать дзен — не зашло), но ради двух миллионов долларов можно и потерпеть.

Билли закрывает глаза и засыпает.

В семь вечера съедает ужин, заказанный в гостиничном ресторане, и смотрит на своем ноутбуке «Асфальтовые джунгли», очередной фильм про запоротое последнее дело. Звонит телефон. Это Кен Хофф. Он назначает Билли встречу на завтра. Билли не записывает адрес — записывать что-либо опасно, а память у него хорошая.

Глава 2

1

Как у большинства кинозвезд — не говоря уже о прохожих-мужчинах, которые этим кинозвездам подражают, — на щеках и подбородке Кена Хоффа виднеется скудная поросль, будто он три или четыре утра подряд забывал побриться. Хоффу это совершенно не к лицу, потому что он рыжий. Щетина не делает его крутым мачо, скорее он выглядит так, будто обгорел на солнце.

Они садятся на улице, под тентом кафе «Место под солнцем» — на углу Мейн-стрит и Корт-стрит. Вероятно, по будням здесь бывает людно, но субботним днем внутри почти никого, а снаружи и вовсе безлюдно. Все столики в их распоряжении.

Хоффу на вид лет пятьдесят или, может, сорок пять, если половину из них он провел в загуле. Он пьет вино. Билли заказывает диетическую содовую. Вряд ли Хофф работает на Ника — ведь тот из Вегаса. Впрочем, наш пострел везде поспел и промышляет не только на западе. Ник Маджарян и Кен Хофф могут быть как-то связаны, но с тем же успехом Хоффа мог прислать тот, кто платит Билли за работу. При условии, что он за эту работу возьмется.

— Вон то здание через дорогу принадлежит мне, — говорит Хофф. — Всего двадцать два этажа, но в Ред-Блаффе оно второе по высоте. Станет третьим, когда достроят тридцатиэтажный «Хиггинс-центр» с торговым комплексом. Там я только долю прикупил, а эта крошка моя целиком. Все смеялись над Трампом, когда он обещал поднять экономику, а он взял — и поднял. Еще как поднял.

Билли плевать на Трампа и его экономику, но офисное здание он осматривает с профессиональным интересом. Похоже, отсюда ему и предстоит стрелять. «Башня Джерарда». «Башня» — слишком громкое название для двадцатидвухэтажной коробки, но, наверное, жителям городка, застроенного кирпичными домиками, оно действительно кажется башней. На ухоженном зеленом газоне стоит табличка: «АРЕНДА ОФИСОВ И АПАРТАМЕНТОВ КЛАССА ЛЮКС», внизу указан номер телефона. Табличка тут явно давно.

— Сдается не так хорошо, как я ожидал, — говорит Хофф. — Экономика на подъеме, у людей деньги уже из жопы лезут, а две тысячи двадцатый обещает быть еще лучше, но нынче все в Интернете, Билли... Можно называть вас Билли?

— Конечно.

— В общем, я в этом году слегка на мели, особенно с тех пор, как раскошелился на Дабл-ю-дабл-ю-и, но, черт возьми, три дочерних канала — как я мог от такого отказаться?

Билли понятия не имеет, о чем речь. Может, о профессиональном рестлинге? Или о шоу «Монстр-трак джем», которое рекламируют по телевизору? Хофф явно полагает, что Билли должен быть в курсе, и потому он со знающим видом кивает.

— Местные толстосумы думают, что я давно в минусе, но экономика у нас на подъеме, верно? Куй железо, пока горячо. Чтобы заработать, надо сперва потратить, так?

— Ага.

— Вот-вот. Так что я кручусь, как могу. Знаете, у меня нюх на хорошие проекты. Вот и это дело, чую, верное. Да, риски есть, но что поделать. К тому же Ник меня уверяет, что если вас заметут — не заметут, конечно, но мало ли, — вы будете держать язык за зубами.

— Да. Буду. — Билли еще ни разу не заметали, и в его планы это не входит.

— Кодекс чести, все дела.

— Ага. — Кажется, Кен Хофф насмотрелся боевиков. И часть их, несомненно, была из категории «последнее дело». Скорей бы уже переходил к сути. Здесь жарко, даже под тентом. Жарко и влажно. Птичий климат, думает Билли, но, наверное, птицам здесь тоже не очень.

— Я для вас подготовил отличный угловой офис на пятом этаже, — говорит Хофф. -- Три комнаты: кабинет, приемная, мини-кухня. Мини-кухня, каково, а? В общем, долго можно в засаде просидеть. Тепло, светло — сиди не хочу. Я пальцем окна показывать не буду, но вы ведь умеете считать до пяти?

Ага, думает Билли, а еще я умею одновременно шагать и жевать жвачку.

Здание прямоугольное — обыкновенная коробка из стекла и бетона, — поэтому на пятом этаже есть два угловых офиса, но нетрудно догадаться, какой именно ему приготовил Хофф: тот, что слева. Из окна по диагонали видно Корт-стрит, улицу длиной всего в два квартала, на которой находится внушительное здание окружного суда из серого гранита: диагональ упирается прямо в его ступени (по ней полетит пуля, если Билли примет заказ). Ступени, которых не меньше двадцати, ведут на просторную площадку со статуей богини правосудия посередине: глаза завязаны, в руках весы. Среди множества фактов, о которых Билли никогда не расскажет Кену Хоффу, есть, например, такой: богиня правосудия — это богиня Юстиция, придуманная, по сути, императором Августом.

Билли вновь поднимает взгляд на угловой офис пятого этажа и мысленно проводит диагональ. Навскидку здесь — от окна до ступеней перед зданием суда — ярдов пятьсот. Такой выстрел он сможет произвести даже при сильном ветре. Разумеется, если инструмент будет подходящий.

— Что вы для меня приготовили, мистер Хофф?

— А? — На мгновение Хофф включает собственное «тупое я».

Билли поясняет вопрос жестом: сгибает указательный палец правой руки. Это могло бы означать «иди сюда», но в данном случае смысл другой.

— Ах да! Конечно! Вы же просили. — Он оглядывается по сторонам, никого не замечает, но добавляет уже тише: — «Ремингтон-семьсот».

— «Эм-двадцать четыре». — Это ее армейский индекс.

— «Эм»?.. — Хофф лезет в задний карман брюк, достает бумажник и роется в нем. Находит клочок бумаги и смотрит на него. — «Эм-двадцать четыре», точно.

Он уже хочет спрятать записку обратно в бумажник, но Билли протягивает руку.

Хофф отдает листок, и Билли прячет его в свой карман. Позже — еще до встречи с Ником — он смоет его в унитаз гостиничного номера. Записывать ничего нельзя. Как бы этот Хофф не натворил дел.

— Оптика?

— Э-э?

— Прицел какой?

Хофф краснеет.

— Какой вы просили.

— Он у вас тоже записан?

— На той же бумажке.

— Хорошо.

— Э-э... инструмент лежит в...

— Мне это знать ни к чему. Я еще даже не решил, берусь за дело или нет. — Вообще-то Билли решил. — Здание охраняется?

— Ну да. Конечно.

Очередной вопрос «тупого я».

— Если я соглашусь, то инструмент поднимать на пятый этаж буду сам. Договорились, мистер Хофф?

— Не вопрос. — Хофф, пожалуй, даже рад.

— Ну, тогда мы с вами закончили. — Билли встает и протягивает руку. — Рад знакомству. — На самом деле нет. Билли не знает, можно ли доверять этому человеку. Да еще эта дурацкая облезлая бороденка. Какой женщине приятно целовать губы, окруженные рыжей щетиной?

Хофф жмет ему руку.

— Я тоже рад. Мне сейчас туго приходится. Читали когда-нибудь «Путь героя»?

Билли читал, но мотает головой.

— Почитайте, советую. Всякие там литературные изыски я пролистал, перешел сразу к сути. Глупости не для меня, я предпочитаю самую мякоть. В общем, не помню, как зовут автора, но он говорит, что любой герой сперва проходит ряд испытаний — и только тогда становится героем. Вот я как раз на этом этапе.

А испытания — это, выходит, подогнать киллеру винтовку и предоставить ему удобную огневую позицию, думает Билли. Вряд ли Джозеф Кэмпбелл отнес бы эти поступки к разряду геройских.

— Что ж, надеюсь, у вас все получится.

2

Рано или поздно Билли, наверное, предоставят машину, но сейчас он плохо знает город и только рад, что из гостиницы до жилища Ника, за которым тот «присматривает», его подбросит Пол Логан. Примерно таким Билли и представлял себе этот дворец: колоссальных размеров безобразина на двух акрах газона. Поли касается устройства на солнцезащитном козырьке, ворота открываются, и они въезжают на территорию усадьбы. Во дворе в самом деле есть фонтан с писающим мальчиком и еще парой скульптур (римский легионер, дева с обнаженной грудью), подсвеченных снизу скрытыми прожекторами. Уже темнеет, и сам особняк тоже освещен снаружи — видимо, чтобы подчеркнуть убогое излишество. По мнению Билли, он напоминает внебрачное дитя супермаркета и мегацеркви. Не дом, а архитектурный эквивалент красных брюк для гольфа.

На бескрайнем крыльце его поджидает Фрэнк Макинтош, он же Фрэнки Элвис. Темный костюм, сдержанный синий галстук. Глядя на него, ни за что не догадаешься, что свою карьеру он начинал, ломая ноги должникам черных кредиторов. Конечно, то было давно, теперь он работает на криминальных воротил. Вот он вальяжно идет вниз по ступеням крыльца, протягивая руку гостю, как настоящий хозяин имения. Ну, или его дворецкий.

Ник опять-таки встречает Билли в коридоре, только этот куда богаче, чем коридор скромного желтого домика в Мидвуде. Ник мужчина немаленький, однако рядом с ним стоит настоящая глыба весом фунтов за триста. Это Джорджо Свиньелли, свои его называют (за глаза, разумеется) Свином. Если Ник — генеральный директор этой конторы, то Джорджо — его заместитель. То, что они оба здесь, вдали от родного дома, означает, что «комиссия», как ее назвал Ник, выльется в очень немаленькую сумму. Билли сулят два миллиона. Сколько же пообещали этим ребятам — и сколько они уже положили себе в карман? Видно, Джоэл Аллен крупно насолил какому-то богатею. Живущему вот в таком безобразном домине, как этот, если не хуже. Сложно поверить, что на свете есть дворцы еще ужаснее, но они наверняка есть.

Ник хлопает Билли по плечу и говорит:

— Небось решил, что этот жирдяй — Джорджо Свиньелли?

— Ну, похож, — осторожно отвечает Билли, и Джорджо хохочет. Смех у него такой же жирный, как он сам.

Ник кивает. На его лице опять вспыхивает улыбка на миллион долларов.

— Верно, похож. Но это Джордж Руссо. Твой агент.

— Агент? Типа риелтор?

— Нет, другой агент. — Ник смеется. — Идем в гостиную. Выпьем, поболтаем, и Джорджо все тебе расскажет. Как я говорил вчера, идея — просто чума!

3

Гостиная в этом особняке длинная, как пульмановский вагон. Под потолком висят три люстры, две маленькие и одна большая. Мебель приземистая и роскошная. Два херувима держат огромное зеркало в полный рост. На полу стоят старинные часы. Вид у них сконфуженный, им словно неловко здесь находиться.

Фрэнк Макинтош — головорез, переквалифицировавшийся в лакея, — вносит поднос с напитками: пиво для Билли и Ника, что-то вроде шоколадного коктейля с солодом для Джорджо, вознамерившегося, очевидно, употребить как можно больше калорий и в пятьдесят отдать богу душу. Он выбирает единственное кресло, которое способно его вместить. Сможет ли он оттуда выбраться без посторонней помощи — большой вопрос.

Ник поднимает стакан с пивом и произносит тост:

— За нас! Пусть это сотрудничество принесет нам только радость и удовлетворение.

Они выпивают, потом Джорджо говорит:

— Ник сказал, что предложение тебя заинтересовало, но ты пока ничего не решил. Тебя еще вводят в курс дела, так сказать.

— Точно, — кивает Билли.

— Что ж, для удобства будем считать, что ты согласился. — Джорджо делает большой глоток коктейля через соломинку. — Черт, хорошо! То, что надо жарким вечером. — Он залезает в карман своего пиджака (этой ткани хватило бы обшить сиротский приют, думает Билли) и достает бумажник. Протягивает ему.

Билли берет его в руки. Бумажник фирмы «Лорд Бакстон». Хороший, но не самый дорогой. Его даже слегка состарили: на коже есть царапины и потертости.

— Загляни внутрь. Узнаешь, кем ты будешь в этом богом забытом городишке.

Билли повинуется. В кармане для купюр лежит долларов семьдесят. Несколько фотографий: мужчины — друзья, женщины — подружки. Ни намека на жену и детей.

— Я хотел прифотошопить туда и тебя, — говорит Джорджо, — на фоне Большого каньона или еще где. Да вот загвоздка: в Сети нет ни одной твоей фотографии, Билли.

— От фотографий одни неприятности.

Ник говорит:

— И вообще, нормальные люди не носят в бумажнике собственный портрет. Я уже сказал это Джорджо.

Билли продолжает рассматривать содержимое бумажника, читая его, как книгу. Как «Терезу Ракен», которую закончил сегодня за ужином. Если он останется здесь, его будут звать Дэвид Локридж. У него есть «виза» и «мастеркард», обе выпущены портсмутским банком «Сикост».

— Какие лимиты по картам? — спрашивает он Джорджо.

— На «мастере» пятьсот, на «визе» тысяча. Ты ограничен в средствах. Конечно, если твоя книга выстрелит, как мы надеемся, все может измениться.

Билли переводит недоуменный взгляд с Джорджо на Ника. Неужели они раскусили его «тупое я»?

— Он — твой *литературный* агент! — восторженно орет Ник. — Вот умора, да?

— Так я писатель? Брось, я даже школу толком не закончил. Аттестат получил уже в пустыне — подарок дяди Сэма за то, что не подорвался на растяжках и быстро бегал от моджахедов в Фаллудже и Рамади. Полный бред. Ничего не выйдет.

— Не бред, а гениальный план! — уверяет Ник. — Ты сперва выслушай человека, Билли. Может, мне уже пора называть тебя Дэйвом?

— Нет. Ты не должен называть меня Дэйвом ни при каких обстоятельствах.

Черт, слишком близко к правде, слишком. Билли в самом деле много читает, а одно время даже мечтал стать писателем — впрочем, дальше мечтаний дело не пошло. Иногда пописывал что-то на досуге, но сразу все уничтожал.

— Ник, это не прокатит. Понимаю, вы уже подсуетились... — Он поднимает бумажник. — И мне очень жаль, что так вышло. Но ничего не получится. Что мне говорить людям? О чем я пишу?

— Дай мне пять минут, — заявляет Джорджо. — Максимум десять. Если я тебя не уговорю, расстанемся друзьями.

Насчет друзей — это вряд ли, но так и быть, пусть говорит.

Джорджо ставит пустой стакан из-под коктейля на столик (вероятно, чиппендейловский) рядом с креслом и громко рыгает. Когда наконец переключает на Билли все свое внимание, тот видит истинного Джорджи Свина: стройный, атлетически сложенный ум, погребенный в океане жира, который не даст ему дожить до старости.

— Понимаю, звучит бредово — ты ведь не из таких, — но поверь мне, это сработает.

Билли немного успокаивается. Значит, его пока не раскусили. И на том спасибо.

— Ты проживешь здесь минимум шесть недель, а то и шесть месяцев, — продолжает Джорджо. — Зависит от того, как долго адвокат нашего козлика сможет тянуть с экстрадицией. Ну, или пока он не решит, что смог договориться с нужными людьми. Тебе платят не только за работу, но и за потраченное время. Это ясно?

Билли кивает.

— Выходит, тебе нужна какая-то уважительная причина. Почему ты приехал именно в Ред-Блафф? Здесь ведь не курорт.

— Да уж, — говорит Ник и корчит гримасу, как ребенок, перед которым поставили тарелку с брокколи.

— Еще тебе нужен повод наведываться в то офисное здание неподалеку от суда. Ты будешь писать там книгу.

— Но...

Джорджо поднимает толстую руку.

— Да, по-твоему, дело не выгорит, но поверь мне на слово: все получится. Сейчас расскажу как.

Билли слабо в это верится, но, поскольку за сохранность «тупого я» можно больше не переживать, почему бы не послушать, что придумал Джорджо? Вдруг у него есть дельные соображения.

— Я навел справки, прочитал пару журнальчиков для писателей и кучу статей в Интернете. Короче, вот твоя легенда. Дэвид Локридж вырос в Портсмуте, Нью-Хэмпшир. Всегда мечтал стать писателем, но с трудом окончил школу. Работал на стройке. В свободное время писал, но и бухал вовсю. Я даже хотел про развод упомянуть, но решил не усложнять.

Конечно, я же только в оружии смыслю, подумал Билли, на остальное мозгов не хватает.

— И вот в один прекрасный день тебе подфартило, ясно? В блогах много пишут о том, как к начинающим писателям внезапно приходит слава. Так случилось и с тобой. Ты начал писать роман — страниц семьдесят, может, сто...

— О чем? — Билли начинает это нравиться, но виду он не подает.

Джорджо переглядывается с Ником, тот пожимает плечами.

— Мы пока не решили, но я что-нибудь приду...

— Может, я про себя пишу? Про Дэйва, в смысле. Как это называется?..

— Автобиография! — выпаливает Ник, будто на телевикторине.

— Может быть, — говорит Джорджо. На лице у него написано: *Неплохо, Ник, но оставь это знатокам*. — А может, просто роман. Главное, что тебе нельзя о нем трепаться — агент не велел. Все засекречено. Да, ты писатель, это не тайна — все работники здания должны знать, что какой-то чувак снял офис на пятом этаже, чтобы писать там книгу, но никто не в курсе, о чем она. Так ты не запутаешься и не сболтнешь лишнего.

Да я и так не запутался бы, думает Билли.

— И как Дэвид Локридж здесь очутился? Почему снял офис именно в «Башне Джерарда»?

— Сейчас будет самое интересное, — говорит Ник. Он похож на ребенка, который перед сном в сотый раз слушает любимую сказку. Причем он не притворяется и не преувеличивает: ему в самом деле нравится происходящее.

— Короче, ты решил подыскать себе агента в Интернете, — говорит Джорджо и осекается. — Ты же Интернетом пользуешься?

— Ага, — отвечает Билли. В компьютерах он смыслит больше, чем оба эти толстяка, но им об этом знать не обязательно. — Электронной почтой. Еще на телефоне играю. А, и у меня установлена такая программа — «Комиксолоджи». Скачиваю комиксы прямо себе на комп.

— Вот и славно. Значит, ты начал искать агента и рассылать письма с кратким описанием книжки. Никто не хотел с тобой связываться, потому что у всех есть свои проверенные авторы типа Джеймса Паттерсона или той тетки, что написала Гарри Поттера. В одном блоге говорилось, что это такой парадокс, как «Поправка двадцать два»: чтобы твою книгу издали, нужен агент, но никакой агент не возьмется за автора, у которого нет изданных книг.

— В кино та же история, — вставляет Ник. — Народ любит кинозвезд, но по факту вся власть — в руках агентов. Они принимают решения. Они говорят звездам, в каких фильмах сниматься, а те знай пляшут под их дудочку.

Джорджо терпеливо выслушивает его речь, потом продолжает:

— Ну так вот, один агент внезапно соглашается взглянуть на твою книгу, да, мол, присылай пару глав, не вопрос.

— Это ты, — догадывается Билли.

— Точно. Джордж Руссо. Я прочел твою писанину и чуть не обосрался от восторга. Показал знакомым издателям...

Ну-ну, думает Билли. Ты показал ее не издателям, а *редакторам*. Но это мы при необходимости подправим.

— Они тоже офигели и готовы заплатить — суммы там крупные, даже семизначные, — но только когда книга будет готова. Потому что ты неизвестный товар. В курсе, что это значит?

Билли чуть не отвечает: «Конечно», — поскольку от открывающихся возможностей ему слегка срывает крышу. Легенда в самом деле получается отличная, особенно эта фишка про засекреченный проект. И неплохо для разнообразия побыть человеком, которым он всегда хотел стать.

— Типа понты кидаю?

Ник выдает ослепительную улыбку. Джорджо кивает:

— Вроде того. В общем, проходит время, я жду продолжения, но мой Дэйв что-то притих. Я жду еще немного. По-прежнему тишина. Я отправляюсь в ваш лобстерный рай и обнаруживаю, что ты в запое, как Эрнест, мать его, Хемингуэй. Когда не работаешь — бухаешь либо похмеляешься, одно из двух. Талантливые люди часто злоупотребляют, знаешь ли.

— Правда?

— Доказано. Но Джордж Руссо твердо вознамерился спасти Дэйва — чтобы тот закончил хотя бы одну книгу. Он уболтал издателя выплатить небольшой аванс — тысяч тридцать-пятьдесят, деньги не большие, но и не маленькие. С условием, что издатель может потребовать их обратно, если Дэйв не уложится в срок — у них это называется «срок сдачи». А самая главная фишка, Билли, вот в чем: чек выпишут не на *твое* имя, а на *мое*.

Картинка уже полностью сложилась у Билли в голове, но он дает Джорджо договорить.

— Я поставил тебе условия. Для твоего же блага. Ты должен уехать из лобстерного рая и бросить всех дружков — бухарей и наркоманов. Поселиться в какой-нибудь глуши, где делать нечего и не с кем. Я пообещал снять для тебя дом.

— Тот, что я видел, да?

— Да. А главное, я снял тебе офис, куда ты должен каждый день ходить как проклятый, чтобы работать над своей сверхсекретной книжкой и ни на что не отвлекаться, пока она не будет готова. Если не согласен — можешь попрощаться со своим счастливым билетом. — Джорджо откидывается на спинку кресла. С виду оно крепкое и прочное, но все равно тихо стонет под его тушей. — Ну, что скажешь? Если моя идея тебе не по вкусу или ты понял, что не справишься, мы все отменим.

Ник поднимает руку.

— Пока ты ничего не сказал, Билли, позволь кое-что добавить. У этой истории есть еще один плюс. Офисный планктон на твоем этаже, да и все, кто работает в здании, постепенно с тобой познакомятся. Я давно тебя знаю, и у тебя есть один несомненный талант, помимо дара попадать в четвертак с четверти мили.

Ну, ты загнул, думает Билли. Даже Крис Кайл[1] так не смог бы.

— Ты умеешь ладить с людьми, не заводя с ними дружбы. Народ улыбается, когда тебя видит. — И, словно Билли возразил, добавляет: — Я своими глазами видел! Хофф говорит, к офисному зданию каждый день подъезжает пара фургонов с едой, и в хорошую погоду люди выстраиваются в очередь за обедом. Ты можешь к ним присоединиться. Зачем безвылазно сидеть в офисе, если можно тратить время с пользой — втираться в доверие к местным? Поначалу им будет в новинку твоя профессия, но потом они к тебе привыкнут, и ты станешь такой же офисной крысой, как они: пашешь с девяти до пяти и каждый вечер едешь к себе домой в Мидвуд.

Билли легко может это представить.

— А когда дело будет сделано, кем ты будешь в их глазах? Подозрительным приезжим, которого никто не знает и который вполне мог грохнуть человека? Нет, ты станешь своим. Жил тут несколько месяцев, болтал со всеми в лифте, резался в долларовый покер[2] с ребятами из коллекторского агентства на втором этаже, чтобы определить, кто угощает всех тако.

— Полиция выяснит, откуда был произведен выстрел, — говорит Билли.

— Конечно. Но не сразу. Сначала они будут искать чужака. К тому же мы придумали отвлекающий маневр.

---

[1] Кристофер Скотт Кайл (1974–2013) — знаменитый американский снайпер, «морской котик». На его снайперском счету 255 противников, из которых 160 были официально подтверждены Министерством обороны США. В 2012 году выпустил автобиографическую книгу «Американский снайпер». Был застрелен своим другом Эдди Рэем Рутом на стрельбище.

[2] Долларовый покер (покер лжецов) — популярная игра, в которую обычно играют в барах и закусочных, сочетающая простые математические расчеты и блеф. Игрокам необходимо отгадать, как часто определенные цифры или комбинации цифр встречаются в серийных номерах долларовых купюр всех участников игры. Проигравший угощает остальных едой или выпивкой.

Ты у нас чертов Гудини — сделал дело и исчез, как по волшебству. Когда пыль уляжется, тебя уже и след простыл.

— Какой еще отвлекающий маневр?

— Обсудим это позже, — говорит Ник. Видимо, план еще не готов. Хотя с Ником никогда не знаешь. — Времени много, а сейчас... — Он смотрит на Джорджо (он же Джорджи Свин, он же Джордж Руссо): мол, твой черед.

Тот опять лезет в карман своего громадного пиджака и достает телефон.

— Назови мне номер, Билли — номер счета в любимом офшорном банке, — и я тут же отправлю туда пятьсот тысяч долларов. Это займет секунд сорок. Полторы минуты, если связь плохая. Заодно кину приличную сумму на мелкие расходы в местный банк.

Билли понимает, что его пытаются склонить к необдуманному решению. В голове на секунду возникает образ коровы, которую ведут по желобу на убой, но это, вероятно, просто паранойя, вызванная огромным гонораром. Почему бы последнему делу в его жизни не стать самым прибыльным? И самым интересным. В этом есть определенная логика. Но сперва Билли должен выяснить еще кое-что.

— Зачем вы привлекли Хоффа?

— Это его здание, — моментально отвечает Ник.

— Да, но... — Билли хмурится, изображая на лице усиленную работу мысли. — Он говорит, что в здании полно свободных офисов.

— Угловой на пятом — идеальное место, — говорит Ник. — Арендует его твой литературный агент, Джорджи Руссо, так что мы не при делах.

— И еще Хофф добудет ствол, — говорит Джорджо. — Или уже добыл. В случае чего копам и тут на нас не выйти.

Билли уже понял, что Ник осторожничает — даже не вышел встречать его на крыльцо этого огороженного особняка, чтобы их случайно не увидели вместе, — но что-то не дает ему покоя. Хофф производит впечатление болтуна, а болтунов не должно быть там, где замышляется убийство.

4

Тем же вечером, ближе к полуночи, Билли лежит на своей гостиничной кровати, закинув руки за голову и спрятав их под подушку, наслаждаясь прохладой, которая так эфемерна. Разумеется, он сказал «да». А когда ты говоришь «да» Нику Маджаряну, назад пути уже нет. Теперь у Билли свое кино про «последнее дело», и он играет в нем главную роль.

Джорджо отправил пятьсот тысяч долларов на его счет в карибском банке. Там уже скопилась приличная сумма, а после смерти Джоэла Аллена на ступенях здания суда она станет еще приличнее. Хватит на много, много лет безбедной жизни — если, конечно, не сорить деньгами. А Билли сорить не будет. Жить он привык скромно. Шампанское и эскорт-услуги — это не про него. В двух других банках (местных) у Дэйва Локриджа лежит еще восемнадцать тысяч долларов. На повседневные нужды вполне достаточно, а внимание налоговой такая сумма не привлечет.

Билли решил прояснить еще пару моментов. Прежде всего — за какое время его известят о том, что пора действовать?

— Тебе хватит, — сказал Ник. — По крайней мере не за пятнадцать минут. Как только суд примет решение об экстрадиции, мы об этом узнаем. Тебе позвонят. Двадцать четыре часа у тебя точно будет, может — дня три или даже неделя. Хватит?

— Да, — ответил Билли. — Но ты должен понимать: я не даю никаких гарантий, если меня известят за пятнадцать минут. Или даже за час.

— Такого не случится.

— А что, если его поведут не по парадной лестнице, а каким-нибудь черным ходом?

— Служебный вход есть, им пользуются все сотрудники суда, — сказал Джорджо. — Но его тоже прекрасно видно с пятого этажа, а расстояние увеличится ярдов на шестьдесят от силы. Это не помеха?

Не помеха. Ник махнул рукой, словно отгоняя назойливую муху.

— Да по лестнице его поведут, вот увидишь. Еще вопросы есть?

Билли сказал, что нет, и теперь он лежит в своем номере, обдумывает дело и ждет, когда его сморит сон. В понедельник он переедет в желтый домик, который для него снял агент. *Литературный* агент. Во вторник он отправится в офис, тоже арендованный Джорджи Свином. Когда Джорджо спросил, что он будет делать в офисе, Билли ответил, что первым делом скачает на ноут «Комиксолоджи». И, может, пару игр.

— Ты не только веселые картинки листай, попробуй для разнообразия написать что-нибудь, — говорит Джорджо, отчасти в шутку, отчасти нет. — Чтобы прочувствовать персонажа. Вжиться в роль.

Что ж, почему бы и нет? Возможно, он так и сделает. Даже если выйдет полная ерунда, это поможет скоротать время. Он предложил автобиографию, Джорджо советовал роман — не потому, что Билли, по его мнению, хватило бы ума написать роман, а потому, что так будет проще отвечать на вопросы любопытных. А любопытные непременно появятся. Причем в больших количествах — когда Билли начнет знакомиться с обитателями «Башни Джерарда».

Он уже проваливается в сон, как вдруг ему приходит в голову классная идея: а почему бы их не объединить? Пусть будет роман-автобиография, только напишет ее не тот Билли Саммерс, что читает Золя, Гарди и даже одолел «Бесконечную шутку» Уоллеса, а другой Билли, его альтер-эго, «тупое я». Глядишь, что-то и получится. Ведь он знает Билли как самого себя.

Попытка не пытка, думает он. Свободного времени полно, почему бы не потратить его на писанину? Размышляя, с чего начать, Билли наконец засыпает.

Глава 3

1

Билли Саммерс вновь сидит в холле гостиницы и ждет, когда за ним приедут.

Понедельник, полдень. Его чемодан и сумка с ноутбуком стоят рядом на полу, и он читает очередной комикс — «Великолепный Арчи: друзья навек». Сегодня он думает не про «Терезу Ракен», а про то, о чем будет писать в офисе на пятом этаже, которого еще даже не видел. Ясности пока нет, но первое предложение уже есть, и он его не забудет. Из первого предложения могут родиться другие. Или нет. Билли готов и к успеху, и к полному провалу. Так уж он привык, и прежде этот подход его не подводил. По крайней мере, в том смысле, что он до сих пор на свободе.

Четыре минуты первого. В холл заходят Фрэнк Макинтош и Поли Логан в деловых костюмах. Все жмут друг другу руки. На «помпадуре» Фрэнка, кажется, блестит новое масло для укладки.

— Надо сдать номер?

— Нет, все улажено.

— Тогда поехали.

Билли убирает журнальчик в боковой карман сумки и поднимает ее с пола.

— Не-не, — останавливает его Фрэнки. — Пусть Поли тащит. Ему физическая нагрузка на пользу.

Поли оттопыривает средний палец и прижимает им галстук, как булавкой, но сумку все-таки берет. Они выходят на улицу и садятся в машину. Фрэнк за рулем, Поли сзади. Едут в Мидвуд, к желтому домику. Билли смотрит на лысеющую лужайку и думает, что будет ее поливать. Если нет шланга, он его купит. На подъездной дорожке стоит машина — малолитражка «тойота», на вид не новая, хотя по «тойотам» разве скажешь, сколько им лет?

— Моя?

— Твоя. Не бог весть что, но агент тебя держит в черном теле, если помнишь.

Поли ставит чемодан Билли на крыльцо, достает из кармана пиджака конверт с ключами, отпирает дверь. Потом кладет ключи обратно в конверт и вручает его Билли. На конверте написано: «Эвергрин-стрит, 24». Прежде Билли не обращал внимания на адрес, а сейчас ему приходит в голову мысль: *Теперь я знаю, где живу.*

— Ключи от машины на кухонном столе, — говорит Фрэнк. И вновь протягивает ему руку, на прощание. Что ж, Билли только рад.

— Ну, бывай, — говорит Поли.

Меньше чем через минуту они уезжают — наверное, обратно во дворец с херувимом, бесконечно писающим в огромном дворе.

2

Билли поднимается в хозяйскую спальню на втором этаже и кладет чемодан на двуспальную кровать, с виду только что заправленную. В шкафу он обнаруживает несколько рубашек, пару свитеров, толстовку и две пары парадных брюк. На полу стоит новая пара кроссовок. Вся одежда и обувь ему по размеру. В комоде есть носки, нижнее белье, футболки и джинсы «Рэнглер». Единственный пустой ящик Билли заполняет своими вещами. Их немного. Он хотел купить все в «Уолмарте», который видел неподалеку, но теперь такой необходимости, похоже, нет.

Он спускается в кухню. Ключи от «тойоты» лежат на столе, рядом — визитная карточка с тиснением: «КЕННЕТ

ХОФФ, ЧАСТНЫЙ ПРЕДПРИНИМАТЕЛЬ». Предприниматель, тоже мне, думает Билли. Он переворачивает визитку и на обратной стороне видит короткую записку тем же почерком, что и на конверте с ключами: «Если что-то понадобится, просто позвоните». Указано два номера, рабочий и мобильный.

Он открывает холодильник. Внутри полный набор продуктов первой необходимости: молоко, яйца, бекон, несколько мясных и сырных нарезок, пластмассовый контейнер с картофельным салатом. По упаковке воды «Поланд спринг», «Кока-колы» и пива «Бад лайт». Билли заглядывает в морозилку и невольно улыбается: то, что там лежит, многое говорит о Кене Хоффе. Он одинок, а до развода (Билли уверен, что хотя бы раз в жизни он разводился) его кормили и поили исключительно женщины. Сперва мать, которая наверняка звала его Кенни и следила, чтобы он стригся раз в две недели, а потом жена. Морозилка забита готовыми обедами «Стофферс», пиццей и мороженым — эскимо и рожками. Овощами и не пахнет — ни свежими, ни замороженными.

— Не нравится он мне, — вслух говорит Билли, больше не улыбаясь.

Ой как не нравится. И ему не по душе, что Хоффа вообще приплели к этому делу. Его слишком хорошо знают в городе, он у всех на виду. И потом, Ник о чем-то умалчивает. Может, это пустяк, а может, и нет. Как по меньшей мере раз в день говорит Трамп: «Кто знает?»

3

В подвале обнаруживается свернутый шланг для полива, покрытый толстым слоем пыли. Вечером, когда жара немного спадает, Билли вытаскивает его на улицу и подключает к крану, торчащему из стены дома. Он стоит на лужайке в новых джинсах и футболке и поливает траву, когда к нему подходит сосед: высокий, в ослепительнобелой на фоне очень черной кожи футболке. Он несет две банки пива.

— Привет соседям! — говорит он. — Вот, холодненького вам принес, хотел познакомиться. Добро пожаловать! Джамал Акерман. — Берет обе банки в одну руку, другую протягивает Билли.

Билли ее пожимает.

— Дэвид Локридж. Дэйв. И спасибо вам. — Он перекрывает воду. — Можем пойти в дом. Или можем расположиться на ступеньках. Я еще не успел толком обжиться. — Здесь, в Мидвуде, нет нужды прятаться под личиной «тупого я» — можно более-менее быть самим собой.

— Ступеньки меня вполне устроят, — говорит Джамал.

Они садятся. Открывают пиво: *ф-с-с-т*. Билли чокается с Джамалом.

— Спасибо.

Они пьют, разглядывая лужайку.

— Одной водой вы этот газон к жизни не вернете, — говорит Джамал. — Могу отсыпать вам немного «Миракл-гро», если хотите. Я в прошлом месяце закупился удобрениями. В садовом центре «Уолли уорлд» была акция: берешь один мешок — второй получаешь в подарок.

— Пожалуй, воспользуюсь вашим предложением. Вообще-то я и сам собираюсь в «Уолли уорлд», хочу прикупить пару садовых стульев для веранды. Но раньше следующей недели вряд ли сподоблюсь — новый дом, куча хлопот, сами понимаете.

Джамал смеется.

— А то! Мы уже три дома сменили с тех пор, как поженились в две тысячи девятом. Поначалу жили у ее мамы. — Он делает вид, будто вздрагивает. Билли улыбается. — У нас двое детей, мальчик и девочка. Десять и восемь лет. Начнут вам мешать — а они начнут, — загоните их домой.

— Если ваши дети не устроят поджог или не примутся бить окна, они мне не помешают.

— Вы купили дом или снимаете?

— Снимаю. Я здесь пробуду какое-то время, но сколько — пока не понимаю. Я... слушайте, мне неловко вот так прямо об этом говорить, но я пишу книгу. Пытаюсь, точнее. Возможно, ее издадут, и я даже получу неплохой гонорар, но мне надо всерьез взяться за дело. Арендовал себе небольшой офис в городе. «Башню Джерарда» знаете? Ну, как арендовал — только договорился о просмотре. Завтра поеду смотреть.

Джамал округляет глаза:

— Писатель! На нашей Эвергрин! Чтоб меня!

Билли смеется и мотает головой:

— Полегче, друг. Я еще не настоящий писатель, только надеюсь им стать.

— Ну и что, все равно! Ух ты. Не терпится рассказать Корин. Обязательно приходите к нам на ужин. Тогда мы сможем говорить всем, что знали вас на заре писательской карьеры.

Он поднимает ладонь. Билли дает ему «пять». *Ты умеешь ладить с людьми, не заводя с ними дружбы*, сказал Ник. Он прав, и это — не обман, не личина. Билли нравятся люди — и нравится держать их на расстоянии вытянутой руки. Звучит противоречиво, но на самом деле никакого противоречия тут нет.

— А про что ваша книга?

— Не могу рассказать. — Ага, вот тут начинается правка. Джорджо может считать себя сколь угодно подкованным в этом вопросе — он ведь литературные журналы и блоги читал! — но он ошибается. — Не то чтобы это страшная тайна, нет. Просто мне надо держать это в себе. Если начну болтать... — Он пожимает плечами.

— Ладно, понял. — Джамал улыбается.

В общем, да. Вот так все просто.

4

Вечером Билли включает большой телевизор в игровой и заходит на «Нетфликс». Он знал, что это популярный ресурс, но никогда не пользовался им — ведь на свете есть столько книг. А сериалов, оказывается, не меньше. От такого количества возможностей голова идет кругом, и Билли решает пораньше лечь спать. Прежде чем раздеться, он проверяет телефон и обнаруживает там сообщение от своего нового агента:

Дж. Руссо: 9 утра в «Башне Джерарда». Машину оставь дома, приезжай на «убере».

У Билли нет отдельного телефона для Дэйва Локриджа — ни Джорджо, ни Фрэнк Макинтош не дали ему его, — а сам он пока не купил себе одноразовый предоплаченный мобильник. Ладно, можно и личным пользоваться — тем более Джорджо уже ему написал. Переписки в этом мессенджере зашифрованы, так что все нормально. Билли очень нужно кое-что сказать Джорджо.

Билли С.: Не бери с собой Хоффа.

На экране мигают точки. Джорджо печатает ответ, который приходит почти сразу:

Дж. Руссо: Придется. Извини.

Точки исчезают. Разговор окончен.

Билли выкладывает все из карманов и отправляет джинсы и остальную одежду в стиральную машину. Делает это медленно и хмуро. Не нравится ему Кен Хофф. Этот тип даже рта раскрыть не успел, а уже ему не понравился. Видимо, чутье сработало. То, что родители и бабушки-дедушки Джорджо назвали бы *reazione istintiva*[1]. Но Хофф уже в деле. Джорджо неспроста написал: «Придется». Это о чем-то говорит. Ник и Джорджо не стали бы без уважительной причины привлекать местных — тем более к такому важному предприятию, делу жизни и смерти. Неужели Хоффа позвали только из-за того, что он хозяин здания? Правильное место — половина успеха, как любят говорить риелторы. Или причина в том, что сам Ник — не местный?

Все это, по мнению Билли, никак не оправдывает появления в их плане Кена Хоффа. *Я слегка на мели*, сказал он, но Билли понимает, что даже если у человека туго с шекелями, это вряд ли заставит его пособничать в убийстве. Все приметы — бороденка под мачо, стоптанные

[1] Инстинктивная реакция (*ит.*).

мокасины «Гуччи», «докерсы» со слегка потертыми карманами, рубашка «Айзод» — указывают на то, что Хофф запоет соловьем, если окажется в комнате для допросов и полиция предложит ему сделку. Сделки — то, чем живут кены хоффы этого мира.

Билли ложится в кровать и лежит в темноте, спрятав руки под подушку, глядя в пустоту. По улице иногда проезжают автомобили, но их немного. Билли гадает, когда же ему начнет казаться, что два миллиона — ничтожная сумма за такую работу. Что его развели как дурака. Ответ очевиден: когда пути назад уже не будет.

5

Билли едет в «Башню Джерарда» на «убере», как ему и велено. Хофф и Джорджо ждут его на улице. Щетина придает Хоффу (по крайней мере на взгляд Билли) сходство с бомжом, а не с крутым киноактером, но в остальном он выглядит безупречно: летний деловой костюм, спокойный серый галстук. «Литагент» Джордж Руссо, наоборот, кажется необъятным в дурацкой зеленой рубашке навыпуск и синих джинсах (из той части джинсов, что прикрывает колоссальных размеров задницу, запросто получилась бы походная палатка). Видимо, по мнению толстяка, именно так одеваются крупные литагенты, когда едут по делам в захолустье. Между ног у него стоит сумка для ноутбука.

Хофф решил чуть-чуть поумерить (вероятно, по просьбе Джорджо) свое торгашеское дружелюбие. Впрочем, удержаться от развязно-добродушного салюта — «*Mon capitaine!*[1]» — ему не под силу.

— Рад вас видеть, Билли! Сегодня утром — и почти каждый день по будням — на посту у нас охранник по имени Ирв Дин. Ему нужно вас сфоткать и взглянуть на ваши водительские права, идет?

Конечно, идет, иначе-то нельзя. Билли кивает.

[1] Мой капитан! (*фр.*)

Несколько сотрудников местных фирм шагают по вестибюлю к лифту. Есть среди них мужчины в костюмах, есть женщины в туфлях на высоких каблуках, которые Билли называет «щелкунчиками», но многие одеты неформально, а кто-то и вовсе в брендированных футболках. Билли не знает, где они работают, но вряд ли им приходится общаться с клиентами.

За стойкой консьержа в центре вестибюля сидит упитанный пожилой охранник. Из-за глубоких морщин вокруг рта он похож на куклу чревовещателя. Наверняка это коп в отставке, причем до окончательного выхода на пенсию ему осталось не больше пары-тройки лет. Формы как таковой он не носит, только синий жилет с нашивкой частного охранного агентства «ПОЛК». На безопасности тут явно экономят. Еще один верный признак того, что у Хоффа проблемы. А если это здание — основной источник его доходов, то проблемы серьезные.

Хофф врубает обаяние на полную, подходит к старику и с улыбкой протягивает ему руку:

— Как дела, Ирв? Все хорошо?

— Нормально, мистер Хофф.

— Жена здорова?

— Артрит маленько мучает, но в целом ничего.

— Это Джордж Руссо, я вас знакомил на прошлой неделе, а это Дэвид Локридж, писатель, наш новый арендатор.

— Приятно познакомиться, мистер Локридж, — говорит Дин. На его лице появляется улыбка, которая сразу делает его чуть моложе. Немного, но все-таки. — Надеюсь, здесь вам хорошие слова будут в голову приходить.

Какое приятное пожелание, думает Билли. Пожалуй, лучше не придумать.

— Я тоже на это надеюсь.

— Можно спросить, о чем вы пишете?

Билли подносит палец к губам:

— Секрет фирмы.

— Ладно, понял. Офис на пятом хороший, думаю, вам понравится. Мне вас надо щелкнуть на пропуск, ничего?

— Конечно.

— Права у вас есть?

Билли вручает ему водительские права Дэвида Локриджа. На свой смартфон (сзади на чехле красуется логотип в форме бриллианта с надписью «БАШНЯ ДЖЕРАРДА») Ирв фотографирует права, затем самого Билли. Теперь на компьютерных серверах этого здания появится его фотография, которую без труда может получить любой человек с доступом или хакерскими навыками. Билли мысленно успокаивает себя: ничего страшного, это же твое последнее дело. Но ему это не нравится. Совсем.

— Карточка скоро будет готова, я вам ее отдам, когда соберетесь уходить. Вам она пригодится, если за стойкой никого нет. Просто прикладываете ее вот сюда. Мы должны знать, кто в данный момент находится в здании. Я почти все время на посту — а когда у меня выходной, вместо меня дежурит Логан, — так что обычно мы сами вас пропускаем.

— Понял.

— Та же карточка понадобится при входе в паркинг на Мейн-стрит. Она будет действительна четыре месяца. Ваш... э-э... агент все оплатил. Прикладываете карточку — шлагбаум открывается. Только мне сперва надо внести вас в базу. Когда в суде слушают дело, на улице вы не припаркуетесь, даже не пытайтесь. — Ага, вот почему ему велели добираться на «убере». — Собственного места у вас не будет, но на первом и втором уровне почти всегда найдется свободное местечко. Народу у нас сейчас не очень много. — Он виновато косится на Кена Хоффа, потом вновь переключает внимание на нового арендатора. — Если вам что-то понадобится, просто наберите один-один на своем стационарном телефоне в офисе. Он подключен и работает. Ваш агент позаботился и об этом.

— Мистер Дин очень мне помог, — говорит Джорджо.

— Так это его работа! — весело восклицает Хофф. — Верно, Ирв?

— Именно так.

— Ладно, привет жене. Пусть скорее поправляется. Я слыхал, медные браслеты творят чудеса. Те, что по телевизору рекламируют.

— Попробуем как-нибудь, — говорит Дин (впрочем, к его чести, без особой уверенности).

Когда они минуют стойки, Билли замечает на коленях у охранника свежий номер «Спортс иллюстрейтед» — ежегодный выпуск с супермоделями в купальниках. Он делает себе мысленную пометку при случае купить номерок. «Тупой я» любит спорт, а ему самому нравятся красивые девчата.

Они поднимаются на лифте и выходят в безлюдный коридор.

— Вон там бухгалтерская компания, — говорит Хофф, показывая пальцем в дальний конец коридора. — Два смежных офиса. Потом юридическая фирма. И какой-то стоматолог. Вроде. Если не съехал. Наверное, съехал, раз таблички на двери нет. Надо будет спросить у агента. Весь остальной этаж свободен.

О да, у тебя большие неприятности, снова думает Билли. Он украдкой косится на Джорджо, но Джорджо — вернее, *Джордж* — глазеет на пустую дверь стоматологического кабинета. Было бы на что смотреть.

В конце коридора Хофф достает из кармана пиджака маленькую матерчатую визитницу с золотыми буквами «БД» на обложке.

— Это вам. Здесь две запасные карточки.

Билли прикладывает одну из карточек к считывателю замка и входит в небольшую переднюю — или приемную зону, будь это действующий офис. В помещении жарко и душно, воздух спертый.

— Ох, кто-то забыл включить кондиционер! Секундочку, погодите... — Хофф нажимает какие-то кнопки на стенной панели управления и обеспокоенно ждет — ничего не происходит. Наконец из решеток под потолком начинает идти прохладный воздух. Хоффа сразу отпускает: он стоял навытяжку, а теперь вновь ссутулился.

Следующее помещение — большой рабочий кабинет (или небольшой конференц-зал). Письменного стола нет, только переговорный, за которым впритирку поместятся шесть человек. На столе — пачка блокнотов «Стейплз», коробка с шариковыми ручками, стационарный телефон. В этой комнате — его будущем писательском кабинете, судя по всему, — даже жарче, чем в передней, потому что ее заливает утреннее солнце. Жалюзи опустить тоже забыли. Джорджо приподнимает ворот своей рубашки.

— Фух!

— Скоро будет прохладно, вот увидите, — заверяет его Хофф. Он явно волнуется. — У нас отличная система кондиционирования, последнее слово техники! Уже стало лучше, чувствуете?

Билли плевать на температуру воздуха, по крайней мере сейчас. Он подходит к правой части большого окна, выходящего на дорогу, и смотрит по диагонали на ступени здания суда. Затем чуть смещает взгляд и видит небольшую дверь — служебный вход. Он представляет, как к суду подъезжает полицейский автомобиль или фургон с надписью «УПРАВЛЕНИЕ ШЕРИФА» либо «ГОРОДСКАЯ ПОЛИЦИЯ». Выходят стражи закона — минимум двое, может, трое. Четверо? Вряд ли. Они открывают заднюю дверь автомобиля со стороны тротуара или боковую дверь фургона. Джоэл Аллен покидает салон. Узнать его — не проблема: он в наручниках и окружен полицейскими.

Когда время придет — *если* оно придет, — произвести выстрел не составит никакого труда.

— Билли!

Голос Хоффа выдергивает его из размышлений.

Застройщик стоит в дверях третьей, совсем крошечной комнатки — мини-кухни. Убедившись, что Билли обратил на него внимание, Хофф обводит рукой бытовые приборы (ни дать ни взять манекенщица из телешоу «Верная цена»).

— Дэйв, — поправляет его Билли. — Меня зовут Дэйв.

— Точно. Простите. Ошибся. Здесь у нас плита на две конфорки, духовки нет, зато есть микроволновка для попкорна и разогрева полуфабрикатов — ну, там «Хот покетс», готовые обеды и все такое. Тарелки и кастрюльки — в шкафах. Посуду можно сполоснуть в мойке. Мини-холодильник. Туалета здесь нет, но в конце коридора есть общий — в вашем конце, так что идти недалеко. Да, и вот что.

Он достает из кармана ключик и тянется к прямоугольной деревянной панели над дверью между кабинетом/конференц-залом и мини-кухней. Вставляет ключ, сдвигает в сторону панель, и та сама собой поднимается. Внутри пустое пространство около восемнадцати дюймов в ширину, четырех футов в длину и двух футов в глубину.

— Нычка, — сообщает Хофф и делает вид (ей-богу!), что палит из воображаемой винтовки. — Ключ нужен, чтобы запирать ее по пятницам, когда приходят уборщики...

Билли хочет его перебить, но вместо него это делает Джорджо. Вот и славно: думать здесь должен он, а не Билли Саммерс.

— В этом офисе — никакой уборки. Ни по пятницам, ни в любой другой день. Секретный литературный проект, помнишь? Дэйв у нас парень чистоплотный, верно, Дэйв?

Билли кивает. Он в самом деле чистоплотный.

— Скажи это Дину, второму охраннику — Логану, да? — и Бродеру тоже. — Он поясняет для Билли: — Стивен Бродер — управляющий.

Билли кивает и мысленно заносит имя в свою «базу».

Джорджо водружает сумку с ноутбуком на стол, отодвигая письменные принадлежности (Билли находит этот жест одновременно грустным и символичным), расстегивает молнию.

— «Макбук-про». Последняя модель, лучшее, что сейчас есть на рынке. Дарю. Можешь пользоваться своим, если привык, но эта крошка... У нее куча всяких фишек и приблуд. Запустить сможешь? Тут должна быть инструкция или...

— Разберусь.

Это не проблема, но есть один нюанс. Если Ник не превратил эту роскошную черную машинку в волшебное зеркало, через которое можно подглядывать за творческим процессом Билли, то он упустил очень неплохую возможность. А Ник Маджарян ничего не упускает.

— Елки-палки, вы мне напомнили! — Вместе с ключом от тайника Хофф вручает Билли еще одну карточку. — Пароль от вайфая. Не переживайте, у нас все безопасно — как в банке.

Брехня, думает Билли, пряча карточку в карман.

— Что ж, — говорит Джорджо, — на этом, пожалуй, все. Оставляем тебя творить. Пойдем, Кен.

Хофф не торопится уходить — ему как будто хочется показать Билли что-то еще.

— Звоните, если что-то понадобится, Би... Дэйв. Что угодно — может, развлечения какие-нибудь? Телик? Радио?

Билли мотает головой. У него приличная музыкальная библиотека на телефоне — в основном кантри и вестерн. Дел в ближайшие дни будет немало, но рано или поздно он перекачает свою музыку на этот новенький ноутбук. Если Ник захочет за ним понаблюдать, то услышит Рибу, Вилли и всю лихую компашку Хэнка Уильямса-младшего[1]. А потом, возможно, Билли все-таки начнет писать. На своем личном компьютере. Только сперва надо будет дополнительно обезопасить оба компа от хакеров — новый и старый, проверенный временем.

Джорджо наконец уводит Хоффа, и Билли остается один. Он возвращается к окну и какое-то время изучает обе диагонали: ту, что упирается в широкие ступени, и ту, что ведет к служебному входу. Снова в красках и подробностях представляет, как именно все произойдет. Обычно в жизни бывает чуть иначе, чем представлялось, но работа над заказом обязательно начинается с картинки, которую ты должен увидеть в своем воображении. Этим убийца похож на поэта. Что-то неизбежно изменится, возникнут непредвиденные обстоятельства, жизнь внесет коррективы, но сначала ты должен все увидеть.

На телефон приходит сообщение.

Дж. Руссо: Извини, что притащил Хоффа. Знаю, он придурок.

Билли С.: Мне еще придется с ним общаться?

Дж. Руссо: Не знаю.

[1] Риба Макинтайр, Вилли Нельсон и Хэнк Уильямс-младший — культовые исполнители кантри.

Конечно, Билли хотел бы получить более определенный ответ, но на первое время сойдет. Деваться ему все равно некуда.

6

Домой — то есть туда, где теперь его дом — Билли возвращается с новым пропуском на имя Дэйва Локриджа в кармане. Завтра он поедет на работу на своем новом подержанном автомобиле. У входной двери стоит мешок газонного удобрения «Миракл-гро» с приклеенной скотчем запиской: «Решил, что вам пригодится! Джамал А.»

Билли машет соседнему дому рукой, хотя и не знает, есть ли там кто-нибудь — сейчас половина двенадцатого утра, вероятно, оба Акермана на работе. Он заносит мешок в коридор и едет в «Уолмарт», где покупает два одноразовых мобильника (основной и запасной) и пару флешек, хотя пригодится ему скорее всего только одна. Памяти на ней предостаточно: полное собрание сочинений Эмиля Золя не займет и сотой ее части.

Еще он спонтанно покупает дешевый ноутбук «Оллтек», который убирает в шкаф, даже не достав из коробки. За компьютер он платит «визой» Дэвида Локриджа. Никаких определенных планов на эти устройства у него нет, возможно, ему даже не придется ими воспользоваться. Все будет зависеть от стратегии бегства с места преступления, которая пока неясна.

По дороге домой он заглядывает в «Бургер Кинг», а когда подъезжает к желтому домику, замечает на тротуаре двух ребят с велосипедами. Мальчик и девочка, он белокожий, она темнокожая. Девочка — вероятно, дочь Акерманов.

— Вы наш новый сосед? — спрашивает парень.

— Да, — отвечает Билли, а сам думает, что пора привыкать к новой роли. Может, будет даже весело. — Меня зовут Дэйв Локридж. А вы кто?

— Я Дэнни Фасио, а это моя подруга Шанис. Мне девять. Ей восемь.

Билли пожимает руку Дэнни, потом девочке, которая застенчиво поглядывает на него, когда ее коричневая ручка скрывается в его большой белой руке.

— Приятно познакомиться. У вас уже летние каникулы начались? Наслаждаетесь свободой?

— В этом году со списком литературы клево придумали, — говорит Дэнни. — За каждую прочитанную книжку дают наклейку. Я уже четыре собрал, а Шанис пять, но ничего, я скоро ее догоню. Мы идем ко мне в гости. После обеда будем с ребятами играть в «Монополию» в парке. — Он показывает пальцем в нужном направлении. — Шан принесет игру из дома. Я всегда гоночной машиной хожу.

Дети гуляют сами по себе, и это в двадцать первом веке, восхищается Билли. Надо же! Только тут он замечает толстяка в двух домах от них — майка-алкоголичка, бермуды, забрызганные скошенной травой кеды, — который поглядывает на него. И на то, как он, Билли, общается с детьми.

— Ладно, счастливо! — говорит Дэнни, садясь на велосипед.

— В попе слива, — отвечает Билли, и дети дружно смеются.

Днем, немного подремав — как писатель, он, наверное, имеет право на дневной отдых, — Билли достает из холодильника упаковку «Бада» и относит его на крыльцо Акерманов, снабдив запиской: «Спасибо за удобрения. Дэйв».

Что ж, здесь начало положено, причем хорошее. А в городе? Наверное, тоже. Будем надеяться.

Вот только этот Хофф... Чертов Кен Хофф не дает ему покоя.

7

Вечером, когда Билли удобряет свою лужайку, Джамал подходит к нему с двумя из подаренных шести банок пива. Он одет в зеленый комбинезон: с одной стороны на груди нашивка с его именем, с другой — «СУПЕРШИНЫ». Вместе с ним, держа в руке банку пепси, идет мальчик.

— Здравствуйте, мистер Локридж! — говорит Джамал. — Этот малый — мой сын Дерек. Шанис рассказала, что вы уже познакомились.

— Да, и с ее приятелем Дэнни тоже.

— Спасибо за угощение! Слушайте, а чем это вы удобрение рассыпаете? Похоже на сито для муки, как у моей жены.

— Оно и есть. Я думал купить сеялку в «Уолмарте», но тратиться на этот так называемый газон... — Он косится на лысый клочок земли перед домом и пожимает плечами. — Многовато чести.

— Смотрю, у вас неплохо получается. Тоже так попробую. А что с лужайкой на заднем дворе? Там травы побольше будет.

— Ее надо сперва покосить, а у меня нет косилки. Пока.

— Можете взять нашу, правда же, пап? — говорит Дерек.

Джамал ерошит ему волосы.

— Конечно. В любое время.

— Нет, это уж слишком. Я себе куплю — если, конечно, дело пойдет и я тут останусь.

Они поднимаются на веранду и садятся на ступеньки. Билли открывает пиво и делает глоток. Ему сразу становится хорошо, и он сообщает об этом гостям.

— А о чем ваша книга? — спрашивает Дерек, сидящий между ними.

— Секрет фирмы, — с улыбкой отвечает Билли.

— Да, но это правда или вымысел?

— Понемногу того и другого.

— Ну все, хватит, — говорит сыну Джамал. — Не выпытывай, это невежливо.

Из дома в дальнем конце улицы к ним идет женщина. На вид ей лет пятьдесят: седеющие волосы, яркая помада. Она держит в руке высокий стакан и шагает нетвердо.

— Это миссис Келлогг, — тихо поясняет Джамал. — Вдова. Потеряла мужа в прошлом году. Инсульт. — Он задумчиво оглядывает жалкую лужайку у дома Билли. — Когда он стриг газон, между прочим.

— Смотрю, у вас вечеринка? Можно напроситься? — спрашивает миссис Келлогг. Она еще не подошла вплотную, и ветра нет, но Билли издали чует, как от нее разит джином.

— Можно, если вы не против посидеть на ступеньках, — говорит он, вставая и протягивая руку. — Дэйв Локридж.

Тут к ним подходит тип, который днем приглядывал за Шанис и Дэнни. Майку-алкоголичку и бермуды он сменил на джинсы и футболку «Властелины Вселенной». Компанию ему составляет высокая тощая блондинка в домашнем платье и кедах. Из соседнего дома выходят дочка и жена Джамала с тарелкой шоколадных брауни. Билли приглашает всех в дом, где можно нормально сесть.

Добро пожаловать в Мидвуд, думает он.

8

Тип в футболке «Властелины Вселенной» и его тощая белобрысая жена — это Рагланды. Вскоре подтягиваются и Фасио (без сына), а Петерсоны с дальнего конца квартала приносят бутылку красного. Гостиная битком набита людьми — получилась маленькая импровизированная вечеринка. Билли даже рад. Отчасти потому, что можно наконец не включать «тупое я», а отчасти потому, что ему нравятся все эти люди, даже Джейн Келлогг, которая изрядно наклюкалась и без конца бегает в туалет. Который называет сортиром. К тому времени, когда народ начинает расходиться — не поздно, потому что завтра всем на работу, — Билли приходит к выводу, что отлично сюда впишется. К нему проявляют интерес, поскольку его призвание пока всем в диковинку. Это ненадолго: к середине лета, при условии, что Джоэл Аллен не заявится слишком рано на свидание с пулей, Билли окончательно примелькается в Мидвуде и станет для всех обычным соседом. Своим человеком.

Билли узнает, что Джамал работает бригадиром на шиномонтаже «Супершины», а Кори — как тесен мир! — стенографисткой в суде. Во время летних каникул за Шанис присматривает Диана Фасио. Брат Шанис — Дерек — ходит в летний лагерь при школе, а в августе поедет в баскетбольный. Еще Билли рассказали, что Дуганы, которые съехали из желтого дома в октябре, никого не предупредив (смотали удочки, как говорит Пол Рагланд), были «с претензией», поэтому Дэйву Локриджу все очень рады. После убийства они будут говорить репортерам, что он производил впечатление хорошего и доброго человека. Вот и хорошо. Билли тоже считает себя хорошим человеком, просто работа у него грязная. По крайней мере, думает он, я никогда не убивал пятнадцатилетних пареньков по дороге в школу. Впрочем, не факт, что это делал и Джоэл Аллен, он же Джо.

Прежде чем лечь спать, Билли достает из коробки ноутбук «Оллтек», открывает браузер и гуглит Кена Хоффа. В Ред-Блаффе он, оказывается, известный деятель, чуть ли не первое лицо — член Братства оленя и ротарианец, в свое время был президентом местного филиала Американской молодежной торговой палаты, а в 2016-м — председателем местного отделения Республиканской партии (на просторах Интернета нашлось даже фото Кена без бороденки, зато в красной бейсболке «MAGA»[1]). Входил он и в комиссию по планировке города, но в 2018-м покинул пост после обвинений в злоупотреблении положением. Ему принадлежат полдюжины городских зданий, включая «Башню Джерарда» (что в глазах местных должно делать его мини-версией Дональда Трампа), и три телеканала, один в Ред-Блаффе и два в Алабаме. Все три входят в струк-

[1] «MAGA» («Make America Great Again») — «Вернем Америке былое величие». Лозунг Дональда Трампа в президентской кампании 2016 года. Впервые был использован Рональдом Рейганом в 1980 году, затем — Биллом Клинтоном в 1992 году (позже он от него отказался, сочтя расистским).

туру Дабл-ю-дабл-ю-и (вот что имел в виду Хофф, когда говорил про телеканалы). Жена у него была не одна, а целых две, с обеими он в разводе — на одних алиментах недолго разориться. Был план построить поле для гольфа, но сорвался в конце прошлого года. Строительство еще одного офисного здания в центре города подвисло на неопределенный срок. Иными словами, картина маслом: маленькая бизнес-империя на краю пропасти. Толкнешь разок — и ухнет вниз.

Билли ложится и какое-то время просто смотрит в темноту, пряча руки под подушкой. Он не может понять, что привлекло Ника в Кене Хоффе, а Кена Хоффа — в Нике. Да, последнему обаяния не занимать (одна улыбка на миллион чего стоит!), и он умнее среднестатистического уголовника, но будем честны: он — гиена, а гиены промышляют тем, что замечают самое слабое, хромое животное и ждут, когда оно отобьется от стада. Кен Хофф — козел отпущения. За само убийство его, конечно, не посадят, на этот случай у него будет железное алиби. Но когда копы начнут искать заказчика, они выйдут не на Ника, а на Кена. Что ж, Билли это вполне устраивает.

Запасы прохлады под подушкой иссякли, поэтому он перекатывается на правый бок и сразу засыпает.

Все-таки утомительное это дело — быть хорошим соседом.

Глава 4

1

На следующий день Билли приезжает в офис, включает новенький «мак» и закачивает на него пасьянс «Солитер». Вариантов великое множество. Он выбирает «Кэнфилд» и настраивает компьютер так, чтобы тот делал ход раз в пять секунд. Если Ник и Джорджо захотят посмотреть, чем он занимается (или поручат это Фрэнки Элвису), они не догадаются, что компьютер играет сам с собой.

Билли подходит к окну и выглядывает на улицу. Вся Корт-стрит под завязку забита припаркованными машинами, среди которых много полицейских патрульных. Столики под тентами возле кафе «Место под солнцем» заполнены людьми, жующими пончики и слойки. Несколько человек спускается по ступеням здания суда, но куда больше народу идет наверх. Одни легко взбегают по лестнице, демонстрируя неплохую физическую подготовку, другие еле плетутся. Последние — в большинстве своем адвокаты, которых легко узнать по огромным пухлым портфелям. Скоро начнется очередное слушание.

Словно в подтверждение этой догадки на улицу въезжает микроавтобус — некогда красный, но с годами выцветший до розового. Он медленно подкатывает к зданию суда, минуя главную лестницу, и останавливается у служебного входа в правом крыле каменной громадины. Дверь автобуса открывается. Оттуда выходит коп, следом — вереница заключенных в оранжевых комбинезонах, в конце еще один коп. Заключенные под конвоем обходят автобус. Дверь служебного входа распахивается, и они проходят внутрь, где каждый из них будет дожидаться решения суда по своему делу. Зрелище интересное и вполне заслуживает занесения в базу, полагает Билли, однако Ник прав: Аллена наверняка поведут не к служебному входу, а по лестнице к главному. Впрочем, Билли все равно. На дистанцию это почти не повлияет. Куда важнее то, что по будням на Корт-стрит куча народу. Может, днем по улицам шатается меньше людей, но большинство деловых встреч происходит утром.

Ты у нас чертов Гудини — сделал дело и исчез, как по волшебству. Когда пыль уляжется, тебя уже и след простыл.

Будем надеяться, думает Билли. Потому что именно за такое волшебное исчезновение ему, по сути, и платят. Ник, конечно, не просто так нанял Билли. Даже если исчезнуть он не сможет, у него нет друзей или родственников, которые будут на него давить, уговаривая пойти на сделку с полицией и выдать имя заказчика. Пусть (по мнению Ника) Билли далеко до самой яркой лампочки в люстре, ему хватит ума не пытаться в обмен на заветное имя смягчить приговор. Если ты пристрелил человека из снайперской винтовки с пятого этажа офисного здания, в котором несколько недель или месяцев просидел в засаде, в чем тебя могут обвинить? Ежу понятно, что это убийство первой степени — умышленное убийство при отягчающих обстоятельствах.

Да, если Билли все-таки заметут, обвинение может предложить ему только одну сделку (и Ник, естественно, в курсе). В этом штате убийство карается смертной казнью. Умный окружной прокурор предложит Билли вместо инъекции пожизненное заключение в исправительной колонии «Ринкон». Билли думает, что даже если все сложится таким образом, он по-прежнему может не упоминать Ника. Он может назвать Кена Хоффа, потому что Хоффу и так жить останется недолго, если Билли повяжут на выходе из «Башни Джерарда». А может, ему в любом случае недолго осталось. Попадая в круг общения Ника Маджаряна, козлы отпущения долго не живут.

Вероятно, Билли и самому осталось не так много: для верности могут убрать и его. Например, он случайно упадет с тюремной лестницы — при этом руки у него, конечно, будут скованы наручниками за спиной. Или его пырнут заточенной зубной щеткой в душе, запихнут кусок мыла ему в глотку... Допустим, с одним человеком он еще справится, даже с двумя, но с целой толпой «восемьдесят восьмых» или тремя-четырьмя головорезами «Народной нации»? Нет. Да и хочет ли он сидеть в тюрьме до конца жизни? Тоже нет. Лучше уж смерть, чем клетка. Ник наверняка понимает и это.

Впрочем, если Билли не попадется, все будет отлично. Его еще ни разу не поймали — семнадцать раз он благополучно скрывался с места преступления. Но и подобная ситуация ему в новинку. Обычно стреляешь тайком из подворотни, а рядом стоит машина, которая тут же увезет тебя прочь из города по заранее спланированному маршруту.

Как скрыться из офиса на пятом этаже здания в центре города, застрелив человека из снайперской винтовки? Причем вокруг будет тьма полицейских, городских и окружных. Билли знает, как это выглядело бы в кино: крутой наемник воспользуется прибором бесшумной и беспламенной стрельбы, глушителем. Только здесь это не прокатит. Дистанция велика, и в случае промаха второго шанса не будет. Кроме того, щелчок пули, преодолевающей звуковой барьер, заглушить невозможно. ПББС тут бессилен. И у Билли есть личный пунктик: он никогда не доверял «банкам». Накрути подобную штуку на дуло хорошей винтовки — и имеешь все шансы запороть выстрел. Значит, будет громко, и хотя в первые секунды никто не определит, откуда стреляли, позже, когда люди перестанут прятать головы и начнут озираться по сторонам, они увидят окно на пятом этаже «Башни Джерарда» с вырезанной в стекле круглой бойницей. Окна-то здесь не открываются.

Все эти проблемы не пугают Билли. Наоборот, они делают задачу увлекательнее. Как всевозможные опасные трюки (выбраться из окованного цепями сейфа, брошенного в Ист-Ривер, или освободиться из смирительной рубахи, болтаясь под крышей небоскреба), несомненно, увлекали Гарри Гудини. План у Билли пока не готов, но начало положено. Парковка на первых двух уровнях оказалась чуть более заполненной, чем следовало из слов Ирва Дина — вероятно, сегодня в суде идет особенно много слушаний, — но на четвертом уровне свободно. Читай, уединенно, а уединение — это всегда хорошо. Билли уверен, что с этим согласился бы и Гудини.

Он возвращается к столу, на котором дорогущий «макбук-про» до сих пор играет в «Кэнфилд» сам с собой, включает свой личный компьютер и заходит на «Амазон». На «Амазоне» можно купить что угодно.

2

На небольшой участок тротуара у «Башни Джерарда» с помощью трафарета нанесена надпись: «ПАРКОВКА ТОЛЬКО ДЛЯ СЛУЖЕБНОГО ТРАНСПОРТА». В одиннадцать пятнадцать здесь останавливается красочный фургон с нарисованным на боку сомбреро, под которым написано: «ЗАКУСОЧНАЯ ХОСЕ: TODOS COMEN![1]» Люди начинают выходить из здания и стекаться к фургону, как муравьи на сахар. Пять минут спустя рядом с первым фургоном останавливается еще один: на его боку нарисован улыбающийся мультяшный мальчик, с жадностью уплетающий двойной чизбургер. В одиннадцать тридцать, когда люди выстраиваются в очереди за бургерами с картошкой, тако и энчиладами, к зданию подъезжает третий фургон, с хот-догами.

Пора перекусить, думает Билли. И заодно познакомиться с еще парой-тройкой соседей.

На пятом этаже ждут лифта четыре человека: трое мужчин и одна женщина. Все одеты по-деловому, и всем за

---

[1] Едят все! (*исп.*)

тридцать (женщина, возможно, моложе). Билли подходит к ним. Один мужчина спрашивает, не он ли — новый писатель, недавно снявший здесь офис. Как будто Билли здесь вместо старого! Он отвечает, мол, да, это он, Дэйв Локридж. Все тоже представляются. Их зовут Джон, Джим, Гарри и Филлис. Билли спрашивает, что они посоветуют взять на обед. Джон и Гарри рекомендуют мексиканский фургон. «Там отличные тако с рыбой», — говорит Джон. Джим добавляет, что бургеры тоже неплохие, а луковые кольца — лучше не придумаешь. Филлис признается, что сегодня нацелилась на чили-дог от Пита.

— Это, конечно, не высокая кухня, — говорит Гарри, — но лучше, чем из дома обеды таскать.

Билли спрашивает про кафе через дорогу, и все дружно мотают головами. Такое единодушие его забавляет. Он улыбается.

— Держитесь подальше от этой забегаловки, — говорит Гарри. — В обед там куча народу.

— И цены аховые, — добавляет Джон. — Не знаю как писателям, а адвокатам молодой юридической фирмы приходится считать денежки.

— Много тут адвокатов? — обращается Билли к Филлис, когда двери лифта открываются.

— Это не ко мне вопрос, — отвечает она. — Лично я из бухгалтерской компании «Полумесяц». Отвечаю на звонки и проверяю налоговую отчетность.

— Да, законников тут немало, — говорит Гарри. — И на третьем-четвертом, и на шестом этаже есть конторы. На седьмом вроде было архитектурное бюро, а на восьмом — фотостудия. Специализируются на коммерческой фотографии для каталогов.

Джон говорит:

— Если представить, что это здание — телешоу, оно называлось бы «Молодые юристы». Все крупные фирмы находятся в двух-трех кварталах отсюда, по другую сторону здания суда — на Холланд-стрит и Эмери-плазе. А мы к ним прибились и питаемся крошками с хозяйского стола.

— И ждем, когда хозяева помрут, — добавляет Джим. — Большинство адвокатов старой закалки — динозавры, которые носят костюмы-тройки и говорят, как босс Хогг в «Придурках из Хаззарда».

Билли вспоминает табличку у входа: «АРЕНДА ОФИСОВ И АПАРТАМЕНТОВ КЛАССА ЛЮКС». Выглядела она так, будто стояла там очень давно; как и от самого Хоффа, от нее веяло отчаянием.

— Полагаю, вашей фирме сдают помещения с хорошей скидкой?

Гарри наводит на Билли указательный палец:

— В точку! Четыре года по цене, которая чуть-чуть недотягивает до невероятно прекрасной. Причем цена останется прежней даже в том случае, если Хофф — владелец здания — пойдет по одиннадцатой статье, то есть обанкротится. Железобетонный контракт. Нам, юнцам, это на руку: есть время встать на ноги.

— Ну, а кроме того, — добавляет Джим, — если адвокат погорел на собственном договоре аренды, туда ему и дорога.

Молодые юристы смеются. Филлис улыбается. Все выходят в вестибюль. Парни уверенно устремляются к еде, а Билли с Филлис неторопливо идут следом. Она хорошенькая, хотя такую красоту часто недооценивают — скорее ромашка, чем пион.

— Мне любопытно... — говорит Билли.

— Это у писателей в крови, наверное? — с улыбкой произносит она. — Любопытство.

— Да, пожалуй. Я смотрю, здесь многие одеваются неформально. Взять хоть тех ребят. — Он показывает на парочку, которая приближается к выходу. Мужчина в черных джинсах и футболке с Саном Ра[1]. Его спутница — в узком топе, который скорее подчеркивает, нежели скрывает ее беременность. Волосы стянуты красной резинкой в не-

---

[1] Сан Ра (1914–1993) — американский джазовый композитор, пианист, поэт и философ, один из самых неоднозначных музыкантов XX века, считавший себя «космическим посланником» с Сатурна. Руководил музыкальным коллективом «Arkestra» с постоянно менявшимся составом и названием.

брежный пучок. — Только не говорите, что это адвокаты или архитекторы. Может, фотографы? Но больно их много, целое стадо.

— Они из коллекторского агентства «Лидер» на втором этаже. *Весь* второй этаж занимают. Это коллекторы. Мы не просто так их КАЛом прозвали. — Она морщит нос, будто учуяла неприятный запах, но Билли подмечает легкие нотки зависти в ее голосе. Деловой стиль в одежде нравится людям только поначалу, однако со временем превращается в обузу, особенно для женщин: нужно постоянно следить за волосами, макияжем, носить «щелкунчики». Наверняка эту привлекательную женщину из бухгалтерской конторы с пятого этажа время от времени посещают мысли о том, как здорово было бы натянуть джинсы, легкий топ, подкрасить губы и в таком виде отправиться на работу. — А зачем им презентабельно выглядеть? Сидят себе весь день в просторном офисе с открытой планировкой, с клиентами общаются только по телефону. Люди, которым они названивают, не должны их видеть. — У самых дверей она останавливается и задумчиво произносит: — Интересно, сколько им платят?

— Похоже, бухгалтерию «Лидера» ведете не вы.

— Это точно. Но имейте нас в виду, если ваша книга выстрелит, мистер Локридж. Наша фирма тоже молодая. У меня где-то есть визитка...

— Не ищите. — Билли касается ее запястья, пока она не успела перерыть всю сумку. — Если книга выстрелит, я просто постучу в вашу дверь.

Она улыбается и окидывает его оценивающим взглядом. На ее руке нет ни обручального, ни помолвочного кольца, и Билли приходит в голову, что в другой жизни он позвал бы ее после работы в бар. Возможно, она отказала бы, хотя этот кокетливый взгляд из-под ресниц и улыбка говорят об обратном. Конечно, никуда он ее не позовет. Да, ему надо знакомиться с местными. Производить и получать хорошие впечатления — сколько угодно. Но сближаться с людьми — это очень плохая идея. Сближаться опасно. Возможно, когда он отойдет от дел, все станет иначе.

3

Билли покупает навороченный бургер с кучей овощей и устраивается на скамейке с Адвокатом Джимом (на самом деле его зовут Джим Олбрайт).

— Ну-ка, попробуйте. — Он протягивает Билли жирное луковое кольцо. — Чертовски вкусно.

Кольца действительно хороши. Билли говорит, что, пожалуй, тоже возьмет себе немного, и Джим Олбрайт одобрительно кивает: «А то!» Билли покупает кольца в бумажном поддончике, берет кетчуп и возвращается к Джиму.

— Так о чем ваша книга, Дэйв?

Билли подносит к губам указательный палец:

— Секрет фирмы.

— Даже если я подпишу соглашение о неразглашении конфиденциальной информации? Джонни Колтон — спец по таким бумагам. — Он указывает на одного из своих коллег у мексиканского фургона.

— Все равно не расскажу.

— Да вы могила! А я думал, писателям только дай потрепаться о работе.

— Смею предположить, тот, кто много говорит, мало пишет, — замечает Билли. — Впрочем, других писателей, кроме себя самого, я не знаю, так что утверждать не берусь. — Тут он говорит (и не только затем, чтобы сменить тему): — Взгляните на того парня у фургона с хот-догами. Не каждый день увидишь такой прикид.

Человек, на которого он указывает, подошел к толпе у мексиканского фургончика. Он выделяется даже среди своих коллег из КАЛа: золотистые штаны-парашюты возвращают Билли прямиком в его теннессийское детство (так наряжались по пятницам городские модники, когда шли на танцы в «Роллердом»), рубашка в «огурец» с высоким воротником, какие носили рокеры Британского вторжения (на «Ютьюбе» еще есть старые видео с ними); завершает ансамбль шляпа-поркпай, из-под которой на плечи волнами спадают пышные черные волосы.

— Это Колин Уайт, — со смехом отвечает Джим. — Ну и видок, а? Гей до мозга костей и жизнерадостен, как воскресный полдень в Париже. Вообще ребята из КАЛа не особо общаются с остальными: понимают, что зарабатывать на пиво и «Скиттлз» вымогательством не круто. Но Колин — душа любой компании. — Джим качает головой. — По крайней мере за обедом. Уж не знаю, как он себя ведет при исполнении — как выбивает из нищих старушек и обездоленных ветеранов последние гроши... Но дело свое он знает: текучка кадров в их компании приличная, а работает он здесь дольше меня.

— Вы тут давно?

— Полтора года. Иногда Колин приходит на работу в килте. Серьезно! А иногда в мантии. Еще у него есть прикид Майкла Джексона — помните, парадный китель с эполетами, галунами и медными пуговицами?

Билли кивает. Колин Уайт в этот момент держит в руках картонную коробку с двумя тако. Он останавливается поболтать с Филлис: от его слов та запрокидывает голову и хохочет.

— Ну разве не душка? — с искренним восхищением и нежностью произносит Джим.

Филлис отходит в сторону и присоединяется к группке других женщин. Двое коллег Колина Уайта на скамейке раздвигаются, освобождая ему местечко. Прежде чем сесть, он исполняет изящный поворот вокруг своей оси — Парень в Перчатке мог бы им гордиться. Роста он не слишком высокого, пять футов девять дюймов, десять от силы. Вот и очередная часть плана родилась. Возможно. Четвертый уровень парковки, несколько ноутбуков, а теперь и Колин Уайт. Птица с диковинным оперением.

4

Днем он ставит «мак» играть с самим собой в криббидж (первый «игрок» всякий раз думает пять секунд, прежде чем сделать ход) и заодно настраивает программу так, чтобы второй «игрок» всегда одерживал победу. Это отвлечет любопытных минимум на час. Затем он врубает свой личный «мак», опять идет на «Амазон» и покупает там два парика: светлый с короткими волосами и черный с длинными. В иных обстоятельствах он заказал бы доставку в пункт самовывоза, но сейчас это не имеет смысла: в день, когда все случится, полиция еще до захода солнца установит личность Дэвида Локриджа.

Позаботившись о париках, он кладет один чистый блокнот «Стейплз» рядом с личным ноутбуком и пускается в виртуальный тур по съемным домам и квартирам. Он находит несколько подходящих вариантов, но ехать на объекты не спешит — сперва нужно получить товары с «Амазона».

Уже в два часа дня он заканчивает виртуальные поиски жилья. Домой ехать рановато. Пора наконец взяться за перо. Билли много об этом думал. Поначалу он хотел писать на своей машинке. Если делать это на «макбуке», его работодатель — а возможно, и «литагент» — могут тайком читать его писанину (невольно вспоминаются телекраны из «1984»). Но разве Ник и Джорджо не заподозрят неладное, если заглянут к нему в компьютер и не обнаружат там ни единого текстового файла? Заподозрят, конечно! Вслух они ничего не скажут, но это может натолкнуть их на мысль, что Билли куда лучше разбирается в компьютерной безопасности и хакинге, чем они думали.

Есть еще одна причина писать на «макбуке», пусть за ним и следят. Это — испытание. Сможет ли он написать историю собственной жизни от имени «тупого я»? Затея рискованная, но вполне осуществимая. Написал же Фолкнер «Шум и ярость». Еще один хороший пример — «Цветы для Элджернона» Дэниела Киза. Наверняка есть и другие.

Билли закрывает криббидж и создает новый вордовский документ. Озаглавливает его **«История Бенджи Компсона»** — намек на роман Фолкнера, которого ни Маджарян, ни Свиньелли, конечно, не поймут. Несколько секунд он просто сидит, барабаня пальцами по груди и уставившись в пустой экран.

Это слишком рискованно. Безумие.

Но ведь это мое последнее дело, думает он и набирает на клавиатуре первое предложение, которое давно приберегал на этот случай.

Сначала Билли пишет неграмотно. Еще у него скачут времена. По мере взросления героя речь становится более грамотной и литературной.

Однажды мамин хахаль вернулся домой с поломанной рукой.

Он смотрит на эти слова почти целую минуту, затем печатает дальше.

Я даже не помню как его звали. Но он был очень зол. Сперва наверное ездил в больницу потому что рука была в гипсе. Моя сестра

Билли мотает головой и переписывает первый абзац. Так вроде бы лучше.

Однажды мамин хахаль вернулся домой с поломанной рукой. Видать он сперва ездил в больницу потому что рука у него была в гипсе. Моя сестра пыталась испечь печенье и сожгла весь противень. Видать не уследила за временем. Он вернулся злющий как собака. Он убил мою сестру а я даже не помню как его звали.

Билли глядит на написанное и думает, что ему это по силам. Больше того: ему это нравится. Если бы десять минут назад его спросили, как было дело, он сказал бы: *Толком не помню, разве что в общих чертах*. Но теперь все иначе. Один-единственный короткий абзац отомкнул дверь и распахнул окно в прошлое. Билли помнит запах жженого сахара и видит сочащийся из духовки дым, и черный скол эмали на боку плиты, и цветы в чашке на столе, и слышит детское пение с улицы: «Одна к’ртошка, две к’ртошки, три к’ртошки, четыре!» Он помнит тяжелое *бум-бум-бум* сапог по лестнице. Сапог маминого хахаля. А теперь и его имя всплыло в памяти. Звали его Боб Месс. Когда он поколачивал маму, Билли думал: *Боб Месс. Боб месит мою ма.* Она потом всегда улыбалась и говорила: *Он не хотел.* И еще: *Я сама виновата.*

Билли пишет полтора часа. Его так и тянет вперед, но он сдерживается. Если Ник, или Джорджо, или даже Элвис наблюдают, у них не должно возникнуть подозрений. «Тупое я» пишет медленно, в час по чайной ложке. Каждое предложение дается ему с великим трудом. Ладно хоть орфографические ошибки можно не оставлять: те, что компьютер не исправляет автоматически, подчеркиваются красным.

В четыре часа дня Билли сохраняет написанное и закрывает документ. Удивительное дело: ему не терпится вновь взяться за работу завтра утром. Продолжить начатое.

Может, он и в самом деле писатель?

5

Вернувшись в Мидвуд, Билли обнаруживает на входной двери записку — приглашение на ребрышки на гриле с салатом и вишневый пирог к Рагландам. Он идет без особого энтузиазма, только чтобы их не обидеть, зная, что после ужина все усядутся поболтать за баночкой какого-нибудь газированного пойла, будут ругать студентов-коммунистов или грязных мигрантов. Билли ждет потрясение: Пол и Дениз Рагланд голосовали за Хиллари Клинтон и терпеть не могут Трампа, которого называют «Президентом Нытиком». Это еще раз доказывает, думает Билли по дороге домой, что нельзя судить человека по его майке.

Он уже здорово втянулся в сериал «Озарк» и собирается включить третью серию, когда на телефон — на мобильный Дэйва Локриджа — приходит сообщение. Джордж Руссо, его заботливый литагент, желает знать, как прошел первый день на работе.

Д. Лок: Неплохо. Начал писать.

Дж. Руссо: Это радует! Может, бестселлер накатаешь. Заскочишь к Н. в чт вечером? В 19:00. Поужинаем. Он хочет с тобой поболтать.

Стало быть, Ник все еще в городе. Наверное, ждет не дождется, когда отчалит в Вегас.

Д. Лок: Ага. Но без Х.

Дж. Руссо: Никакого Х.!

Вот и славно. Когда мне скажут, что с Хоффом можно больше не общаться, я запрыгаю от счастья, думает Билли.

Он выключает телевизор и ложится спать. Сон приходит легко — и незадолго до рассвета так же легко превращается в кошмар. Который он запишет завтра от имени Бенджи Компсона. Только слегка изменит имена, чтобы защитить всех причастных.

6

Однажды мамин хахаль вернулся домой с поломанной рукой. Видать он сперва ездил в больницу потому что рука у него была в гипсе. Моя сестра пыталась испечь печенье и сожгла весь противень. Видать не уследила за временем. Он вернулся злющий как собака. Он убил мою сестру а я даже не помню как его звали. Входит в дом и давай орать. Я сидел на полу трейлера и складывал пазл из 500 деталей, должны были получиться котята которые играют с клубком. Перегаром от него разило даже сквозь запах горелого печенья. Я потом узнал что он с кем-то подрался в таверне «Валлис». Видимо ему здорово досталось потому что под глазом у него был фингал. Моя сестра

Ее звали Кэтрин, но Билли придумает другое имя. Почти такое же, но не совсем. Кэтрин Энн Саммерс. Ей было девять, когда она умерла. Белокурая. Маленькая.

Моя сестра Кэсси сидела за столом за которым мы обычно ели, и раскрашивала раскраску. Ей исполнилось бы 10 через 2 или 3 месяца и она очень хотела чтобы ее возраст писался двумя цифрами а не одной. Мне было 11 и я должен был за ней приглядывать.

Он орал и махал руками на дым который повалил из печки как раз когда он пришел. И все время твердил что вы наделали что вы натворили. Кэти

Билли быстренько стирает имя сестры, надеясь, что никто ничего не заметил.

Кэсси сказала ой у меня же печенье я забыла оно наверное сгорело прости. А он сказал ах ты дура ах ты сука дрянь.

Он открыл дверцу духовки и оттуда повалил дым. Будь у нас детектор дыма он точно сработал бы но в нашем трейлере такого нет. Он взял кухонное полотенце и стал разгонять дым. Я хотел встать чтобы открыть дверь на улицу только она уже была открыта. Он полез в печку доставать противень. Схватил его здоровой рукой но полотенце соскользнуло и он обжегся и рассыпал печенье по всему полу. Печенье которое мы с Кэсси вместе вырезали формочками. Кэсси встала хотела прибраться и тут он начал ее убивать. А может это случилось сразу как только он врезал ей рукой в гипсе прямо по голове и она отлетела к стенке. Она отключилась тут же как лампочка но может быть еще была жива когда он начал пинать ее своими сапогами для мотоцикла который ма называла моциком.

Прекрати ты ее убиваешь сказал я но он не перестал пока я не сказал хватит сволочь подонок трус ты поганый ПРЕКРАТИ БИТЬ МОЮ СЕСТРУ. Я бросился на него и он меня оттолкнул

Билли встает и подходит к окну кабинета — теперь это его кабинет, так ведь? По ступеням здания суда ходят туда-сюда люди, но он на них не смотрит — он идет в мини-кухню попить воды. Немного проливает на стол, потому что не может унять дрожь в руках. Руки у него никогда не дрожат перед выстрелом — перед выстрелом они тверды, как камень, — а сейчас его потряхивает. Несильно. Но вода все же льется мимо. Рот и горло пересохли, и он выпивает целый стакан.

Он вспомнил все, и теперь ему стыдно. Билли решает на время оставить кусок про то, как он бросился на Боба Месса. На самом деле в его поступках не было ничего героического, и правда невыносима. Он не бросался на Боба, когда Боб пинал его сестру, топтал ее, ломал ее хрупкую грудную клетку, на которой уже никогда не появятся груди. Билли должен был приглядывать за Кэти. *Приглядывай за сестрой*, всегда говорила ма на прощанье, уходя на работу в прачечную. А он недоглядел. Он просто убежал. Убежал и спрятался.

Даже тогда, вспоминает Билли, возвращаясь к столу и ноутбуку, даже тогда у меня в голове была эта мысль. Ведь я побежал не в свою комнату.

— Я побежал в спальню, — говорит Билли и вновь садится за работу.

Я бросился на него и он меня оттолкнул а я встал и побежал через весь трейлер в ихнюю комнату и захлопнул дверь. Он давай молотить по ней кулаками и ругать меня последними словами и кричать открывай дверь Бенджи мать твою иначе пожалеешь. Только я знаю открою я дверь или нет он все равно убьет меня как Кэсси. Потому что она умерла и даже ребенку это ясно.

Мамин хахаль раньше служил в армии и привез оттуда рундук для личных вещей. Этот рундук стоял у него в ногах под покрывалом. Я стянул покрывало и открыл рундук. Он с замком но хахалю лень его запирать. Если б он его запер я сейчас это не писал бы потому что был бы мертв. И пистолет оказался заряжен, иначе я тоже умер бы. Но я знал что он всегда заряжен на случай если в дом залезут зломудышленники, так он их называл.

Зломудышленники, думает Билли. Господи, как будто все было вчера.

Он выбил дверь как я догадывался

Не догадывался, думает Билли, — знал. Потому что дверь была хлипкая, из тонкого оргалита. Билли и Кэти часто слышали, как взрослые занимались этим у себя в спальне — почти каждую ночь. И днем тоже, если ма рано приходила с работы. Но про это он тоже писать пока не будет.

и когда он вломился в комнату я сидел на полу прижавшись спиной к кровати и целился в него из пистолета. Это был M9x19 с 15 патронами Парабеллум. Тогда я этого не знал но я знал что пистолет тяжелый и держал его обеими руками у самой груди. Он сказал а ну отдай уродец ты разве не знаешь что это не игрушка.

Вобщем я его застрелил прямо в грудь. Он просто стоял в дверях как будто ничего не случилось но я знал что случилось потому что сзади брызнула кровь. M9 дернулся и толкнул меня в грудь

Билли помнит, как охнул. И рыгнул. А потом у него появился синяк над грудиной.

а он упал. Я подошел и сказал себе что может быть придется застрелить его еще раз. Я бы застрелил. Он был мамин хахаль, но он поступил плохо. Он был плохой человек!

— Но он был мертв, — вслух говорит Билли. — Боб Месс умер.

Его охватывает желание стереть этот ужас. Но он сохраняет документ. Что бы там ни подумали про его текст другие, Билли он нравится. Даже хорошо, что получилось так ужасно, потому что правда бывает ужасна. Видимо, он теперь в самом деле писатель — даже думает как писатель. Эмиль Золя наверняка думал так же, когда создавал «Терезу Ракен» или когда описывал больную, гниющую заживо Нану.

Лицо горит. Билли вновь идет в мини-кухню и брызгает водой себе на лицо. Воспоминания о том, как он застрелил Боба Месса, его не волнуют, а вот вспоминать Кэти больно.

Приглядывай за сестрой.

Как это, оказывается, здорово — писать. Он всегда об этом мечтал, и вот он пишет. Здорово. Но кто мог знать, что это так больно?

Звонит стационарный телефон. От неожиданности Билли подскакивает на месте. Ирв Дин сообщает, что ему пришла посылка с «Амазона». Билли благодарит и говорит, что сейчас спустится и заберет.

— Чего только там не продается! — восклицает Ирв.

Билли соглашается, а сам думает: *Вы и половины не знаете.*

7

Это еще не парики. «Амазон» доставляет быстро, но не настолько; парики придут завтра. Сегодня ему привезли то, что поместится в тайник над дверью между кабинетом и кухней, но Билли не собирается хранить это там. Все добро с «Амазона» он отвезет в мидвудский желтый домик.

Открыв коробку, он по одной достает оттуда купленные вещи. Из гонконгского магазинчика «Фан-тайм» ему приехали усы из натуральных человеческих волос. Светлые — как один из париков. Они слегка лохматы и густоваты, надо будет подровнять. Он ведь хочет слиться с толпой, а не привлекать к себе внимание. Следующий предмет — очки в роговой оправе с прозрачными стеклами. Найти их оказалось на удивление непросто. Очки для чтения можно купить в любой аптеке, но у Билли очень острое зрение, 20/10, и от любых диоптрий начинает болеть голова. Он примеряет очки. Сидят чуть свободнее, чем хотелось бы. Можно немного подкрутить винты, а впрочем, необязательно: сползающие на нос очки придадут ему ученый вид.

Последний, самый дорогой, предмет — это *pièce de résistance*[1]. Накладной силиконовый живот, который можно купить на «Амазоне» в магазине «Мам-тайм». Стоит он немало, потому что размер регулируется: можно изобразить шестимесячный животик, а можно и девятимесячный. Застегивается он на липучки. Билли знает, что такими животами часто пользуются магазинные воришки: охранников гипермаркетов даже специально об этом предупреждают при приеме на работу. Но Билли приехал в Ред-Блафф не воровать, и носить этот живот — когда придет время — будет не женщина.

Его будет носить он сам.

[1] Главное блюдо, гвоздь программы (*фр.*).

Глава 5

1

В четверг Билли подъезжает к временному дворцу Ника незадолго до семи часов вечера. Он где-то прочитал, что вежливый гость приходит ровно за пять минут до назначенного времени — ни минутой раньше или позже. На сей раз его встречает Поли. Ник опять поджидает внутри, подальше от камер пролетающих мимо полицейских дронов (маловероятно, но мало ли). Улыбка на максимум, руки раскинуты в стороны и готовятся заключить Билли в дружеские объятия.

— Сегодня в меню шатобриан. Я нанял повара — не знаю, что он забыл в этом захудалом городишке, но готовит отменно. Тебе понравится. И не объедайся сразу, прибереги местечко. — Он отстраняется от Билли и хрипло шепчет: — До меня дошли слухи, что нас ждет «Запеченная Аляска». Обеды из микроволновки тебе небось уже надоели, а? А?

— Порядком надоели, — кивает Билли.

Появляется Фрэнк. На нем розовая рубашка с галстуком-пластроном, а волосы уложены сверкающими волнами высоко над вдовьим мыском, как у Эдди Мюнстера из «Семейки монстров». Словом, он выглядит как отпетый бандит из гангстерского фильма, которого должны порешить на первых минутах. В руках у него поднос с большой зеленой бутылкой и бокалами.

— Шампусик. «Моте и Шандон».

Он ставит поднос на стол и мастерски извлекает пробку из бутылки. Никаких брызг, даже хлопка не слышно. Может, Фрэнки Элвис не умеет читать по-французски, но шампанское открывает великолепно. И разливает тоже.

Ник поднимает бокал. Остальные следуют его примеру.

— За успех!

Билли, Поли и Фрэнк чокаются и выпивают. Шампанское приятно ударяет в голову, но от второго бокала Билли отказывается.

— Я за рулем. Не хочу, чтобы меня остановили.

— В этом весь Билли, — говорит Ник своим амиго. — Все продумывает на два хода вперед.

— На три, — поправляет его Билли, и Ник смеется, как будто не слышал ничего смешнее с тех пор, как умер Хенни Янгмен. Амиго прилежно смеются вместе с ним.

— Ладно, — объявляет Ник. — Хватит с нас шипучки. *Mangiamo, mangiamo*[1].

Ужин в самом деле отменный: на первое подают французский луковый суп, затем маринованную в красном вине говядину, а на десерт — обещанную «Запеченную Аляску». Все, кроме десерта, приносит угрюмая женщина в белой форме. Десерт вкатывает на тележке сам шеф-повар. Выслушав аплодисменты и комплименты, он благодарно кивает и удаляется.

Ник, Фрэнк и Поли ведут беседу — главным образом о Вегасе: кто где играет, кто где строится и кто подал документы на игорную лицензию. Как будто не понимают, что Вегас безнадежно устарел, дивится Билли. Возможно, они действительно об этом не догадываются. Джорджо так и не приходит. Когда после ужина официантка приносит всем ликер, Билли отказывается. Ник тоже.

— Мардж, вы с Аланом можете идти домой, — говорит Ник. — Было очень вкусно, благодарю.

— Спасибо, но мы только начали все убира...

— Уборка может подождать до завтра. Вот. Передай это Алану. На такси, как говорил мой папаша. — Он сует

[1] Давайте есть (*ит.*).

официантке несколько купюр, она обещает все передать и уже собирается уходить, когда Ник ее окликает: — Ах да, Мардж!

Она оборачивается.

— Вы ведь не курили в доме?

— Нет.

Ник кивает.

— Поторопитесь, ладно? Билли, идем в гостиную — надо перетереть. А вы, ребятки, займитесь чем-нибудь.

Пол говорит Билли, что был рад встрече, и направляется к выходу. Фрэнк выходит вслед за Мардж в кухню. Ник бросает салфетку в размазанные по тарелке остатки десерта и уводит Билли в гостиную. В дальнем конце громоздится камин (в таком и Минотавра можно зажарить), в нишах красуются статуи, а на потолке — порноверсия Сикстинской капеллы.

— Круто, да? — спрашивает Ник, обводя взглядом убранство.

— Очень, — отвечает Билли, а сам думает, что если ему придется просидеть в этой комнате хотя бы час, он сойдет с ума.

— Садись, Билли, в ногах правды нет.

Билли садится.

— А где Джорджо? Вернулся в Вегас?

— Может быть, — отвечает Ник. — А может, он в Нью-Йорке. Или в Голливуде — встречается с киношниками насчет экранизации одной отличной книжки.

Читай — не твоего ума дело. Что ж, Ника можно понять. Билли ведь просто его подчиненный. Вольный стрелок, как говорили в старых вестернах, которые так любил мистер Степенек.

При мысли о мистере Степенеке Билли сразу представляет себе тысячу разбитых автомобилей — по крайней мере ребенком ему казалось, что их там тысяча, а может, столько там и было, — с потрескавшимися лобовыми стеклами, мерцающими на солнце. Сколько лет он не вспоминал про автомобильное кладбище? Дверь в прошлое теперь открыта. Билли может захлопнуть ее и запереть, но не хочет.

Пусть оттуда дует ветер. Он холодный и свежий, а в его комнате давно стоит духота.

— Алло, Билли. — Ник щелкает пальцами. — Билли, прием!

— Я тут.

— Да? А то мне на минутку показалось, что я тебя потерял. Слушай, ты в самом деле что-то пишешь?

— Пишу, — признается Билли.

— Про свою жизнь? Или выдумываешь?

— Выдумываю.

— Не про Арчи Эндрюса и его друзей, а? — Улыбается.

Билли мотает головой, тоже с улыбкой.

— Говорят, многие писатели, впервые взявшись за перо, берут за основу собственный опыт. «Пиши то, о чем знаешь» — помню, нас даже на английском так учили, в старших классах. Школа «Парамус-хай», «Вперед, спартанцы», все дела. Это, случайно, не про тебя?

Билли изображает рукой качели. И тут его якобы озаряет:

— Слушай, а ты что, читаешь мою писанину? — Опасный вопрос, но он ничего не может с собой поделать. — Просто мне бы не хотелось...

— Ты что! Нет, конечно! — восклицает Ник. Он так удивлен — даже шокирован, — что Билли сразу понимает: лжет. — Зачем мне за тобой подсматривать, даже если бы я мог?

— Ну, не знаю, мало ли... — Билли пожимает плечами. — Короче, мне не хочется, чтобы кто-то это читал. Я ж не писатель, просто пытаюсь вжиться в роль. Время коротаю. Мне стыдно кому-то это показывать.

— Ты ведь запаролил ноутбук?

Билли кивает.

— Ну и все. Значит, никто ничего не увидит. — Ник подается вперед, его карие глаза заглядывают в глаза Билли. Он переходит на заговорщицкий шепот, как в самом начале, когда по секрету сообщал Билли о «Запеченной Аляске». — У тебя там клубничка, что ли? Групповухи и все такое?

— Нет, нет, что ты. — Пауза. — Не совсем.

— Мой тебе совет: добавь секса. Он всегда хорошо продается. — Ник хохочет и идет к бару в дальнем конце гостиной. — Плесну себе бренди. Будешь?

— Нет, спасибо. — Дождавшись возвращения Ника, Билли спрашивает: — Про Джо ничего не слышно?

— Не-а, все по-старому, все по-старому. Его адвокат оспаривает решение об экстрадиции, как я тебе уже говорил. В общем, пока все подвисло — судья Джонни ушел в отпуск.

— Но Джо не запел?

— Если б запел, я точно узнал бы.

— Может, с ним какое-нибудь несчастье в тюрьме случится. И тогда некого будет экстрадировать.

— За ним там хороший присмотр. Его в одиночку перевели, помнишь?

— А, да. Точно. — *Как удобно*, хочется сказать Билли, но он оставляет эти слова при себе. Лучше не умничать.

— Потерпи, Билли. Обживайся потихоньку. Фрэнки говорит, ты уже начал знакомиться с соседями?

Ага. В своем районе он Фрэнка ни разу не видел, зато Фрэнк видел его. Выходит, Ник не только заглядывает в его новый крутой ноутбук, но и дома его пасет. Опять невольно вспоминается «1984».

— Да, начал.

— А на работе?

— Там тоже, конечно. В обеденный перерыв толкусь возле фургончиков с едой.

— Вот и славно. Тебе надо слиться с пейзажем. Стать частью пейзажа. У тебя это здорово получается. В Ираке тоже небось получалось?

Везде получалось, думает Билли. С тех пор, как я убил Боба Месса.

Ладно, пора менять тему.

— Ты говорил, будет какой-то отвлекающий маневр. Мол, обсудим позже. Позже уже наступило?

— Да. — Ник отпивает бренди, полощет им рот и проглатывает. — Я как раз собирался обсудить с тобой одну идейку. Отвлекающий маневр — это дымовые шашки. Слыхал про такие?

Билли, конечно, слыхал, но мотает головой.

— Их еще используют на рок-концертах. Сперва они громко взрываются, вспыхивают, а потом из них валит дым. Типа, как из гейзера. Когда я узнаю, что Джо навострил лыжи в наши края, мы разместим парочку таких шашек рядом со зданием суда. Поли предлагал на парковке пошуметь, но это слишком далеко. Да и на хрен террористам парковку взрывать?

Билли не скрывает своего беспокойства.

— Надеюсь, прятать эти штуки ты поручишь не Хоффу?

Ник больше не полощет рот, просто заглатывает бренди в один присест. От удивления его разбирает кашель, а потом смех.

— Думаешь, я идиот? Поручу важное дело эдакому *grande figlio di puttana*[1], как он? Печально, что ты обо мне такого мнения! Нет, у меня свои люди будут работать. Хорошие ребята. Надежные.

Билли думает: ага, ты не хочешь, чтобы Хофф закладывал шашки, потому что это может выйти боком тебе. Зато ты поручил ему добыть ствол и спрятать его на стрелковой позиции, потому что это может выйти боком только *мне*. По-твоему, я совсем тупой?

— Когда здесь все закрутится, сам я укачу в Вегас, но Фрэнки Элвис, Поли Логан и еще двое моих парней будут здесь. Если тебе что-то нужно, говори, они помогут. — Он снова наклоняется вперед, весь такой серьезный, честный, улыбчивый. — Красиво получится! Сначала ты шмальнешь из винтовки, все испугаются, и тут — БАХ! БАХ! — одна за другой взрываются шашки. Все, кто до сих пор не убежал, точно побегут, роняя тапки и вопя как ненормальные. Перестрелка! Террористы-смертники! «Аль-Каида»! ИГИЛ! Или еще кто! А в чем вся фишка и красота? В суматохе никто не пострадает, максимум кто-нибудь с перепугу даст стрекача и сломает ногу. Кроме Джоэла Аллена, конеч-

[1] Сукин сын (*ит.*).

но, — это его настоящее имя. Короче, Корт-стрит в панике, и тут пришла пора поговорить о том, что я уже давно хочу с тобой обсудить.

— Давай.

— Я знаю, ты привык сам скрываться с места преступления. И ты знаешь в этом толк — чертов Гудини, ей-богу, — но мы с Джорджо кое-что придумали. Дело такое... — Ник качает головой. — Черт возьми, это будет непросто, даже для тебя, и даже если мы посеем панику в толпе. А мы ее посеем. Я тебе так скажу: если ты уже все придумал, валяй, делай по-своему, но если нет...

— Не придумал. — На самом деле картинка уже вырисовывается. Но Нику об этом знать необязательно. Билли расплывается в широкой туповатой улыбке. — Всегда рад тебя выслушать, Ник.

2

К одиннадцати часам вечера он возвращается домой (да, теперь это его дом, пусть и временный). Все товары с «Амазона» надежно спрятаны в шкафу. Он не трогал бы их до тех пор, пока не получил бы известие о том, что Аллен выехал из Лос-Анджелеса на восток, но теперь все изменилось. Билли неспокойно.

Черный парик пусть останется здесь. Остальное Билли относит в машину и убирает в багажник. Чем особенно хороша и удобна его история про писателя, снявшего офис в «Башне Джерарда»? А тем, что он не обязан работать по графику. Может приходить поздно, а уходить рано, может прогуляться, если захочет. Людям может врать, что обдумывает новую идею. Или наводит справки. Или просто решил отдохнуть. Завтра он отправится пешком к дому номер 658 по Пирсон-стрит — это в девяти кварталах от «Башни Джерарда». На границе центра и городских окраин стоит трехэтажный жилой дом. Билли уже осмотрел его на сайте недвижимости «Зиллоу», но этого мало. Надо все увидеть самому.

Он запирает машину и идет обратно в дом. Новенький блестящий «мак» он взял с собой и уже поставил на кухонный стол. Теперь он открывает его и читает то, что успел написать от имени Бенджи Компсона. Текста немного, пара страниц. Заканчивается все тем, как Бенджи застрелил Боба Месса. Он перечитывает текст три раза, пытаясь увидеть написанное глазами Ника. Ник точно это читал — после его шуточки про то, что начинающие писатели пишут про себя, Билли в этом не сомневается.

Скрывать свое детство от Ника в его планы не входит: тот, конечно, и так все знает. А вот «тупое я» надо беречь, по крайней мере пока. Он не сможет уснуть, не убедившись, что на этих двух-трех страницах нет чего-то такого, что делает его слишком умным. Поэтому он перечитывает текст в четвертый раз.

Наконец Билли выключает компьютер. Ничего сложного там нет — любой троечник такое сочинит, если будет просто писать по памяти. Орфографических ошибок почти нет, но Ник спишет это на автозамену. Пунктуация, конечно, хромает (допустим, на голубые подчеркивания Билли просто не обращает внимания). Хотя «Ворд» не видит разницы между «надел» и «одел», многое он исправляет сам, а остальное подчеркивает. Даже самые вопиющие грамматические ляпы замечает. Времена глаголов в повествовании скачут, и это хорошо, потому что распознать такое компьютеру не по зубам... впрочем, придет день, когда он будет способен и на это.

И все же ему неспокойно.

У него нет ни единой причины не доверять Нику. Он, конечно, плохой человек, но с Билли он всегда был честен. А тут начал юлить. Раньше он не стал бы врать, что клонировал «мак» — да и клонировать его не стал бы, если уж на то пошло. Вряд ли с заказом возникнут какие-то серьезные проблемы. Четверть суммы — пятьсот тысяч долларов, деньги немалые — он уже получил... Но что-то здесь неладно. Самую малость. Как в некоторых фильмах: оператор располагает камеру под наклоном, немного заваливает горизонт, чтобы дезориентировать зрителя. Киношники называют такой прием «голландский угол». Вот и в этом деле горизонт малость завален. В глаза не бросается — вроде бы нет причин послать всех к чертям и свалить (хотя ему не дадут этого сделать, раз он уже согласился). Однако Билли неспокойно.

Да еще этот странный план побега, которым его только что огорошил Ник. *Если ты уже все придумал, валяй, делай по-своему, но если нет, у нас с Джорджо появилась одна неплохая идея.*

Проблема этой идеи не в том, что она плоха, нет. Идея всем хороша. Но Билли привык сам решать, как ему исчезнуть с места преступления, и тот факт, что Ник захотел в это влезть... Ну...

— Горизонт завален, — бормочет Билли, стоя в пустой кухне.

Ник сказал, что шесть недель назад, когда все понемногу начало вырисовываться, он отправил Пола Логана в Мейкон и велел приобрести там фургон «форд-транзит», не новый, но и не совсем развалюху. Такие «транзиты» — рабочие лошадки городского управления жилищно-коммунального хозяйства; Билли не раз видел их на улицах Ред-Блаффа: желто-голубые фургоны с девизом «МЫ ЗДЕСЬ, ЧТОБЫ СЛУЖИТЬ» на боках. Купленный Фрэнком коричневый «транзит» стоит теперь в гараже на окраине города. Он уже покрашен в цвета коммунальных служб, с девизом на боках.

— Когда я узнаю, что Аллена вот-вот экстрадируют, мы возьмемся за дело, — сказал Ник, потягивая бренди. — Ребята, о которых я тебе говорил, начнут появляться в разных местах города на этом фургоне и изображать бурную деятельность. Подолгу задерживаться на одном месте не будут, но и далеко от «Башни Джерарда» и здания суда не уедут. Часик тут, пару часов там. Сольются с пейзажем, иными словами. Прямо как ты, Билли.

В день приезда Аллена липовый фургон коммунальных служб встанет за углом «Башни Джерарда». Липовые коммунальщики откроют канализационный люк и начнут там копаться. Когда прогремит выстрел и повалит сигнальный дым, народ начнет разбегаться, включая сотрудников

«Башни» и Билли Саммерса, который побежит за угол и нырнет в фургон. Там он быстренько переоденется в комбез коммунальщика.

— Фургон подкатит к зданию суда. Копы уже на месте, мои ребята — и ты — вываливаетесь из фургона и спрашиваете, чем можно помочь. Может, улицу забаррикадировать или еще что. В суматохе это будет выглядеть на сто процентов достоверно. Соображаешь?

Билли соображал. Идея была отличная, смелая.

— Копы...

— ...наверняка пошлют нас куда подальше, — вставил Билли. — Мы все-таки гражданские, хоть и коммунальщики. Правильно?

Ник засмеялся и захлопал в ладоши.

— Вот! Те, кто говорит, что ты тупой, врут! Мои ребята ответят: «Хорошо, сэр, как скажете», — и вы уедете. И будете ехать еще долго-долго. Только сперва транспорт поменяете, конечно.

— Куда будем ехать?

— Де-Пер, Висконсин, за тысячу миль отсюда. Там есть где схорониться. Побудешь пару дней на нашей квартирке, отдохнешь, проверишь банковский счет — пришел ли остаток денег, подумаешь, на что их потратить. А потом ты свободен. Как тебе такой план?

Хороший план. Даже слишком хороший. Подстава? Вряд ли. Если кого-то в этом деле и подставят, так это Кена Хоффа. Неожиданное предложение Ника так покоробило Билли лишь потому, что он не привык полагаться на других, планируя отступление. Не по душе ему это. Но свои сомнения лучше оставить при себе.

— Дай мне все обдумать, хорошо?

— Не вопрос, — ответил Ник. — Времени хоть отбавляй.

3

Билли вытаскивает из стенного шкафа в спальне чемодан. Кладет его на кровать, расстегивает. На первый взгляд чемодан пуст, но это не так. На дне есть незаметный отсек на липучке. Билли поднимает подкладку и достает маленький плоский футляр, какой умные люди — те, что предпочитают чтиво посложнее «Арчи», — назвали бы портмоне. Внутри лежит бумажник с кредитками и водительскими правами на имя Далтона Кертиса Смита из города Стоу, штат Вермонт.

За годы работы Билли сменил немало бумажников с кредитками и документами. Нет, ему не приходилось менять имя после каждого убийства, но раз десять он точно это делал, включая последнего персонажа по имени Дэвид Локридж. У некоторых из его прошлых личностей документы были хорошие, у других похуже. Кредитки и водительские права Дэвида Локриджа очень хороши, но те, что лежат в плоском сером футляре, гораздо лучше. То, что там лежит, — просто золото. Он собирал их пять лет; пять лет назад Билли взялся за эту работу, вкладывая в нее всю душу, чтобы в один прекрасный день раз и навсегда бросить занятие, которое делает его — да, пора уже это признать — плохим человеком.

Далтон Смит — это не просто бумажник фирмы «Лорд Бакстон» с более-менее качественными поддельными правами внутри, Далтон Смит — это практически реальный человек. «Мастеркард», «американ экспресс», «виза» — всем этим регулярно пользуются. И дебетовой картой «Банка Америки» тоже. Не каждый день, но достаточно часто, чтобы счета не простаивали. Кредитная история не безупречная (это может привлечь внимание), но очень хорошая.

Еще там есть донорская карта Красного Креста, карта социального страхования и карточка пользователя «Эппл». «Тупое я» здесь не пригодится; Далтон Кертис Смит — компьютерщик-фрилансер с довольно непыльным приработком, который позволяет ему свободно разъезжать по всему миру. Еще в бумажнике есть фотографии Далтона с женой (они развелись шесть лет назад), Далтона с родителями (погибли в нашумевшей автокатастрофе, когда Далтон был подростком), Далтона с братом (они не разговаривают с тех пор, как братец проголосовал за Нейдера на выборах 2000 года).

Свидетельство о рождении тоже лежит в портмоне, а с ним и рекомендательные письма от благодарных клиентов: частных лиц и небольших фирм, компьютеры которых Далтон когда-то чинил, и еще от хозяев снятых им квартир в Портсмуте, Чикаго и Ирвине. Некоторые из рекомендательных писем подделал умелец из Нью-Йорка Баки Хэнсон (единственный человек на свете, которому Билли полностью доверяет), другие Билли нарисовал сам. Далтон Смит не засиживается подолгу на одном месте. Он — перекати-поле. Но если надо где-то осесть на несколько месяцев, то никаких претензий у хозяев квартир к нему нет: он чистоплотный и тихий, платит всегда вовремя.

Смит с его непритязательным, но безукоризненным реноме прекрасен, как нетронутое заснеженное поле. Билли грустно портить эту красоту — пускать Далтона в оборот. Но ведь для этого он и был создан, так? Так. Билли выполнит последний заказ — *пресловутый* последний заказ — и исчезнет с лица земли, превратившись в нового человека. Вероятно, он не проживет под этим именем до конца дней своих, хотя такой расклад тоже возможен — при условии, что ему удастся сбежать из города. Пятьсот тысяч долларов уже покрутились на разных счетах и приземлились на банковский счет Далтона в Невисе. Полмиллиона — самое верное доказательство того, что Ник его не кинет. Остальное придет, когда работа будет выполнена.

На водительских правах есть фотография. На ней запечатлен мужчина возраста Билли, может, на пару лет моложе, но блондин. И у него есть усы.

4

Наутро Билли паркуется на четвертом уровне паркинга возле «Башни Джерарда». Внеся некоторые коррективы в свою внешность, направляется в противоположную от офиса сторону. Далтон Смит выходит в первое плавание.

В маленьком городке даже небольшие расстояния имеют значение. Пирсон-стрит находится всего в девяти кварталах от паркинга на Мейн-стрит — каких-то пятнадцать минут быстрым шагом (отсюда по-прежнему хорошо видно «Башню Джерарда»), — но этот мир совсем не похож на тот, что укомплектован ребятами в галстуках и девицами в «щелкунчиках», обедающими в ресторанах, где официант подает тебе не только меню, но и винную карту.

На углу есть небольшой продуктовый, он закрыт. Как часто случается с понемногу приходящими в упадок районами, рядом с домом еды не найти. Есть два бара: один заколочен, другой дышит на ладан. Ломбард, совмещенный с пунктом обналичивания чеков и конторой по выдаче микрозаймов. Чуть дальше — убогий одноэтажный торговый центр. И вереница домов, которые изо всех сил, но безуспешно пытаются выглядеть жильем среднего класса.

Билли считает, что причина упадка этого района кроется в обширном пустыре через дорогу от интересующего его дома. Это большая щебенчатая площадка, заваленная мусором. Сквозь нее проходят ржавые рельсы железнодорожного пути, едва различимые в зарослях сорной травы и золотарника. Через каждые пятьдесят футов установлены таблички: «МУНИЦИПАЛЬНАЯ СОБСТВЕННОСТЬ», «НЕ ВХОДИТЬ», «ОПАСНО». Билли подмечает полуразрушенное кирпичное здание — должно быть, руины железнодорожной станции. Вероятно, сюда же приходили и междугородные автобусы: «Грейхаунд», «Трейлуэйз», «Саутерн». Теперь же весь наземный транспорт куда-то переехал, и этот район, процветавший в последние десятилетия прошлого века, понемногу загибается от муниципальной разновидности ХОБЛ[1]. На тротуаре впереди валяется ржавая тележка из супермаркета. К одному из колесиков прицепились драные мужские трусы: их треплет тот же раскаленный ветер, что играет с белокурым париком Далтона Смита и воротником его рубашки.

[1] Хроническая обструктивная болезнь легких.

Большую часть домов давно пора покрасить. Возле некоторых стоят таблички «ПРОДАЕТСЯ». Дом номер 658 тоже нуждается в покраске, но на табличке перед ним написано: «АРЕНДА МЕБЛИРОВАННЫХ КВАРТИР». Под надписью указан телефон риелтора. Запомнив его, Билли поднимается по растрескавшейся бетонной дорожке и разглядывает панель с дверными звонками. Хотя дом трехэтажный, звонков четыре. Подписан только один, второй сверху: «ДЖЕНСЕН». Билли нажимает кнопку. В это время дня вероятность застать кого-то невысока, все на работе, однако на сей раз удача ему улыбается.

На лестнице раздаются шаги. Сквозь грязное стекло входной двери на него смотрит моложавая женщина. Она видит белого мужчину в хорошей рубашке с расстегнутым воротничком и приличных брюках. Светлые волосы коротко подстрижены. Усы тоже. На носу очки. Он толстоват — ожирение не за горами, — однако производит впечатление порядочного человека. Поэтому миссис Дженсен открывает дверь, но не до конца.

Ничто не мешает мне ворваться и задушить тебя, думает Билли. У дома нет машин, ни на подъездной дорожке, ни возле тротуара, а значит, твой муж на работе. Три неподписанных звонка недвусмысленно намекают на отсутствие других жильцов в этом старом псевдовикторианском доме.

— Покупать ничего не буду, — говорит миссис Дженсен.

— А я ничего и не продаю, мэм. Недавно приехал в город и ищу себе жилье. Здесь вроде бы неплохие квартиры — и мне по карману. Я просто хотел спросить, что вы думаете об этом доме. Меня зовут Далтон Смит.

Он протягивает ей руку. Она из вежливости чуть прикасается к ней и сразу же убирает руку за спину. Но поболтать не отказывается.

— Как видите, район у нас не ахти и до ближайшего супермаркета по меньшей мере миля, но у нас с мужем никаких проблем здесь не возникало. Подростки иногда тусуются в заброшенном железнодорожном депо, пьют и курят травку, наверное, а за углом живет собака, которая полночи лает, но на этом все. — Она умолкает, и Билли видит, как она опускает взгляд на свою руку — проверяет, на месте ли обручальное кольцо (нет, не на месте). — *Вы-то* не лаете по ночам, мистер Смит? Я имею в виду вечеринки, громкую музыку и все в таком роде.

— Нет, мэм. — Он с улыбкой кладет руку на свое беременное брюшко, надутое до размеров шестимесячного. — А вот поесть люблю.

— Просто в договоре есть пункт про соблюдение тишины.

— Можно узнать, сколько вы платите в месяц?

— Это касается только меня и моего мужа. Если хотите здесь жить, пообщайтесь с мистером Рихтером, это риелтор. В нашем квартале есть еще парочка агентов, но этот мне больше нравится. Вроде бы.

— Прекрасно вас понимаю. Простите великодушно за такой нетактичный вопрос.

Миссис Дженсен слегка оттаивает.

— Я вам не советую брать квартиру на третьем этаже. Там такая душегубка, даже когда ветер дует со стороны депо — а дует он почти все время.

— Кондиционера, как я понимаю, нет?

— Правильно понимаете. Но в холодную погоду топят хорошо. Конечно, за отопление надо платить. И за электричество тоже. Все указано в договоре аренды. Если вы не впервые снимаете жилье, то и сами прекрасно все знаете.

— О да! — Он закатывает глаза и наконец удостаивается ее улыбки. Теперь можно задать вопрос, который особенно его интересует. — А внизу что? Квартира прямо в подвале, что ли? Вижу, звонок есть...

Ее улыбка становится шире.

— Да, и квартирка премилая! Полностью обставлена, как написано на табличке. Хотя мебель только самая необходимая. Я вообще-то хотела снять ее, но муж воспротивился: если нам дадут добро, в подвале будет тесновато. Мы пытаемся усыновить ребенка.

Билли искренне удивлен. Она только что открыла ему самое главное о себе — самое главное о своем *браке*, — хотя минутой ранее отказалась выдать, сколько они с мужем платят за квартиру. Арендная плата его не слишком интересовала, спрашивал он просто для правдоподобности.

— Что ж, удачи вам. И спасибо. Если мы с мистером Рихтером сговоримся, вы меня еще увидите. Всего вам доброго.

— И вам. Приятно познакомиться. — На сей раз она пожимает ему руку по-настоящему, и Билли опять приходят на ум слова Ника: *Ты умеешь ладить с людьми, не заводя с ними дружбы*. Приятно знать, что полнота никак не отразилась на этом его даре.

Когда он уже отходит от дома, миссис Дженсен кричит ему вслед:

— Знаете, в подвале даже в жару наверняка прохладно! Эх, жаль, что мы его не сняли!

Билли показывает ей большой палец и уходит обратно в сторону центра. Он увидел все, что хотел, и принял решение. Квартира ему подходит, и Нику Маджаряну не нужно о ней знать.

На полпути обратно ему попадается крохотный захудалый магазинчик, где можно купить сигареты, сладости, журналы, холодные напитки и одноразовые телефоны в коробках-блистерах. Билли покупает один, расплачиваясь наличными, садится на скамейку автобусной остановки и включает. Он воспользуется им столько раз, сколько необходимо, а потом выбросит. Остальные тоже. Копы сразу поймут, что Джоэла Аллена убил Дэвид Локридж (опять-таки если все пройдет как надо). Затем они выяснят, что Дэвид Локридж — псевдоним некоего Уильяма Саммерса, бывшего морпеха с отменными снайперскими навыками и изрядным количеством убитых на счету. Еще они проведают о связи Саммерса с Кеннетом Хоффом, которому отведена роль козла отпущения. Однако про перевоплощение Билли Саммерса в Далтона Смита они не узнают. И Ник тоже.

Билли звонит Баки Хэнсону в Нью-Йорк и велит отправить коробку с надписью «Страховка» по адресу Эвергрин-стрит, 24.

— Ага, стало быть, это конец? Ты в самом деле уходишь в отставку?

— Похоже на то, — отвечает Билли. — Позже все обсудим — при встрече.

— Не вопрос. Главное, чтобы эта встреча состоялась не в тюряге, куда я приеду тебя навещать. Держись там, старина.

Билли вешает трубку и совершает еще один звонок — Рихтеру, риелтору, который занимается домом номер 658 по Пирсон-стрит.

— Как я понял, вся мебель там есть. А вайфай?

— Секундочку, — отвечает мистер Рихтер.

Проходит почти минута, в трубке шелестит бумага.

Наконец риелтор говорит:

— Да, Интернет провели два года назад, а вот кабельного нет — об этом вам придется позаботиться самому.

— Хорошо, — говорит Билли. — Я готов снять. Можно подъехать к вам в офис?

— Да я и сам могу подъехать, покажу вам квартиру.

— В этом нет необходимости. Мне просто нужна временная база в этой части страны. Может, год или два здесь пробуду. Так-то я почти все время в разъездах. Район мне показался тихим, это главное.

Рихтер смеется.

— Тише не придумаешь — с тех пор, как снесли железнодорожную станцию. Но местные не рады: торговля совсем загибается, лучше уж шум потерпеть.

Они договариваются о встрече в следующий понедельник, и Билли возвращается на четвертый уровень парковки, где стоит его «тойота» — местечко он выбирал такое, куда камеры наблюдения не достают. Если эти камеры вообще работают: вид у них порядком усталый. Билли снимает парик, усы, очки, бутафорский живот. Закинув все это в багажник, шагает в «Башню Джерарда», благо идти недалеко.

Билли приходит вовремя: фургон с мексиканской едой еще стоит на месте. Он съедает буррито в компании Джима Олбрайта и Джона Колтона, адвокатов с пятого этажа. Опять видит в толпе Колина Уайта, денди из КАЛа. В матроске тот выглядит очаровательно.

— Нет, только гляньте на него, — смеется Джим. — Чудо в перьях!

— Ага, — соглашается Билли, а сам думает: чудо в перьях примерно с меня ростом.

5

Все выходные идет дождь. Субботним утром Билли отправляется в «Уолмарт» и покупает там пару дешевых чемоданов и много дешевой одежды, подходящей по размеру толстяку Далтону Смиту. За все расплачивается наличными. Наличные имеют склонность к амнезии.

Днем он сидит на крыльце желтого дома и наблюдает за травой на лужайке. Именно наблюдает, а не просто смотрит: трава оживает прямо на глазах. Это не его дом, не его город и не его штат, он уедет отсюда без малейших сожалений, но при виде результатов своего труда Билли испытывает заслуженную гордость. Еще пару недель, а то и до августа газон можно не стричь. Подождать Билли нетрудно. А когда он все-таки выйдет на улицу с косилкой, намазав нос цинковой мазью, в спортивных шортах и футболке без рукавов (может, даже в майке-алкоголичке), то станет на один шаг ближе к цели. Он почти сольется с пейзажем.

— Мистер Локридж?

Он смотрит на дверь соседнего дома. Там, на крыльце, стоят дети — Дерек и Шанис Акерман. Они смотрят на него сквозь пелену дождя. Говорит мальчик.

— Ма печет сахарное печенье. Велела кликнуть вас и спросить, не хотите ли угоститься.

— Звучит заманчиво, — отвечает Билли. Он встает и перебегает к ним. Шанис, восьмилетка, без всякой задней мысли берет его за руку и ведет в дом, где от запаха свежеиспеченного печенья у Билли начинает урчать в животе.

В доме чисто и опрятно. Стены гостиной увешаны семейными фотографиями в рамках, еще дюжина стоит на фортепиано, занимающем в комнате почетное место. Корин Акерман как раз достает из духовки противень с печеньем.

— Привет, сосед! Дать вам полотенце — высушить волосы?

— Нет, спасибо. Я умею уворачиваться от капель.

Она смеется.

— Тогда съешьте печенье. Дети любят их с молоком, налить и вам стаканчик? Кофе тоже есть, если хотите.

— С молоком будет отлично. Только немного.

— Пару рюмок? — с улыбкой спрашивает Корин.

— Самое то. — Он улыбается в ответ.

— Тогда садитесь.

Он садится за стол вместе с детьми. Корин ставит перед ними блюдо с печеньем.

— Осторожно, они еще горячие. Следующую партию заверну вам с собой, Дэвид.

Дети жадно хватают печенье с блюда, Билли вежливо берет одно. Оно сладкое и очень вкусное.

— Просто чудо, Корин. Спасибо. То, что нужно в дождливый день.

Она дает своим детям по большому стакану молока, а Билли — маленький. Себе она тоже наливает стаканчик и присоединяется к ним. Дождь барабанит по крыше. Мимо дома с шелестом проезжает машина.

— Знаю, про книгу вы ничего не рассказываете, — говорит Дерек. — Но...

— Не говори с набитым ртом, — упрекает его мама. — Вон как крошки во все стороны полетели.

— А я не говорю, — вставляет Шанис.

— Да, ты ведешь себя более лучше. — Она косится на Билли и исправляется: — Ты ведешь себя лучше.

Дерека грамматика не интересует.

— Нет, вы мне скажите: там много кровищи?

Билли вспоминает, как Боб Месс отлетел в коридор. Как его сестра лежала на полу с переломанными ребрами — да, все до единого оказались сломаны — и вдавленной грудной клеткой.

— Нет, кровищи нет.

Он кусает печенье.

Шанис тянется за вторым.

— Можно еще два, не больше, — говорит ей мама. — И тебе тоже, Ди. Остальное будет для мистера Локриджа и на потом. Папа тоже их любит. — Она говорит Билли: — Джамал работает шесть дней в неделю и еще берет сверхурочные, когда дают. Мы так благодарны Фасио, они приглядывают за детьми, пока мы на работе. В общем-то район неплохой, но мы присматриваем место получше.

— Попрестижнее?

Корин со смехом кивает.

— А я вот совсем не хочу переезжать. Никогда, — заявляет Шанис и с очаровательным детским достоинством добавляет: — У меня тут *друзья*, между прочим.

— У меня тоже, — говорит Дерек. — Слушайте, мистер Локридж, а вы, случайно, в «Монополию» не умеете играть? Мы с Шан собираемся, но вдвоем играть глупо, а мама не хочет.

— Вот именно, не хочу, — сказала Корин. — Самая скучная игра на свете. Вечером папа с вами поиграет, он любит. Если не слишком устанет на работе.

— Но его еще ждать и ждать! — восклицает Дерек. — А мне скучно прямо сейчас.

— И мне, — поддакивает Шанис. — Если бы у меня был телефон, я сейчас играла бы в «Кросси роуд».

— В следующем году будет, — говорит Корин и закатывает глаза. Видно, девочка уже давно ведет кампанию по выпрашиванию телефона. Лет с пяти, пожалуй.

— Так вы умеете? — не унимается Дерек.

— Умею, — говорит Билли, а потом подается вперед и взглядом пришпиливает Дерека к месту. — Должен сразу тебя предупредить: я отлично играю. И всегда выигрываю.

— Я тоже! — подхватывает Шанис.

— И я не стану играть в поддавки только потому, что вы дети, а я взрослый, — произносит Билли. — Я быстро скупаю недвижимость, имейте в виду. Сперва сдеру с вас три шкуры на аренде, а потом добью отелями. Если мы сядем играть, вы должны быть к этому готовы.

— Идет! — Дерек от восторга подпрыгивает на месте и чуть не разливает молоко.

— Идет! — кричит Шанис, подскакивая вслед за ним.

— Обещаете не плакать, когда я выиграю?

— Обещаем!

— Обещаем!

— Хорошо. Значит, договорились.

— Вы точно не против? — спрашивает Корин. — Игра просто бесконечная!

— Когда за кости берусь я, она заканчивается в два счета, — отвечает Билли.

— Играть будем внизу! — говорит Шанис и вновь берет его за руку.

Комната внизу такого же размера, как в доме Билли, но мужской берлогой она стала только наполовину. Там у Джамала небольшой верстак, а на стене висят инструменты. Есть и ленточная пила (Билли одобрительно подмечает, что тумблер включения закрыт крышкой с замком). Детская половина комнаты завалена игрушками и раскрасками. У стены стоит телевизор (к нему подключена дешевая приставка, явно приобретенная на гаражной распродаже, — из тех, в которые нужно вставлять картриджи). Стопка настольных игр на полу. Дерек берет коробку с «Монополией» и раскладывает игровое поле на детском столике.

— Мистеру Локриджу наши стульчики маловаты, — растерянно замечает Шанис.

— А я прямо на пол сяду. — Билли убирает один из стульчиков и садится, скрестив ноги (они как раз помещаются под столик).

— Вам какую фишку? — спрашивает Дерек. — Я обычно играю гоночной машинкой, когда мы с Шанис вдвоем, но могу уступить, если хотите.

— Да нет, спасибо. А тебе какая фишка нравится, Шанис?

— Наперсток, — отвечает она и неохотно добавляет: — Тоже могу уступить, если хотите.

Билли берет себе цилиндр, и игра начинается. Сорок минут спустя, когда Дереку выпадает очередной ход, он зовет маму:

— Ма! Мне нужен совет!

Корин спускается в подвал и, подбоченившись, осматривает поле и стопки денег у игроков.

— Не хочу говорить, что плохи ваши дела, дети, но плохи ваши дела.

— Я предупреждал, — замечает Билли.

— О чем ты хотел спросить, Ди? Имей в виду, что твоя мать в свое время еле-еле сдала зачет по домоводству.

— Вот какая у меня проблема, — говорит Ди. — У него две зелененьких, Пенсильвания-авеню и Пасифик-авеню, а Норт-Каролина-авеню у меня. Мистер Локридж предлагает за нее девятьсот долларов. Я купил ее втрое дешевле, но...

— Но? — спрашивает Корин.

— Но? — подхватывает Билли.

— Но тогда он сможет построить дома на всех зеленых полях. А у него уже есть *отели* на Парк-Плейс и Бордуоке!

— И? — говорит Корин.

— И? — говорит Билли с ухмылкой.

— Мне надо в туалет, и вообще я почти банкрот, — заявляет Шанис.

— Зайка, не нужно всем сообщать, что идешь в туалет. Просто скажи: «Простите, мне нужно отойти».

С тем же обезоруживающим достоинством Шанис отвечает:

— Пойду *попудрю носик*, хорошо?

Билли хохочет. Корин тоже. Дерек не обращает никакого внимания на происходящее. Он осматривает поле и вопрошает:

— Продавать или нет?! У меня почти не осталось денег!

— Это называется «выбор Хобсона», — говорит Билли. — Когда тебе нужно решить, рискнуть или твердо придерживаться взятого курса. Между нами, Ди, ты проиграешь в любом случае.

— По-моему, он прав, сынок, — соглашается Корин.

— Он такой везучий! — жалуется Дерек матери. — Только что попал на Бесплатную стоянку и получил все денежки, что мы туда сложили, — а это *ого-го* сколько!

— Я не только везучий, но и умею играть, — говорит Билли. — Признай.

Дерек пытается дуться, однако надолго его не хватает. Он поднимает карточку с зеленой полоской и объявляет:

— Тысяча двести!

— По рукам! — восклицает Билли и выплачивает ему названную сумму.

Двадцать минут спустя дети уже банкроты, и игра кончена. Когда Билли встает, его колени громко хрустят, и дети смеются.

— Вы проиграли, ребятки, значит, вам и со стола убирать, так?

— Папа тоже так играет, — говорит Шанис. — Хотя иногда все-таки дает нам победить.

Билли улыбается:

— А я вот нет.

— Хвастун! — хихикает Шанис, прикрыв рот.

По ступенькам с грохотом слетает Дэнни Фасио в желтом дождевике и резиновых сапогах с расстегнутыми голенищами, похожими на воронки.

— Можно мне тоже поиграть?

— В другой раз. У меня такое правило: наминать детям бока только раз в неделю.

Собственная невинная шутка — то, что дети назвали бы подковыркой, — вызывает перед глазами Билли картину: разбросанное по полу трейлера печенье и гипс Боба Месса, которым тот с размаху бьет Кэти по лицу. Смеяться больше не хочется. Дети хохочут. Им-то весело: их сестру не топтал пьяный хмырь с выцветшей татуированной русалкой на руке.

Наверху Корин вручает ему пакетик с печеньем и говорит:

— Спасибо, что так чудесно скрасили им дождливый день.

— Мне тоже было весело.

Это правда. Ему было весело почти все время, не считая последних минут. Дома он выбрасывает пакет с угощением в мусорное ведро. Корин Акерман отлично готовит, но теперь ее печенье не полезет ему в горло. Он даже смотреть на него не может.

6

В понедельник он отправляется к своему риелтору, контора которого расположена в небольшом одноэтажном торговом центре в трех кварталах от дома номер 658. Офис Мертона Рихтера — двухкомнатная конура, втиснутая между солярием и тату-салоном «Веселый Роджер». У торгового центра стоит синий внедорожник, довольно старый, с наклейкой «АГЕНТСТВО НЕДВИЖИМОСТИ РИХТЕРА» на одном боку и длинной царапиной на другом. Риелтор мельком просматривает тщательно подделанные документы Далтона Смита, затем отдает их обратно вместе с договором аренды. Те места, где Билли должен поставить подпись, отмечены желтым маркером.

— Вы можете сказать, что хозяин задрал цену, — говорит Рихтер, как будто Билли уже возмутился. — И будете отчасти правы. Но не забывайте про мебель, вайфай и подъездную дорожку — ведь парковка на улице запрещена до шести вечера. Конечно, дорожку придется делить с Дженсенами...

— Большую часть времени я держу машину на муниципальной парковке в центре. А ходить пешком даже полезно. — Он гладит себя по бутафорскому животу. — Цена в самом деле немного завышена, но квартирка мне приглянулась.

— Хотя вы ее даже не видели! — дивится Рихтер.

— Миссис Дженсен очень ее хвалила.

— Понятно. Стало быть, по рукам?..

Билли подписывает бумаги и выписывает первый чек от имени Далтона Смита: плату за первый и последний месяцы, а также страховой депозит (последняя сумма просто баснословная, и оправдать ее могли бы разве что кухонная утварь марки «Олл-клэд», лиможский фарфор и светильники «Тиффани»).

— Компьютерами, значит, занимаетесь? — уточняет Рихтер, пряча чек в ящик стола. Он подталкивает к Билли конверт с надписью «КЛЮЧИ», затем отвешивает своему старенькому ПК шлепок, словно пытается прогнать приблудную и совершенно бесполезную псину. — Мне бы пригодилась ваша помощь с этой развалюхой.

— Я сейчас не на работе, — говорит Билли, — но один совет дать могу.

— Какой же?

— Поменяйте комп, пока все не потеряли. Насколько я понял, об отоплении, электричестве, воде и кабельном вы уже позаботились?

Рихтер улыбается, как будто сейчас вручит Билли приз.

— Нет, это вы как-нибудь сами, дружище!

И протягивает ему руку.

Билли подмывает спросить Рихтера, за что ему вообще платят деньги (договор явно типовой, скачанный из Интернета, добавлены только местные детали), но какое ему до этого дело? Решительно никакого.

7

Билли не терпится вернуться к своей писанине (книгой ее называть пока рано; может, это даже плохая примета), но у него есть другие дела. Когда во вторник открываются банки, он идет в «Саутерн траст» и снимает со счета Дэвида Локриджа немного наличных на мелкие расходы. Затем посещает три разных сетевых магазина электроники и бытовой техники и покупает еще три ноутбука, все за наличные, все от малоизвестных производителей вроде «Оллтека», и маленький настольный телевизор. За него он расплачивается кредиткой Далтона Смита.

Следующий пункт в списке дел — аренда автомобиля. «Тойоту» Билли припрятывает в паркинге на другом конце города, где Дэвид Локридж не появлялся. Еще не хватало, чтобы кто-то из коллег увидел его в обличье Далтона Смита — вероятность этого крайне мала, поскольку днем все прилежные пчелки трудятся в улье, но лучше не рисковать. Именно на таких мелочах люди и попадаются.

Надев парик, очки, усы и живот, Билли вызывает «убер» и просит отвезти его в «Маккой Форд» на западной окраине города. Там он арендует «форд-фьюжн» на тридцать шесть месяцев. Его предупреждают, что наматывать больше десяти с половиной тысяч миль в год не стоит, иначе придется серьезно доплатить. Билли подозревает, что не намотает даже трехсот. Главное, теперь у него (и у Далтона Смита) есть колеса, о которых Ник ничего не знает, — перестраховка на случай, если тот действительно задумал недоброе. Таким образом Далтон не будет иметь никакого отношения к убийству у здания суда — то есть останется чистеньким.

Билли временно паркует новую машину рядом со старой (на другом паркинге, тоже на верхнем уровне и подальше от камер наблюдения), чтобы перетащить телевизор и ноутбуки из «тойоты» в багажник «фьюжна». А заодно дешевые чемоданы с дешевой одеждой из «Уолмарта»: их он вчера вечером погрузил в «тойоту». Затем он перегоняет «фьюжн» к дому номер 658 по Пирсон-стрит — на подъездную дорожку, давным-давно закатанную в бетон, через который уже проросла трава. Хорошо, если миссис Дженсен увидит, как он переезжает. Разумеется, она увидела.

А вот заметил ли Далтон, как она смотрела на него из окна второго этажа? Билли приходит к выводу, что нет. Далтон компьютерщик, рассеянный и замкнутый. Живет в собственном мире. С превеликим трудом втащив два чемодана на крыльцо, он открывает дверь новеньким ключом. Девять ступеней вниз — и вот он у входа в квартиру.

Достает второй ключ. Дверь открывается прямо в гостиную. Он ставит чемоданы на ковролин и обходит все четыре комнаты своего жилища (пять, если считать ванную).

Мебель там неплохая, сказал Рихтер. Это неправда. Впрочем, не такая она и ужасная — на ум приходит слово «простенькая». Двуспальная кровать скрипит, но по крайней мере в спину не упираются пружины — и на том спасибо. Мягкое кресло стоит перед столиком, на который просится маленький телевизор вроде того, что он купил в «Дискаунт электроникс». Кресло вполне удобное, хотя от черно-белых полосок рябит в глазах. Надо будет чем-то прикрыть это безобразие.

В целом квартира ему по душе. Он подходит к узкому окну, расположенному на уровне лужайки. Как будто смотришь в перископ, думает Билли. Вид ему очень нравится. Здесь уютно. В Мидвуде тоже неплохо, да и соседи отличные, особенно Акерманы, но этот дом лучше. Безопаснее. В гостиной есть старый диван, на вид удобный, и Билли решает поставить его вместо кресла-зебры: будет сидеть и смотреть на улицу. Прохожие иногда смотрят на дома и заглядывают в окна, но никто не додумается опустить глаза на окна подвальчика — стало быть, никто не увидит Билли. Это настоящее логово. Если придется затаиться в какой-нибудь норе, думает он, можно сделать это здесь, а не в Висконсине, где Ник якобы приготовил для него квартирку. Потому что этот подвал и есть нор...

Раздается тихий стук в дверь — скорее скрежет. Он оборачивается и видит на пороге миссис Дженсен (дверь осталась открытой): она барабанит ногтями по косяку.

— Здравствуйте, мистер Смит!

— О, добрый день. — Голос Далтона Смита чуть выше, чем голос Билли Саммерса и Дэвида Локриджа. Слегка сипловатый, с намеком на астму. — Я как раз въезжаю, миссис Дженсен. — Он показывает на чемоданы.

— Раз мы теперь соседи, зовите меня просто Беверли.

— Конечно. Спасибо. Я Далтон. Простите великодушно, я пока не могу угостить вас чашечкой кофе — еще ничего не купил...

— Прекрасно понимаю. Переезд — это безумие, правда?

— Правда. Спасает, что я часто путешествую и вещей у меня немного. Остаток недели проведу в Линкольне, Небраска, а потом еду в Омаху. — Билли заметил: когда врешь про разъезды по небольшим городкам, имеющим второстепенное экономическое значение, люди почему-то охотнее тебе верят. — Я еще не все перетащил из машины, поэтому, если позволите...

— Вам помочь?

— Нет, нет, я справлюсь, — заверяет ее Билли и тут же делает вид, что передумал: — Хотя...

Они вместе выходят на улицу. Билли вручает ей три коробки с дешевыми ноутбуками. Беверли становится похожа на курьера пиццерии «Доминос».

— Ой, только бы не уронить — с виду они новенькие и наверняка стоят целое состояние!

Стоят они не больше девятисот долларов, но Билли не хочет возражать. Только спрашивает, не слишком ли тяжело.

— Ха! Они точно легче, чем корзина с выстиранным бельем. Вы все это будете подключать?

— Как только разберусь с электричеством, — говорит Билли. — Это мой бизнес. По крайней мере его часть. В основном я работаю на аутсорсинге.

Слова вроде «аутсорсинг» звучат солидно и могут означать что угодно. Билли вытаскивает из багажника коробку с телевизором. Они вместе возвращаются к дому, входят в открытую дверь и спускаются в подвал.

— Заглядывайте сегодня к нам, когда немножко устроитесь, — говорит Беверли Дженсен. — Я кофе сварю. И угощу пончиком — правда, он вчерашний.

— От пончика никогда не откажусь. Спасибо, миссис Дженсен.

— Беверли.

Он улыбается.

— Да, точно, Беверли. Вот притащу еще один чемодан — и забегу к вам.

Баки выслал ему коробку, подписанную словом «Страховка». Внутри лежит айфон Далтона Смита. Разгрузив «фьюжн», Билли делает несколько звонков. А к тому времени, когда он выпивает чашечку кофе и съедает пончик в квартире Дженсенов на втором этаже (с напускным интересом выслушав рассказ Беверли о проблемах ее мужа на работе и его неладах с начальством), в подвале уже появляется электричество.

В его подземном логове.

8

Половину дня он проводит в новом доме, распаковывая дешевую одежду, включая дешевые компьютеры и закупая продукты в супермаркете «Брукшайрз», что в миле от дома. Ничего скоропортящегося, кроме дюжины яиц и сливочного масла, он не берет. В основном затаривается тем, что будет долго храниться: консервами и замороженными полуфабрикатами. В три часа он садится в арендованный «фьюжн» и возвращается на четвертый уровень паркинга номер 2. Убедившись, что его никто не видит, снимает очки и усы. Какое облегчение — наконец избавиться от живота! В следующий раз надо будет обработать кожу детской присыпкой, чтобы не появилось потницы.

Пересев в «тойоту», он едет на ней в паркинг номер 1, оставляет машину и поднимается на пятый этаж «Башни Джерарда». Книгу не пишет и в компьютерные игры не играет. Просто сидит и думает. В офисе нельзя держать винтовку и вообще оружие, максимум — нож для чистки овощей. Это хорошо. Возможно, ствол ему не понадобится еще несколько недель или даже месяцев. Возможно, ему вообще не придется никого убивать — и разве это так уж плохо? В плане денег — да. Он потеряет полтора миллиона долларов. Что же до пятисот тысяч, которые ему уже перевели, захочет ли заказчик — тот, чьим посредником выступает в этом деле Ник, — получить их обратно?

— Пусть попробует, — говорит Билли вслух. И смеется.

9

Пока он идет — *плетется* — обратно к машине, в голове крутятся мысли о двоеженстве.

Он никогда не был женат даже на одной женщине, не говоря о двух, но способен представить, каково это. Если одним словом — изматывающе. Сейчас ему приходится переключаться между тремя разными жизнями. Для Ника и Джорджо (и для ненавистного Кена Хоффа) он вольный стрелок по имени Билли Саммерс. Для сотрудников «Башни Джерарда» — равно как и для жителей мидвудской Эвергрин-стрит — начинающий писатель по имени Дэвид Локридж. А для соседей по Пирсон-стрит, что в девяти кварталах от «Башни Джерарда» и в четырех милях от Мидвуда, — пузатый компьютерщик по имени Далтон Смит.

Если подумать, у него есть и четвертая личина: Бенджи Компсон, который все-таки не совсем Билли — ровно настолько, чтобы сам Билли мог спокойно воскрешать в памяти образы из прошлого, что раньше делать избегал.

Он сознательно начал писать историю Бенджи на компьютере, который, вероятно (нет, наверняка), клонирован: это своеобразная проверка на прочность. И пресловутое «последнее дело». Но есть и другая причина, куда более важная и глубокая: ему нужны читатели. Пусть это будет кто угодно, пусть даже бандюганы из Вегаса вроде Ника Маджаряна и Джорджо Свиньелли. Теперь Билли понимает (раньше не понимал и даже не задумывался об этом), что любой писатель, решивший показать свой труд людям, намеренно играет с огнем. В этом есть своя прелесть. *Смотрите на меня. Я безоружен и стою перед вами голый. Во всей красе.*

Предаваясь таким размышлениям, он направляется к паркингу и вдруг вздрагивает: кто-то хлопает его по плечу. Это Филлис Стэнхоуп, молодая сотрудница бухгалтерской конторы.

— Ой, простите. — Она делает шаг назад. — Не хотела вас пугать.

Увидела ли она что-нибудь в этот миг, когда он не был готов к свидетелям? Может, промельк его настоящей личности? Не потому ли она отшатнулась? Может быть, поэтому. Если так, надо побыстрее развеять образ легкой улыбкой — и чистой правдой.

— Все хорошо. Просто я был за миллион миль отсюда.

— Размышляли о своей книге?

О двоеженстве.

— Ага.

Филлис идет с ним в ногу. Сумочка перекинута через плечо, за спиной детский рюкзак с Губкой Бобом. Вместо «щелкунчиков» — кеды с белыми носками.

— Не видела вас сегодня за обедом. Ели в кабинете?

— Нет, катался по делам. Я ведь до сих пор толком не обжился. Плюс у меня был серьезный разговор с моим агентом.

Он действительно разговаривал с Джорджо, впрочем, ничего серьезного они не обсуждали. Ник вернулся в Вегас, а Свин поселился в особняке с двумя другими молодчиками — Реджи и Даной. Вряд ли Ник и Джорджи Свин задумали его грохнуть (и завезли для этого сразу двух ребят), но для них это очень крупное и важное дело. Конечно, они перестраховываются — Билли был бы удивлен, даже шокирован, если бы они не осторожничали. Кто здесь действительно крайний, так это Кен Хофф. Будущий козел отпущения.

— Кроме того, писателю необязательно сидеть за столом, чтобы работать. — Билли похлопывает себя по виску.

Она отвечает ему улыбкой. Доброй.

— Наверное, все вы так говорите.

— Если честно, я в данный момент нахожусь в небольшом тупике.

— Может, это не просто тупик, а новое место действия?

— Возможно.

Вообще-то Билли лукавит, никакого тупика нет. Да, кроме первой сцены он еще ничего не написал, но остальное не заставит себя ждать. Весь текст уже есть у него в голове. Осталось только его набрать. И Билли не терпится сесть за работу. Это ничуть не похоже на ведение личного дневника, и это не попытка примириться с прошлым, пусть сколь угодно несчастным и полным травм; это даже не исповедь, хотя в результате, возможно, к ней все и сведется. Это — сила. Он наконец нашел источник. Причем на сей раз силой его наделяет не оружие. Как и вид из окон своего нового подземного жилища, ему это нравится.

— В любом случае, — говорит Билли, когда они подходят к паркингу, — я планирую взяться за дело всерьез. Начинаю прямо завтра.

Филлис приподнимает брови.

— Правило у меня твердое: варенье на завтра...

Билли подхватывает цитату, и они заканчивают ее хором:

— ...и только на завтра![1]

— Как бы там ни было, мне не терпится прочитать вашу книгу. — Они входят под своды паркинга — после палящего уличного зноя здесь царит восхитительная прохлада — и начинают подниматься. Филлис останавливается на полпути к первому повороту. — Вот моя машина. — Она нажимает кнопку на брелоке. Неподалеку вспыхивают задние габаритные огни маленького голубого «приуса». Номер обрамляют два стикера: «МОЕ ТЕЛО — МОЕ ДЕЛО», «ВЕРЬТЕ ЖЕНЩИНАМ».

— Как бы вам машину не поцарапали, — говорит Билли. — Этот штат красный до мозга костей.

Она поднимает сумочку и улыбается ему совсем не так, как сначала, — новая улыбка больше похожа на усмешку Грязного Гарри.

— А еще в нашем штате разрешено скрытое ношение, так что если кто-то попытается отскрести мои наклейки ключом, советую им делать это тайком и не попадаться мне на глаза.

Интересно, это показуха? Миниатюрная бухгалтерша нарочно держится посмелее и понаглее с мужчиной, который, возможно, ей интересен? Может быть. А может,

---

[1] Цитата из «Алисы в Зазеркалье» Льюиса Кэрролла (перевод Н. Демуровой). «Варенье на завтра» стало в английском языке метафорой пустых надежд или обещаний.

и нет. В любом случае он восхищен: так прямо говорить о своих убеждениях! Для этого нужна смелость. Именно так ведут себя хорошие люди. По крайней мере когда показывают себя с лучшей стороны.

— Что ж, еще увидимся, — говорит Билли. — Я свою повыше бросил.

— Правда? Неужели внизу мест не нашлось?

Он мог бы сказать, что задержался и не успел урвать хорошее местечко, но в итоге это сыграет против него, ведь он всегда паркуется на четвертом.

— Там меньше вероятность, что кто-нибудь меня бортанет и скроется. — Билли показывает большим пальцем наверх.

— Или отскребет ваши стикеры?

— У меня их нет, — отвечает Билли и вновь говорит чистую правду: — Не люблю быть на виду. — Тут, повинуясь внезапному импульсу (хотя человек он отнюдь не импульсивный), он предлагает: — Давайте сходим куда-нибудь, выпьем. Хотите?

— Да. — Без колебаний и стеснения. Как будто она ждала этого вопроса. — В пятницу? Тут неподалеку есть неплохое заведение, счет можем поделить. Я предпочитаю делить счет. — Она умолкает. — По крайней мере на первой встрече.

— Хорошая привычка. Осторожнее за рулем, Филлис.

— Фил. Зови меня Фил.

Он машет ее задним габаритам на прощание и отправляется к себе на четвертый уровень. Здесь есть лифт, но ему хочется пройтись. И спросить себя, на кой черт он сделал то, что сделал. И на кой черт играл в «Монополию» с детьми Акерманов? Ведь знал же, что они захотят повторить игру на следующих выходных (и он наверняка согласится)! С людьми надо ладить, а не дружбу водить, верно? Как слиться с пейзажем, если стоишь на переднем плане?

Коротко: никак.

Глава 6

1

Лето в самом разгаре. Днем стоит влажная, удушливая жара, солнце палит немилосердно, а под вечер случаются грозы, порой весьма лютые, со шквальным ветром и градом. На окраинах даже замечены торнадо, но до центра и Мидвуда они не добираются. Когда гроза отгремит, над горячим асфальтом поднимается пар, и лужи быстро высыхают. Большинство квартир на верхних этажах «Башни Джерарда» пустуют: либо их никто не занял, либо жильцы сбежали в более прохладные регионы страны. Зато в офисах полно сотрудников, потому что арендуют их в основном молодые фирмы, еще не успевшие встать на ноги. Некоторых — вроде той юридической конторы на этаже Билли — два года назад еще даже не существовало.

Билли и Фил Стэнхоуп идут в бар. Местечко действительно приятное, стены изнутри обшиты деревом. Находится оно по соседству с одним из лучших ресторанов города, где гостей потчуют стейками. Фил заказывает виски с содовой («Папин выбор», — говорит она), а Билли — коктейль «Арнольд Палмер», поясняя, что ему настрого запретили пить спиртное, даже пиво, пока идет работа над книгой.

— Алкоголик я или нет — вопрос пока открытый, — говорит он. — Но проблемы со спиртным у меня были. — Он рассказывает ей придуманную Ником и Джорджо легенду про то, как в Нью-Хэмпшире он злоупотреблял всем подряд в компании таких же прожигателей жизни.

Проходит полчаса. Все идет неплохо, но Билли чувствует, что ее интерес к нему — романтический, а не дружеский — вовсе не так силен, как он надеялся. Вероятно, всему виной пропасть между двумя разными напитками в их стаканах. Пить виски в компании мужчины, который пьет чай со льдом и лимонадом, — сомнительное удовольствие. Почти то же самое, что пить в одиночку. А по румянцу, который тут же загорается на щеках Фил, когда она допивает первый стакан, можно предположить, что проблемы с алкоголем есть и у нее. Или появятся с годами. Жаль, конечно, что все складывается именно так... Билли был бы не против, если бы у них с Фил дошло до постели, но в данной ситуации им лучше остаться друзьями. Меньше вероятность осложнений. Полностью исчезнуть с ее радаров уже не выйдет — он явно ей нравится, и это взаимно, — но эксперты-криминалисты никогда не найдут его отпечатков пальцев в ее спальне. Это на пользу им обоим. Однако даже столь короткий обмен биографиями (настоящей с ее стороны и выдуманной — с его) — чересчур близкий контакт, и Билли отдает себе в этом отчет.

У Далтона Смита история другая, проблем с алкоголем у него не было, поэтому он с чистой совестью соглашается выпить пива с мужем Беверли на заднем крыльце дома номер 658 по Пирсон-стрит. Дон Дженсен работает ландшафтным дизайнером в компании под названием «Гроуин консен». Он целиком и полностью разделяет позицию другого Дона, что сидит в куда более роскошных интерьерах по адресу Пенсильвания-авеню, 1600[1]. Особенно он согласен с Доном в вопросах иммиграционной политики («Не хочу, чтобы Америка покоричневела», — говорит он), хотя в «Гроуин консен» трудятся по большей части нелегалы, которые и двух слов по-английски связать не могут («Зато продуктовые талоны читать умеют»). Когда Билли спрашивает, нет ли в этом противоречия, Дон Дженсен

[1] Адрес Белого дома в Вашингтоне.

только отмахивается («Кинозвезды приходят и уходят, а мексикашки будут всегда», — говорит он). На вопрос Дона о планах на ближайшее будущее Билли отвечает, что скоро уедет на пару недель в Айова-Сити. Потом — в Де-Мойн и Эймс.

— Да уж, на месте вы не сидите, — замечает Дон. — Стоит ли снимать жилье? Только деньги на ветер.

— Летом у меня самая горячая пора. Надо же где-то повесить шляпу. Осенью я почаще буду появляться, успею вам надоесть.

— Вот за это и выпьем. Хотите еще пива?

— Нет, спасибо, — сказал Билли, вставая. — Надо поработать.

— Зануда, — говорит Дон и по-дружески хлопает его по спине.

— Каюсь, виноват.

Рагланды с Эвергрин-стрит — Пол и Дениз — приглашают его на цыпленка-барбекю из «Биг клакс». На десерт Дениз подает бисквитные пирожные с клубникой, которые испекла сама. Они восхитительно хороши. Билли просит добавки. Фасио — Пит и Диана, что живут через дорогу, — зовут его на пятничную пиццу, которую едят внизу в игровой под «Индиану Джонса: В поисках утраченного ковчега» вместе с Дэнни Фасио и детьми Акерманов. Фильм производит на ребят такое же неизгладимое впечатление, какое он произвел в свое время на Билли и Кэти в старом кинотеатре «Бижу», где его крутили три сезона подряд. Джамал и Корин Акерманы приглашают Билли на тако и «шелковый» шоколадный пирог, тоже восхитительный. Билли просит добавки. Он набрал уже пять фунтов. Не желая прослыть любителем халявы, он покупает в «Уолмарте» гриль (оплачивает его картой Дэвида Локриджа) и приглашает все три семьи и Джейн Келлогг, вдову из дальнего конца квартала, на бургеры и хот-доги у себя на заднем дворе. Трава там, как и спереди, уже заметно преобразилась.

По выходным он продолжает играть с детьми в «Монополию». Теперь на эти игры собирается вся местная детвора, причем не только с Эвергрин-стрит — всем хочется отнять у чемпиона пальму первенства. Билли неизменно разносит их в пух и прах. Однажды в воскресенье, временно присвоив себе фишку в виде гоночной машинки, за доску садится Джамал Акерман. («Ну, вперед, Белая Америка», — с ухмылкой говорит он Билли.) Играет он чуть лучше, чем дети, но ненамного. Спустя полтора часа Джамал банкротится, а Билли в очередной раз торжествует. Победу над ним, как ни странно, одерживает Корин Акерман — в последнее воскресенье лета. Следящие за напряженной игрой дети устраивают бурные овации, когда Билли объявляет себя банкротом. Он тоже хлопает в ладоши. Корин отвешивает поклон, а потом фотографирует доску. Билли прикладывает усилия, чтобы не попасть в кадр. Впрочем, вряд ли это имеет смысл в наш век телефонов с камерами. Наверняка Дерек уже щелкнул его на свой. И Дэнни Фасио тоже. Дети Акерманов, аплодируя, смотрят на него влюбленными сияющими глазами. Эти игры стали важной частью их жизни. Возможно, для остальных детей они тоже имеют значение, но для Дерека и Шанис особенно, ведь именно с них все начиналось. *Билли* стал важной частью их жизни, но скоро он их предаст. Он не думает (или не хочет, отказывается думать), что разобьет им сердце, убив Джоэла Аллена, но это событие точно их потрясет. Развеет их иллюзии. Завалит им горизонт. Билли может сколько угодно говорить себе, что рано или поздно это случается со всяким. Мол, не я, так кто-нибудь другой. Но ему тяжело. Так хорошие люди себя не ведут. Впрочем, изменить ситуацию он не в силах. Все чаще и чаще он надеется, что Аллена не экстрадируют — или убьют в тюрьме, или он сбежит, сорвав им все планы.

По будням, если на улице не слишком жарко, он обедает на площади перед «Башней Джерарда». Ему удается познакомиться с Колином Уайтом, местным модником. Уайт производит впечатление не просто гея, а эдакого карикатурного персонажа из комедийного сериала 1980-х: томные жесты, речь с придыханием и закатыванием глаз. Билли он называет «сладким» и «душечкой». Однако за этим театром скрывается недюжинный ум. Ум острый, как бритва. И когда эти глаза не закатываются, они подмечают кучу подробностей. Впрочем, потом многие будут рассказывать полиции о том, какое впечатление произвел на них Дэвид Локридж. Большинство — включая Филлис Стэнхоуп — дадут положительную характеристику, но описание Колина Уайта, пожалуй, будет самым точным. Билли планирует использовать Уайта в своих целях, но с ним надо соблюдать предельную осторожность. Если у Билли есть «тупое я», то у Колина Уайта второе я «дурашливое». Рыбак рыбака видит издалека.

Однажды, когда они сидят на скамеечке в скудной полуденной тени деревьев, Билли спрашивает Колина, как ему удается выбивать из людей деньги, ведь он, в сущности, неплохой человек, да еще и голубой, как яйца дрозда. Колин прижимает к лицу ладонь, невинно таращит глаза и говорит:

— Ну... знаешь, я как бы... *меняюсь*.

Рука опускается на колени. Приятная улыбка (едва тронутая блеском для губ) исчезает. Мелодичность речи тоже. Томный Колин Уайт, одетый сегодня в золотые штаны-парашюты и узорчатую рубашку с высоким воротником, начинает цедить сквозь зубы голосом зверюги-адвоката:

— Мэм, не знаю, кого вы пытаетесь развести этим нытьем, я на такое не ведусь. Ваше время истекло. Машина вам еще нужна? Если да, имейте в виду: когда я положу трубку, ничего не получив — *а пустые обещания мне не нужны*, — то следующий мой звонок будет уже не вам, а нашим коллекторам. Распускайте нюни сколько влезет, меня этим не проймешь. — Излагает он убедительно, ничего не скажешь. — Прямо сейчас я должен увидеть на своем экране перевод на шестьдесят долларов. Самое меньшее — на пятьдесят, но только потому, что сегодня я встал с той ноги. — Он умолкает, вновь поднимает на Билли невинные глаза (едва тронутые черным косметическим карандашом). — Теперь понимаешь?

Теперь Билли понимает. Впрочем, кое-что понятнее не стало: хороший Колин Уайт человек или плохой? Возможно, и то и другое. Билли эта концепция настораживает.

2

Все лето на телефон Дэвида Локриджа поступают текстовые сообщения — иногда раз в неделю, иногда два.

Дж. Руссо: Твой редактор еще не успел прочитать последние главы.

Дж. Руссо: Я звонил твоему редактору, но его не было на работе.

Дж. Руссо: Твой редактор по-прежнему в Калифорнии.

И так далее, и тому подобное. Сейчас Билли ждет сообщения об экстрадиции Аллена: **Твой редактор готов отправить текст в печать**. Получив его, Билли начнет последние приготовления.

А последнее сообщение будет выглядеть так: **Чек в пути**.

3

В середине августа Ник возвращается из Вегаса. Он звонит Билли и просит его подъехать в особняк, когда стемнеет (мог бы и не говорить). В половине десятого они садятся ужинать. Слуг нет, Ник сам приготовил телятину пармиджано — не бог весть что, зато пино-нуар неплохое. Билли выпивает только один бокал, помня, что ему еще ехать обратно.

Все уже в сборе: Фрэнки, Поли и новенькие, Реджи и Дана. Они от души нахваливают стряпню Ника, включая десерт: магазинный фунтовый кекс, залитый сливками из баллончика (не то «Кул уип», не то «Дрим уип»). Знакомый вкус: Билли частенько ел такую бурду в детстве, пятничными вечерами в доме Степенеков, который они с Робин, Гэдом и другими «сокамерниками» называли Домом Вековечной Краски.

В последнее время он нередко вспоминает этот дом. И Робин. Он был от нее без ума. Скоро он о ней напишет, только имя надо поменять на что-то похожее — на Рикки. Или, может, на Ронни. Билли изменит все имена, оставит только одноглазую девочку.

Имена большинства ребят Ника — ребят, которых Билли окрестил «вегасскими бандюганами» — заканчиваются на *и*, прямо как у персонажей Копполы или Скорсезе. Дана Эдисон — исключение. Рыжие волосы он убирает в тугой пучок на затылке, видимо, чтобы компенсировать недостающее спереди (его лоб напоминает летную полосу). Фрэнки Элвис, Поли и Реджи — мускулистые мальчики. Дана худощав и смотрит на мир сквозь очки без оправы. С первого взгляда он может показаться безобидным парнем, эдаким мистером Милкитостом[1], но голубые глаза за стеклами очков холодны и проницательны. Это глаза профессионального стрелка.

— Про Аллена новостей нет? — спрашивает Билли, когда все поужинали.

— Между прочим, есть, — отвечает Ник и тут же осаживает Поли: — Не вздумай закуривать здесь эту вонючку, в договоре аренды черным по белому написано: курение запрещено. Нарушение карается немедленным разрывом договора и штрафом в тысячу долларов.

Поли Логан удивленно смотрит на сигару, которую только что достал из кармана розовой рубашки «Пол Стюарт» — как будто не понимает, откуда она взялась, — и тут же убирает ее обратно, бормоча извинения. Ник вновь поворачивается к Билли.

— В четверг, после Дня труда, состоится очередное слушание по делу Аллена. Адвокат будет опять просить отсрочки. А вот получит он ее или нет... — Ник разводит руками. — Может быть. Но я слышал от друзей из Вегаса, что судья — та еще старая злыдня.

Фрэнк Макинтош смеется, потом, увидев хмурую мину Ника, резко умолкает и складывает руки на груди. Большую часть вечера Ник пребывает в скверном настроении. Ему, наверное, хочется обратно в Вегас, слушать «Воларе» в доисторическом исполнении какого-нибудь Фрэнки Авалона или Бобби Райделла.

---

[1] Каспар Милкитост — герой комиксов Х. Т. Вебстера «Робкая душа», в переносном смысле — робкий, застенчивый, слабый человек.

— Говорят, лето здесь выдалось дождливое, Билли. Это правда?

— Иногда поливает, — отвечает Билли, вспоминая свою мидвудскую лужайку. Она теперь зеленая, как новенький стол для бильярда. Даже травка у дома номер 658 по Пирсон-стрит стала выглядеть лучше, а кирпичная челюсть бывшей железнодорожной станции спряталась в высоких сорняках.

— Если уж дождь пошел, то льет мама не горюй, — добавляет Реджи. — Не то что в Вегасе, босс.

— Ты сможешь стрелять в дождь? — спрашивает Ник. — Вот что меня беспокоит. И говори только правду, оптимистическую чушь оставь при себе.

— Если не польет как из ведра, смогу.

— Хорошо. Хорошо. Это радует. Будем надеяться, что ведра наверху припасут на потом. Пойдем в библиотеку, Билли, хочу еще кое-что с тобой обсудить. Потом отпущу тебя домой баиньки. Вы, ребята, займитесь чем-нибудь. Поли, если будешь курить на улице, не вздумай оставлять бычок на лужайке.

— Не вопрос, Ник.

— Я проверю.

Пол Логан и трое приезжих из Вегаса выходят на улицу. Ник ведет Билли в комнату, от пола до потолка заставленную книгами. Крошечные, хитро встроенные в полки точечные светильники льют струи света на собрания сочинений в кожаных переплетах. Сейчас бы порыться на этих полках — наверняка тут есть весь Киплинг и Диккенс, — но Билли, которого знает Ник, не проявляет интереса к книгам. Билли, которого знает Ник, садится в вольтеровское кресло и, распахнув глаза, внимательно смотрит на босса.

— Видишь Реджи и Дану в городе?

— Да. Иногда вижу. — Они разъезжают на фургоне коммунальных служб. Один раз этот фургон стоял перед «Башней Джерарда», на том самом месте, где в обед гнездятся все фургончики с едой. Парни возились с крышкой канализационного люка. В другой раз Билли приметил их на Холланд-стрит: они стояли на коленях и светили фонариком в водоприемную решетку. Выглядели они как полагается: серые комбинезоны, бейсболки с символикой муниципальных служб, рабочие сапоги.

— Скоро будешь видеть их чаще. Нормально они смотрелись?

Билли пожимает плечами.

Ник раздраженно спрашивает:

— Как это понимать?

— Вроде нормально.

— Лишнего внимания не привлекали?

— Кажется, нет.

— Хорошо. Хорошо. Фургон стоит здесь, в гараже. Пока они не каждый день на нем выезжают, но скоро будут каждый. Надо, чтобы они тут примелькались.

— Слились с пейзажем, — говорит Билли и расплывается в максимально тупой улыбке.

Ник наводит на него палец-пистолет. Билли знает, что это его фишка — наверное, подглядел у какого-нибудь другого вегасского бандюгана, — но ему не нравится, когда на него наставляют пушку, пусть даже ненастоящую.

— В точку! Хофф уже привез ствол?

— Нет.

— Ты его видел?

— Нет, и не стремлюсь.

— Хорошо. — Ник вздыхает и проводит рукой по волосам. — Тебе, наверное, надо сперва посмотреть инструмент, верно? Пристрелять его где-нибудь в поле?

— Можно, — говорит Билли. Но рисковать он не будет, даже где-нибудь у черта на куличках, где каждый дорожный знак давно изрешечен пулями. Произвести холодную пристрелку можно с помощью мобильного приложения и лазерного патрона, который продается на «Амазоне».

Ник подается вперед, сцепив руки на своем внушительном брюхе. Лицо у него по-дружески озабоченное. Билли кажется, что так он особенно похож на предателя.

— Как идут дела в этом... как его... Мидвуде?

— Мидвуд, ага. Хорошо идут.

— Знаю, это жопа мира, но что поделать. Игра стоит свеч.

— Да. — Вообще-то Мидвуд ему очень даже по душе.

— Сидишь тихо, не высовываешься?

Билли мотает головой. Нику вовсе не обязательно знать про вечера с «Монополией» и бургеры на заднем дворе. И про посиделки в баре с Фил Стэнхоуп. Посвящать Ника в свои дела он не будет — ни сейчас, ни потом.

— Ты обдумал план побега, который я тебе расписал? Видишь ли, парни готовятся. Реджи звезд с неба не хватает, а вот Дана у нас мозг. И оба умеют водить машину.

— Я просто должен забежать за угол, так? И прыгнуть в фургон.

— Да. И переодеться в серый комбинезон коммунальщика. Вы подъезжаете к копам и спрашиваете, нельзя ли им помочь — распределять потоки людей или еще чем. — Можно подумать, Билли про это забыл. — Если они согласятся — вряд ли, конечно, но мало ли, — сразу беритесь за работу. В любом случае к вечеру ты будешь за пределами штата, по дороге в Висконсин. А то и раньше. Что думаешь?

Билли видит картинку: он не едет в Висконсин, а лежит с простреленной башкой в канаве, среди пустых банок из-под пива и коробок от «Биг Маков». Картинка очень ясная и четкая.

Он улыбается — *ухмыляется* — Нику и говорит:

— План хороший. Я б и сам лучше не придумал.

Это вранье, конечно. То, что он придумал, со всех сторон выглядит идеально — не подкопаешься. Риски есть, но минимальные. И Нику знать про этот план не нужно. Да, наверное, он разозлится, но вряд ли сильно — дело-то сделано.

Ник встает.

— Вот и славно. Рад тебе помочь, Билли. Ты хороший человек.

Нет, плохой, и ты тоже.

— Спасибо, Ник.

— Последнее дело, а? Решил завязать?

— Да.

— Ну, иди сюда, бамбино, давай обнимемся.

Билли обнимается.

Не то чтобы он совсем не доверяет Нику, думает он в машине по дороге к желтому домику. Просто себе он доверяет больше. Так всегда было и всегда будет.

4

Пару дней спустя в дверь его маленького офиса кто-то стучит. Билли в это время пишет, с головой нырнув в прошлое. Отчасти это прошлое принадлежит Бенджи Компсону, но в основном — ему самому. Он сохраняет документ, закрывает его и подходит к двери. Это Кен Хофф. С тех пор как они виделись в июне, он сбросил фунтов десять, не меньше. Облезлая бороденка стала еще облезлее. Может, он до сих пор думает, что она придает ему сходство с крутым героем боевика, но Билли кажется, что он похож на жертву пятидневного запоя. Запах изо рта только усиливает впечатление. Никакие мятные конфеты не перебьют рюмашку-другую, опрокинутую Хоффом перед визитом в «Башню Джерарда» — в десять сорок утра. Галстук у него нарядный, а вот рубашка несвежая и с одной стороны выбилась из брюк. Ходячая катастрофа, думает Билли.

— Здорово, Билли!

— Дэйв, помнишь?

— Да, точно, Дэйв. — Хофф оглядывается по сторонам — не услышал ли кто его оговорку. — Можно войти?

— Конечно, мистер Хофф, — говорит он, отходя в сторону. Называть по имени человека, у которого снимаешь помещение, — не в его привычках.

Хофф еще раз оглядывается и входит. Они стоят в небольшой комнатке, которая в настоящем офисе была бы приемной. Билли закрывает дверь.

— Чем могу помочь?

— Нет-нет, ничего не нужно, все в порядке. — Хофф облизывается, и до Билли доходит, что он его боится. —

Просто зашел узнать, все ли у вас, ну... в порядке. Не надо ли чего.

Ник заставил его прийти, думает Билли. Зачем? Ты не понравился нашему исполнителю, и это плохо, исправляйся.

— Только одно, — говорит Билли. — Вы ведь обеспечите меня инструментом, верно? — Имеется в виду «М-24». Та, которую Хофф назвал «Ремингтон-700».

— Все под контролем, все под контролем, мой друг. Вам ее сейчас привезти или...

— Нет. Наши общие друзья сообщат, когда придет время. А до тех пор припрячьте ее в надежном месте.

— Без проблем. Она у меня...

— Я не хочу знать. Пока не хочу. — Довольно для каждого дня своей заботы[1], думает Билли. Сегодня ему нужно только одно: вернуться к тому, чем он занимался. Он даже не представлял, как это здорово — писать.

— Ага, понял. Слушайте, давайте как-нибудь сходим в бар, выпьем?

— Не очень хорошая идея.

Хофф улыбается. Вероятно, это даже мило, когда он в своей стихии, но не сейчас. Сейчас он в одной комнате с наемным убийцей. И это только часть беды. Хофф чувствует, что конец близко, но вовсе не потому, что подозревает в чем-то своих подельников, которые собираются повесить на него всех собак. Должен подозревать, но пока не подозревает. Возможно, ему просто не по силам такое представить — как Билли не в силах представить себе черные дыры.

— Бросьте, мы вполне можем появиться на людях вместе. Вы же писатель, в конце концов. Мы люди одного социального круга.

Что бы это ни значило, думает Билли.

— Я не о себе думаю, а о вас. У людей возникнут вопросы. Потом. Да, конечно, вы можете сказать, что ничего не подозревали, но будет лучше, если вопросов не возникнет вовсе.

---

[1] Мф. 6:34.

— Хорошо. У нас ведь все нормально, Билли?

— Я Дэйв. Пожалуйста, постарайтесь это запомнить и больше не ошибаться. Да, конечно, все нормально, а что? — Билли удивленно таращит глаза — фирменное выражение его «тупого я».

Сработало. На сей раз Хофф улыбается поприятней — хотя бы губы не облизывает.

— Дэйв, Дэйв отныне и навсегда! Больше не забуду. Вам точно ничего не нужно? Знаете, у меня же свой кинотеатр — «Кармайк-синема» в торговом центре «Саутгейт». Девять залов, а в следующем году и «Аймакс» будет. Если хотите, выдам вам пропуск...

— Было бы просто замечательно.

— Супер! Я сегодня же прине...

— Лучше пришлите по почте, ладно? Или сюда, или домой на Эвергрин-стрит. Адрес у вас есть?

— Да, да, конечно. Ваш агент мне его дал. Все главные картины, знаете ли, выходят летом.

Билли кивает — как будто ему и впрямь не терпится увидеть на большом экране, как актеры пыжатся в супергеройских костюмах.

— А еще, знаете, Дэйв, у меня есть эскорт-сервис. Очень милые девушки, умеют держать язык за зубами. Я буду рад...

— Лучше не надо. Тише воды, ниже травы, помните? — Он открывает дверь. Хофф не просто неосторожен, он прямо-таки напрашивается на неприятности.

— Ирв Дин вас не обижает?

Охранник на стойке внизу.

— Нет, что вы. Мы с ним иногда сравниваем лотерейные билеты.

Хофф смеется — слишком громко — и тут же вновь с опаской озирается по сторонам. Интересно, думает Билли, Кен Хофф уже загремел в списки недобросовестных плательщиков Колина Уайта и его коллег по КАЛу? Скорее всего нет. Те, кому задолжал Кен — а он задолжал по-крупному, Билли в этом не сомневается, — не звонят тебе по телефону. В какой-то момент они просто приходят, топят твою собаку в бассейне и ломают тебе пальцы на той руке, которой ты не выписываешь чеки.

— Хорошо. Это хорошо. А Стив Бродер вам как? — В ответ на непонимающий взгляд Билли: — Управляющий.

— В глаза его не видел, — говорит Билли. — Слушайте, Кен, спасибо, что заглянули. — Билли кладет руку ему на плечо, выводит его в коридор и разворачивает к лифтам.

— Да не за что. Все придет в лучшем виде, будьте спокойны.

— Не сомневаюсь.

Хофф уходит, но Билли не успевает даже выдохнуть, как тот уже идет обратно. В глазах — нескрываемое отчаяние.

— Слушайте, Билли, вы точно на меня не в обиде? — тихо говорит он. — Вы простите, если я чем-то вас задел или взбесил...

— Да все отлично, бросьте! — заверяет его Билли, а сам думает: этот парень рванет в любой момент. И когда это случится, пострадает не заказчик и не посредник — Ник Маджарян, — а я.

— Просто мне очень нужно это дело, поймите, — вкрадчиво продолжает Хофф. От него разит мятными пастилками «Сертс», перегаром и одеколоном «Крид». — Представьте, что я квотербек. Все, кому я могу передать мяч, закрыты, но тут — о чудо! — открывается возможность для паса, и я... понимаете, я...

Прямо посреди этой вымученной метафоры открывается дверь юридической фирмы. Выходит Джим Олбрайт. Он направляется в уборную. Увидев Билли, он приветственно поднимает руку, и Билли поднимает руку в ответ.

— Я понял, — успокаивает он Хоффа. — Все будет хорошо, вот увидите. — И, поскольку ничего лучше в голову ему не приходит, добавляет: — Тачдаун не за горами.

Хофф расплывается в улыбке.

— Мяч на ленточке! — восклицает он, потом хватает Билли за руку, трясет ее и по возможности бодрой походкой устремляется к лифтам.

Билли смотрит, как он заходит в лифт и уезжает. Может, сбежать прямо сейчас? Купить подержанную тачку на имя Далтона Смита и дать деру?

Впрочем, никуда он не сбежит. И оставшиеся полтора миллиона — только одна причина. А вот то, что дожидается его в кабинете/конференц-зале, — вторая. И она даже поважнее первой. Больше всего на свете Билли сейчас хочет не играть в «Монополию», не пить пиво с Доном Дженсеном, не переспать с Фил Стэнхоуп и не пристрелить Джоэла Аллена. Больше всего на свете Билли хочет писать. Он садится и включает ноутбук. Открывает нужный документ и проваливается в прошлое.

Глава 7

1

Я подошел и сказал себе, что мне наверное придется выстрелить еще раз. И я бы выстрелил. Он был мамин хахаль но он поступил плохо. С виду он был мертвый но я хотел убедиться и вот я послюнил руку как следует и подношу к его рту и носу — хочу понять осталось ли в нем еще дыхание. Не осталось. Так я понял что он точно умер.

Я знал что делать дальше но сперва подошел к Кэсси. Я еще надеялся но она тоже умерла. Конечно умерла. С таким проломом в груди не живут. Но я все равно послюнил руку и поднес к ее губам. В Кэсси дыхания тоже не осталось. Я обнял ее и заплакал вспоминая как говорила мама уходя в прачечную: приглядывай за сестрой. Только я не доглядел. Я должен был застрелить этого гада раньше, вот тогда бы я доглядел. И за мамой тоже доглядел бы, потому что гад иногда бил и ее. А она только смеялась над своими фингалами или разбитой губой и говорила: да мы просто устроили возню Бенджи вот мне и прилетело случайно. Так я ей и поверил. Даже Кэсси не верила а ей всего 9.

Я наплакался и пошел к телефону. Он работал. Он не всегда работал но в тот день работал потому что за телефон было уплочено. Я набрал 911 и ответила какая-то тетенька.

Я сказал здрасьте меня зовут Бенджи Компсон и я убил маминого хахаля потому что он убил мою сестру. Тетька спросила точно ли он умер. Я сказал: да точно. Она спросила мой адрес. Я его назвал: трейлерный парк Хиллвью, Скайлайн-драйв, 19. Тетька спросила: твоя мама дома? Я сказал нет, она в прачечной Эдендейл, она там работает. Тетька спросила точно ли моя сестра умерла. Я сказал да, потому что он топтал ее сапогами и проломил ей грудь. Я сказал что послюнил руку и проверил нет ли дыхания и его нет. Она сказала: хорошо сынок сиди дома полиция скоро приедет. Я сказал спасибо мэм.

Вы можете подумать что полиция уже приехала, ведь там был выстрел и все такое, но наш трейлерный парк на самом отшибе и народ вечно отстреливает всяких оленей, енотов и сурков у себя в саду. К тому же это Теннесси и местные любят пострелять. Хобби у них такое.

Тут я что-то услышал, как будто мамин хахаль встал и побежал на меня хотя он умер. Я знал что так не бывает но я сразу вспомнил кино на которое я тайком прошмыгнул в кинотеатр. И Кэсси с собой протащил. На самых ужасных местах она закрывала глаза а потом ей снились кошмары и я понял что поступил плохо. Не надо было брать ее с собой в кино. Не знаю зачем я ее взял. Мне иногда кажется что во всех людях есть что-то плохое и оно иногда выходит наружу как кровь или гной. Если б можно было все переиграть я бы не повел ее на тот фильм. А маминого хахаля все равно застрелил бы. Он был плохой очень плохой человек, потому что убил такую маленькую безобидную девочку. Я все равно его убил бы, даже если меня потом отправили бы в исправительную школу.

Вобщем зомби бывают только в ужастиках. Мамин хахаль умер, я убил его насмерть. Я стал думать не накрыть ли Кэсси простынкой или одеялом но потом решил, нет. Это будет слишком грустно и ужасно. Поэтому я позвонил в круглосуточную прачечную, номер которой был прилеплен скотчем к стене рядом с телефоном. Тетя в трубке сказала: «Круглосуточная прачечная», и я сказал что меня зовут Бенджи Компсон и я хочу поговорить с моей мамой Арлин Компсон, она работает на отжиме. Она спросила срочное ли у меня дело. Я сказал: да мэм очень срочное. Она сказала что у них аврал и работать некому, что же это за дело такое срочное. Я подумал что она гадкая и нехорошо лезть в чужие дела, может просто потому что я был не в себе хотя врятли. Я сказал что моя сестра умерла. Это очень срочно. Она охнула: боже мой как же так? Я сказал: позовите пожалуйста мою маму. Потому что мне надоела эта гадкая тетка.

Я стал ждать. Потом трубку схватила моя мама и задыхаясь спросила: Бенджи что случилось? Надеюсь, ты меня не разыгрываешь? Я подумал что всем было бы лучше если б это был такой глупый розыгрыш но нет. Я сказал что ее хахаль пришел пьяный со сломанной рукой и убил Кэсси и меня тоже пытался убить но я его застрелил. Я сказал что сейчас приедет полиция и уже слышно вой сирен поэтому приходи пожалуйста домой и не дай им забрать меня в тюрьму потому что это он виноват а не я.

Потом я сел на верхней ступеньке нашего трейлера. Только это были не ступеньки а просто цементные блоки из которых прошлый мамин хахаль сделал ступеньки. Прошлого звали Мильтон и он был неплохой. Я хотел чтобы он остался но он ушел. Не стал брать на себя ответственность за двух детей сказала мама. Как будто это мы виноваты. Как будто мы хотели чтобы она нас родила. Вобщем я пошел и сел на ступеньку потому что не хотел сидеть в трейлере рядом с мертвыми. Я все спрашивал себя неужели это правда неужели Кэсси умерла и говорил сам себе: да, это правда.

Приехали первые копы и я им рассказывал что случилось когда прибежала моя мать. Копы не хотели пускать ее внутрь но она все равно вошла и увидела Кэсси и закричала и застонала да так громко что мне пришлось заткнуть уши. Я был очень зол на нее. Я думал: а чего ты ждала? Он и раньше нас бил и тебя тоже бил, чего ты ждала? Рано или поздно плохие люди поступают плохо, даже дети это понимают.

К тому времени все наши соседи вышли на улицу и глазели. Один полицейский был добрый. Он посадил меня в полицейскую машину куда соседи не могли так просто заглянуть и обнял меня. Еще он сказал что у него есть конфеты в бардачке и не хочу ли я конфету. Я ответил нет спасибо. Он сказал хорошо Бенджи, тогда просто расскажи мне что случилось. И я рассказал. Не знаю сколько раз я потом рассказывал эту историю но очень много раз. Вобщем я расплакался и коп снова меня обнял и назвал меня смелым мальчиком и сказал что зря моя мама связалась с этим уродом.

Пока я сидел в машине и рассказывал что случилось к нашему трейлеру подъехало еще несколько машин и фургон с надписью «КРИМИНАЛИСТИЧЕСКАЯ ЛАБОРАТОРИЯ ПОЛИЦИИ МЭЙВИЛЛА». Один коп из фургона начал все фотографировать и я потом видел несколько его снимков на слушании. Только фотки трупов мне не показали. Уж не знаю почему в суде решили что мне нельзя смотреть на фотки трупов я ведь уже видел их своими глазами. Вобщем я это к чему, одну из фотографий потом напечатали в газете: рассыпанное по полу обугленное печенье. А ниже заголовок: ЕЕ УБИЛИ ИЗ-ЗА ПЕЧЕНЬЯ. Я его запомнил навсегда потому что это ужасно и это правда.

Мне пришлось идти в суд. Вместо судьи за столом сидели три человека, два дядьки и одна тетка. Они были похожи на учителей и говорили как учителя. Больше в комнате никого не было, только они моя мама и полицейские которые тогда первыми подъехали к нашему трейлеру. На «место» как они говорили. Такого адвоката как в сериале закон и порядок по ТВ у нас не было да нам он был и не нужен. Тетка сказала мне что я храбрый мальчик а маме чтобы мы обратились к психологу. Моя мама ответила что это хорошая идея но потом в машине возмущалась мол некоторые думают что деньги на деревьях растут.

Мы стали уходить и я думал все уже кончилось но потом один из дядек нас остановил. Минуточку миссис Компсон, сказал он. Я хочу вам кое-что сказать. Вы должны понимать что часть вины лежит и на ваших плечах. Потом он рассказал нам историю про то как скорпион упросил сердобольную лягушку перевезти его на спине через реку но на середине реки скорпион ужалил лягушку и та спросила, зачем ты это сделал, теперь мы оба утонем. Я жалю потому что такова моя природа. Ты ведь знала что я скорпион но все равно согласилась перевезти меня через реку.

И потом дядька сказал: миссис Компсон вы подобрали скорпиона и он ужалил вашу дочку. Вы и сына могли потерять. Он выжил но теперь всю жизнь будет нести этот груз. Мой вам совет: если опять повстречаете скорпиона не подбирайте его а давите как таракана.

Мама вся стала красная и сказала как вы смеете. Я никогда бы не стала рисковать жизнью своих детей если бы знала что такое может случиться. Он сказал, мы не лишили вас родительских прав только потому что не можем доказать обратное. Но я буду очень удивлен, если до сих пор вы ни разу не сталкивались с проявлениями жестокой натуры мистера Рассела.

Мать заплакала и мне тоже захотелось. Она сказала вам легко говорить вы-то в белом. Когда вы последний раз пахали двое суток подряд чтобы просто купить детям еды? Он сказал: речь сейчас не обо мне миссис Компсон. Вы потеряли одного ребенка по собственной неосмотрительности, не потеряйте и второго. Слушание окончено.

2

В один из дней этого лета — лета множества личностей — Билли перечитывает историю о смерти Боба Месса и последовавшего за этой смертью судебного слушания. Затем подходит к окну и видит, что к суду подъехала машина шерифа. Из нее выходят два копа в коричневой форме и ждут, когда с заднего сиденья выберется арестант. Он тощий и оборванный, в джинсах-карго с провисшим задом и ярко-фиолетовой толстовке — слишком теплой для такой жары — с логотипом футбольной команды «Арканзас рейзорбэкс». Даже с пятисот ярдов видно, что это не уголовник, а безобидное унылое чмо. Копы с двух сторон берут его под руки и ведут по широким ступеням наверх, навстречу правосудию. Именно такой выстрел Билли должен будет сделать, когда (и *если*) придет время, но в данный момент он почти ничего не видит. Он обдумывает свою историю.

Изначально он собирался просто рассказать ее от имени «тупого я», но история превратилась в нечто большее. Он понял это только сейчас, прочитав ее на свежую голову. «Тупое я» никуда не делось, любой (Ник и Джорджо, например) скажет, что автор туповат и читает в основном журналы «Стар», «Инсайд вью» и веселые картинки про Арчи. Но не все так просто. Это голос его «детского я». Прежде Билли никогда не приходило в голову писать этим голосом; его будто гипнозом закинули обратно в детство. Может, в этом и есть суть творчества, когда ты пишешь о чем-то важном.

А так ли оно важно? Ведь его историю прочтут только он сам да пара вегасских бандюганов, которые, вероятно, давно потеряли интерес к его писанине.

— Да, важно, — говорит Билли окну. — Важно, потому что это — мое.

И потому что это чистая правда. Он чуть изменил имена — Кэти стала Кэсси, маму звали не Арлин, а Дарлин, — но в остальном все так и было. Маленький Билли рассказывает правду. Ему никогда еще не давали права голоса, даже на том слушании. Он отвечал на вопросы опеки, но никто не спросил, каково ему было обнимать Кэти с проломленной грудью. Никто не спросил, каково это — когда тебе велели *приглядывать за сестрой* и ты провалил самое важное задание на свете. Никто не спросил, каково держать мокрые пальцы у губ и носа мертвой сестры и все равно надеяться, хотя никакой надежды нет. Никто не узнал, что отдача пистолета вызвала у него отрыжку, будто он слишком быстро проглотил стакан лимонада. Даже обнявший его коп не задавал ему подобных вопросов, и какое же облегчение — наконец-то дать этому голосу волю!

Он возвращается к открытому «макбуку» и садится. Смотрит на экран. Думает: когда доберусь до рассказа про дом Степенеков — назову его «дом Спеков», — голос может стать чуть взрослее. Ведь я и сам немного повзрослел.

Билли начинает печатать, поначалу медленно, потом все быстрее. А вокруг — по-прежнему лето.

3

После слушания мы с мамой поехали домой. Похоронили Кэсси. Не знаю кто похоронил хахаля и мне плевать. Осенью я вернулся в школу, и некоторые дети меня дразнили называли «Бенджи Пиф-Паф» и я остался на второй год. Не потому что дрался, а потому что часто прогуливал и мама сказала пора мне поумнеть если я не хочу загреметь в сиротский приют. Я не хотел и в следующем году учился более-менее. Так что я был не виноват что меня отправили в дом Спеков, в этом была виновата моя мама.

После смерти Кэсси она начала пить, обычно пила дома но иногда ходила по барам и приводила с собой мужиков. По мне так все они были похожи на плохого хахаля. Козлы вобщем. Не знаю почему мать снова и снова выбирала себе таких мужиков после того что случилось с Кэсси. Она была как собака которая блюет и потом съедает свою же блевотину. Знаю как это звучит, но нет, я не возьму свои слова обратно.

С теми мужиками (их было минимум трое может пятеро) она шла к себе в спальню и говорила что они там возятся но к тому времени я уже знал что они трахаются. Однажды вечером она пила дома и решила сгонять в «7–11» за коробкой «Чизитс» и на обратном пути ее остановили. Арестовали за вождение в нетрезвом виде и посадили на сутки. В тот раз ее тоже не лишили родительских прав, зато водительские отобрали на полгода и в прачечную она стала ездить на автобусе.

Через неделю после того как ей вернули права полиция опять остановила ее за вождение в нетрезвом виде. Снова было слушание, на сей раз про меня, и представьте себе за столом сидел тот же дядька который рассказывал нам историю про скорпиона и лягушку, а с ним еще двое но уже других. Он сказал опять вы. Мама сказала да опять я и вы знаете что я потеряла дочь. Знаете что мне пришлось пережить. Дядька сказал да знаю и вижу что вы не усвоили урок миссис Компсон. Мама сказала вам никогда меня не понять. На сей раз она пришла с адвокатом, но он почти все время молчал.

Потом она устроила ему взбучку и спросила за что она платит ему деньги. Адвокат сказал миссис Компсон я не знаю, как вас защищать. Она сказала вы уволены. Он сказал вы не можете меня уволить потому что я ухожу сам.

Когда через день мы вернулись в суд нам объявили что меня устроят на патронатное воспитание в чужой дом — дом Спеков — потому что моя мать не может справляться с родительскими обязанностями. Она сказала вы скоты и сволочи и я доведу это дело до верховного суда. Дядька который рассказывал про лягушку и скорпиона спросил употребляет ли она спиртное. Мама ответила поцелуй меня в зад, жирный урод. Он не стал отвечать ей тем же, но сказал у вас есть 24 часа чтобы собрать вещи Бенджи миссис Компсон и попрощаться с сыном. Ему будет легче, если хотя бы сегодня вы не будете пить. Потом этот дядька и еще двое ушли.

Мы сели в автобус и поехали домой. Мама сказала мы с тобой убежим Бенджи. Мы уедем в другой город и поменяем имена. Начнем жизнь сначала. Но наутро мы никуда не уехали и это был мой последний день в трейлерном парке «Хиллвью», последний день с мамой. Приехал коп из полиции округа чтобы отвезти меня в дом Спеков. Я надеялся что это будет тот же коп который обнимал меня, но это был не он. Хотя помощник шерифа Малкин тоже оказался неплохой.

Вобщем на трезвую голову мама решила не артачиться. Она сказала копу что не собрала мои вещи потому что не верила что это действительно произойдет. Дайте мне 15 минут. Коп сказал хорошо и ждал на улице пока она набивала баул моей одеждой. Потом она сделала мне два сэндвича с арахисовым маслом и джемом и положила их в пакет для обедов и велела мне быть хорошим мальчиком. Потом она заплакала и я тоже. Это она была виновата что я уезжаю во всем была виновата она — не надо было подбирать скорпиона и бухать и оправдываться смертью Кэсси — но я все равно плакал потому что любил ее.

Когда мы вышли на улицу, коп сказал что мне наверняка разрешат позвонить ей из дома Спеков в Эвансвилле. Мама велела позвонить соседке миссис Тиллитсон и объяснила копу что наш телефон пока не работает. Значит, она опять за него не заплатила. Помощник Малкин сказал отличный план и велел мне обнять маму на прощанье. Я обнял. И понюхал ее волосы, потому что они всегда хорошо пахли. До Эвансвилла мы ехали часа два. Я сидел впереди. Сразу за передними сиденьями была решетка, которая превращала заднюю часть салона в клетку. Коп сказал если я не буду попадать в переделки то никогда не поеду сзади. Он спросил: ты же не будешь попадать в переделки? Я ответил нет а сам подумал: когда копы везут тебя в приют — это уже переделка.

Я съел 1 из сэндвичей с арахисовым маслом и джемом и увидел что мама положила в пакет фаршированное яйцо и снова заплакал — представил мамины руки, когда она это делала. Полицейский погладил меня по плечу и сказал, все образуется, сынок. У него на груди была бирка с именем «Ф.У.С. Малкин». Я спросил что такое Ф.У.С., подумал что это какое-то звание. Он сказал что это его имя, что зовут его Франклин Уинфилд Скотт Малкин, но ты можешь называть меня Фрэнк, Бенджи.

Тогда я не плакал но он наверное увидел что мне грустно и немного страшно, потому что опять погладил меня по плечу и сказал все будет хорошо, Бенджи. Там полно хороших ребят. Они все ладят между собой и ты с ними тоже поладишь если будешь хорошо себя вести. Я знаю все патронатные семьи в округе и поверь мне Спеки не самые плохие. Не лучшие, но никаких проблем с ними никогда не было. А я такого насмотрелся на своем веку. Будь паинькой, не выделывайся и все будет хорошо.

Я сказал что скучаю по маме. Он сказал конечно скучаешь. Вот она одумается вернется на землю и опека назначит новое слушание и тебя вернут домой. А пока она может приезжать к тебе в среду вечером и в любое время по субботам и воскресеньям, до 7 вечера. Скажи ей об этом, когда позвонишь.

Только вот моя мама на землю так и не вернулась. Она продолжала бухать и завела себе хахаля который подсадил ее на мет. А когда ты употребляешь мет, очень сложно вернуться на землю — потому что ты все время улетаешь. Поначалу мама довольно часто меня навещала, потом стала навещать реже, потом совсем редко и в конце концов исчезла. Когда я видел ее в последний раз, она была без зубов и с грязной головой. Она сказала мне так стыдно что я таком виде. Я сказал мне тоже стыдно. Я сказал: видок у тебя просто жуть. К тому времени я стал подростком, а подросток, когда ему больно, скажет что угодно, лишь бы причинить боль.

Дом Спеков находился в сельской местности. Хлипкий но огромный, куча комнат, 3 этажа. А то и 4. Снаружи он выглядел неплохо, но внутри прямо рассыпался. Отовсюду текло и дуло, особенно зимой. Дубак был адский. Все равно что дрючить шлюху в холодильнике, говорила Ронни. Но сначала я не понял что дом старый и хлипкий, снаружи он выглядел как новенький — ярко-красный с голубой каемочкой. Вскоре я узнал, что приемные дети Спеков перекрашивали его каждый год, получая за работу по два бакса в час. На моей памяти он был сперва красный с голубым, потом зеленый с белым, потом желтый с зеленым. Теперь поняли, почему мы с Ронни прозвали его Домом Вековечной Краски? В тот год когда я подался в морпехи он снова стал красным с голубым. Ронни говорила эта развалюха только на краске и держится, Бенджи. Это была шутка, она вообще была шутница, но ведь дом действительно разваливался на части. Наверное в каждой шутке есть доля правды и именно это делает шутку смешной.

Помощник шерифа Ф.У.С. Малкин сказал, что Спеки — не лучшие, но и не худшие, и это тоже оказалось правдой. Я прожил у них 5 лет, а потом записался в морпехи, и за все это время миссис Спек ни разу меня не ударила, разве что пару раз хлестнула тряпкой или полотенцем по лицу, и она никогда не била малышей вроде Пегги Пай (шестилетка, которой один глаз выжгли сигаретой). К тому же миссис Спек хлестала меня только за дело. Другим детям тоже доставалось очень редко, буквально пару раз. Однажды Джимми Дайкмэн разбил зимнюю оконную раму, кинув в нее камень. А в другой раз Сара Пибоди танцевала вокруг Пегги и пела: «Пегги Пай, Пегги Пай, ты взгляни скорей на нас! Пегги Пай, Пегги Пай кто-то вышиб левый глаз!» Миссис Спек это увидела и тут же влепила ей пощечину. Сара была злая. Плохая. Как-то я спросил ее, кем она хочет стать, когда вырастет, и она ответила: Я стану девочкой по вызову чтобы со знаменитостями чпокаться и трясти с них деньги. Потом она засмеялась типа это шутка. Может правда пошутила.

Спеки были самые обычные люди, не плохие и не хорошие. Жили на деньги, которые получали от государства. Проходили все нужные проверки. Мы ездили в школу на автобусе, всегда чисто и опрятно одетые. Когда я решил пойти в морпехи, мистер Спек даже поехал со мной в суд, чтобы меня окончательно вывели из-под опеки матери, а законным опекуном сделали его. Тогда он мог подписать нужные бумаги, чтобы я стал морпехом в 17, а не ждал до 18. Я думал может моя мама все-таки появится в суде, но она не появилась. Да и откуда ей было знать, что будет суд? Я мог ей сообщить да только она давно уехала из трейлерного парка и из той квартиры где какое-то время жила с хахалем, подсадившим ее на мет. После двух слушаний мистер Спек сказал: Да поможет тебе Бог, Бенджи, ведь теперь ты сам по себе и можешь делать, что хочешь. Я ответил что не верю в Бога, а он сказал мол еще поверишь, всему свое время.

Какой урок я усвоил в Доме Вековечной Краски? Люди делятся не на две категории — плохие и хорошие, — так я думал в детстве, когда получал большую часть знаний о мире и людях из телевизора. На самом деле категорий три. Третья — это люди, которые не выделываются (помните совет Ф.У.С. Малкина?). Так вот почти все люди на свете именно такие и я их называю серыми. Они тебя не обижают (по крайней мере нарочно) но и помогать тебе не хотят. Они говорят делай что хочешь и да поможет тебе Бог.

Думаю в этом мире надо помогать себе самому.

Когда я приехал в Дом Вековечной Краски, там жили 14 детей включая меня. Ронни сказала это хорошо, потому что 13 несчастливое число. Самая младшая была Пегги Пай которая до сих пор иногда мочила штанишки. Еще были близнецы Тимми и Томми, тоже лет 6 или 7. Самому старшему парню — Глену Даттону — было 17 и он ушел в армию вскоре после моего приезда. Только ему не пришлось просить мистера Спека стать его законным опекуном и подписать бумаги, потому что это сделала его мать, потому что Глен пообещал высылать ей часть довольствия. Глен сказал нам с Ронни что эта сучара готова хоть в рабство его сбагрить, если ей посулят за это денег. Глен был здоровяк и мастер ругаться, даже круче чем Ронни (а она ругалась так, что стены краснели), но младших никогда не обижал. И кистью махал будь здоров, всегда красил на самой верхотуре.

Когда помощник шерифа Малкин подъехал на своей машине к дому, я чуть не ослеп от того, что увидел по соседству. Там была свалка битых машин. Огромная, насколько хватает глаз. Сотни машин. Ими был завален весь склон холма с нашей стороны, а потом я узнал, что и с другой стороны тоже. Чем дальше — тем старше и ржавее были драндулеты. Солнце отражалось от лобовух тех машин, у которых еще были лобовухи. Примерно в половине км от дома Спеков стоял зеленый магазин автозапчастей сколоченный из профлиста. Внутри кто-то работал ниматическими дрелями и отвертками. Спереди висела вывеска «ЗАПЧАСТИ СПЕКА. МЕЛКИЙ РЕМОНТ. ВЫГОДНЫЕ ЦЕНЫ».

Помощник шерифа Малкин сказал что этот магазинчик принадлежит брату Спека, ну и халупа, правда? Он стоит прямо за границей округа поэтому власти ничего не могут ему предъявить. А дом Спеков стоит у границы, вот почему ему пришлось обнести все рабицей. Я тебе это объясняю чтоб ты не думал будто ты в тюрьме. Автомобильное кладбище — опасное место, Бенджи. Оно не просто так под запретом. Даже не думай туда ходить, ясно? Я сказал хорошо, но конечно мы туда ходили. Я, Глен, Ронни и Донни. После отъезда Глена — я и Ронни, иногда Донни. А потом Ронни сбежала, и я стал ходить один. Иногда я гадаю куда ее в итоге занесло. Надеюсь у нее все хорошо. Без нее мне грустно. Может поэтому я и подался служить, но если честно я так и так это сделал бы.

За 5 лет, что я был подопечным Спеков, я 3 раза видел как дом меняет окраску. Были и другие события которые мне запомнились, например когда меня отстранили от занятий за драку. 2 мальчишки опять назвали меня Бенджи Пиф-Паф, они и раньше так делали но тут прямо до белого каления меня довели. Они были старше и сильнее, но я не убежал даже когда один из них поставил мне фингал а второй чуть нос не разбил. Этого второго я потом проучил. Звали его Джаред Кляйн, и однажды я спустил ему штаны так что все увидели его трусы с пятнами мочи. Потом его еще долго дразнили — и поделом.

Еще я запомнил, как Пегги Пай увезли в больницу с воспалением легких. А через неделю или 10 дней миссис Спек собрала нас всех в гостиной молиться потому что Пегги нас покинула. Теперь она с Иисусом в раю и снова видит обоими глазами. Донни Уигмор сказал: Надеюсь там и кормят получше. А миссис Спек велела ему не умничать, давно по шее не получал? Вобщем мы помолились за душу Пегги а Ронни пришлось закрыть рукой рот чтобы не смеяться над словами Донни, но она и плакала тоже. Остальные дети тоже плакали потому что Пегги у всех была «любимкой». Я не плакал но мне было грустно. Потом когда мы с Ронни, Гленом и Донни ушли тусоваться на Демо Дерби[1], Ронни поплакала еще. Глен обнял ее и Ронни сказала Пег была такая славная, правда? И Глен сказал да просто чудо.

Потом она обняла меня, а я обнял ее и получилось что из-за смерти Пегги все-таки случилось что-то хорошее, потому что я был влюблен в Ронни Гивенс. Я знал что ничего у нас не выйдет потому что она на 2 года старше и влюбляется во взрослых ребят вроде Глена, но я не мог просто выключить чувства. Чувства они как дыхание: входят и выходят.

Демо Дерби — так мы называли автосвалку за Домом Вековечной Краски и рядом с «Запчастями Спека». Это было наше особенное место. Нам запрещали туда ходить и это делало его еще более особенным. Ронни сказала это как Запретный плод с дерева в райском саду, который Еве нельзя было есть. Глен обвел руками бесконечные ряды битых

[1] «Демо Дерби» — развлекательные «гонки на выживание», где водители намеренно врезаются друг в друга с целью как можно сильнее разбить машину соперника.

машин с лобовухами, которые превращали одно солнце в сотни солнц, и заявил да у нас тут свой собственный гребаный сад. И Ронни засмеялась.

Когда мы туда ходили мы выискивали машины получше типа Кадиллаков, Линкольнов и Бумеров, или как-то раз нашли старинный лимузин Мерседес которому начисто снесло весь зад. Глен всегда таскал с собой швабру и молотил ей по сиденьям, а потом уж мы залезали в салон. Мышей отпугивал. Один раз мы спугнули огромную жирную крысу. С нами был Донни и он закричал: Гляньте мистер Спек побежал! И мы все заржали как кони. Вобщем мы садились в тачку и притворялись что она целая и мы все кудато едем.

Попасть на Демо Дерби было легко, потому что в дальнем углу детской площадки в сетке-рабице была дыра и однажды Глен сказал кто знает сколько малолетних ушлепков лазило в эту дыру и что из них потом вышло. Тут все мы заржали, но Ронни сказала: врятли что-то путевое. Донни опять посмеялся, а мы с Гленом нет. Я посмотрел на него, он посмотрел на меня и мы оба подумали что мы тоже врятли путевые.

Иногда Глен делал вид что рулит, а Ронни была за штурмана, иногда наоборот. Когда штурманом был Глен он кричал что-то вроде: «РОННИ НЕ СБЕЙ ЭТУ ГРЕБАНУЮ ПСИНУ!» И Ронни выкручивала руль как будто пыталась увернуться. Тогда Глен валился вбок и утыкался головой ей в колени, а Ронни отпихивала его и орала: пристегнись идиот!

Я всегда сидел сзади, один или с Донни, когда он ходил с нами, но обычно один. Одному мне нравилось даже больше. Пару раз Глену удалось где-то раздобыть банку пива, и мы ее передавали по кругу. Потом Ронни выдавала нам «Сертс», чтобы перебить запах. Однажды Глен принес целых три банки и мы немного напились и Ронни начала крутить руль туда-сюда. Глен ей сказал: Давай аккуратней, подруга, а то нас копы тормознут. Они смеялись, а я нет, потому что мою мать действительно тормознули копы и это было несмешно.

Донни курил. Не знаю у кого он брал сиги, а Глен пиво, может, у одного и того же человека, но у Донни в заначке под половицей всегда лежала пачка Мальборо. Обычно он курил на улице у входа на кухню, но однажды он вытащил сиги когда мы сидели в старом Бьюике Эстейт и притворялись что едем в Вегас играть на рулетке и бросать кости. Ронни сказала не смей тут курить дурачина здесь везде сухая трава и разлитое масло. Донни сказал у тебя ПМС или как, а Глен обернулся, пригрозил ему кулаком и велел взять свои слова обратно, если он не хочет поужинать своими передними зубами. Потом в Фаллудже я видел как сержант Уэст пальнул из гранатомета по убежищу повстанцев в той части города, которую мы называли Кусок Пиццы, и оно взлетело на воздух, потому что внутри хранились боеприпасы. Мы этого не знали и запросто могли подорваться, чудом выжили. Тогда я вспомнил как Донни тоже иногда курил в сарае, где Спеки хранили краску. Наверное это было куда опаснее чем курить на Демо Дерби.

Донни взял свои слова обратно, но Ронни со всей дури ударила Глена кулаком по плечу и сказала: Нехер за меня впрягаться Даттон.

Когда Ронни называла тебя по фамилии это означало что она злится. Она повернулась к нам и сказала: Я и без ПМС боюсь огня Уигмор, потому что у меня есть вот что. Она протянула нам руку и показала блестящий шрам от ожога. Мы и раньше его видели. Он покрывал всю ее руку почти до самого плеча. Ее родители сгорели в пожаре, понимаете? Ронни успела выпрыгнуть в окно со второго этажа, и ей поджарило только руку, ногу и волосы. Так она оказалась в Доме Вековечной Краски. Ее родная тетя отказалась взять ее к себе. Однажды она приехала к Ронни в больницу и сказала мол я уже вырастила двоих спиногрызов и мне хватило. Ронни сказала что понимает.

Короче я знаю что бывает от огня, сказала она. Если забудусь, хватает одного взгляда на руку — мигом все вспоминаю! Донни извинился и я тоже сказал что сожалею, хотя ничего обидного я ей не говорил, просто мне было жаль что она обгорела, но еще я радовался, что лицо у Ронни осталось невредимым, очень уж оно красивое. Вобщем мы помирились и опять были друзья, хотя с Донни я никогда не дружил так как с Гленом и Ронни.

4

— Хорошо было на «Демо Дерби», — говорит Билли.

Он снова смотрит в окно на здание суда. На смену августу пришел сентябрь, но знойный воздух по-прежнему мерцает, волнами поднимается над асфальтом. Точно так же воздух мерцал над большим мусоросжигателем на заднем дворе Дома Вековечной Краски.

Спеков на самом деле звали Степенеками, Ронни Гивенс была Робин Макгуайр, Глен Даттон — Гэдсден Дрейк. Гэдсден — в честь «покупки Гэдсдена», видимо. Еще на службе он прочел книжку «Рабство, скандал и железные дороги» о том, как США выкупили у Мексики кусок бесплодных земель. Билли читал ее в Фаллудже, между операциями «Бдительная решимость» в апреле 2004-го и «Ярость призрака» в ноябре. Гэд говорил, что перед смертью от рака легких мать рассказала ему про давно сбежавшего отца: тот был учителем истории. Это все объясняло. *Может, я не единственный Гэдсден на белом свете*, говорил он на «Демо Дерби», когда они в очередной раз делали вид, что куда-то едут, *но больше дюжины нас точно не наберется. Тех, у кого это имя, а не фамилия.*

Имена друзей Билли поменял, но «Демо Дерби» так и осталось «Демо Дерби». И им действительно было хорошо — пока Гэд не ушел в армию, а Робин не сбежала... как там она говорила?

— По белу свету в сапогах-скороходах — счастья искать, — вслух произносит Билли. Да, точно. Только сапоги у нее были не скороходы, а обычные, из потертой замши с растянутыми эластичными вставками по бокам.

Я любил ее среди гор автомусора, думает Билли и возвращается к ноутбуку: написать еще абзац-другой и на сегодня закончить.

Глава 8

1

На выходных по случаю Дня труда происходит сразу два плохих случая. Один — глупый и настораживающий, второй проливает свет на весьма неприятные особенности его личности, которых Билли надеялся никогда за собой не заметить. Вместе эти случаи позволяют ему осознать, что чем раньше он выберется из Ред-Блаффа, тем лучше. Нельзя было брать заказ с таким долгим сроком исполнения, приходит ему в голову после выходных. Но откуда он мог знать?

Знать что? Что Акерманы и прочие жители Эвергрин-стрит так к нему привяжутся, это во-первых. А во-вторых — что он так привяжется к ним.

В субботу в городе проходит парад. Билли и Акерманы едут туда вместе, в фургоне, который Джамал одолжил в «Супершинах». Шанис берет за руку маму и Билли, и они бредут сквозь толпу, а потом находят себе местечко на углу Холланд- и Мейн-стрит. Когда парад начинается, Джамал сажает на плечи дочь, а Билли — Дерека. Парню там явно удобно.

На параде ничего плохого не происходит. Да, мальчик скоро узнает, что сидел на плечах убийцы, но Билли вроде бы может мириться с этой мыслью... Наверное. Глупый и настораживающий случай происходит в воскресенье. Билли допускает *оплошность*. Неподалеку от Мидвуда — пригорода Ред-Блаффа — находится небольшой городок

Коди, почти деревня. В последние две недели лета там обычно разбивают временную ярмарку с ветхими палатками и дешевыми забавами, чтобы в последний раз перед началом учебного года срубить с местных жителей деньжат.

Поскольку у Джамала до сих пор есть фургон и погода стоит хорошая, дети упрашивают родителей свозить их на ярмарку. Пол и Дениз Рагланды едут с ними. И вот все семеро уже шагают по центральной аллее ярмарки, жуя колбаски и попивая шипучку. Дерек и Шанис катаются на аттракционах «Бешеные чашки» и «Веселый паровозик». Мистер и миссис Рагланд уходят играть в бинго. Кори Акерман мечет дротики в шарики с водой и выигрывает ободок с блестками и надписью «ЛУЧШАЯ МАМА НА СВЕТЕ». Шанис говорит, что ей очень идет и теперь она вылитая принцесса.

Джамал пытается сбить несколько деревянных кеглей в виде молочных бутылок, но у него ничего не выходит. Зато на аттракционе «Испытай свою силу» он загоняет грузик на самый верх, и тот ударяет в колокол. Кори громко хлопает и кричит: «Мой герой!» За этот подвиг Джамал получает картонный цилиндр, украшенный бумажным цветком. Когда он водружает его себе на голову, Дерек хохочет так, что чуть не писает в штаны — ему приходится скрестить ноги, а потом убежать в направлении ближайшего туалета.

Дети катаются еще на паре каруселей, но на «Веселую гусеницу» Дерек идти отказывается — мол, она для малышей. Тогда в вагончик к Шан подсаживается Билли. Им так тесно, что после катания Джамалу приходится выдергивать его из вагона, как пробку из бутылки. Все опять хохочут.

Потом они идут искать Рагландов и обнаруживают тир «Малый не промах». Полдюжины стрелков возятся с пневматическими ружьями и стреляют по едущим мишеням. Мишени расположены в пять рядов, которые движутся в противоположных направлениях. Время от времени тут и там появляются жестяные кролики. Шанис замечает на самом верху главный приз — огромного розового фламинго.

— Хочу его себе в комнату. У меня есть карманные деньги! Можно?

Папа объясняет ей, что эта игрушка не продается, ее надо выиграть.

— Тогда выиграй мне фламинго, папа! — заявляет Шанис.

На сотруднике тира — полосатая рубашка, лихо заломленная на затылке соломенная шляпа-канотье и бутафорские завитые усы, как у музыканта парикмахерского квартета[1].

Услышав просьбу Шанис, он машет рукой Джамалу:

— Давайте, мистер, осчастливьте дочурку! Выбейте трех кроликов или четырех птах в верхнем ряду — и она уедет домой с нашим Фредди!

Джамал смеется и вручает ему деньги. За пять баксов можно сделать двенадцать выстрелов.

— Приготовься к разочарованию, малыш, — говорит он. — В лучшем случае подстрелю тебе какую-нибудь мелочь.

Судя по тому, как Джамал вскидывает винтовку, ему крупно повезет, если он получит хотя бы плюшевую черепашку (это утешительный приз за два попадания).

— Целься в птичек, — говорит Билли. — Да, кролики крупнее, но по ним стрелять придется навскидку.

— Как скажешь, Дэйв.

Джамал производит десять выстрелов по птицам в верхнем ряду и попадает ровно ноль раз. Опускает ствол, подстреливает двух еле ползущих лосей в нижнем ряду и получает утешительную черепашку. Шанис смотрит на нее без особого восторга, но «спасибо» все же говорит.

— А вы, старина? — спрашивает певец парикмахерского квартета у Билли. Остальные стрелки к тому времени уже разошлись. — Не хотите попробовать? Пять баксов

---

[1] Стиль вокальной музыки, зародившийся в США в начале XX века. Парикмахерские квартеты представляли собой ансамбли из четырех вокалистов в полосатых жилетах и соломенных шляпах, поющих без сопровождения музыкальных инструментов. Исторически певцы собирались в местной парикмахерской, отсюда и название.

за двенадцать выстрелов. Всего четыре птахи наверху — и ваша симпатичная юная подружка станет счастливой обладательницей фламинго Фрэнки.

— Он вроде был Фредди.

Сотрудник тира с улыбкой сдвигает канотье на другой бок.

— Фрэнки, Фредди или Фелиция — лишь бы девчушка была рада!

Шанис с надеждой смотрит на Билли, но молчит. Уговаривать принимается Дерек, и он явно знает в этом толк.

— Мистер Рагланд сказал, все эти игры — сплошное надувательство и главный приз выиграть невозможно.

— Что ж, проверим, — говорит Билли, кладя на стойку пять долларов. Мистер Парикмахерский Квартет заряжает пульками пневматическую винтовку и вручает ее Билли. За стойкой тира собралось несколько мужчин и две женщины. Билли проходит дальше, якобы освобождая им место, но на самом деле он заметил любопытную штуку: жестяные птички — как и мишени в остальных четырех рядах — немного притормаживают перед тем, как скрыться из вида. Наверное, кто-то поленился смазать цепи. Недоработка. Что ж, теперь хозяин тира за это заплатит.

— Будешь целиться в птичек, Дэйв? — спрашивает Дерек. Все уже давно перестали называть его мистером Локриджем. — Как папе советовал?

— Именно так, — отвечает Билли. Он делает вдох, затем выдох, снова вдох и снова выдох, а на третий раз задерживает дыхание. На мушку даже не смотрит, та наверняка сбита. Просто вскидывает винтовку и производит пять выстрелов подряд — *бах-бах-бах-бах-бах*. Первая пулька уходит мимо, остальные выбивают четырех жестяных птичек. Это глупо, ему надо остановиться, но он не может устоять перед соблазном и напоследок укладывает появившегося на поле жестяного кролика.

Акерманы хлопают. Остальные стрелки тоже. И — надо отдать ему должное — мистер Парикмахерский Квартет тоже аплодирует, а потом стаскивает со стены розового фламинго и вручает Шанис. Та со смехом обнимает птицу.

— Ого, Дэйв! — с сияющими глазами восклицает Дерек. — Да ты крут!

Ну вот, теперь Джамал поинтересуется, где я научился так стрелять, думает Билли. А потом спрашивает сам себя: как понять, что ты идиот? Очень просто. Если все смотрят на тебя вот такими глазами, ты идиот.

Сакраментальный вопрос задает Кори по дороге к шатру бинго. Билли отвечает, что стрелять его научили на военной кафедре. Оказалось, у него врожденная меткость. Рассказывать Кори, что за девять дней операции «Ярость призрака» в Эль-Фаллудже он, укрываясь на крышах домов, выбил по меньшей мере двадцать пять моджахедов, — пожалуй, не лучшая идея.

Да что ты говоришь? Во внутреннем голосе Билли слышится непривычный сарказм. Ни вслух, ни про себя он так обычно не разговаривает.

Второй неприятный случай происходит в понедельник утром, то есть в День труда. Поскольку Билли фрилансер и графика у него нет, он может уходить с работы когда вздумается — и наоборот, вкалывать даже по праздникам. «Башня Джерарда» почти полностью опустела. Входная дверь не заперта (какие все-таки доверчивые люди живут на крайнем юге!), и за стойкой охраны никого нет. Когда лифт проезжает второй этаж, оттуда не доносятся крики подзадоривающих друг друга сотрудников КАЛа, телефоны не звонят. Видимо, должники тоже получили выходной — вот и славно.

Билли пишет два часа подряд. Он уже почти подобрался к событиям в Эль-Фаллудже и гадает, как лучше поступить: написать мало, написать много или вообще ничего. Закрыв ноутбук, он решает заглянуть в свой дом на Пирсон-стрит и напомнить о своем существовании Беверли Дженсен и ее мужу, который сегодня наверняка отдыхает. Билли едет туда на своей арендованной машине, предварительно надев парик, усы и бутафорский беременный живот. Дон стрижет лужайку. Беверли в неудачных лаймово-зеленых шортах сидит на крыльце. Все трое принимаются болтать о невыносимо жарком лете, которое наконец-то на исходе, и о предстоящей поездке Далтона Смита в Хантсвилл, Алабама, где он будет устанавливать суперсовременную компьютерную систему в штаб-квартире страховой компании «Эквити иншурэнс». Это не должно занять много времени. Потом Далтон надеется немного побыть дома.

— Да уж, приходится вам покататься, — замечает Дон.

Билли соглашается и справляется о самочувствии матери Беверли, которая живет в Миссури и давно больна. Беверли со вздохом отвечает, что здоровье у нее по-прежнему не очень. Билли выражает надежду на ее скорейшее выздоровление, и Беверли говорит, что тоже надеется на лучшее. В это время Билли косится на Дона: тот едва заметно качает головой. Хороший знак. Он не пытается лишить жену надежды, и это хорошо. А еще он наверняка не говорит, что зеленые шорты ужасно ее полнят.

Потом Далтон уходит в свой прохладный подвальчик. У Дэвида Локриджа есть книга, а у Далтона Смита — компьютеры. Пусть работа Смита не очень-то важна, еще неизвестно, как все повернется, поэтому он прилежно ее выполняет (хотя по сравнению с историей Бенджи Компсона она кажется скучной и механической). Закончив, он удовлетворенно окидывает взглядом три экрана. «РОДИЛИСЬ В РУБАШКЕ: 10 ЗНАМЕНИТОСТЕЙ, КОТОРЫЕ ЧУДОМ ИЗБЕЖАЛИ СМЕРТИ», «ЭТИ 7 ПРОДУКТОВ СПАСУТ ВАМ ЖИЗНЬ», «10 САМЫХ УМНЫХ ПОРОД СОБАК». Отличный кликбейт. Билли постит тексты на facebook.com/ads. Он мог бы зарабатывать этим на хлеб, но кому хочется этим зарабатывать?

Билли выключает ноутбуки, немного читает (недавно подсел на Иэна Макьюэна), потом заглядывает в холодильник. Сливки еще живы, а вот молоко прокисло. Пожалуй, пора сходить в местный «Зоунис гоу-март» и купить новое. Дон и Беверли все еще сидят на крыльце и распивают одну банку пива на двоих. Билли спрашивает, не купить ли им чего-нибудь.

Беверли просит захватить ей попкорн «Поп-сикрет», если он будет.

— Думаем сегодня посмотреть что-нибудь на «Нетфликсе». Если хотите — присоединяйтесь.

И ведь он чуть не согласился! Кошмар. Вовремя одумавшись, Билли отказывается, сославшись на ранний подъем — ему с утра ехать в Алабаму.

Он идет пешком в убогий торговый центр. Синего внедорожника Мертона Рихтера с царапиной на боку нигде не видно, контора закрыта. Как и солярий «Зага-рай», маникюрный салон «Ноготки» и тату-студия «Веселый Роджер». За «Ноготками» находится заброшенная прачечная самообслуживания и долларовый магазинчик с табличкой на двери «ПРИХОДИТЕ В НАШ НОВЫЙ МАГАЗИН НА ПАЙН-ПЛАЗЕ». «Зоунис» вот-вот загнется, это точно. Билли достает из холодильника молоко. «Поп-сикрета» здесь нет, но есть попкорн другой марки — «Акт II», — и он берет его. За кассой сидит женщина средних лет с волосами, крашенными хной, и вид у нее крайне угрюмый — похоже, удача отвернулась от нее лет двадцать назад. Она спрашивает, нужен ли Билли пакет, и он говорит: «Нет, спасибо». Пакеты в «Зоунис» до сих пор полиэтиленовые, а это вредно для окружающей среды.

На обратном пути он проходит мимо двух парней, стоящих у прачечной. Один чернокожий, второй белый. Оба в худи с карманами-кенгуру на животе. Карманы чем-то набиты и оттопыриваются. Парни стоят, сгорбившись, и тихо переговариваются, искоса поглядывая на Билли. Он идет мимо, не сбавляя шага и не глядя на них прямо, но прекрасно видя все краем глаза. Они теряют к нему интерес и продолжают что-то обсуждать. С тем же успехом могли бы повесить себе на шеи таблички «МЫ ХОТИМ ОТМЕТИТЬ ДЕНЬ ТРУДА, ОГРАБИВ МЕСТНЫЙ “ЗОУНИС”».

Билли выходит из занюханного торгового центра на улицу, спиной чувствуя на себе их взгляды. Никакой телепатии — если не считать телепатией обыкновенное чутье человека, который пережил войну, потеряв половину большого пальца на ноге и получив два «Пурпурных сердца» (впрочем, давно уже выброшенных).

Он думает о женщине, которая пробивала ему продукты, — замученной мамаше, судя по виду. Пожалуй, в этот праздничный день удача снова от нее отвернется. Билли даже в голову не приходит вернуться и спугнуть грабителей. Судя по их нервным мордам, это неплохой способ схлопотать пулю в живот. Можно бы позвонить 911... Но телефонов-автоматов в округе нет, а с собой Билли взял только телефон Далтона Смита. Палить его звонком в полицию не хочется. Спалишь телефон — сгорит дотла и вся личина, потому как из чего она сделана? Верно, из бумаги.

Он возвращается домой и говорит Беверли, что «Попсикрета» не было. «Акт II» тоже пойдет, отвечает она. Даже в лучшие времена машины по Пирсон-стрит практически не ездят, а уж в праздники здесь и вовсе нет трафика. Билли то и дело прислушивается: не грянут ли выстрелы. Выстрелов не слышно. Впрочем, это ничего не значит.

2

Билли скачал на телефон приложение местной газетки вскоре после того, как приехал в этот город (который ему не терпится покинуть), и наутро он первым делом открывает его в поиске заметки об ограблении «Зоунис». Новость размещена в разделе «Рядом с домом» — просто несколько строк в сводке незначительных новостей. Два вооруженных грабителя совершили нападение на супермаркет и унесли из кассы чуть меньше ста долларов (включая, судя по всему, несколько баксов Билли и Беверли). Кассир Ванда Стаббс в это время находилась в магазине одна. Она получила травму головы и была доставлена в больницу «Рокленд мемориал», откуда ее вскоре отпустили домой. Выходит, один из этих выродков ее ударил (рукоятью пистолета?) — вероятно, за то, что недостаточно быстро доставала из кассы денежки.

Билли и рад бы думать, что кассирше повезло, все могло сложиться куда хуже (это действительно так). Даже если бы он позвонил 911, это вряд ли что-то изменило бы (и это тоже правда). Но никакие доводы не помешают ему чувствовать себя одновременно священником и левитом, прошедшими мимо человека, который попался разбойникам и которого потом спас добрый самаритянин.

Билли еще в армии прочел Библию от корки до корки — каждому морпеху ее выдавали по запросу. Теперь он часто жалеет об этом. В Библии найдется история на каждый неоднозначный случай, на каждую твою попытку самообмана и отрицания. Библия — и Новый, и Ветхий Завет — не прощает ничего.

3

Мы с мистером Спеком поехали в Чаттанугу, и там я записался в морпехи. Я думал для этого надо поехать на базу МП, но нет, это был обычный офис в торговом центре между магазином пылесосов и конторой где людям оформляют бумажки для налоговой. Над дверью висел флаг с надписью «ВСЯ СИЛА ЧАТТАНУГИ» на одной из полосок. Витрину украшал плакат с фотографией морпеха и словами «НАС МАЛО, НО МЫ ГОРДЫЕ» и «ГОТОВ СЛУЖИТЬ РОДИНЕ?».

Мистер Спек спросил, ты точно этого хочешь Бенджи? И я сказал да хотя уверен не был. Мне кажется человек в семнадцать с половиной редко бывает в чем-то уверен. А вот притворяться уже умеет, чтобы не сойти за последнего лоха.

Вобщем мы вошли и я поговорил со старшим сержантом Уолтоном Флэком. Он спросил почему я хочу быть морпехом и я сказал хочу служить своей стране, хотя на самом деле я просто хотел свалить от Спеков и из Теннесси и начать жизнь которая не будет казаться такой никчемной. Глен и Ронни умчали, и Донни правильно говорил: только на краске все и держалось.

Потом старший сержант Флэк спрашивает как я сам думаю хватит ли мне сил и упорства чтобы стать морпехом. Я сказал да, хотя не был уверен и в этом. Потом он спросил смогу ли я убивать людей в бою и я ответил да.

Мистер Спек сказал: Можно мне поговорить с вами наедине сержант, и сержант Флэк согласился. Они отправили меня на улицу, а мистер Спек встал напротив письменного стола и начал говорить. Я и сам мог бы рассказать историю про маминого хахаля, но наверное лучше когда такие вещи рассказывает «ответственный взрослый». Хотя если честно после всего что я повидал в детстве и потом... не знаю есть ли на свете такие люди. Ответственные взрослые.

Потом меня снова позвали внутрь и я написал про то что случилось в графе «Личные сведения». Потом расписался в четырех местах хорошенько нажимая на ручку как мне велел сержант. Когда я закончил он сказал чтобы к понедельнику я был готов и на месте. Еще он сказал что некоторые парни месяцами ждут пока их оформят, но мне повезло я выбрал правильное время. В понедельник я напишу тест профотбора и сдам нормативы по физо. Профотбор это такой тест на способности, который помогает им (морпехам) выяснить что ты можешь и быстро ли соображаешь.

Он спросил есть ли у меня татуировки и я сказал нет. Потом он спросил ношу ли я иногда очки и я тоже ответил нет. Потом он еще что-то говорил типа не забудь свою карточку социального страхования и если у тебя есть серьга то надо ее снять. Потом он сказал (мне показалось это смешным, но я сумел сделать серьезное лицо) чтобы я обязательно надел трусы. Я обещал надеть. Потом он сказал, если с тобой что-то не так, но ты об этом не написал, то лучше скажи сейчас, чтобы зря не ездить и не тратить время. Я сказал что со мной все так.

Сержант Флэк пожал мне руку и сказал что если я люблю колобродить то надо как следует наколобродиться на выходных, потому что с понедельника у меня начинается серьезная жизнь. Я сказал окей. Он сказал никаких окей, надо говорить: «Есть, старший сержант Флэк!» Я повторил. Он пожал мне руку и сказал что ему было приятно со мной познакомиться. И с вами тоже, сэр, сказал он мистеру Спеку.

На обратном пути мистер Спек по секрету сказал мне, что хоть сержант и выглядит суровым дядькой врятли он хоть кого-нибудь убил в своей жизни, не то что ты, Бенджи. Сразу видно что у него кишка тонка.

К тому времени Ронни не было уже 4 или 5 месяцев (ушла в сапогах-скороходах по белу свету счастья искать), но перед побегом она отвела меня на Демо Дерби и мы с ней целовались. Когда я захотел больше она засмеялась, оттолкнула меня и сказала что я еще слишком мал, но я должен ее запомнить, для этого она меня и поцеловала. Я сказал что запомню — и не соврал. Как можно забыть девчонку с которой впервые целовался по-настоящему? Еще она сказала

4

Билли останавливается и смотрит поверх экрана ноутбука в окно. Робин обещала написать Степенекам, когда где-нибудь приземлится. Чтобы ее друзья по Дому Вековечной Краски могли ей писать. И Билли она попросила сделать то же самое, когда он уедет.

«Ты небось тоже скоро отсюда свалишь», — сказала она в тот день, когда они сидели в разбитом «мерсе». Она разрешила Билли расстегнуть ее рубашку — да, это было ему позволено — и теперь застегивалась, пряча обратно всю красоту. «Но твоя идея стать пушечным мясом мне не нравится... Я бы на твоем месте передумала, Билли. Ты слишком молод, чтобы умирать. — Она поцеловала его в кончик носа. — И слишком красив».

Билли начинает писать про это — умалчивая только о самой могучей, самой болезненной и самой чудесной эрекции в его жизни, которая случилась с ним, пока они тискались в «мерсе» (увы, недолго), когда на телефон Дэвида Локриджа приходит сообщение. От Кена Хоффа.

Мне надо кое-что тебе отдать. Вероятно, время пришло.

И потому что время, вероятно, в самом деле пришло, Билли отвечает: **ОК**.

Хофф пишет: **Заеду к тебе домой**.

Нет, только не это. К нему домой?! Чтобы его увидели Акерманы, с детьми которых Билли играет по выходным в «Монополию»? Хофф наверняка ничего лучше не придумает, чем завернуть ствол в одеяло. Даже одноглазый идиот поймет, что там.

Нет, — отвечает он. — **Встретимся возле «Уолмарта». На парковке садового центра. Сегодня в 19:30.**

Билли закрывает ноутбук, не дописав последнее предложение. На сегодня хватит. Хофф испортил ему всю малину, думает Билли. Но нет, конечно, нет. Хофф — всего лишь просто Хофф, он ничего не может с собой поделать. Настоящее зло — это винтовка. И скоро она будет у него.

5

В 19:25 Билли паркует «тойоту» в той части гигантской парковки рядом с «Уолмартом», которая относится к садовому центру. Пять минут спустя, ровно в 19:30, приходит эсэмэс.

Не вижу тебя, слишком много машин. Выйди и помаши.

Билли выходит и машет, как будто заметил приятеля. Вскоре к скромной машинке Билли подъезжает винтажный «мустанг» вишневого цвета — авто под стать Кену Хоффу. Он выходит. Выглядит он лучше, чем в прошлый раз, и от него не разит перегаром. Это хорошо, учитывая, что лежит у него в машине. Хофф постригся, надел рубашку поло (с логотипом, естественно), выглаженные брюки-чиносы и мокасины. Однако его хоффская сущность от этого не изменилась. Дорогой одеколон по-прежнему не может перебить запашок постоянного беспокойства. Хофф не создан для таких серьезных заданий, а обеспечить наемного убийцу оружием — задание чертовски серьезное.

Винтовка все-таки не завернута в одеяло, и тут Билли готов отдать ему должное. Хофф вытаскивает из багажника «мустанга» клетчатую сумку для гольфа, из которой торчат головки клюшек, весело поблескивая в лучах заходящего солнца.

Билли забирает у Хоффа сумку и перекладывает ее в свой багажник.

— На этом все?

Хофф минуту переминается с ноги на ногу, глядя на свои мокасины с кисточками. Наконец говорит:

— Нет, не все... Есть минутка? Надо поговорить.

Поскольку Билли считает нелишним узнать, что на уме у Хоффа, он открывает дверь «тойоты» и жестом приглашает его сесть. Тот садится. Билли обходит машину и садится за руль.

— Я хотел попросить вас сказать Нику, что все хорошо. Можете?

— Хорошо в каком смысле?

— Во всех. Что я не сплоховал, нормально все сделал. *Это*. — Он показывает большим пальцем за спину, имея в виду сумку для гольфа. — Ну, чтобы он знал: я надежный человек.

Ты насмотрелся боевиков, парень, думает Билли.

— Скажите ему, что все хорошо. Некоторые из тех, кому я должен денег, уже довольны. Когда вы сделаете свое дело, они все будут довольны. Скажите ему, что мы расстанемся друзьями и каждый пойдет своей дорогой. Если потом меня кто спросит, я вообще не в курсах. Вы просто писатель, которому я сдавал офис в одном из своих зданий.

А вот и нет, думает Билли, ты сдавал офис не мне, а моему литагенту Джорджу Руссо, он же Джорджо Свиньелли, он же Джорджи Свин, подельник Николая Маджаряна. Ты — связующее звено и отдаешь себе в этом отчет, потому мы сейчас и беседуем. Ты по-прежнему надеешься выйти сухим из воды, когда все будет кончено. У тебя есть на это право, ведь ты всю жизнь этим занимался. Беда в том, что вряд ли ты останешься сухим после десяти часов в комнате для допросов. Да ты и пяти не выдержишь, особенно если копы прижмут тебя как следует или посулят сделку. Расколешься, как яйцо.

— Послушайте. — Билли пытается говорить мягко, но без обиняков: откровенный разговор двух взрослых людей в «тойоте». Неужели Билли Саммерс обязан этим заниматься — присматривать за этим недоразумением в штанах? Разве он — не просто исполнитель, которому положено сделать свое дело и исчезнуть, как Гудини? Раньше так оно и было, но за два миллиона...

Хофф смотрит на него с надеждой. Хочет, чтобы его приласкали, подбодрили и успокоили. Лить мед ему в уши полагается Джорджу, это по его части, вот только Джорджи Свина здесь нет.

— Знаю, вам это в новинку...

— Да! Вот именно!

— ...и понимаю ваши опасения, но речь ведь не о кинозвезде, политике или Папе Римском. Это очень плохой человек.

Вроде тебя, написано на лице Хоффа, и почему нет? То, что Билли выиграл розового фламинго для хорошенькой девочки с бантиками в волосах, сути дела не меняет. Это не смягчающее обстоятельство.

Билли заглядывает собеседнику прямо в глаза:

— Кен, я должен задать вам один вопрос. Только не обижайтесь, хорошо?

— Не буду. Валяйте.

— На вас ведь нет жучка или еще какого-нибудь устройства?

Потрясенное лицо Хоффа говорит само за себя. Билли жестом обрывает его растерянный лепет:

— Ладно, ладно, верю. Не мог не спросить. А теперь слушайте. Никто не присвоит этому делу статус особо важного. Громкого расследования не будет. Вам зададут пару вопросов, потом станут искать моего агента и обнаружат призрака, который показал вам поддельные документы, а вы на них купились, как индеец на бусы. И на этом все. — Ага, конечно. Рассказывай сказки. — Знаете, что будут говорить копы? Не для газет и ТВ, а промеж собой?

Кен Хофф мотает головой, не сводя глаз с Билли.

— Они скажут, что это мафиозные разборки или месть, а тот, кто это сделал, избавил суд от очередного слушания и даже сэкономил городу денег. Поищут меня, не найдут, а дело уберут в папку с висяками. Туда ему и дорога. Поняли?

— Ну, если вы так считаете...

— Да. Я так считаю. А теперь поезжайте домой. Об остальном позабочусь я.

Кен Хофф резко подается к нему, и в первую секунду Билли кажется, что сейчас ему врежут. Но Хофф заключает его в объятия. Сегодня он выглядит лучше, чем в прошлый раз, однако изо рта у него по-прежнему разит. Не перегаром, но разит.

Билли молча сносит объятия, вонь и все остальное. Даже немного приобнимает Хоффа в ответ. Потом велит ему убираться, бога ради. Хофф выходит из машины (о, *какое* облегчение!), но тут же заглядывает в окно. Он улыбается, причем искренне, от души. Похоже, душа у него все-таки есть.

— Я кое-что про вас знаю.

— Что, Кен?

— В сообщении вы написали «Уолмарт» с большой буквы, в кавычках. И сейчас сказали не «между собой», а «промеж». Вы не так глупы, как хотите казаться, а?

— Мне хватает ума понимать, что чем человек проще, тем ему лучше. Вы не знаете, где я взял винтовку и что собирался с ней делать. Точка.

— Как вам угодно. Да, и еще... Хотел вас предупредить. Вы же слышали про Коди?

Конечно. Городок неподалеку, где устраивали ту убогую ярмарку. Сейчас Хофф скажет, что его, Билли, там заметили. Оценили по достоинству его навыки высокоточной стрельбы. Мысль параноидальная, но паранойя перед делом — это нормально.

— Да. Городишко по соседству с Мидвудом.

— Ага. В тот день, когда все случится, в Коди будет диверсия.

Единственная диверсия, о которой Билли известно, — это фокус с сигнальным дымом в переулке за «Местом под солнцем» и рядом со зданием суда. Коди *очень далеко* от суда, да и Ник никогда не рассказал бы этому ослу про отвлекающий маневр.

— Какая еще диверсия?

— Пожар. Вероятно, на складе — в тех краях их много. Подожгут его перед тем, как вашего парня... ну, вашу жертву... доставят к зданию суда. Не знаю, за какое время, просто решил вас предупредить. На случай, если вы ведете записи на телефоне или в компе...

— Хорошо, спасибо. Все, вам пора восвояси.

Хофф оттопыривает оба больших пальца и возвращается в свою крутую тачку. Билли ждет, пока он отчалит, и едет к себе на Эвергрин-стрит. Ведет очень осторожно, помня, что в багажнике у него — снайперская винтовка.

Пожар на складе в Коди? В самом деле? А Ник-то в курсе? Вряд ли. Он сообщил бы ему о любой мелочи, которая может сбить его с ритма. Зато *Хофф* знает. Вопрос теперь в другом: надо ли рассказать Джорджо и Нику об этой непредвиденной загвоздке? Нет. Лучше сохранить эти слова в сердце своем — как Мария слагала в сердце весть о рождении младенца Христа.

Он велел Хоффу быть проще. Но как быть проще, когда тебя три-четыре часа промаринуют в тесной каморке для допросов, а потом начнут расспрашивать, откуда у тебя деньги на уплату долгов теряющим терпение кредиторам? К тому времени они будут звать тебя Кеном, а не мистером Хоффом, потому что так они делают, когда почуют кровь. Откуда у тебя деньги, Кен? А ну как богатый дядюшка умер и оставил наследство? Еще не все пропало, Кен. Ничего не хочешь нам рассказать, Кен? *Кен?*

Билли вдруг приходит странная мысль: сумка для гольфа с клюшками и винтовкой, кому она принадлежит? Хоффу? Если ему, то догадался ли он вытереть рукоятки клюшек — убрать «пальчики»? Лучше об этом не думать. Хофф сам роет себе яму, вот и пусть роет.

Но ведь то же самое можно сказать и про Билли, не так ли? Из головы не идет придуманный Ником план побега. Слишком уж ладный и простой, поэтому Билли и решил от него отказаться. Нику, конечно, не надо об этом знать. Потому как — да, будем смотреть правде в глаза — если ты собираешься грохнуть того, кто раздобыл винтовку, почему бы не грохнуть и стрелка? Билли не хочет верить, что

Ник на такое способен, но надо признать один неоспоримый факт: именно нежелание верить в очевидное сыграло с Кеном Хоффом злую шутку.

Интересно, кто придумал устроить пожар в Коди? Не Ник и не Хофф. Тогда кто?

Все это очень его тревожит, но, подъезжая к дому, он невольно расплывается в улыбке: газон выглядит просто бесподобно.

6

В августе Билли почти не страдал бессонницей. Он легко засыпал, думая лишь о том, про что будет писать завтра. Всего пару раз ему снилась Эль-Фаллуджа и пальмы во дворах жилых домов, с которых слетали зеленые пакеты для мусора. (Как они туда попали? *Зачем* они там?) Впрочем, теперь это не его история, а история Бенджи. Он начал понемногу их разделять, и это хорошо. Однажды он смотрел на «Ютьюбе» интервью с Тимом О'Брайеном, в котором тот говорил о своей книге «Что они несли с собой». О'Брайен сказал, что вымысел — это не истина, а путь к ней, и Билли наконец понял, что это значит. Особенно когда речь идет о войне, а разве не об этом, в сущности, его история? Обнимашки в раздолбанном «мерсе» с Робин Макгуайр — Ронни Гивенс — были лишь прелюдией. Перемирием. А после начнется война.

Сегодня, когда лето прошло и осень не за горами, Билли лежит без сна: его мучают тревоги. Ствол в сумке для гольфа его не волнует. Он думает о деле, которое согласился выполнить с помощью этого ствола. Как правило, работа киллера сводится к двум простым задачам: произвести выстрел и как можно быстрее смотать удочки. На сей раз все иначе, и не только потому, что он решил завязать с заказными убийствами. От всего этого дела разит за версту, как разило от Хоффа, когда тот внезапно заключил Билли в свои неуклюжие объятия.

Кто-то вышел на связь с Хоффом, думает Билли, но потом до него доходит, что это не так. *Никто* не связывался с Хоффом, потому что сам Хофф — никто. Он может считать себя кем-то — застройщиком, владельцем телеканалов, кинотеатров и красного «мустанга» с откидным верхом, но по сути он просто крупная рыба в мелком пруду. И не такая уж крупная. Это дело ему не по зубам. Многим людям заплатят большие деньги. Среди них и сам Хофф. Часть его долгов уже закрыта, и он считает, что погасит все, когда Джоэл Аллен умрет. Еще есть Ник с целым боевым расчетом молодчиков, набранных специально для этой операции. Это пока не взвод и не отделение, но почти. А может, их гораздо больше — просто Ник о них помалкивает.

Никто не связывался с Хоффом. Кто-то связался с *Ником* и велел ему задействовать Хоффа. Билли вспоминает, как после той первой встречи в кафе «Место под солнцем» он подумал: Ника и Хоффа что-то связывает. Теперь он почти уверен, что это не так. Хофф хотел получить лицензию на игорный бизнес и не получил. Разве такое могло случиться, если бы он дружил с Ником, знающим обходные пути? В конце концов, казино — это, в сущности, станок для печати денег, а деньги Хоффу очень нужны.

Возможно, за всем этим стоит тот же, кто предупредил Хоффа о планируемом пожаре на складе в Коди. Да, пожалуй, так и есть.

Дальше: Джоэл Аллен, ныне сидящий в лос-анджелесской тюрьме. Он находится под стражей и вообще неплохо устроился — как у Христа за пазухой. Его адвокат пытается оспорить решение об экстрадиции. Зачем, ведь Аллен наверняка понимает, что рано или поздно его все равно переведут сюда? Вряд ли дело в том, что в Лос-Анджелесе лучше кормят. Он тянет время? Пытается договориться с тем, кто устроил всю эту свистопляску, используя адвоката в качестве посредника?

Этот некто должен понимать, что Аллена экстрадируют. И когда это случится, Билли Саммерс убьет его прежде, чем тот продаст копам все, что знает. Некто должен подозревать, что Аллен перестраховался — оставил фотографии, записи, возможно, письменное признание (Билли даже представить не может, в чем именно). Но некто считает, что рискнуть все же стоит. Вероятно, он прав. Почти наверняка. Такие, как Аллен, редко перестраховываются. Такие, как Аллен, чувствуют себя неуязвимыми. Вряд ли он вообще готовился к преступлениям, из-за которых влип в эту историю, — они явно были непредумышленными.

И потом, мистер Некто скорее всего понимает, что выхода у него нет. Его тайну — страшную тайну — вот-вот раскроют. Нельзя допустить, чтобы Аллен дожил до судебного слушания в штате, где разрешена смертная казнь. Тем более если у него действительно есть компромат, который можно выгодно продать.

Билли засыпает. Перед тем как провалиться в сон, он вспоминает про «Монополию» — про то, как некоторые игроки, оказавшись на грани банкротства, начинают распродавать свое имущество. Только им это обычно не помогает.

7

Садясь утром в машину, он видит, как к нему через лужайку идет Кори Акерман. В руках у нее бумажный пакет, из которого доносится восхитительный аромат.

— Я тут кексы с клюквой испекла. Шан и Дерек обедают в школе, но любят взять с собой что-нибудь вкусненькое. Два кекса остались — решила вас угостить.

— Спасибо огромное, — говорит Билли, принимая угощение. — Может, один надо Джамалу оставить? Съест после работы.

— Я ему отложила. А эти два обязаны съесть вы, ясно?

— Пожалуй, с этой задачей я справлюсь, — с улыбкой отвечает Билли.

— Что-то вы похудели. — Она медлит. — Все хорошо?

Билли окидывает себя удивленным взглядом. Правда, что ли, похудел? Похоже на то. Вот и отверстие на ремне, которым он раньше не пользовался, пригодилось. Билли переводит взгляд на Кори.

— Да все отлично!

— Выглядите вы неплохо, но я не совсем то имела в виду. Точнее, не только это. Книга хорошо идет?

— Лучше не бывает.

— Тогда вам просто нужно больше есть. Полезную пищу, зелень и овощи. Нельзя питаться одной пиццей и «Тако Белл». С годами холостяцкая еда наносит даже больший урон организму, чем спиртное. Приходите к нам сегодня на ужин. В шесть часов. Я буду готовить пастуший пирог. С морковкой и горошком.

— Звучит соблазнительно, — говорит Билли. — Хотя беспокоить...

— Не побеспокоите. К тому же я хочу вас отблагодарить. Вы так добры к моим детям. Шанис только про вас и говорит с тех пор, как вы выиграли фламинго. — Она переходит на заговорщицкий шепот: — Его теперь зовут не Фрэнки, а Дэйв.

По дороге в город Билли думает о том, как Шан переименовала своего фламинго. Ему и радостно, и совестно: имя-то ненастоящее.

8

Днем он выходит из «Башни Джерарда» и проходит пешком пару кварталов до Пирсон-стрит. По пути заглядывает в переулок с мусорными контейнерами. Вроде бы все нормально, должно получиться. Билли поворачивает обратно и идет к паркингу.

Позже, по дороге в Мидвуд, он заезжает в «Уолмарт». Такое чувство, что после переезда он стал здесь постоянным гостем. Стоя с корзиной в очереди, Билли вновь размышляет о побеге. Что, если просто исчезнуть? Прямо сейчас? Искать его станет только Ник. Причем дело даже не в деньгах, которые уже лежат на счету Билли. Он умеет исчезать, а Ник умеет выслеживать. Начнет с того, что отправит кого-нибудь допрашивать Баки Хэнсона. И допрос будет жесткий, потому что если кто и знает, где скрывается Билли Саммерс, так это его человек в Нью-Йорке. Баки может остаться без ногтей. Или умереть. Ни того ни другого он не заслуживает.

Еще Ник пришлет своих дружков — вероятно, Фрэнки Элвиса и Пола Логана — сюда, в Мидвуд. Они допросят Фасио и Рагландов, Джамала и Кори. Может, даже детей? Это маловероятно, все-таки взрослые мужики, которые на улицах заводят разговоры с детьми, привлекают лишнее внимание. Но от одной мысли, что эти хмыри будут допрашивать Шан и Дерека, его начинает мутить.

Есть еще два момента. Во-первых, он никогда не исчезал до того, как выполнит заказ. Во-вторых, Джоэл Аллен сам напросился. Он плохой человек.

— Сэр? Ваша очередь.

Билли подходит к кассе «Уолмарта».

— Простите, я витаю в облаках.

— Ничего страшного. Я сама этим грешу, — говорит девушка-кассир.

Он выкладывает на ленту свои покупки: чехлы для клюшек с надписями «БАЦ!» и «ХРЯСЬ!», набор для чистки огнестрельного оружия, комплект деревянных ложек, большой красный бант с блестящей надписью «С ДНЕМ РОЖДЕНИЯ», легкую куртку с эмблемой «Rolling Stones» на спине и детский ланчбокс. Последним кассирша пробивает именно ланчбокс. Он ей явно приглянулся.

— «Сейлормун»! Ух ты. Повезет какой-то маленькой девочке!

Шан Акерман действительно пришла бы в восторг, думает Билли, но это не для нее. В мире лучшем, чем этот, он подарил бы ланчбокс ей.

9

Вечером, после ужина у Акерманов (пастуший пирог Кори — просто объедение), Билли спускается в свою игровую и достает из сумки для гольфа винтовку. Это «М-24», как он и просил, и с виду она вполне ничего. Билли разбирает ее, раскладывает части (в общей сложности их больше шестидесяти) на столе для пинг-понга и прочищает каждую. Прицел лежит в одном из карманов на молнии. В другом кармане находится магазин, снаряженный пятью патронами «Сьерра Матч Кинг» с экспансивными пулями.

Ему понадобится только один.

10

Утром он без четверти десять входит в «Башню Джерарда» с сумкой для гольфа на левом плече: нарочно пришел попозже, чтобы весь офисный люд уже был на рабочих местах. Ирв Дин, престарелый охранник, отрывает взгляд от журнала (сегодня это «Мотор тренд») и улыбается.

— Гольфом балуетесь, Дэйв? Эх, у писателей не жизнь, а сказка!

— Это не для меня, — говорит Билли. — По мне, гольф — самая скучная игра на свете. Клюшки я своему агенту подарю. — Он немного сдвигает сумку, так что становится виден бант с блестящими буквами. Бантом накрыт карман, в котором вместо пары дюжин подставок для мяча лежит снаряженный магазин.

— Ну ничего себе подарочек! Дорогущий!

— Я многим обязан Джорджу.

— Ага, понимаю. Вот только мистер Руссо не очень-то похож на гольфиста. — Ирв выставляет перед собой руки, изображая исполинское брюхо литагента.

Билли был к этому готов.

— Ну да. Если бы он ходил по полю пешком, то заработал бы сердечный приступ уже на третьей лунке. Но у него личный гольф-кар, изготовленный по индивидуальному заказу. Говорит, играть его научили еще в университете, когда он был куда стройнее. И знаете, когда он один-единственный раз уговорил меня выйти на поле, я глазам своим не поверил, увидев, как он бьет по мячу.

Ирв встает, и Билли на долю секунды холодеет: видно, полицейское чутье напоследок дало о себе знать и старикан решил осмотреть клюшки. Это спасло бы Джоэла Аллена и, вероятно, поставило бы крест на жизни Билли. Однако Ирв лишь поворачивается к нему боком и шлепает себя по вполне внушительному заду.

— Вот где вся сила-то! — Для пущего эффекта Ирв отвешивает своим ягодицам еще один шлепок. — Вот где! Спросите любого лайнмена НФЛ или любого звездного бьющего из МЛБ, того же Хосе Альтуве. Ростом не вышел — всего пять футов шесть дюймов, — но зад будь здоров!

— Так вот в чем дело. Ну да, наверное. Зад у Джорджа вот такенный. — Билли поправляет зеленый чехол на одной из клюшек. — Ладно, Ирв, хорошего вам дня.

— И вам, и вам. Слушайте, а когда у него день рождения? Открытку хоть подарю или просто поздравлю.

— На следующей неделе, но не факт, что он приедет. Укатил на западное побережье.

— Пальмы и красотки у бассейна, ну-ну, — говорит Ирв, усаживаясь на место. — Хорошо ему. Сегодня допоздна будете?

— Не знаю. Как пойдет.

— Не жизнь, а сказка! — повторяет Ирв, вновь утыкаясь в журнал.

11

У себя в офисе Билли снимает чехол с одной из клюшек — тот, на котором написано «БАХ!». Под ним обнаруживается ствол от винтовки «Ремингтон-700»: из дула торчит кусок штанги для штор, подрезанный до нужной длины. К его концу примотана скотчем деревянная ложка. Все это дело, накрытое сверху чехлом, выглядит почти как настоящая клюшка для гольфа. Билли достает ложе, ствол и затвор от 700-го, затем отодвигает в сторону две клюшки и вытаскивает ланчбокс (предусмотрительно завернутый в свитер, чтобы внутри ничего не звякнуло и не стукнуло). В ланчбоксе лежит вся мелочовка: задняя часть затвора, ударник, экстрактор, защелка крышки магазина и так далее. Разобранную винтовку, магазин на пять патронов, оптический прицел «Люпольд» и стеклорез он прячет в верхний потайной шкафчик между кабинетом и мини-кухней. Потом запирает дверцу на замок и кладет ключ себе в карман.

Писать Билли даже не думает: сперва надо с этой бодягой разобраться. Он откладывает в сторону «макбук», на котором работал, и достает свой личный. Вводит пароль — просто случайные буквы и цифры (никаких пресловутых наклеек с паролями, все выучено наизусть) — и открывает файл под названием «ГОЛУБОЙ КЛИНОК»[1]. Под голубым клинком имеется в виду, конечно, Колин Уайт из КАЛа. В файле перечислены все вычурные наряды, в которых Билли видел Колина на работе.

Предсказать, что наденет Колин Уайт в день, когда Джоэла Аллена привезут в суд, невозможно. Но это и необязательно. Не только потому, что люди верят своим глазам, даже когда глаза им врут, а потому, что ставку Билли делает на штаны-парашюты. Иногда Колин надевает сверху цветастую рубашку с подплечниками, иногда футболку с надписью «ГЕИ ЗА ТРАМПА», иногда одну из многочисленных рок-н-ролльных рубашек. Главное, сверху будет куртка с эмблемой «Rolling Stones» — алыми губами с высунутым языком. Билли никогда не видел на Колине курток, очень уж жаркое выдалось лето, но такой предмет одежды наверняка имеется в его гардеробе. И даже если в день икс будет жарко, что осенью в этих краях не редкость, куртка по-прежнему никому не бросится в глаза. В конце концов, это не простой предмет одежды, а дань моде.

---

[1] Отсылка к фильму «Зорро, голубой клинок» Питера Медака (1981) — пародии на многочисленные фильмы о герое Зорро. Повредив ногу, Зорро просит своего брата Рамона подменить его в роли борца за справедливость. Рамон постоянно появляется на экране в вычурных нарядах ярких цветов.

Когда люди Ника из фургона коммунальных служб увидят бегущего мимо Билли, они не подумают: *Билли Саммерс рвет когти*. Заметив краем глаза штаны-парашюты и черные волосы до плеч, они подумают: *Ага, тот расфуфыренный педик решил сделать ноги*.

По идее.

Со своего ноутбука Билли заходит на «Амазон» и совершает покупки с доставкой на следующий день.

Глава 9

1

Проходит неделя. Билли по-прежнему ждет вестей от Джорджо, но их нет. В пятницу он вновь собирает соседей на барбекю, и потом они с Джамалом и Полом Рагландом кидают мяч на заднем дворе, пока дети играют в салочки и шныряют туда-сюда под летящим мячом. Подают соседи мощно, аж воздух кипит. Хотя Джамал нашел для Билли неплохую перчатку, рука у него гудит, когда он моет посуду. Тут-то и раздается звонок.

Сначала Билли идет к телефону Дэвида Локриджа, но звонит не он. Трубка Билли Саммерса тоже молчит. Получается, звонит третий — неожиданно! Наверное, это Баки, ведь больше звонить на номер Далтона Смита некому. Однако, достав трубку из ящика буфета в гостиной, он понимает, что это не так. Свой номер он вписал в договор, который заполнял у риелтора Мертона Рихтера, а еще он дал его Беверли Дженсен, соседке сверху.

— Алло?

— Здорово, сосед. — Это не Беверли, а ее муж. — Как Алабама?

На секунду Билли застывает в недоумении: какая еще Алабама?

— Далтон? Что-то вы пропали. Слышите меня?

Тут все встает на свои места. Далтон Смит ведь уехал в очередную командировку — в Хантсвилл, штат Алабама, — устанавливать новые компьютеры в офисе «Эквити иншурэнс».

— Я здесь, слышу вас. Как в Алабаме? Жарко, вот как.

— В остальном погода ничего?

Билли понятия не имеет, какая сейчас погода в Хантсвилле. Примерно такая же, как здесь, но мало ли? Надо было проверить прогноз, но черт побери, откуда ему было знать, что Дон Дженсен позвонит?

— Ага, нормально, — отвечает он. — Чем могу помочь?

«Да вот мы тут сели и гадаем, кто ж ты такой, мать твою, — скажет сейчас Дон. — Народ обычно легко ведется на штучки вроде накладного живота, но мою жену не проведешь».

— Знаете, — говорит Дон, — вчера матери Беверли поплохело, и сегодня днем ее не стало.

— Ох. Это ужасно. Соболезную. — Билли искренне жаль Беверли и ее маму. Пусть сердце за них не болит — к Беверли он относится не так тепло, как к Кори Акерман, — но человек она хороший.

— Да, Бев вне себя от горя. Она сейчас в спальне. Складывает вещи и рыдает, рыдает и складывает. Мы завтра вылетаем в Сент-Луис, возьмем в аэропорту машину напрокат и поедем в этот занюханный городишко Диггинс. Похороним маму, уладим кое-какие дела. Придется пробыть там неделю или больше. — Дон вздыхает. — Траты, конечно, непредвиденные, но что поделать? Адвокат во вторник будет читать завещание и думает, что, возможно, мы тоже что-то унаследуем. Так я понял из его слов. Но вы знаете адвокатов.

— Они себе на уме.

— Вот-вот. Лишнего не скажут. Но Аннетт была, как говорится, экономной, а Бев — ее единственный ребенок.

— Ясно.

— Я потому и звоню, что мы надолго уезжаем. Бев хотела спросить, нельзя ли нам оставить ключ от квартиры под вашей дверью. Когда вернетесь из Бамы, будьте добры, если нетрудно, загляните в наш холодильник и полейте ее хлорофитум и недотрогу. Она без ума от этих растений, даже имена им придумала, представляете? Вы на неделе вернетесь? Если нет, я даже и не знаю, что делать, мы тут почти никого не знаем...

Было бы кого знать, думает Билли. И еще он думает: какая прекрасная возможность. Просто фантастический подарок судьбы. Весь дом на Пирсон-стрит будет в его распоряжении, если только Дженсены не вернутся раньше, чем Джоэла Аллена привезут из Калифорнии.

— Даже не знаю, к кому еще обратиться...

— Охотно вам помогу! А сколько вы там пробудете?

— Не могу сказать. Минимум неделю, может, две. Взял на работе отпуск — за свой счет, конечно, но если нам что-то перепадет...

— Понял. — Нет, ну какое везение! — О растениях не переживайте, я скоро вернусь и пробуду дома довольно долго.

— Отлично. Бев сказала, чтобы вы брали из холодильника все, что захотите, — чего добру пропадать? Молоко-то, конечно, скиснет...

— Да, — говорит Билли, — у меня недавно как раз скисло. Хорошо вам съездить.

— Спасибо, Далтон.

— Не за что.

2

Ночью Билли лежит, спрятав руки под подушку, и смотрит на овальное пятно дымчато-желтого света на потолке от фонаря перед домом семьи Фасио. Никак не доходят руки купить сюда шторы. Он то и дело вспоминает об этом, но в нужный момент все вылетает из головы. Может, хоть теперь вспомнит, когда ему больше нечего делать — только ждать.

Хорошо, если ждать придется недолго. Дело не только в удачно опустевшем доме на Пирсон-стрит. Просто не хочется торчать без дела в «Башне Джерарда». История Бенджи подошла к событиям в Эль-Фаллудже, и Билли уже знает, какие потрясающе яркие детали хочет запечатлеть. Как на ветру, будто флаги, развевались на пальмах драные зеленые пакеты. И как однажды моджахеды приехали на такси. Они целыми кучами высыпали из маленькой машины, точно клоуны в цирке. Вот только клоуны обычно не вооружены до зубов. Как ребята в футболках с Фифти Сентом и Снуп Доггом носили им боеприпасы, шныряя среди развалин в стоптанных кроссовках «Найки» и «Чак Тейлор». Как трехногий пес бежал по парку аттракционов «Джолан» с оторванной человеческой ладонью во рту. Билли отчетливо видит белую пыль на лапах этого пса.

Все эти образы ждут, когда их соберут воедино, но сделать это пока нельзя. Сперва нужно завершить работу. Уильям Вордсворт говорил, что хорошая поэзия берет свое начало из эмоций, вспоминаемых в спокойствии. Билли свое спокойствие утратил.

Наконец он проваливается в сон, но среди ночи его будит тихий «дзынь» текстового сообщения. Обычно такие звуки он во сне не слышит, но сейчас он спит чутко, и сны его подобны тонкой дымке. В песках он только так и спал.

На тумбочке у кровати лежат и заряжаются три телефона: Билли, Дэвида и Далтона. Сейчас горит экран его собственного телефона.

ДблДом: Позвони.

Дальше указан телефон с лас-вегасским кодом города.

ДблДом — это «Дабл Домино», казино-отель Ника. У Билли три часа утра. В Вегасе Ник, наверное, еще только готовится ко сну.

Билли звонит. Ник берет трубку и спрашивает, как у него дела. Билли отвечает, что дела прекрасно, особенно когда не будят среди ночи.

Ник заливисто смеется.

— Да не гони, это лучшее время для звонка — все дома! Мне сейчас доложили, что наш друг отправится в ваши края в следующую среду. Должен был в понедельник, но чем-то траванулся — скорее всего нарочно время тянет. Водитель доставит его прямиком в отель. Сечешь?

Билли сечет. Отель Аллена — это окружная тюрьма.

— Наутро его привезут в С. Понял, да?

— Да. — В суд.

— А как там наш рыжий друг? Достал тебе все, что нужно?

— Да.

— В лучшем виде?

— Ага.

— Вот и отлично. Агент тебе чиркнет еще одно эсэмэс, и после этого ты должен быть в режиме готовности. Ну, а потом сразу в отпуск. Все понял?

— Да, — говорит Билли.

— Не забудь оплатить счета за этот телефон и за другой тоже. Ясно?

— Да.

Билли, конечно, бесят его постоянные указания, но на самом деле это даже хорошо. Значит, Ник по-прежнему думает, что беседует с человеком, у которого чердак слегка протекает. Уничтожить телефон Билли Саммерса, уничтожить телефон Дэвида Локриджа, уничтожить все предоплаченные мобильники, которые он мог купить по дороге. Единственный телефон, что у него останется, — тот, о котором Нику ничего не известно.

— Ладно, еще поболтаем, — говорит Ник. — Свой телефон пока можешь оставить, но мое сообщение удали. — И он кладет трубку.

Билли удаляет сообщение, ложится и в ту же минуту засыпает.

3

На выходные устанавливается прохладная погода. Осень, похоже, наконец-то пришла. Билли замечает первые яркие пятна на деревьях вдоль Эвергрин-стрит. В воскресенье он играет в «Монополию» с тремя соседскими детьми, а еще полдюжины толкутся вокруг стола. С костями он обычно дружит, но не сегодня. Три раза выбрасывая дубли, он три хода подряд попадает в тюрьму — статистическое чудо, сравнимое разве что с тем, чтобы угадать все шесть выигрышных комбинаций в лотерее «Мега-Миллионы». Он ждет, пока два противника обанкротятся, а потом проигрывает Дереку Акерману. Когда банк отчуждает его последнее имущество, дети устраивают кучу-малу и хором горланят дразнилку: «Дуралей, водку пей!» Кори спускается узнать, по какому поводу шум, и сквозь смех кричит детям, чтобы они разошлись и дали человеку продохнуть.

— Вы продули! — торжествует Дэнни Фасио. — Продули *ребенку*!

— Это точно, — смеясь, отвечает Билли. — Вот если бы я купил железные дороги, а не угодил в тюрьму...

Подружка Шан, Бекки, громко фыркает, изображая пук, и все опять смеются. Потом они идут наверх, в гостиную, где Джамал смотрит по телевизору игру плей-офф бейсбольного чемпионата, и угощаются пирогом. Шан подсаживается на диван к Билли; на коленях у нее фламинго. На седьмом иннинге она засыпает, опустив голову на руку Билли. Кори предлагает ему остаться на ужин, но Билли отказывается — хочет сегодня попасть в кино. Он уже давно собирался посмотреть «Смертельный экспресс».

— Я видел трейлер, — говорит Дерек. — Жуть!

— Я ем много попкорна, — отвечает Билли. — С попкорном не так страшно.

В кино Билли не идет, а вместо этого слушает подкаст с обзором фильма на пути к паркингу, где стоит его арендованный «форд-фьюжн»: соломки подстелить никогда не вредно. На «форде» он едет в дом номер 658 по Пирсон-стрит и укладывает свой костюм Далтона Смита в шкаф. Затем поднимается, поливает хлорофитум и бальзамин Беверли Дженсен. У хлорофитума все в порядке, а вот бальзамин еле жив.

— Попей водички, Дафна, — говорит Билли вслух (прочитав имя бальзамина на воткнутой в горшок табличке). У хлорофитума тоже есть имя — Уоллер.

Билли запирает дом и выходит на улицу в бейсболке, прикрывающей темные волосы. И в солнцезащитных очках, хотя уже почти стемнело. Он возвращает «форд» на парковку, потом едет на «тойоте» обратно в Мидвуд, где смотрит телевизор и ложится спать. Засыпает почти моментально.

4

В понедельник ближе к вечеру раздается стук в дверь. Билли с упавшим сердцем открывает, думая, что это Кен Хофф, но, к счастью, это не он. На пороге стоит Филлис Стэнхоуп. Она широко улыбается, но глаза у нее заплаканные.

— Не желаешь сводить девушку в ресторан? — Вот так запросто. — Меня бросил парень, и я хочу с кем-нибудь поговорить. — Она умолкает и добавляет: — Я угощаю.

— Ну что ты, брось! — говорит Билли. Неизвестно, к чему это приведет, и вообще затею хорошей не назовешь, но ему плевать. — Плачу я, если ты не против. Или опять счет пополам?

Счет они не делят. Расплачивается Билли. Возможно, Филлис решила переспать с ним в честь расставания с парнем (три «отвертки», которые она выпивает почти залпом — две до еды и одна во время, — только подтверждают его опасения). Билли предлагает карту вин, Филлис отмахивается.

— Никогда не мешаю, — говорит она. — Не мешать — потом не страдать. Это из...

— «Кто боится Вирджинии Вулф?», — заканчивает Билли, и Филлис смеется.

За ужином она почти не ест. Говорит, что расстались не очень хорошо, сперва повздорили лицом к лицу, а закончили по телефону. Кусок в горло не лезет. А вот выпить очень хочется. Может, счет они не поделят, но немного храбрости ей не повредит — учитывая, что случится дальше. А оно случится, к гадалке не ходи. И Билли этого хочет. Он давно уже не был с женщиной. Оплачивая счет одной из карточек Дэвида Локриджа, он вспоминает, как дети вчера наваливались на него и кричали «Дуралей, водку пей!». И вот пожалуйста, не прошло и дня, а он уже пьет водку, влюбленный дуралей.

— Давай поедем к тебе. Не хочу смотреть на его пену для бритья в ванной.

Что ж, думает Билли, пожалуйста, можешь посмотреть на мою. И даже почистить зубы моей щеткой.

Когда они приезжают в его желтый домик на Эвергрин-стрит, Филлис оценивающе осматривается, делает комплимент его постеру с «Доктором Живаго», купленному в лавке старьевщика, и спрашивает, не найдется ли у него чего-нибудь выпить. У Билли есть упаковка пива в холодильнике. Он предлагает ей стакан, но Филлис говорит, что будет пить прямо из банки. Билли приносит две в гостиную.

— Я думала, ты не пьешь, пока работаешь над книгой.

Он пожимает плечами.

— Обещания дают, чтобы их нарушать. И потом, я же сейчас не работаю.

Они едва успевают открыть свои банки, как Филлис заявляет, что ей жарко, и начинает расстегивать блузку. Утром они обнаружат пиво на тумбочке, почти нетронутое и выдохшееся.

Сексом Билли остается доволен. Ей вроде тоже понравилось, но с женщинами никогда точно не скажешь. Иногда им хочется, чтобы их поскорее оставили в покое и дали уже поспать. Но если она и притворяется, то делает это очень хорошо. В какой-то момент — когда ему самому уже трудно сдерживаться — она утыкается ему в плечо со звуком «м-м-м-м» и почти до крови впивается ногтями ему в спину.

Когда он откатывается на свою сторону кровати, Филлис хлопает его по плечу: молодец, мол.

— Только не говори, что трахнул меня из жалости.

— Даже близко нет, — отвечает Билли. — На всякий случай не буду спрашивать, не в отместку ли бывшему ты трахнулась со мной.

Она смеется.

— Правильно, не спрашивай.

С этими словами она отворачивается и через пять минут уже храпит.

Какое-то время Билли лежит без сна — не из-за ее храпа (храпит Филлис женственно, почти мурлычет), просто в голову опять лезут непрошеные мысли. То, как она пришла к нему в офис и потом поехала с ним домой, похоже на отрывок из романа Золя, где каждый персонаж должен отработать по полной программе, после чего выходит на сцену в последний раз — на поклон. Билли надеется, что его история пока не подходит к концу, но эта ее часть почти на исходе. Если он доведет задуманное до конца и получит деньги, у него начнется новая жизнь (в роли Далтона Смита или еще кого-нибудь), и, возможно, она будет лучше прежней.

Какое-то время назад — вероятно, когда он только начинал писать историю Бенджи — Билли вдруг осознал, что эта жизнь ему невыносима. Он в ней задыхается. Идея, которой он себя успокаивал (нет, *тешил*) — будто убивает только плохих, — отнюдь не палочка-выручалочка и не панацея. В домах на этой улице спят хорошие люди. Конечно, убивать он их не собирается, но что-то внутри их умрет, когда они узнают о его истинных намерениях.

Слишком поэтично? Слишком романтично? Да нет. Рядом с ними поселился незнакомец. Со временем он втерся к ним в доверие, превратился в соседа, но — сейчас будет кульминация — они так и не узнали его истинное «я».

Около трех часов утра Билли просыпается от шума: Филлис рвет в ванной. Она смывает унитаз. Включает воду. Потом возвращается в кровать. Тихонько плачет. Билли делает вид, что спит. Плач затихает. Снова раздается храп. Билли проваливается в сон, и ему снятся мусорные пакеты, развевающиеся на ветру.

5

Около шести утра он просыпается от запаха кофе. Фил хозяйничает на кухне, босиком и в одной из его рубашек.

— Как спалось? — спрашивает Билли.

— Хорошо. А тебе?

— Отлично. И кофе пахнет превосходно.

— Я украла у тебя пару таблеток аспирина. Похоже, немного перебрала вчера. — Она смотрит на него сконфуженно и насмешливо, пятьдесят на пятьдесят.

— Главное, чтобы пену для бритья не украла.

Она смеется. Утро после секса на одну ночь бывает довольно мерзким, Билли сам иногда с этим сталкивался, но на сей раз все неплохо. Даже хорошо. И Фил тоже хорошая.

На его предложение пожарить яичницу-болтунью она корчит гримаску и мотает головой. Он все-таки уговаривает ее съесть один тост без масла. Потом оставляет спальню и ванную в ее распоряжении, чтобы она могла спокойно привести себя в порядок. Когда она выходит, вид у нее вполне приличный. Разве что рубашка чуть помята. Потом ей будет о чем рассказать людям, думает Билли. «В постели с убийцей». Если, конечно, она захочет о таком рассказывать. Может и не захотеть.

— Подбросишь меня домой, Дэйв? Хочу переодеться.

— С удовольствием.

На пороге она оборачивается и кладет руку ему на плечо.

— Я спала с тобой не в отместку бывшему.

— Правда?

— Правда. Иногда женщине нужно, чтобы ее кто-то хотел. Ты ведь меня хотел... так?

— Так.

Она кивает, как бы говоря, что теперь все улажено.

— Я тоже. Но думаю, больше это не повторится. Никогда не говори «никогда», но мне так кажется.

Билли, который знает, что это совершенно точно не повторится, кивает.

— Друзья? — спрашивает Фил.

Он обнимает ее и целует в щеку.

— Друзья навек.

Утро еще раннее, но народ на Эвергрин-стрит встает рано. На крыльце дома напротив сидит в кресле-качалке Диана Фасио. Она закуталась в теплый розовый халат и попивает кофе. Билли открывает пассажирскую дверь «тойоты» и придерживает ее для Фил. Когда он обходит машину, чтобы сесть за руль, Диана показывает ему два больших пальца.

Билли приходится улыбнуться в ответ.

6

Когда приезжают фургоны с едой, Билли идет за тако и колой. Джим Олбрайт, Джон Колтон и Гарри Стоун — «молодые юристы», прямо герои какого-нибудь сериала или романа Гришэма — машут ему рукой и подзывают к себе, но Билли говорит, что хочет поесть в кабинете, за работой.

Джим в ответ на это произносит цитату:

— «Никто на смертном одре еще не жалел, что слишком мало времени проводил в офисе», — сказал Оскар Уайльд перед тем, как отбыть в лучший мир.

Билли мог бы ответить Джиму, что вообще-то Оскару Уайльду приписывают совсем иные предсмертные слова: «Либо эти обои, либо я», — но только молча улыбается.

На самом деле он просто не хочет проводить время с этими ребятами. Не потому, что они ему не нравятся, а наоборот — потому что они ему по душе. И Фил, похоже, решила взять отгул. Он надеется, что в среду и четверг она тоже не выйдет на работу, хотя это уже маловероятно.

Когда он входит в офис, звонит телефон Далтона Смита.

— Даллон, дружище! — восклицает Дон Дженсен. — Вернулся?

— Ага.

— Как делишки? Как там Даффи и Уоллер?

— У нас все отлично. Живем припеваючи. Как вы? — Вообще-то Билли все понял по голосу Дона. А ведь на дворе практически утро.

— Лучше некуда! — Язык у него заплетается, и вместо лучше он говорит «лушше». — У Бевви тоже. Скажи «привет», Бевви!

Издалека доносится вопль:

— Привет, зайка! — И пронзительный смех. Значит, она тоже выпила. Непохоже, чтобы они оплакивали усопшую.

— Бевви передает привет, — говорит Дон.

— Да, я слышал.

— Даллон... дружище... — чуть тише произносит Дон. — Мы теперь богачи.

— Серьезно?

— Ага. Адвокат сегодня утром зачитал завещание. Мама Бевви оставила нам все: акции, накопления. Почти *двесси тыщ долларов*!

На заднем плане Бевви издает победный клич, и Билли невольно улыбается. Быть может, завтра, протрезвев, она опять зальется слезами, но сейчас у этих людей, снимавших квартиру в далеко не самом престижном районе города, праздник — и Билли их понимает.

— Отличная новость, Дон. Очень рад за вас.

— Сколько ты пробудешь дома? Я чего звоню...

— Надеюсь, долго. У меня тут новый контракт нарисовался...

Дон даже не дает ему договорить.

— Отлично, отлично. Слушай, ты, пожалуйста, поливай дальше Даффи и Уоллера, а то мы... знаешь что?

— Что?

— Угадай!

— Понятия не имею.

— А придется, мой компьютерный гений, придется.

— Вы едете в «Диснейленд»?

Дон хохочет так громко, что Билли приходится отодвинуть трубку от уха, но он по-прежнему улыбается. В жизни добрых, порядочных людей произошло что-то хорошее. Каково бы ни было его собственное положение, он за них рад. Интересно, писал ли Золя о чем-то подобном. Наверное, нет, а вот Диккенс мог...

— Почти угадал, Даллон! *Мы едем в круиз!*

На заднем плане опять улюлюкает Беверли.

— Ты хотя бы месяц пробудешь дома? Или шесть недель. Просто мы...

Тут Беверли выхватывает у него телефон, и Билли опять приходится отодвинуть трубку от уха, чтобы поберечь свою многострадальную барабанную перепонку.

— Если нет, пусть подыхают! Я потом новые куплю! Целую оранжерею!

Билли успевает принести ей соболезнования и поздравить, а потом трубка снова переходит к Дону.

— Мы, как вернемся, съедем оттуда на хрен. Никаких больше живописных пустырей под окном. Нет, ты не подумай, у тебя квартира нормальная, Далл. Беверли поначалу ее хотела...

Бев кричит:

— Больше не хочу!

— Я без проблем полью Дафну и Уолтера, не волнуйтесь, — заверяет их Билли.

— Мы вам заплатим, мистер Компьютерный Гений и Цветочная Нянька! Можем себе это позволить!

— Не нужно. Я рад помочь, вы хорошие соседи.

— Ты тоже, Даллон, ты тоже. Знаешь, что мы пьем?

— Шампанское?

Билли опять отодвигает трубку от уха.

— Не в бровь, черт подери, а в глаз!

— Не переусердствуйте, — говорит Билли. — И передайте Беверли мои наилучшие пожелания, хорошо? Соболезную ее утрате, но радуюсь вместе с вами.

— Все передам, не вопрос! Спасибо огромное, дружище! — Он умолкает, а потом серьезным, почти трезвым голосом добавляет потрясенно: — *Двести тысяч долларов!* Просто невероятно, да?

— Да, — соглашается Билли. Он кладет трубку и откидывается на спинку своего офисного стула. Сам-то он получит куда больше двухсот тысяч, но настоящие богачи — это Дон и Беверли Дженсен. Да, сэр, вот кто настоящие богачи. Сентиментально, но правда.

7

Наутро, когда он въезжает в паркинг рядом с «Башней Джерарда», на телефон Дэвида Локриджа приходит сообщение. Он читает его не сразу, сперва паркуется на четвертом уровне.

Дж. Руссо: Чек в пути.

Билли в этом очень сомневается, на западном побережье только половина седьмого утра, но чек, вполне вероятно, скоро *будет* в пути. Аллен едет. Возможно, он полетит обычным пассажирским самолетом, но в наручниках и в сопровождении городского опера или сотрудника полиции штата. Что ж, превосходно. Шоу начинается. Давно пора.

Билли открывает заднюю дверь машины и достает с сиденья бумажный пакет для продуктов. Только внутри не продукты, а штаны-парашюты и атласная куртка с логотипом «Rolling Stones». Штаны, правда, не золотистые, как у Колина Уайта. Немного поломавшись, Билли решил, что это все-таки слишком вызывающе, и заказал на «Амазоне» черные в золотую крапинку. Колин был бы от них в восторге, это точно.

На всякий случай Билли заготовил историю для Ирва Дина — вдруг тот спросит, зачем он притащил на работу еду. Впрочем, Ирв как раз беседует с симпатичными девицами из КАЛа и просто рассеянно машет Билли рукой, когда тот прикладывает карточку и проходит к лифтам.

У себя в кабинете он открывает пакет и, порывшись в тряпках, достает купленную в «Стейплз» табличку (там таких целый стеллаж): «ИЗВИНИТЕ, ЗАКРЫТО». Надпись окружена грустными мультяшными мордочками. Внизу оставлено немного места для пояснений. Билли берет маркер «Шарпи» и подписывает: «НЕТ ВОДЫ, ВОСПОЛЬЗУЙТЕСЬ ТУАЛЕТАМИ НА 4 ИЛИ 6 ЭТАЖЕ». Помахав табличкой в воздухе, чтобы надпись не смазалась, он кладет ее обратно в пакет. Туда же отправляется парик с длинными черными волосами, после чего Билли прячет пакет в шкаф.

Сев за стол, он переносит историю Бенджи на флешку. Когда это сделано, запускает на «макбуке» программу уничтожения всех данных на жестком диске. Компьютер останется здесь. На нем, как и на всем вокруг, множество его отпечатков. Сколько бы он ни тер, все равно один-два где-нибудь спрячутся, но это не страшно. Как только он произведет выстрел и увидит труп Джоэла Аллена на лестнице здания суда, Билли Саммерс перестанет существовать. Что до его личного ноута... он мог бы стереть и его, оставить здесь, а потом пользоваться новенькими дешевыми «оллтеками» на Пирсон-стрит, но что-то не хочется. Старый друг поедет с ним.

8

Час спустя в дверь опять кто-то стучит. Билли открывает, рассчитывая увидеть на пороге Кена Хоффа — может, он в последний момент сдрейфил? — и вновь ошибается. На сей раз это Дана Эдисон, один из завезенных Ником вегасских ребят. Сегодня он не в комбезе коммунальных служб. Сегодня он мистер Непримечательность в темных брюках и сером повседневном пиджаке. Он невысокого роста, в очках, и с первого взгляда может показаться, что он работает в той же бухгалтерской конторе, что и Филлис Стэнхоуп. Однако если вы присмотритесь внимательнее — особенно если вы бывший морпех, — то заметите нечто странное.

— Ну здравствуй, приятель, — тихо и вежливо произносит Эдисон. — Ник хотел, чтобы я с тобой поболтал. Можно войти?

Билли отходит в сторону. Дана Эдисон бесшумно скользит по передней в своих аккуратных коричневых мокасинах и входит в небольшой конференц-зал, служащий Билли кабинетом — и, конечно, укрытием. Эдисон двигается плавно и грациозно. Мельком косится на стол, где стоит личный ноутбук Билли с незаконченной игрой в криббидж, затем смотрит в окно: мысленно чертит линию, которую Билли чертил уже десятки раз за это лето. Вот только лето кончилось, и в воздухе ощущается намек на легкий морозец.

Хорошо, что Эдисон дал ему немного времени — Билли привык быть умницей-писателем Дэвидом Локриджем и без подготовки мог оплошать. Однако, когда Эдисон поворачивается к нему, Билли уже надел маску «тупого я»: слегка вытаращенные глаза, чуть приоткрытый рот. Нет, он не похож на деревенского идиота — скорее на парня, который никогда не слышал о Золя или думает, что это один из заклятых врагов Супермена.

— Ты Дана? Я тебя видел у Ника.

Гость кивает.

— Еще ты видел, как мы с Реджи возимся неподалеку от фургона коммунальных служб, так?

— Ага.

— Ник хочет знать, готов ли ты к завтрашнему дню.

— Конечно.

— Где ствол?

— Ну...

Дана ухмыляется, показывая мелкие и ровные зубки, такие же аккуратные, как он сам.

— Не важно. Главное, что где-то рядом, верно?

— А то!

— Стеклорез раздобыл?

Глупый вопрос, ну да ладно. Билли ведь глупый человек.

— Конечно.

— Сегодня им не работай. Солнце весь день будет светить в окна с этой стороны, и кто-нибудь может заметить дырку.

— Знаю.

— Ну да, наверное, знаешь. Ник говорит, ты был снайпером. Немало народу перебил в Фаллудже, да? Каково это?

— Хорошо. — Ни хрена не хорошо, и беседа эта ему не нравится. У Билли ощущение, что он впустил в дом маленькое, очень компактное грозовое облако.

— Ник просто хотел убедиться, что у тебя все по плану.

— Все по плану.

Эдисон продолжает:

— Ты стреляешь. Пять секунд спустя — максимум десять — вон за тем кафе раздастся очень громкий взрыв.

— Шашки рванут.

— Да, точно. За это отвечает Фрэнки. Еще через пятьдесят секунд рванет на углу, за газетным киоском. Там поработает Поли Логан. Люди начнут разбегаться. Ты тоже побежишь — обычный офисный работник, которому стало сперва любопытно, а потом очень страшно. Забегай за угол. Там будет стоять фургон коммунальных служб. Реджи откроет тебе заднюю дверь. Я буду за рулем. Ты запрыгиваешь внутрь и как можно быстрее надеваешь комбез. Все ясно?

Все было ясно с самого начала. Билли этот последний инструктаж ни к чему.

— Да. Только хочу кое-что прояснить, Дана.

— Что же?

— Мне нужно все подготовить, сам понимаешь. И когда я начну готовиться, назад пути уже не будет. Вы уверены, что все случится завтра?

Дана открывает рот и хочет сказать: «Конечно», — но Билли качает головой.

— Подумай, прежде чем ответить. Подумай очень хорошо. Если что-то изменится или сорвется, я исчезну, а Джоэл Аллен останется жить и топтать эту землю. Итак, еще раз: вы *уверены*?

Дана Эдисон пристально смотрит на Билли — очевидно, новыми глазами. А потом улыбается.

— Уверены на сто процентов. Как в том, что солнце встает на востоке. Еще вопросы есть?

— Нет.

— Ладно. — Эдисон направляется к выходу своей упругой походкой. Рыжий пучок похож на темно-красную дверную ручку. У входа Эдисон оборачивается, смотрит на Билли ясными, лишенными всякого выражения голубыми глазами и говорит: — Не промахнись.

Билли возвращается в кабинет и глядит на незаконченный криббидж. Думает, что Дана Эдисон ничего не сказал ему о пожаре на складе в Коди, а должен был. Еще он думает, что действовать по плану Ника в самом деле нельзя, иначе можно очутиться в канаве с дырой во лбу. Пристрелить его наверняка поручат Эдисону. А кому достанется полтора миллиона? Нику, конечно. Билли и рад бы верить, что это паранойя, но визит Эдисона только укрепил его подозрения. Уж конечно, подобная мысль не раз приходила Нику в голову, несмотря на их с Билли давнее сотрудничество. Убрать Кена Хоффа, убрать Билли Саммерса — и все остальные выйдут сухими из воды.

Билли закрывает крышку ноутбука. Сегодня он не то что писать — даже в криббидж играть не способен.

9

По дороге домой он заезжает в магазин скобяных изделий «Эйс» и покупает последнюю из необходимых вещей: навесной замок фирмы «Йель». Когда он возвращается домой — это его последняя ночь в Мидвуде, — то обнаруживает на верхней ступеньке крыльца прижатый камнем листок бумаги. Он снимает с плеча сумку с ноутбуком, подбирает листок, осматривает его и думает, что предпочел бы обойтись без этого «выхода на поклон». На листке — карандашный рисунок, выполненный явно талантливым ребенком (насколько талантливым — сказать трудно, потому что художнику пока восемь лет от роду). Внизу подпись: Шанис Аня Акерман. Наверху, заглавными буквами: «ДЭЙВУ!»

На рисунке изображена маленькая девочка с темно-коричневой кожей и ярко-красными лентами в афрокосичках. Она держит в руках розового фламинго, от головы которого в воздух поднимаются сердечки. Билли долго разглядывает картинку, потом складывает ее пополам и убирает в задний карман брюк. Н-да... Он и не думал, что может угодить в такой переплет. Он отдал бы все на свете, включая два миллиона долларов, чтобы вернуться на три месяца назад в тот гостиничный холл, где читал комикс «Друзья и подружки Арчи» в ожидании Фрэнки Элвиса и Поли Логана. Он принес бы Нику свои извинения и сказал бы, что передумал. Но назад пути нет. Теперь только вперед. Стоит Билли представить, как Дана Эдисон приезжает в этот квартал поболтать с местными — может, даже кладет свои маленькие аккуратные руки на плечи Шанис, — губы его вытягиваются в почти невидимую ниточку. Да, он попал в переплет, и выбраться из него просто так нельзя — придется отстреливаться.

Глава 10

1

Утро четверга. День икс. Билли встает в пять, съедает тост и запивает его стаканом воды. Кофе сейчас нельзя. Никакого кофеина до тех пор, пока дело не будет сделано. Когда он вскинет винтовку и заглянет в окуляр люпольдовского прицела, его руки не должны дрожать.

Он ставит блюдце из-под тоста и пустой стакан в кухонную мойку. На столе лежат в ряд четыре мобильника. Он достает сим-карты из трех — Дэйва, Билли и предоплаченного — и на две минуты помещает их в микроволновку. Надевает на руку прихватку, достает обугленные остатки симок и смалывает их в кухонном измельчителе отходов. Три телефона без сим-карт отправляются в бумажный пакет, туда же он кладет телефон Далтона Смита, навесной замок и простую серую бейсболку, которую надевал на Пирсон-стрит, когда приходил туда без усов и живота Далтона Смита — поливать цветы Беверли.

На несколько секунд он задерживается на пороге с ноутбуком на плече и оглядывается. Пусть это и не дом — дома у него не было с тех пор, как помощник шерифа Ф.У.С. Малкин увез его из трейлера по адресу Скайлайн-драйв, 19, парк Хиллвью (да и трейлер вряд ли можно было назвать домом, разве что подобием дома, особенно после того, как Боб Месс убил его сестру).

— Что ж, — говорит Билли и выходит на улицу.

Дверь не запирает, чтобы копам не пришлось ее выламывать. Хватит и того, что они потопчут его лужайку, на оживление которой он потратил столько сил.

2

На парковку Билли не едет, с этим покончено. Без пяти шесть он паркуется на Мейн-стрит в нескольких кварталах от «Башни Джерарда». С утра пораньше свободных мест у тротуара полно, а на самом тротуаре нет людей. Билли закидывает сумку с ноутбуком на плечо, в одну руку берет бумажный пакет. Оставляет ключи в подстаканнике «тойоты». Может, ее угонят — впрочем, необязательно. Как необязательно разбрасывать телефоны по разным канализационным решеткам, постоянно осматривая окрестности на предмет случайных свидетелей (у морпехов это называлось «чистить местность»). Выбросив последний телефон, он проверяет задний карман брюк — не забыл ли прихватить рисунок Шан, ее портрет в обнимку с фламинго. Которого теперь зовут Дэйв. Рисунок на месте. Хорошо. Не потерять бы.

Билли спускается по Гири-стрит, проходит мимо «Башни Джерарда» один квартал и оказывается в заранее выбранном переулке. Еще раз убедившись, что за ним никто не наблюдает (и что в подворотне не спит какой-нибудь алкаш), Билли забирается за второй из двух мусорных контейнеров. Мусор в этом городе увозят по пятницам, так что оба контейнера полны доверху и смердят. Билли прячет за него ноутбук и серую бейсболку, затем прикрывает их ворохом найденной среди мусора упаковочной бумаги.

Вот эта часть дела волнует его больше, чем сам выстрел. Интересно, это можно назвать иронией судьбы? Он не знает. Но ему не хочется потерять ни свой ноутбук, ни «Терезу Ракен», которую он читал по приезде в этот город (книжка сейчас надежно спрятана в доме номер 658 по

Пирсон-стрит). Это его талисманы. Как детская пинетка, которую он носил с собой в ходе всей операции «Бдительная решимость» и почти всей операции «Ярость призрака».

Шансы на то, что кто-то войдет в подворотню, заглянет за помойку, отодвинет заляпанную упаковочную бумагу и украдет его ноутбук, ничтожно малы, да и пароль никому не взломать, но ему дорога сама *вещь*. Взять ее с собой нельзя, потому что выйти из «Башни Джерарда» с ноутбуком на плече не получится. Как-то он видел Колина Уайта с телефоном, а пару раз тот выходил обедать в наушниках с микрофоном (видимо, он с ними уже сросся), но с ноутбуком — никогда.

Билли подходит к «Башне Джерарда» в шесть двадцать утра. Эта улица, упирающаяся в здание суда, скоро превратится в гудящий улей, но пока она больше напоминает кладбище. Единственная живая душа на ней — сонная официантка кафе «Место под солнцем», которая сейчас выставляет на улицу штендер с меню завтрака. Интересно, шашка уже на месте, прямо за этим штендером? Понятно, что дым — не его головная боль, как и обещанный Хоффом пожар в Коди. Билли выстрелит, несмотря ни на что. Это его работа. За спиной сгорают один за другим все мосты, и свою работу он должен выполнить. Выбора нет.

Ирва Дина за стойкой охраны не наблюдается — он придет только в семь, может, в семь тридцать, но один из уборщиков уже драит полы в вестибюле. Когда Билли подходит к турникету, он поднимает голову — молодец, хороший мальчик.

— Привет, Томми, — здоровается с ним Билли, направляясь к лифтам.

— Что-то вы рано, Дэйв! Даже Господь еще спит.

— Сроки горят, — поясняет Билли, а сам думает, что горят не только они. — Сегодня, наверное, просижу здесь до самой ночи. Пока Господь снова спать не ляжет.

Томми хохочет.

— Покажи им, герой!

— Планирую, — отвечает Билли.

3

Он относит два бумажных пакета в мужской туалет на пятом этаже. Прячет костюм Колина Уайта (не забыв про длинный черный парик — самую важную часть костюма) в мусорное ведро рядом с умывальниками и прикрывает все бумажными полотенцами. Табличка и замок отправляются на дверь. Ключ от замка — в карман, вместе с телефоном Далтона Смита и флешкой Бенджи Компсона.

На полпути к офису ему приходит в голову неприятная мысль. По дороге сюда он несколько раз терял бдительность, думая о рисунке Шан, а вовсе не о предстоящем деле и утренних приготовлениях. А что, если он случайно выбросил в канализацию телефон Далтона Смита? Мысль эта настолько ужасна, что его сразу охватывает паника: сейчас он засунет руку в карман и вытащит оттуда телефон Билли или Дэйва или бесполезный предоплаченный мобильник. В принципе это нестрашно: трубку можно заменить, тем более что все карточки и кредитки на месте, но что, если Дон или Беверли Дженсен позвонят ему за пару дней до того, как «Федэкс» доставит новый аппарат по адресу Пирсон-стрит, 658? Они начнут гадать, почему он не выходит на связь. Может, это ерунда... А может, и нет. Хорошие соседи — *благодарные* соседи — позвонят в полицию и попросят заглянуть в подвал — убедиться, что все хорошо.

Билли хватается за телефон в кармане и секунду-другую просто стискивает его в руке, не решаясь достать и чувствуя себя игроком, которому страшно посмотреть на рулетку и увидеть, на какой цвет упал шарик. А самое ужасное — хуже, чем лишние хлопоты и потенциальная угроза, — это осознание, что он допустил очередную оплошность. Замечтался о жизни, которую должен был оставить позади.

Он достает телефон из кармана и с облегчением выдыхает: это трубка Далтона. Одной оплошностью меньше. Больше их быть не должно. Судьба не прощает ошибок.

4

Без четверти семь. Билли заходит с телефона Далтона Смита на сайт местной газеты и оплачивает подписку (тоже карточкой Далтона). Главная страница почти целиком посвящена предстоящим выборам, но в самом низу (то, что в бумажной газете было бы на второй полосе) обнаруживается такой заголовок: «АЛЛЕН ПРЕДСТАНЕТ ПЕРЕД СУДОМ ПО ОБВИНЕНИЮ В УБИЙСТВЕ». Заметка начинается так: «Джоэл Аллен, так и не сумев оспорить ранее вынесенное решение об экстрадиции, наконец предстанет перед судом. Слушание по его делу продлится несколько дней. Аллену предъявят обвинение в умышленном убийстве Джеймса Хоутона, 43 года, а также в вооруженном нападении...»

Билли не дочитывает заметку до конца, но нажимает галочку, чтобы ему приходили уведомления о новых публикациях на сайте. Он садится за стол в кабинете и на листке, выдранном из новенького блокнота «Стейплз», выводит печатными буквами записку: «СРОКИ ГОРЯТ, ПРОШУ НЕ БЕСПОКОИТЬ». Он вешает листок на дверь и запирает ее изнутри.

Затем он достает части винтовки «Ремингтон-700» из шкафчика над дверью и выкладывает их на стол, за которым раньше писал. В таком виде — аккуратно разложенные, как на увеличенной схеме из иллюстрированного руководства по эксплуатации, — они напоминают ему об Эль-Фаллудже. Билли гонит мысль прочь. Ту жизнь он оставил позади.

— Больше никаких ошибок, — говорит он вслух и собирает винтовку: ствол, затвор, пружины эжектора и экстрактора, ударник, приклад, затыльник, все прочее. Движения рук быстрые и машинальные. Сам он при этом вспоминает стихотворение Генри Рида, то, что начинается со строк «Сегодня мы учим названия частей оружия. Вчера проходили ежедневную чистку».[1] Эту мысль он тоже

---

[1] Стихотворение британского поэта послевоенного времени Генри Рида «Курок/Названия запчастей» из сборника «Уроки войны».

отгоняет. Хватит на сегодня философских дум о поэзии и детских рисунках. Может быть, позже. И может быть, позже он снова сядет писать. Сейчас надо сосредоточить мысли на деле, а глаза — на призе. И плевать, что приз ему теперь не очень и нужен.

В последнюю очередь он устанавливает прицел, точность которого на всякий случай еще раз проверяет с помощью мобильного приложения. Как говорится — безупречно. Билли трижды взводит затвор, добавляет пару капель масла и взводит затвор еще раз, проверяя плавность хода. В этом нет особой нужды, ведь он должен произвести всего один выстрел, но так уж его учили. Наконец Билли присоединяет магазин и закрывает затвор, досылая смертоносный патрон в патронник. Затем осторожно (однако без былого благоговения) кладет оружие на стол.

С помощью канцелярской кнопки, веревки и маркера он рисует на окне ровный круг диаметром два дюйма. Заклеивает его крест-накрест малярной лентой и берется за стеклорез. Пока он наворачивает круги, телефон в кармане тихо дзынькает, но Билли не останавливается ни на секунду. Времени на все про все уходит немало, потому что стекло толстое, но в конце концов стеклянный круг аккуратно выскакивает из отверстия, словно пробка из бутылки. Прохладный утренний ветерок врывается в кабинет.

Билли проверяет телефон: пришло уведомление от газеты. В Коди пожар четвертой категории сложности. Выглянув в окно, Билли видит вдалеке столп черного дыма. Загадка, где Кен Хофф раздобыл эту информацию, но его источник не врал.

Семь тридцать утра. У Билли все готово — по крайней мере он надеется, что все предусмотрел и подготовил. Он садится в свое рабочее офисное кресло и, положив мягко сцепленные руки на колени, начинает ждать. Так же, как ждал в Эль-Фаллудже — в многоэтажке на противоположном берегу реки от интернет-кафе (по наводке хозяина этого кафе повстанцы организовали нападение на контрактников частной охранной фирмы «Блэкуотер», приведшее к первому штурму города). Так же, как ждал на десятке других крыш, прислушиваясь к артиллерийскому огню и шелесту мусорных пакетов на пальмах. Сердце бьется медленно и ровно. Билли абсолютно спокоен. Он наблюдает, как движение по Корт-стрит становится все более оживленным. Вскоре свободных парковочных мест не останется. В кафе «Место под солнцем» заходят люди. Некоторые садятся на улице, там, где несколько месяцев назад Билли сидел с Кеном Хоффом. Фургон телевизионщиков «Шестого канала» вползает на Корт-стрит, но он единственный: то ли остальные уехали освещать пожар в Коди, то ли Джоэл Аллен мало кому интересен. Вероятно, и то и другое, думает Билли. Он ждет. Время идет. Как всегда.

5

Народ из «Лидера» начинает прибывать без десяти восемь, у некоторых в руках стаканчики с кофе. К пятнадцати минутам девятого эти пчелки уже будут вовсю трудиться — запугивать тех, кто по уши в долгах. На больших окнах их офиса установлены полупрозрачные жалюзи, чтобы сотрудники ни на секунду не отвлекались от работы. У входа в здание некоторые останавливаются и смотрят на далекий столб черного дыма, поднимающийся в небо из-за здания суда. Среди таких любопытных — Колин Уайт. Кофе он не пьет, только «Ред булл». Сегодня на нем брюки-клеш, окрашенные в технике тай-дай, и ядовито-оранжевая футболка. Ни капли не похоже на заготовленный Билли наряд, но в суматохе вряд ли кто-то обратит на это внимание.

Офисный люд прибывает, однако в «Башне Джерарда» арендованы не все помещения, поэтому народу не очень много. Большая часть пешеходов и машин движется по Корт-стрит в сторону здания суда. В восемь тридцать Джим Олбрайт и Джон Колтон спускаются по Корт-стрит и пересекают площадь. В руках у них большие толстые портфели. За ними идет Филлис Стэнхоуп. На ней осеннее пальто, которое она впервые после летней спячки достала из шкафа. Оно алое, отчего Билли сразу вспоминается Красная Шапочка. Перед глазами на миг возникает яркая картинка: она сидит на нем верхом и смотрит на него сверху вниз, он проникает все глубже, поглаживая ее соски... Нет, прочь эти мысли.

На пятом этаже сейчас двенадцать человек, не считая самого Билли: пятеро в юридической конторе и семеро в бухгалтерской. Выстрел юристы, может, и не услышат, а вот грохот и взрывы гранат с улицы должны. Последует короткая пауза: все будут ошарашенно переглядываться и гадать, что это было, после чего поспешат в бухгалтерскую контору напротив, так как ее окна выходят на Корт-стрит. Тогда взорвется второй заряд. Все столпятся у окон, будут смотреть на улицу и спрашивать друг друга, что случилось и что им теперь делать. Спуститься или сидеть на месте? Мнения разделятся. Билли прикинул, что вниз они пойдут не раньше чем через пять минут. Здесь, наверху, у них хороший обзор, а вся заваруха будет происходить либо на ступенях здания суда, либо на углу, рядом с газетным киоском. Пяти минут ему хватит с лихвой, даже двух-трех достаточно.

На телефон приходит уведомление об очередной новости. Огонь перекинулся на соседнее складское помещение, на место происшествия выехали подразделения пожарной охраны близлежащих населенных пунктов. Шоссе номер 64 перекрыто как минимум до полудня. Автомобилистам советуют выбрать другой маршрут — например, воспользоваться шоссе номер 47А. Без пяти девять приходит новость о том, что пожар локализован. Жертв и пострадавших на данный момент нет.

Билли сидит у окна с ремингтоном на коленях. На небе ни облачка, предсказанного Ником дождя нет, сильного ветра тоже, только легкий освежающий ветерок. Телевизионщики расположились у входа в здание суда и готовы вести репортаж, но где же гвоздь программы? Билли думал, что Аллена привезут в суд на автомобиле окружного шерифа, а не в автобусе для заключенных, причем ровно в девять, ни минутой позже, после чего сопроводят в комнату ожидания, где он будет сидеть до тех пор, пока судья не пригласит его в зал. Но на часах уже пять минут десятого, и никаких казенных машин, едущих из окружной тюрьмы на Холланд-стрит, поблизости не видно.

Десять минут десятого. По-прежнему никого. Завтракающие потихоньку расходятся из кафе «Место под солнцем». Официантка, уже не сонная, вскоре уберет со штендера завтраки и заменит их обедами.

Четверть десятого. Дым валит уже не так густо. Билли начинает гадать, не произошла ли какая-нибудь заминка. К двадцати минутам он не сомневается, что заминка произошла. Может, Аллен заболел — или опять симулирует. Может, на него напали в тюрьме. Может, он в медсанчасти или даже умер. Может, изображает, что спятил, — тянет время. А может, действительно спятил.

В девять тридцать, когда Билли начинает продумывать план отступления (перво-наперво нужно разобрать винтовку), на Корт-стрит въезжает черный внедорожник с надписью «ОКРУЖНОЙ ШЕРИФ» на боку. На крыше и за радиаторной решеткой мигают проблесковые маячки. Сотрудники небольшой съемочной группы «Шестого канала», которые последние полчаса без дела болтались у здания суда, оживляются. Из фургона выходит женщина в коротком платье — точно такого же красного цвета, как пальто Фил. В одной руке она держит микрофон, в другой зеркальце, чтобы следить за своим внешним видом. Зеркальце отбрасывает солнечный зайчик прямо в Билли, и он на всякий случай отворачивается.

Двое полицейских с рациями в руках выходят из здания суда и спускаются по каменным ступеням к остановившемуся у тротуара внедорожнику. Открывается передняя пассажирская дверь, и на улицу выбирается дородный мужчина в коричневом костюме и огромном белом стетсоне. Оператор начинает снимать. Репортер устремляется к дородному мужчине — разумеется, это шериф, никто больше не осмелился бы надеть такую нелепую шляпу, — копы пытаются преградить ей путь, но шериф, наоборот, жестом подзывает ее к себе. Она задает вопрос и подносит микрофон к его рту. Билли примерно представляет суть ответа: мы умеем обращаться с такими опасными людьми, как Аллен, справедливость восторжествует, он получит по заслугам, голосуйте за меня в ноябре.

Получив нужную цитату, репортер делает шаг назад. Дородный шериф поворачивается к внедорожнику. Открывается задняя дверь, и оттуда выходит еще один коп в форме — здоровенный толстяк. Билли поднимает ремингтон, наблюдает и ждет. К толстяку присоединяется водитель. Они открывают дверь, и наконец из машины выходит Джоэл Аллен. Поскольку сегодня ему только предъявят обвинение — то есть на присяжных производить хорошее впечатление не нужно, — одет он в оранжевую тюремную робу, а не в гражданское. Руки закованы в наручники спереди.

Репортер хочет задать Аллену вопрос (что-нибудь очевидное в духе «согласны ли вы с предъявленным обвинением»), но на сей раз шериф жестом дает ей понять, чтобы не приближалась. Аллен ухмыляется и что-то говорит. Билли видит это и без всякого прицела.

Исполинский коп берет Аллена под локоть и разворачивает лицом к лестнице. Они начинают подниматься. Билли вставляет ствол ремингтона в отверстие в стекле, упирает приклад в плечо, а локти помещает на слегка разведенные в стороны колени: для такого выстрела другой опоры ему не нужно. Он заглядывает в окуляр прицела и теперь видит все в мельчайших подробностях: складки на загорелой шее дородного шерифа, брелок, пляшущий на ремне исполинского копа. Непокорный клок русых волос на затылке Аллена. Билли пустит пулю прямо в этот вихор — и в мозг. Туда, где хранится его сокровенная тайна, которую он надеется променять на карточку «Бесплатно выйти из тюрьмы»[1].

[1] Карточка в игре «Монополия», позволяющая попавшему в тюрьму игроку выйти из нее, не заплатив штраф.

Тут Билли посещает очередное воспоминание: Дерек выигрывает в «Монополию», и дети наваливаются на него всей толпой, устраивая кучу-малу. Он выбрасывает из головы эту картинку. На всем белом свете существуют только он и Аллен. Больше никого нет. Теперь нет. Билли делает легкий вдох, задерживает дыхание и производит выстрел.

6

Пуля входит в затылок Аллена с такой силой, что тот вырывается из рук своего конвоира, летит вперед и врезается лбом в ступеньки. Дородный шериф бросается в укрытие, теряя по дороге свою нелепую ковбойскую шляпу. Репортер тоже пустилась наутек. Оператор рефлекторно пригибается к земле, но не уходит. Коп-толстяк тоже. Полупьяный морпех, принимавший Билли в армию, расцеловал бы этих двоих, особенно толстяка. Бросив один-единственный взгляд на Аллена, тот резко разворачивается на месте и выхватывает пистолет. Глазами он уже ищет место, откуда был произведен выстрел. Действует он стремительно и ворон не считает, однако Билли уже убрал винтовку. Он кидает ее на пол и уходит в приемную.

Выглядывает за дверь: в коридоре пока никого. С улицы доносится первый взрыв: хороший, громкий. Билли несется в мужской туалет, на бегу доставая ключ из кармана. Он отпирает им навесной замок, закрывает за собой дверь и уже в уборной слышит возбужденные голоса из другого конца коридора. «Молодые юристы» плюс помощник и секретарь направляются в «Полумесяц» напротив — точно по расписанию.

Билли наклоняется к корзине для мусора, выбрасывает ворох бумажных полотенец и извлекает на свет части своего маскировочного костюма. Натягивает шаровары прямо поверх джинсов, завязывает на узел кулиску (молнии на поясе нет). Затем накидывает куртку с логотипом «Rolling Stones». Глядя в зеркало над раковиной, напяливает парик. Черные волосы только наполовину прикрывают его шею, зато лоб — до самых бровей. С боков лицо тоже закрыто.

Билли открывает дверь туалета. В коридоре пусто. Адвокаты и бухгалтеры (Фил в их числе) глазеют в окно на то, что творится внизу. Скоро они решат покинуть здание, и кому-то придется спускаться пешком, потому что в лифт все не поместятся. Но пока они сидят в конторе.

Билли выходит из уборной и начинает спуск по лестнице. Снизу доносятся шум и крики, но в пролете между четвертым и третьим этажами пока безлюдно — сотрудники фирм на этих этажах все еще пялятся в окна. Совсем иначе обстоят дела на втором этаже, целиком занятом коллекторским агентством «Лидер», — полупрозрачные жалюзи закрывают обзор, да и панорамного вида у них нет в отличие от контор повыше, окна которых выходят на улицу. Билли слышит на лестнице взбудораженные голоса. Среди бегущих вниз есть и Колин Уайт, но никто не должен заметить, что у него появился двойник: Билли держится позади, а оглядываться люди не станут. Сегодня им не до того.

Билли замирает на лестнице перед площадкой второго этажа. Ждет, пока топочущее стадо спустится, затем и сам идет вниз, держась за мужчиной в карго-шортах цвета хаки и женщиной в нелепых клетчатых слаксах. Ему приходится ненадолго остановиться: видимо, в дверях вестибюля образовался затор. Черт, скоро сверху пойдет остальной офисный народ, и среди них наверняка будут люди с пятого этажа...

Тут толпа наконец приходит в движение, и спустя пять секунд — пока Джим, Джон, Гарри и Фил все еще смотрят на улицу сверху (по крайней мере Билли на это надеется) — он уже в вестибюле. Ирва Дина на посту нет. Билли видит его на площади: охранника легко опознать по синему форменному жилету. Колин Уайт в ярко-оранжевой футболке тоже сразу бросается в глаза. Он стоит с поднятым телефоном и снимает на видео уличную суматоху: копы бегут к клубам дыма между кафе «Место под солнцем» и турагентством, копы и приставы орут людям, чтобы те возвращались в здание суда и искали укрытие, народ с криками несется прочь от места взрыва.

Колин не единственный, кто снимает происходящее на видео. Многие (решив, по-видимому, что поднятый в воздух айфон делает их неуязвимыми) заняты тем же самым. Но их меньшинство, отмечает Билли, выходя на улицу. Остальные просто бегут прочь. Он слышит крики: *Кто-то открыл огонь!*, *В здании суда бомба!*, *Перестрелка!*

Билли бежит через площадь направо и попадает на Корт-стрит-плейс. Эта короткая зеленая улочка выведет его за паркинг, на Секонд-стрит. Билли здесь не один, больше трех дюжин людей бегут впереди и столько же сзади: все выбрали этот маршрут для побега от хаоса. Но он единственный, кто обращает внимание на припаркованный у тротуара «транзит». За рулем Дана. Реджи в форменном комбинезоне стоит у задней двери и вглядывается в толпу. Большинство бегущих с Корт-стрит разговаривают по телефону. Билли жалеет, что не подумал об этом — мобильный Далтона Смита лежит в кармане джинсов, под шароварами. Эх, такую возможность упустил — но, в конце концов, нельзя же продумать все.

Идти сгорбившись и опустив голову тоже не вариант, потому что Дана с Реджи (скорее, конечно, Дана) могут это заметить. Билли держится позади полной женщины, которая тяжело дышит, прижимая к груди книжку в бумажной обложке, точно щит. Когда они проходят мимо «транзита», Билли поворачивается к ней и тонким голосом Колина Уайта — когда тот исполняет номер «Я голубее всех голубых» — восклицает:

— Что случилось?! О *боже*, что произошло?

— Террористы, наверное, — отвечает женщина. — Боже, там даже *взрывы* были!

— Да! Господи, я *слышал*!

Все, фургон позади. Билли украдкой косится через плечо — убедиться, что на него не смотрят. И не идут за ним. К счастью, никто не идет. Тротуары Корт-стрит-плейс уже забиты бегущими, Реджи внимательно рассматривает толпу, привставая на цыпочки, — выглядывает Билли. Дана наверняка занят тем же самым. Билли прибавляет шагу, оставляя полную женщину позади и лавируя в потоке. Не спортивная ходьба, но почти. Он сворачивает налево на Секонд-стрит, затем снова налево на Лорел, потом направо на Йанси, оставляя толкучку за спиной. Какой-то прохожий хватает Билли за плечо — хочет узнать, что стряслось.

— Понятия не имею, — отвечает Билли, стряхивает его руку и идет дальше.

Вдали поднимается в небо вой сирен.

7

Ноутбук исчез.

Билли вытаскивает из щели ворох упаковочной бумаги, заляпанной китайской едой из переполненной помойки, но там ничего нет — только булыжники старой мостовой. Перед глазами тотчас возникает детская розовая пинетка. Они в Эль-Фаллудже, и Тако говорит ему: *Береги ее как зеницу ока, брат*. Билли носил пинетку на поясе — привязал шнурками к ремню, и она болталась там вместе с остальными штуками, которые он носил с собой. Точнее, все они носили.

В принципе ноутбук ему на фиг не сдался, главное, что флешка с историей Бенджи цела. Про Руди «Тако» Белла и остальных он пока не написал, но они ждут своего часа. Билли непременно про них напишет, как только доберется до своего подвальчика. На ноутбуке нет ничего, что может навести преследователей на Далтона Смита, даже если какому-нибудь крутому киношному хакеру удастся взломать пароль. Про Далтона Смита не знает никто, кроме Дженсенов. Только Баки Хэнсон. А с Баки он общался по телефону, который давно уничтожен.

Поэтому хрен с ним, с ноутбуком. Что пропало, то пропало.

И все же исчезновение ноута не дает Билли покоя. Это плохая примета. Дурной знак. Можно сказать, он подводит итог всему этому гнилому дельцу, за которое вообще не стоило браться.

Билли с силой, до боли бьет кулаком по мусорному контейнеру и прислушивается к сиренам. Полицейские волнуют его сейчас меньше всего, они едут к зданию суда, где в данный момент творится черт знает что. А вот Реджи и Дану рано списывать со счетов. Устав ждать, они придут к выводу, что Билли либо по какой-то причине застрял в «Башне Джерарда», либо ведет двойную игру. Если он до сих пор в здании, то делать нечего, но если он решил забить на план и сбежать, они могут немного покататься по улицам и поискать его.

Нет, это совсем не то же самое, что пинетка, думает Билли. И черт подери, пинетка была не волшебная, хватит суеверий. Да, когда я ее потерял, началась полная жопа, но это еще ничего не значит. Превратности войны. И пропажа ноутбука тоже случайность. Просто кто-то нашел его за помойкой и украл, только и всего, а сейчас ты должен рвать когти в укрытие, пока фургончик коммунальных служб не начал объезжать улицы города.

Билли так и видит зоркие голубые глаза Даны Эдисона за стеклами очков без оправы. Мимо этих глаз мышь не проскочит, а Билли однажды уже проскочил. Давать этому головорезу второй шанс он не намерен. Надо как можно скорее добраться до квартиры на Пирсон-стрит.

Билли встает и бежит к выходу из проулка. На улице есть несколько машин, но «транзита» пока нет. Он поворачивает направо и останавливается как вкопанный: его потрясает собственная тупость. Неужто «тупое я» стало его настоящим «я»? Он чуть не выскочил на Пирсон-стрит в парике, куртке с «Rolling Stones» и шароварах! Все равно что бежать по улице с табличкой «ЗАЦЕНИТЕ!».

Он возвращается к помойке, стягивая на бегу парик и куртку. За мусорным контейнером развязывает узел на кулиске дурацких шаровар и снимает их. Потом садится на корточки и запихивает комок с одеждой как можно дальше в щель под смятую заляпанную бумагу... и вдруг что-то нащупывает. Что-то твердое и тонкое. Неужели козырек бейсболки?

Да, это он. Как он мог запихнуть ее так далеко? Он вытаскивает бейсболку и засовывает руку еще глубже в щель — по самое плечо. В нос бьют миазмы китайской еды. Кончиками вытянутых пальцев он задевает что-то еще. Поразительно. Не может быть! Он прижимается щекой к помойке — и хватается за ручку сумки для ноутбука. Достает ее и потрясенно разглядывает. Он готов поклясться, что не запихивал сумку так далеко, но, видимо, запихнул. Он заверяет себя, что это пустяк, совсем не то же, что выбросить нужный телефон вместо ненужного. Однако дураку ясно, что это оплошности одного порядка.

Напрасно он согласился пробыть в Ред-Блаффе так долго. Это было ошибкой. «Монополия» по выходным — тоже ошибка. Посиделки с соседями на заднем дворе — ошибка. Стрельба по жестяным птичкам в тире? Ошибка. А самая большая ошибка — думать и вести себя как нормальный человек. Он — *не* нормальный человек. Он наемный убийца и мыслить должен как наемный убийца, иначе ему никогда не выйти сухим из воды.

Более-менее чистым краем упаковочной бумаги он вытирает свои вещи, сумку закидывает на плечо, а на голову надевает бейсболку (раньше она была чистая, но теперь вся загваздана). Потом выглядывает из проулка на улицу. Увидев патрульную машину с включенной сиреной и мигалками, Билли пропускает ее и быстрым шагом направляется в сторону Пирсон-стрит и жилого дома напротив заброшенной железнодорожной станции. Опять невольно вспоминается Эль-Фаллуджа, бесконечные обходы узких улиц с болтающейся на поясе пинеткой. Бесконечное ожидание конца патрульной смены. Как хотелось поскорее оказаться на базе, в относительной безопасности, где есть горячая еда, тачбол, а иногда — кино в пустыне под звездами.

Девять кварталов, твердит Билли про себя. Девять кварталов, и ты дома, цел и невредим. Девять кварталов — и эта патрульная смена закончена. Больше никакого кино под звездами, эта награда была для Билли Саммерса, зато у Далтона Смита на одном из ноутбуков «Оллтек» есть «Ютьюб» и «Айтьюнс». Никакого насилия, взрывов, просто люди творят черт знает что. А в конце целуются.

Девять кварталов.

8

Он одолел семь. Более современная часть города осталась позади, и тут он увидел впереди, за перекрестком, фургон коммунальных служб. Они все одинаковые, но этот едет очень медленно. Почти останавливается посреди Вест-авеню, потом вновь набирает скорость.

Билли вжимается в чью-то дверь. «Транзит» проезжает мимо — и не возвращается. Тогда Билли выходит из своего укрытия и шагает дальше, без конца оглядываясь по сторонам. Если они вернутся и заметят его, вероятно, ему конец. Никакого оружия у него при себе нет, если не считать оружием ключи от квартиры. Конечно, есть вероятность, что Ник ничего плохого не задумывал. В таком случае его просто обматерят как следует. Но проверять что-то не хочется. Так или иначе, надо идти дальше, если он намерен сегодня добраться до дома.

На перекрестке Билли останавливается и смотрит в ту сторону, куда уехал «транзит». Там только несколько легковушек и фургон «Ю-пи-эс». Билли пересекает улицу, опустив голову, не в силах отогнать воспоминания о шоссе номер 10 в Эль-Фаллудже, прозванном американскими солдатами «Аллеей растяжек».

Билли поворачивает на Пирсон-стрит, пробегает трусцой последний квартал, и вот он, дом. Осталось только перейти улицу, но тут начинает дьявольски чесаться правая лопатка: как будто в эту секунду кто-то — Дана, конечно, — навел на него прицел пистолета с глушителем. Постоянный в этих местах ветер, дующий по пустырю, прибивает к его ноге вкладыш со скидочными купонами из местной газеты. Билли от испуга подскакивает на месте.

Он спешит по растрескавшейся от морозов подъездной дорожке к дому номер 658, поднимается на крыльцо. Бросает последний взгляд назад — сейчас он точно увидит на дороге «форд-транзит». Но нет, дорога пуста. Сирены далеко позади, как и вся жизнь Дэвида Локриджа. Он пытается открыть дверь одним ключом — тот не подходит. Пробует второй ключ — опять не то. Билли вспоминает про телефон и ноутбук, которые чуть не потерял (как потерял когда-то пинетку).

Все просто, думает он. Это же твои ключи от дома на Эвергрин-стрит. Ты просто забыл убрать их из связки, так что расслабься. Ты почти в безопасности.

Третий ключ отпирает входную дверь. Билли входит и закрывает ее за собой. Выглядывает в окошко через кривенькую ажурную занавеску (возможно, это работа Беверли Дженсен). Не видит на улице ничего. Ничего. Потом видит ворону, которая приземляется на зазубренный камень через дорогу. Видит, как ворона взлетает. Снова не видит ничего. Видит мальчишку на трехколесном велосипеде. Рядом терпеливо идет его мать. Ветер несет по залатанному асфальту очередной газетный лист. Билли успевает только сформулировать в уме эти слова — *залатанный асфальт Пирсон-стрит*, — как вдруг видит медленно ползущий по улице «форд-транзит». Он-то его видит, но Реджи за рулем не должен видеть его, тем более сквозь ажурную занавеску. А вот резкое движение за занавеской может и заметить. Уж пассажир фургона точно заметит, без вариантов.

«Транзит» проезжает мимо — сейчас загорятся красные стоп-сигналы... Нет, не загораются. Фургон исчезает из виду. Билли пока не может с уверенностью сказать, что ему ничего не грозит, но надеется на это. Он спускается в подвал и заходит в квартиру. Да, пусть это не его дом, а всего лишь укрытие — но на время сойдет.

Глава 11

1

Единственное окно подвала занавешено отрезом бордовой ткани. Билли сдвигает тряпку в сторону и садится, уже не впервые представляя свою квартирку подводной лодкой, а окно — перископом. Пятнадцать минут он просто сидит на диване, скрестив руки на груди и готовясь к возвращению «транзита». Фургон может даже остановиться напротив, если Дана, который не глуп, решит на всякий случай проверить дом на отшибе. Вряд ли, конечно (это далеко не единственный захудалый район города), но вероятность такая есть.

С каждой минутой Билли все больше убеждается, что его убьют, если найдут.

Огнестрельного оружия у него нет, хотя раздобыть пистолет при желании несложно. В этих краях, похоже, чуть ли не каждый день устраивают распродажи огнестрела. Разумеется, в магазин он не пойдет. Надежный ствол вполне можно приобрести с рук, на парковке и за наличные — там лишних вопросов не задают. Что-нибудь простенькое и компактное, незаметное под одеждой, 32-го или 38-го калибра. В данном случае дело не в забывчивости. Он просто не подозревал, что подобная ситуация вообще может возникнуть.

Брось, думает Билли, *что-то* ты подозревал, раз решил, никого не предупредив, действовать вопреки плану Ника.

Если фургон все же вернется — да, паранойя, но оправданная, — как ему быть? Вариантов немного. На кухне есть тесак. И вилка для мяса. Вилкой можно заколоть первого вошедшего — Реджи, конечно. С ним-то сложностей не возникнет. Но потом войдет Дана, и тогда Билли кранты.

Проходит пятнадцать минут. Липового фургона коммунальных служб не видно. Либо они прочесывают другую часть города — заглянули в дом на Эвергрин-стрит, например, — либо вернулись в особняк ждать дальнейших распоряжений Ника. Билли задергивает занавеску, закрывая вид на улицу, и смотрит на часы. Без двадцати одиннадцать. Как быстро летит время, когда тебе весело!

По второму и четвертому каналам крутят обычную утреннюю пургу, но внизу экрана уже ползут строки со срочными новостями о стрельбе и взрывах. Все веселье сейчас на «Шестом канале», где вместо утреннего шоу идет прямая трансляция с места событий. У них есть такая возможность, потому что кто-то из новостного отдела решил отправить съемочную группу не в Коди, а к зданию суда — освещать начало судебного процесса по делу Аллена. Вероятно, этот кто-то просто поленился, допустил халатность (отнюдь не уолтеры кронкайты[1] заведуют службами новостей местных телеканалов в заштатных южных городишках вроде Ред-Блаффа), однако в ретроспективе его решение многим покажется мудрым.

«КАТАСТРОФА У ЗДАНИЯ СУДА. ОДИН ЧЕЛОВЕК УБИТ, СООБЩЕНИЙ О ДРУГИХ ПОСТРАДАВШИХ НЕТ», — гласит бегущая строка внизу экрана. Репортер в красном платье по-прежнему ведет репортаж, только теперь ее съемочная группа работает на Мейн-стрит, потому что Корт-стрит перекрыта. Там, похоже, собралась вся городская полиция, включая два фургона криминалистической лаборатории (один принадлежит полиции штата).

---

[1] Уолтер Лиланд Кронкайт-младший (1916–2009) — бессменный ведущий вечернего выпуска новостей на американском телеканале Си-би-эс с 1962 по 1981 год. Выступал за прекращение войны во Вьетнаме, в 2006 году призывал Джорджа Буша-младшего вывести войска из Ирака. Согласно опросам общественного мнения в 70-х и 80-х годах был человеком, которому американцы доверяли больше всего.

— Билл, — обращается репортер к ведущему новостного выпуска, — позже, несомненно, полиция проведет пресс-конференцию, но пока официальных сведений от них не поступало. Мы находимся на месте происшествия, и я хочу вам показать, что минуту назад увидел Джордж Уилсон, наш невероятно отважный оператор. Джордж, покажешь еще раз?

Оператор поднимает камеру, наводит ее на «Башню Джерарда» — на окна пятого этажа. Даже при максимальном приближении картинка почти не дрожит (Билли невольно восхищается оператором — он не сбежал, когда дерьмо попало на вентилятор, не потерял голову, когда все вокруг потеряли, сумел отснять материал, который наверняка попадет на национальные телеканалы, и сейчас благодаря внимательности и острому зрению лишь на шаг-полтора отстает от полиции). Из парня вышел бы неплохой морпех. А может, он им и был — очередным банкоголовым куском пушечного мяса среди песков. Может, они с Билли даже пересекались на так называемом «Бруклинском мосту» или сидели рядом в засаде где-нибудь в руинах парка развлечений «Джолан» — смотрели, как дует ветер и летит дерьмо.

Зрителям «Шестого канала» (в том числе Билли) показывают окно с круглой бойницей. Благодаря палящему солнцу ее прекрасно видно, как и предсказывал Дана.

— Наверняка именно отсюда был произведен выстрел, — вещает репортер, — и очень скоро мы узнаем, кто арендовал это офисное помещение. Вероятно, полиция уже в курсе.

На экране появляется Билл. Он сидит в студии с подобающим случаю, очень серьезным выражением лица.

— Андреа, если можно, покажите еще раз, что произошло сегодня на Корт-стрит — для тех, кто недавно смотрит наш репортаж. Кадры поистине уникальные.

Дальше идет видео с места происшествия. К зданию суда подъезжает внедорожник с мигалками, дверь открывается, на улицу выходит дородный шериф. У него большие уши, почти как у Кларка Гейбла. Видимо, на них и держится нелепая ковбойская шляпа. К шерифу подходит Андреа с микрофоном в руке. Ей навстречу устремляются полицейские, но шериф властным жестом останавливает их и позволяет репортеру задать вопрос.

— Шериф, скажите, Джоэл Аллен признался в убийстве мистера Хоутона?

Шериф улыбается. У него ядреный южный акцент, настоянный на кукурузной каше и листовой капусте.

— Нам его признание ни к чему, мисс Брэддок. У нас есть все необходимое для вынесения обвинительного приговора. Справедливость восторжествует, не сомневайтесь.

Репортер в красном платье — Андреа Брэддок — делает шаг назад. Джордж Уилсон наводит камеру на открывающуюся дверь автомобиля. Оттуда, точно кинозвезда, покидающая свой трейлер, выходит Джоэл Аллен. Андреа Брэддок делает шаг вперед, чтобы задать ему вопрос, но послушно отступает, когда шериф предостерегающе поднимает руки.

Так ты далеко не пойдешь, Андреа, думает Билли. Настойчивее надо быть, настойчивее.

Он подается вперед. Вот сейчас все случится. Любопытно взглянуть на это со стороны, под другим углом. Он слышит выстрел — стремительный щелчок кнута. Раны не видно, редактор «Шестого канала» ее замазал. Зато видно, как тело Аллена летит вперед и падает на ступени. Картинка дергается — оператор Джордж рефлекторно пригнулся, — но потом выравнивается. На экране на несколько секунд возникает распластанный труп, затем — коп-толстяк, который пытается установить, откуда стреляли.

И тут — *ба-бах!* — в переулке за кафе «Место под солнцем» гремит взрыв. Раздаются крики. Уилсон поворачивает свое волшебное око в нужном направлении: люди разбегаются (среди них — Андреа Брэддок, ее красное платье видно издалека), и из переулка между кафе и турагентством валят клубы дыма. Андреа разворачивается (ей тоже надо отдать должное), и вдруг раздается второй взрыв. Она съеживается, затем резко поворачивает голову в сторону второго взрыва, смотрит, бегом возвращается на свое место: волосы растрепаны, микрофон болтается на проводе, она тяжело дышит.

— Взрывы! — выдыхает она. — Кого-то застрелили. — Она переводит дух и сглатывает. — Джоэл Аллен, которому сегодня должны были предъявить обвинение в убийстве Джеймса Хоутона, *убит на ступенях здания суда*!

Поскольку ничего интересного она больше сказать не может, Билли выключает телевизор. К вечеру выйдут интервью с соседями Дэвида Локриджа по Эвергрин-стрит — их он видеть не хочет. Джамал и Корин, конечно, не подпустят журналистов к детям, но даже на одних Джамала и Корин смотреть будет больно. И на Фасио. И на Петерсонов. И на Джейн Келлогг, вдову-алкоголичку из последнего дома на улице. Негодование соседей — еще не самое страшное. Самое страшное — их растерянность и обида. Они скажут, что Дэвид производил приятное впечатление. Они скажут, что он казался им хорошим человеком, и уж не стыд ли он сейчас чувствует?

— Ну да, — говорит он в пустоту. — Лучше, чем ничего.

Интересно, Шан и Дерек простят своего соседа — любителя «Монополии», — если узнают, что он застрелил злодея? Хотелось бы верить... Одно обстоятельство портит героическую картинку: злодея он застрелил из укрытия. Пустив пулю ему в затылок.

2

Он набирает Баки Хэнсона и попадает на голосовую почту. Что ж, ожидаемо — ведь Билли звонит с неизвестного номера (Баки не дурак и заносить Далтона Смита в список контактов не станет). Даже если он понял, что ему звонит клиент из захудалого южного городишка, трубку он не возьмет.

— Перезвони, — говорит Билли, оставляя голосовое сообщение. — Срочно. — И принимается мерить шагами свою узкую длинную гостиную, не выпуская телефон из рук.

Баки перезванивает меньше чем через минуту. Времени он зря не теряет. И не пользуется именами. Эта привычка у таких, как он, стала второй натурой, и они никогда ей не изменяют — даже если телефон точно не прослушивается, а собеседник заслуживает доверия.

— Он хочет знать, куда ты пропал и что случилось.

— Я выполнил заказ, вот что случилось. Пусть включит телевизор и убедится. — Билли машинально хлопает себя по заднему карману и нащупывает список покупок Дэвида Локриджа. Вечно он забывает эти списки в карманах.

— Он говорит, у вас был план. Они все продумали, а ты их кинул.

— Кто кого хотел кинуть — вот в чем вопрос.

Воцаряется тишина. Баки переваривает услышанное. Он много лет занимался посредничеством, за все эти годы ни разу не попался, и он далеко не дурак.

— Правда?

— Смогу ответить наверняка, когда деньги поступят на счет. Или не поступят. Пока их нет, как я понимаю?

— Да ладно тебе! Всего два часа прошло.

Билли бросает взгляд на кухонные часы.

— Скорее три. Сколько, по-твоему, идут деньги? Цифровой век на дворе — если ты вдруг забыл. Проверь баланс, пожалуйста.

— Минуту. — На другом конце провода, за тысячу двести миль от его подвальчика, клацают кнопки компьютерной клавиатуры. Потом Баки возвращается. — Пока ничего. Хочешь, я с ними свяжусь? У меня есть чей-то электронный адрес. Толстяка-подельника, наверное.

Билли думает о Кене Хоффе, от которого с утра разит перегаром и отчаянием. Ходячий косяк. И он, Билли Саммерс, — тоже.

— Ты там? — спрашивает Баки.

— Подожди часиков до трех и проверь счет еще раз.

— Если там пусто, тогда что? Написать им?

Баки имеет полное право задавать такие вопросы. Он в доле: сто пятьдесят тысяч из обещанных Билли полутора миллионов принадлежат ему. Очень неплохой куш, и к тому же необлагаемый налогами, но есть один нюанс: покойнику деньги не нужны.

— У тебя есть семья? — За все годы, что Билли сотрудничал с Баки, такой вопрос он задает впервые. Да что там, они уже пять лет друг друга не видели. Их всегда связывали сугубо деловые отношения.

Баки как будто ничуть не удивлен сменой темы. Потому что он знает, что тема-то на самом деле та же. Он — единственное связующее звено между Билли Саммерсом и Далтоном Смитом.

— Две бывшие, детей нет. С последней супругой развелся двенадцать лет назад. Иногда она шлет мне открытки.

— Мне кажется, тебе стоит на время уехать из города. Как только повесишь трубку, выходи на улицу, лови такси и дуй в аэропорт Ньюарка.

— Спасибо за совет. — Голос у Баки не злой, скорее обреченный. — И за качественно испорченную жизнь.

— Я тебя отблагодарю. Мне должны полтора, один — твой.

На сей раз Билли слышит в повисшей тишине потрясение. Потом Баки говорит:

— Ты серьезно?

— Да. — Он не лукавит. Он готов пообещать Баки хоть весь гонорар, потому что больше не хочет иметь к этим сраным деньгам никакого отношения.

— Если ты правильно оцениваешь ситуацию, — говорит Баки, — вполне может быть, что никаких денег ни ты, ни я не увидим. Твой работодатель их просто не переведет. И переводить не собирался.

Билли снова думает о Кене Хоффе — человеке с буквально вытатуированным на лбу словом «ЛОПУХ». Интересно, Ник и про Билли думал так же? С самого начала? От этой мысли его берет злость, он даже рад новому чувству, потому что оно напрочь вытесняет предыдущее — стыд.

— Да все он переведет. Я это устрою. А пока тебе надо делать ноги в далекие края. И путешествуй под чужим именем.

Баки смеется.

— Не учи бабулю сосать яйца, сопляк! Я найду, где спрятаться.

Билли говорит:

— Слушай, а давай все-таки напишем письмецо. Я надиктую.

Молчание.

— Валяй.

— Мой клиент выполнил заказ и решил скрыться самостоятельно, точка. Он же Гудини, помнишь, вопросительный знак. До полуночи деньги должны быть на счете, точка.

— Все?

— Да.

— Тогда на связи. Буду держать тебя в курсе, лады?

— Лады.

3

Он голоден, и это неудивительно: за день он съел только тост без масла, и это было давно. В холодильнике есть упаковка говяжьего фарша. Билли надрывает край упаковочной пленки и принюхивается. Вроде не испортился. Растопив в сковороде немного маргарина, он вываливает туда с полфунта мяса и начинает жарить, разминая и помешивая, когда рука вдруг опять натыкается на список покупок в заднем кармане джинсов. Он достает его и понимает, что никакой это не список, а рисунок Шан — автопортрет с розовым фламинго, которого теперь зовут Дэйв (впрочем, вряд ли он долго пробудет Дэйвом). Рисунок сложен вчетверо, однако Билли видит сквозь бумагу призраки красных сердец, что летят от птицы к девочке. Не разворачивая листок, Билли прячет его обратно.

Он хорошо подготовился к временному заточению. В шкафчике у плиты полно консервов: тунец, супы, говяжья тушенка «Динти Мур», консервированное мясо «Спэм», макароны в томатном соусе «Спагеттиос». Билли достает банку соуса «Мэнвич» и вываливает его в сковородку с говядиной — *плюх*. Когда томатно-мясная жижа начинает булькать, засовывает в тостер два куска хлеба. Пока они поджариваются, Билли снова вытаскивает из кармана рисунок Шан. Разворачивает. Надо бы от него избавиться. Порвать на кусочки и смыть в унитаз. Вместо этого Билли бережно складывает рисунок и снова прячет его в карман.

Поджаренный хлеб вылетает из тостера. Билли кладет ломтики на тарелку и накладывает сверху «Мэнвич» с мясом. Потом берет из холодильника колу и садится за стол. Съедает все, что себе положил, возвращается за остатками. Запивает колой. Когда он моет сковородку в раковине, желудок вдруг сжимается и начинает издавать характерные звуки. Билли несется в уборную, сгибается над унитазом, и его выворачивает наизнанку.

Спустив воду, он вытирает рот туалетной бумагой и смывает еще раз. Пьет. Подходит к своему окну-перископу и выглядывает на улицу. Там пусто. На тротуарах тоже никого. Наверное, это обычная картина для Пирсон-стрит. Смотреть особо не на что: напротив только пустырь и таблички — «МУНИЦИПАЛЬНАЯ СОБСТВЕННОСТЬ», «НЕ ВХОДИТЬ», «ОПАСНО» — вокруг неровных кирпичных развалин бывшей железнодорожной станции. Брошенная тележка из супермаркета исчезла, но мужские трусы на месте — теперь зацепились за какой-то сорный куст. Мимо проезжает старый универсал марки «хонда». Потом — «форд-пинто». Билли даже не знал, что их еще можно встретить на дорогах. Пикап. Фургона коммунальных служб все нет.

Билли задергивает занавеску, закрывает глаза и отключается. Снов не видит — или видит, но не помнит.

4

Его будит телефон. Это не сообщение, а звонок — значит, Баки хочет сообщить ему какие-то подробности, которые не поместятся в эсэмэс. Только это не Баки. Это Бев

Дженсен, и на сей раз она не смеется. На сей раз она... как бы это лучше описать? Не плачет, а как недовольный младенец... хнычет.

— Ой, здравствуйте. Надеюсь, я не... — делает глоток какого-то напитка, — не сильно вас побеспокоила...

— Нет. — Билли садится. — Нисколько. Что случилось?

Хныканье сменяется громкими рыданиями.

— Моя мать умерла, Далтон! По-настоящему!

Черт, думает Билли, это я знаю. И он знает еще коечто: Бев набрала его номер по пьянке.

— Соболезную вашей утрате. — Ничего лучше в своем полусонном состоянии он придумать не может.

— Знаете, почему я звоню? Не хочу, чтобы вы плохо обо мне думали. Будто я только и делаю, что смеюсь, веселюсь да мечтаю о круизе.

— Вы не едете? — Это плохо. Билли надеялся, что дом будет целиком в его распоряжении.

— Да нет, поедем, наверное... — Она сокрушенно шмыгает носом. — Дон хочет, да и я в целом тоже... У нас был медовый месяц во Флориде, на Кейп-Сан-Блас... Ривьера для бедных, слыхали? Но больше мы с ним никуда не ездили. Просто... вы не думайте, будто я пляшу на маминой могиле или еще что.

— Бросьте, я так не думаю, — говорит Билли. Это чистая правда. — На вас с мужем свалилось целое состояние, вот вы и радуетесь. Это нормально.

Тут она окончательно теряет власть над собой: слезы, сопли, охи, хрипы — словом, звуки такие, будто она вотвот утонет.

— Спасибо, Далтон. — Только у нее получается не «Далтон», а «Даллон», как у ее мужа. — Спасибо за понимание.

— Ага. Вам, наверное, лучше принять пару таблеток аспирина и прилечь.

— Так и сделаю.

— Отлично. — Раздается тихое «динь». Сообщение от Баки. — Что ж, мне пора проща...

— Как там дела, все хорошо?

Нет, думает Билли. Все мегахреново, Бев, спасибо, что спросила.

— Все отлично.

— Вы знаете, насчет растений я тоже зря так сказала. Не хочу, чтобы Дафна и Уолтер умерли. Они мне как родные.

— Я о них позабочусь.

— Спасибо. Спасибо вам огромное, огромное-преогромное!

— Не за что, Беверли. Мне пора бежать.

— Хорошо, Даллон. И спасибо еще раз огромное-пре...

— До связи! — перебивает ее Билли и кладет трубку.

Сообщение подписано одним из многочисленных позывных Баки:

bigpapi982: Перевода пока нет. Он хочет знать, где ты.

Билли отвечает под собственным позывным:

DizDiz77: Перехочет.

5

На ужин он разогревает томатный суп из банки и готовит яичницу-болтунью. На сей раз желудок не бунтует. Поев, Билли включает шестичасовые новости на дочернем канале Эн-би-си, потому что не хочет пересматривать то видео «Шестого канала» с места событий. После рекламы страховой конторы «Либерти мьючуэл» на экране появляется его фотография. Он стоит у себя во дворе на Эвергрин-стрит в смешном фартуке с надписью «НЕ ПРОСТО СЕКС-ОБЪЕКТ. Я ЕЩЕ ГОТОВИТЬ УМЕЮ!» и улыбается. На заднем плане люди с размытыми лицами, но Билли узнает каждого. Это его соседи. Фото было сделано на очередном соседском слете на заднем дворе — видимо, снимала Диана Фасио, она постоянно всех щелкала то на мобильный, то на маленький «Никон». Билли невольно отмечает, что его газон (он по-прежнему считает этот клочок земли своим газоном) выглядит чертовски хорошо.

Надпись под фотографией гласит: «КТО ВЫ, ДЭВИД ЛОКРИДЖ?» Копы-то уже наверняка в курсе, кто он. Поиск по базе отпечатков пальцев в наши дни занимает считаные секунды, а его пальчики в базе есть, он же морпех.

— Именно этого человека полиция считает главным подозреваемым в вероломном убийстве Джоэла Аллена на ступенях здания суда, — говорит первый ведущий, похожий на банкира.

Вторая ведущая — похожая на фотомодель — подхватывает:

— Его мотивы по-прежнему остаются загадкой. Неизвестно и то, как именно ему удалось скрыться с места преступления. Полиция уверена в одном: у него были пособники.

А вот и не было, думает Билли. Мне предлагали помощь, но я отказался.

— Через несколько секунд после выстрела, — говорит ведущий-банкир, — последовало два взрыва, один прямо напротив укрытия убийцы в «Башне Джерарда», второй в переулке на углу Мейн- и Корт-стрит. По словам начальника полиции Лорен Конли, там сработали не взрывные устройства, а имитационные светошумовые гранаты, которые нередко используются на пиротехнических шоу и рок-концертах.

Дальше слово переходит ведущей-фотомодели. Почему они говорят по очереди, Билли не знает. Загадка.

— Сейчас на месте наш корреспондент Ларри Томпсон. Корт-стрит до сих пор перекрыта, поэтому съемочная группа расположилась как можно ближе к месту преступления. Ларри?

— Верно, Нора, — отвечает Ларри (словно подтверждая, что его в самом деле зовут Ларри); за спиной у него желтая полицейская лента, а вокруг здания суда все еще стоит полдюжины полицейских машин с включенной иллюминацией. — В настоящий момент полиция разрабатывает версию, что тщательно спланированное убийство было совершено в ходе мафиозных разборок.

В точку, думает Билли.

— На сегодняшней пресс-конференции шеф Конли сообщила, что подозреваемый Дэвид Локридж — вероятно, это не настоящее имя — приехал в Ред-Блафф еще в начале лета и намеренно вводил местных в заблуждение, пользуясь для этого правдоподобной легендой. Вот что говорила шеф Конли.

Вместо Ларри Томпсона на экране появляется видео с пресс-конференции. Шерифа Викери — что носит нелепую шляпу — среди присутствующих нет. Конли начинает рассказывать историю о том, как стрелявший (она даже не пытается для приличия называть его «подозреваемым») притворялся писателем, работающим над своей первой книгой. Тут Билли выключает телевизор.

Его что-то гложет.

6

Полчаса спустя, поднявшись на второй этаж опрыскать Дафну с Уолтером, Билли принимает решение. Вообще-то он не планировал покидать свой подвальчик прямо в день икс — думал отсидеться здесь несколько дней, а то и неделю. Но обстоятельства изменились, причем не к лучшему. Ему нужно кое-что выяснить, и Баки с этим не поможет. Баки свое дело сделал. Если он не дурак, то уже сидит в самолете — улепетывает из зоны выпадения радиоактивных осадков. Впрочем, может быть, никакой опасности нет, и Билли просто шарахается от теней. Надо это выяснить.

Он спускается в подвал, надевает прикид Далтона Смита — на сей раз надувая живот почти на полную — и очки без диоптрий в роговой оправе, которые лежали на книжной полке в гостиной рядом с томиком «Терезы Ракен». На улице смеркается, и это ему на руку. Кроме того, «Зоунис» недалеко, что тоже хорошо. Плохо другое: молодчики Ника до сих пор прочесывают улицы, Фрэнки Элвис и Поли Логан в одной машине, Реджи и Дана — в другой, и они совершенно точно избавились от фургона коммунальных служб.

Впрочем, риск оправданный, считает Билли: они-то уверены, что он затаился. Может, даже свинтил из города.

И даже если они продолжают шерстить город, прикид Далтона Смита должен сработать. По крайней мере Билли на это надеется.

Он все-таки решил купить себе еще один предоплаченный мобильник — и нет, он не корит себя, что утром выбросил неиспользованный в канализацию. Только Бог предвидит все, а избавляться от лишних телефонов — разумная мера, не глупость (в отличие, например, от того, как он чуть не вышел из переулка в костюме Колина Уайта). В деле Билли — мокром деле, если точнее — можно только составить план и надеяться, что все предусмотрел, а то, что ты не учел, не выйдет тебе боком. И не загонит тебя под капельницу в маленькой зеленой комнатке.

Я не могу попасться, думает он. Если попадусь, растениям Беверли хана.

Все остальные магазины занюханного торгового центра, где находится «Зоунис», закрыты. Маникюрный салон «Ноготки» не откроется никогда: окна замазаны мылом, на двери висит официальное уведомление о банкротстве.

Два молодых испанца в пивном отделе — единственные покупатели. Стойка с предоплаченными мобильниками расположилась между стеллажом с энергетиками и стеллажом с фасованными пирожными и сладостями (их там пятьдесят разновидностей, если не больше). Билли берет телефон и идет на кассу. Там сидит не та женщина, которой досталось от грабителей, Ванда как-бишь-ее, а мужчина с Ближнего Востока.

— Это все? — спрашивает кассир.

— Все. — В образе Далтона Смита он старается говорить чуть более высоким голосом. Это помогает не забывать, кто он такой.

Кассир пробивает мобильник. Стоит он чуть меньше восьмидесяти четырех долларов — за сто двадцать минут телефонных разговоров. В «Уолмарте» вышло бы баксов на тридцать дешевле, но Билли выбирать не приходится. К тому же в Мире Уолли стоят камеры с системой распознавания лиц. Они нынче везде, и здесь тоже есть, только накопители наверняка форматируются каждые двенадцать часов или раз в сутки. Билли расплачивается наличными. Когда ты в бегах — или залег на дно, — наличные рулят. Кассир желает ему приятного вечера. Билли желает ему того же.

На улице совсем темно. У машин, которые попадаются ему навстречу, включены фары: не разглядеть, кто сидит за рулем. Когда машина приближается, его первое желание — или, возможно, инстинкт — пригнуть голову, но это будет выглядеть подозрительно. Натянуть бейсболку поглубже тоже нельзя, потому что бейсболки у него нет. Что ж, светлого парика должно хватить. Он больше не Билли Саммерс — человек, которого ищут полиция и молодчики Ника Маджаряна, — он теперь Далтон Смит, скромный компьютерщик, который поселился в не самом благополучном районе города и постоянно поправляет сползающие на нос очки. От бесконечных «Доритос», «Литтл Деббис» и сидячего образа жизни он набрал вес. Еще фунтов двадцать-тридцать — и начнет ходить вразвалочку.

Он легко справляется с ролью, не переигрывает, но все-таки облегченно выдыхает, когда закрывает за собой входную дверь дома номер 658. Спускается в подвал, выключает верхний свет и открывает перископ. Во дворе никого. На улице тоже пусто. Конечно, если его засекли, к дому можно подкрасться сзади (воображение рисует Реджи и Дану, а не Фрэнки с Поли и не полицию), но не стоит беспокоиться о том, что не в твоей власти. Это верный путь к безумию.

Билли задергивает узкую занавеску, включает свет и садится в единственное кресло. Оно страшное, как смертный грех, но очень удобное. С некрасивыми вещами так часто бывает. Билли кладет коробку с телефоном на журнальный столик и, глядя на нее, гадает, поддался он паранойе или мыслит трезво. Паранойя все же часто бывает оправданной. Пора это выяснить.

Он достает мобильник из коробки и ставит его на зарядку. Этот телефон в отличие от предыдущего — раскладушка. Старомодно, однако Билли нравится. Раскладушку всегда можно демонстративно захлопнуть, если разговор тебе не по душе. Детский сад, конечно, но Билли такая возможность греет душу. Заряжается телефон быстро. Благодаря Стиву Джобсу, которого бесило, что нельзя достать телефон из коробки и сразу же им воспользоваться, все новые устройства теперь поступают на полки магазинов наполовину заряженными.

Телефон спрашивает, какой язык он предпочитает. Билли выбирает английский. Телефон хочет подключиться к беспроводной сети. Билли нажимает «нет». Он активирует оплаченные минуты, делая обязательный звонок в штаб-квартиру «Фастфоун» для завершения транзакции. Теперь сто двадцать минут в его распоряжении, но через три месяца они сгорят. Билли надеется, к тому времени он будет греть бока на пляже и мобильник у него останется один — тот, к которому привязаны кредитки Далтона Смита.

Он будет цел, невредим и в безопасности. Если повезет.

Билли перекидывает телефон из одной руки в другую, вспоминая тот день, когда Фрэнк Макинтош и Пол Логан привезли его в желтый мидвудский дом, — теперь он жалеет, что согласился ехать. Ник ждал его внутри, не на улице. Потом он вспоминает свой первый визит в особняк: Ник опять встречал его с распростертыми объятиями, но не снаружи. И его слова в тот вечер, когда Билли посвящали в план побега: *Просто прыгни в фургон, Билли, расслабься и поезжай в Висконсин.* Сначала Ник угощал их шампанским, а потом — «Запеченной Аляской». Готовили и подавали еду приглашенные повара, вероятно, местные, супружеская пара. Они видели Ника, но какое им дело до бизнесмена из Нью-Йорка, приехавшего в Ред-Блафф по работе? Он дал женщине денег, и они уехали домой.

Телефон прыгает туда-сюда. Из правой руки в левую, из левой в правую.

Я спросил Ника, не поручил ли он установку зарядов Кену Хоффу, вспоминает Билли, и что он мне ответил? Как назвал Хоффа? *Grande figlio di puttana?* В переводе это сукин сын, сын шлюхи или тот, кто дрючит свою мамашу. Точный перевод в данном случае не важен. Куда важнее то, что Ник сказал потом: *Печально, что ты обо мне такого мнения*.

Потому что уже тогда он собирался повесить всех собак на *grande figlio di puttana*. Именно Хоффу принадлежит здание, из которого планировалось произвести выстрел. Именно Хофф добыл винтовку, и полиция, несомненно, уже пытается установить, где она была куплена. Если они это установят (вернее, *когда* установят), что они найдут? Липовое имя — при условии, что мозги у Хоффа на месте. Но потом копы покажут продавцу фотографию, и все, пиши пропало. Кен окажется в тесной, душной конуре для допросов и моментально согласится на сделку с полицией, даже *сам* ее предложит, ведь сделки — его конек.

Вот только Билли готов биться об заклад, что в конуру Хофф загреметь не успеет. Он никому не расскажет про Николая Маджаряна, потому что очень скоро его грохнут.

Все это Билли понял много недель назад, но шестичасовые новости подвели его к выводам, которые он должен был сделать гораздо раньше, — надо было меньше играть с детворой в «Монополию», ухаживать за газоном, лакомиться домашним печеньем Корин Акерман и охмурять соседей. Даже сейчас это кажется ему немыслимым, но против логики не попрешь.

Кен Хофф и Дэвид Локридж — не единственные, кто оказался на переднем плане.

Так ведь?

7

Билли пишет сообщение Джорджо Свиньелли (он же Джорджи Свин, он же Джордж Руссо, именитый литературный агент). Подписывается именем, которое Джорджо точно узнает.

Трилби: Напиши мне.

Он ждет. Ответа нет, и это хреновый знак, потому что Джорджо всегда держит под рукой две вещи: телефон и какую-нибудь жратву. Билли пробует еще раз.

Трилби: Надо поговорить. Срочно. Подумав, добавляет: **По условиям контракта гонорар должен быть перечислен в день публикации, так?**

На экране никаких галочек и мигающих точек — Джорджо не читает его сообщения и не печатает ответ.

Трилби: Напиши мне.

Ничего.

Билли захлопывает мобильник и кладет его на журнальный столик. Самое ужасное в молчании Джорджо — то, что Билли нисколько не удивлен. Видимо, его «тупое я» все-таки существует. Лишь сейчас, когда все уже сделано и назад пути нет, оно наконец сообразило, что Джорджо Свиньелли тоже крайний и стоит аккурат рядышком с Кеном Хоффом. Джорджо и Хоффа видели вместе в «Башне Джерарда», когда они показывали Билли его писательский кабинет на пятом этаже. Причем то был не первый визит Джорджо в здание. *С Джорджем Руссо я вас знакомил на прошлой неделе*, сказал Хофф охраннику Ирву Дину.

Может, Джорджо вернулся в Неваду? Если так, то что он сейчас делает: объедается и попивает молочные коктейли в Вегасе или гниет где-нибудь в пустынных песках? Господь свидетель, он там будет не первый. И даже не сотый.

Джорджо и мертвый вывел бы копов на Ника, думает Билли. Эти двое работают в одной команде с незапамятных времен, Ник за главного, а Джорджи Свин — его *consigliere*. Билли не знает, действительно ли в мафиозной иерархии существует такая должность или ее придумали киношники, но толстяк совершенно точно выполнял функции консильери для Ника — то есть был его советником.

Впрочем, нет, так было не всегда. Билли помнит свою первую работу на Ника (и свое третье по счету заказное убийство) в далеком 2008-м. Джорджо тогда еще не было. Ник вел все переговоры сам. Он сказал Билли, что на окраине города завелся насильник — рыщет по мелким клубам и казино. Ему нравятся женщины постарше, причем одну из них он не просто изнасиловал, а убил. Ник узнал, кто это, и решил нанять заезжего профи, чтобы убрать парня. Один знающий человек посоветовал ему Билли. Очень хорошо о нем отзывался.

Когда Билли приехал в Вегас во второй раз, Джорджо не просто был там — он провел всю сделку. Ник зашел во время их разговора, по-мужски обнял Билли, похлопал по спине, а потом просто уселся в углу, попивал что-то, слушал и молчал. Почти до самого конца. Этот второй заказ Ник сделал через год после первого. Джорджо сообщил, что на сей раз надо убрать не насильника, а владельца независимой порностудии по имени Карл Трилби. На фото порнушник был поразительно похож на телеевангелиста Орала Робертса.

«“Трилби”, как шляпа», — сказал Джорджо, а когда Билли сделал непонимающее лицо, пояснил, что есть такая разновидность мужских шляп.

«Я не убиваю людей только за то, что они снимают на камеру, как кто-то трахается», — заметил Билли.

«А если трахают шестилеток?» — уточнил Ник, и Билли взял заказ. Потому что Карл Трилби заслуживал смерти.

Потом Билли выполнил для Ника еще три заказа — итого пять, не считая Аллена. То есть почти треть от общего числа его жертв (за исключением моджахедов в Ираке, понятное дело). Иногда Ник присутствовал при заключении сделок, иногда нет, но Джорджо был всегда. Потому-то его участие в сделке по Аллену не насторожило Билли. А должно было. Только сейчас до него дошло, что это *очень* странно.

Ник может отрицать свою причастность к убийству Аллена ровно до тех пор, пока Джорджо держит язык за зубами. Мол, да, конечно, я знаком со Свином, но ничего не знаю про его дела. И даже если те повара скажут, будто видели Ника за одним столом с Джорджо и Билли (что маловероятно), Ник всегда может пожать плечами и заявить, что обсуждал с Джорджо игорный бизнес — срок действия лицензии «Дабл Домино» подходит к концу, пора бы ее обновить. А Билли? Да просто какой-то приятель Джорджо. Может, телохранитель — откуда Нику знать?

Тихий парень. Представился Локриджем и больше за весь вечер ничего не сказал.

Когда копы спросят, где был Ник в день убийства Аллена, он скажет правду: в Вегасе. Множество свидетелей подтвердят его алиби. Плюс видео с казиношных камер наблюдения. Там-то накопители не чистят раз в сутки: записи хранятся как минимум год.

Это *если* Джорджо будет молчать. Но станет ли он соблюдать правила пресловутой омерты, если угроза экстрадиции нависнет над *ним*? Если *его* подведут под смертельную инъекцию — за пособничество в совершении убийства первой степени?

Под пятью футами песка особо не поболтаешь, думает Билли. В таких ситуациях это железное правило.

Он прекращает играть с телефоном и отправляет Джорджо еще одно сообщение. Ответа по-прежнему нет. Он мог бы написать или позвонить Нику, но даже если тот выйдет на связь, можно ли доверять его словам? Нет. Единственное, что заслуживает доверия в данном случае, — полтора миллиона долларов на счету в офшорном банке, откуда они загадочными электронными путями отправятся в другой банк, а там-то до них уже сможет добраться Далтон Смит. Баки их переведет, как только окажется в своем укрытии (если будет что переводить, конечно).

Сегодня Билли больше ничего предпринять не может и поэтому ложится спать. На часах нет и девяти, но денек выдался тяжелый.

8

Он лежит, закинув руки за голову и наслаждаясь эфемерной прохладой под подушкой, и думает, что история не клеится. Не клеится, хоть убей.

Кен Хофф — ладно, с ним все понятно. Есть на свете такие пройдохи, которые искренне считают, что смогут выбраться из любого, даже самого глубокого дерьма. Кто-нибудь всегда бросит им веревку. Этим улыбчивым ребятам с крепким рукопожатием, в футболках поло «Айзод» и мокасинах «Балли», впору ставить штамп «самовлюбленный оптимист» на свидетельство о рождении. Но Джорджо Свиньелли — другое дело. Да, обжорство когда-нибудь загонит его в могилу, но во всем остальном он, по мнению Билли, — трезвомыслящий реалист. Как же вышло, что в этом деле он всюду наследил?

Билли отгоняет эти мысли и проваливается в сон. Ему снится пустыня. Не та, где он воевал — где всюду пахнет порохом, козами, нефтью и выхлопными газами, — а австралийская. Посередине торчит огромная скала, которую называют Айерс-Рок, вот только ее настоящее название — Улуру. Даже звучит жутко, как завывание ветра. Это было священное место для аборигенов, которые увидели скалу первыми. Увидели и стали ей поклоняться, не считая при этом, что скала принадлежит им. Они понимали: если есть на свете Бог, то скала эта Божья. Билли никогда там не бывал, но видел ее в фильмах вроде «Крика во тьме» и журналах «Нэшнл джиографик» и «Трэвел». Ему бы хотелось там побывать, он даже мечтал переехать в городок Алис-Спрингс, что в четырех часах езды от Улуру, где Скала поднимает к небу свою невероятную голову. Жить скромно и тихо. Может быть, писать — в комнате, наполненной солнечным светом, с небольшим садиком за окном.

Оба его телефона лежат на прикроватной тумбочке. Он выключил звук, но в три часа ночи просыпается от желания опорожнить мочевой пузырь и проверяет оба — не было ли сообщений или звонков. На предоплаченном мобильнике ничего нет, Джорджо ожидаемо молчит. Билли понял, что уже никогда и ничего от него не получит (хотя... в мире, где мошенник может стать президентом страны, возможно все). Зато на телефон Далтона Смита что-то пришло. Уведомление от местной газеты. «Известный предприниматель покончил с собой».

Сходив в туалет, Билли садится на кровать и читает заметку. Она короткая. Известный предприниматель — это, конечно, Кен Хофф. Один из его соседей по Грин-Хиллу отправился на пробежку и услышал выстрел, который доносился, как ему показалось, из гаража Хоффа. Это произошло около семи вечера. Сосед позвонил 911. Приехавшая на место полиция обнаружила Хоффа за рулем автомобиля с работающим двигателем. Голова его была прострелена, а на коленях лежал пистолет.

Сегодня или завтра в газете появится более подробная статья, в которой подведут итоги предпринимательской деятельности Кена Хоффа, сдобрят все цитатами потрясенных друзей и деловых партнеров, расскажут о его «финансовых трудностях». Впрочем, без деталей — остальным местным авторитетам, еще вполне живым, лишние подробности могут не понравиться. Бывшие жены помянут его добрым словом (не то что на судах по бракоразводным процессам), а на похороны придут в черном и будут утирать слезы платочками — осторожно, чтобы не размазать тушь. Билли пока не знает, назовут ли журналисты марку автомобиля, в котором был найден труп Хоффа, но он уверен, что это вишневый «мустанг» с откидным верхом.

Причастность Хоффа к делу Аллена — основной мотив его самоубийства — всплывет чуть позже.

В статье не станут приводить слова судмедэксперта о том, что покойный, вероятнее всего, хотел уйти из жизни, надышавшись угарным газом, но потерял терпение и застрелился. Билли знает, что все было совсем не так. Единственное, чего он не знает, — кто именно из молодчиков Ника вышиб ему мозги. Вероятно, Поли, Реджи или кто-то, с кем Билли не знаком, какой-нибудь завезенный из Флориды или Атланты умелец, но сложно выкинуть из головы образ Даны Эдисона с ясными голубыми глазами и пучком темно-рыжих волос.

Как он привел Хоффа в гараж — грозя ему пистолетом? Возможно, это даже не потребовалось, он просто сказал, что хочет перекинуться с Хоффом парой слов в машине — обсудить дальнейшие действия. Мол, Хоффу это будет на пользу. Самовлюбленный оптимист и попросту лопух вполне мог на такое купиться. Он садится за руль. Дана садится рядом, на пассажирское сиденье. Кен спрашивает: «Ну что, какой план?» Дана отвечает: «Вот какой» —

и пускает ему пулю в лоб. Потом заводит мотор, покидает дом и бесшумно уезжает вдаль на гольф-каре. Потому что Грин-Хилл — это закрытый комплекс, представляющий собой огромное поле для гольфа, заставленное многоквартирными домами.

Возможно, все было чуть иначе, и, возможно, убил его не Эдисон, но в общих чертах все происходило именно так. Осталось только разобраться с Джорджо.

Хотя нет, думает Билли. Еще есть я.

Он опять ложится, но на сей раз сон к нему не идет. Отчасти мешают скрипы и вздохи старого трехэтажного дома: на улице поднялся сильный ветер. Если раньше здание железнодорожной станции немного прикрывало дом от ветра, то теперь он дует сквозь пустырь и обрушивается прямо на дом номер 658 по Пирсон-стрит. Только Билли закрывает глаза, как ветер начинает завывать особенно громко: *улуру, улуру*. Или скрипят половицы — будто кто-то крадется по коридору.

Билли успокаивает себя, что бессонница — не проблема, завтра можно спать хоть целый день, все равно он никуда не собирался. Но ранним утром время ползет особенно медленно. В голову лезет всякое — и главным образом, конечно, всякая дрянь.

Может, встать и почитать? Бумажных книг кроме «Терезы Ракен» в доме нет, но можно скачать что-нибудь на ноут и читать в кровати, пока не потянет в сон.

А потом ему приходит другая идея. Может, не лучшая, но уснуть поможет точно. Билли встает и вытаскивает из кармана брюк рисунок Шан. Разворачивает. Смотрит на улыбающуюся девочку с красными лентами в волосах. Смотрит на сердечки, плывущие от головы фламинго. Вспоминает, как Шан уснула рядом с ним на седьмом иннинге игры плей-оффа. Ее головку на своей руке. А потом кладет рисунок на тумбочку рядом с телефонами и вскоре засыпает.

Глава 12

1

Билли просыпается и не может сообразить, где он. Комната погружена в кромешную тьму — странно, свет не сочится даже сквозь жалюзи на окне, выходящем на задний двор. Минуту Билли просто лежит в полусне, потом вспоминает, что в этой комнате нет никакого окна. Единственное окошко — то, которое он прозвал перископом, — находится в гостиной его нового жилища. Билли спит не в большой спальне дома на Эвергрин-стрит, а в крошечной спальне подвальчика на Пирсон-стрит. И теперь он — беглец.

Билли достает из холодильника апельсиновый сок, делает пару глотков (сок надо экономить) и принимает душ, чтобы смыть с себя вчерашний пот. Потом одевается, наливает молоко в миску с сухим завтраком «Альфа-битс» и включает шестичасовой выпуск утренних новостей.

Первым делом на экране появляется изображение Джорджо Свиньелли. Не фотография, а фоторобот — впрочем, рисунок настолько хорош, что вполне тянет на фото. Билли сразу понимает, с кем работал полицейский художник — с Ирвом Дином, охранником «Башни Джерарда» и бывшим копом. Похоже, его наблюдательность по-прежнему на высоте — по крайней мере когда он не читает «Мотор тренд» и не разглядывает прелести манекенщиц в купальниках из ежегодного номера «Спортс иллюстрейтед». Про Кена Хоффа — ни слова. Если следователи и успели связать его с убийством Аллена, делиться этой информацией с прессой они не хотят. Пока.

Бойкая блондинка — ведущая прогноза погоды — рассказывает о предстоящем резком похолодании и обещает вернуться с более подробной сводкой чуть позже, а пока передает слово другой бойкой блондинке, освещающей ситуацию на дорогах. Та предупреждает автомобилистов о возможных пробках в связи с тем, что «в город стянуты значительные силы полиции».

Значит, дороги перекрыты. Копы предполагают, что убийца не успел сбежать из города; это верно. Еще они думают, что толстяк, называющий себя Джорджем Руссо, тоже пока в городе. А вот это неверно. Билли-то знает. Его бывший литературный агент сейчас в Неваде, возможно, зарыт в песок и уже начал разлагаться.

После рекламы пикапов «Шеви» на экране вновь появляются ведущие. С ними в студии бывший сотрудник уголовного розыска. Его просят порассуждать о возможных причинах убийства Джоэла Аллена. Пожилой следователь говорит:

— Я вижу только одну возможную причину. Кто-то хотел закрыть ему рот, пока он не успел выдать информацию в обмен на смягчение приговора.

— На какое смягчение он мог рассчитывать? — спрашивает ведущая, бойкая брюнетка.

Шесть часов утра, а вы все такие бодрые, мысленно дивится Билли. Обдолбались, что ли?

— Пожизненное вместо инъекции, — без малейших раздумий отвечает следователь.

Это тоже верно. Вопрос лишь в том, что именно мог знать Аллен — и почему его надо было грохнуть у всех на виду. Видимо, это предупреждение тем, кто владеет той же информацией. В обычной ситуации Билли было бы плевать. Его дело маленькое, он просто исполнитель. Но нынешнюю ситуацию обычной никак не назовешь.

Далее ведущие обращаются с вопросом к репортеру, который в данный момент берет интервью у Джона Колтона, одного из «молодых юристов». Билли не желает на это смотреть. Всего неделю назад они с Джонни и Джимом Олбрайтом сидели на площади возле «Башни Джерарда», смеялись и устраивали бой четвертаков[1], чтобы определить, кто на сей раз покупает тако на всю компанию. Словом, отлично проводили время. Теперь лицо у Джона ошарашенное и скорбное. Он успевает сказать: «Мы все думали, что он хороший чело...», — прежде чем Билли вырубает телевизор.

Сполоснув миску, Билли проверяет телефон Далтона Смита. От Баки пришло сообщение, всего три слова: **Перевода пока нет**. Конечно, это было ожидаемо, но все вместе — вкупе с выражением лица Джонни Колтона... Н-да, не слишком радостное начало первого дня в неволе (пора уже называть вещи своими именами).

Если перевода до сих пор нет, значит, скорее всего и не будет. Да, Билли получил пятьсот тысяч долларов — сумма немаленькая, но гораздо меньше обещанной. Вплоть до сегодняшнего утра Билли был слишком занят, чтобы злиться, хотя его кинул человек, которому он доверял. Теперь он ничем не занят и зол как собака. Он выполнил свою работу — причем она сводилась не к одному-единственному вчерашнему выстрелу. Он трудился целых три месяца и в личном плане потерял куда больше, чем мог предположить. Ему дали обещание, а кто нарушает свои обещания?

— Плохие люди, вот кто, — произносит Билли вслух.

Потом он заходит на сайт местной газеты. Крупный заголовок — **УБИЙСТВО У ЗДАНИЯ СУДА!** — наверняка выглядит крупнее и эффектнее в печатном виде, чем на экране айфона. В статье нет ничего нового, однако заглавное фото прекрасно объясняет, почему шерифа Викери не было на вчерашней пресс-конференции, которую давала шеф Конли. Нелепая ковбойская шляпа лежит на ступенях здания суда, а самого шерифа поблизости нет. Шериф Викери дал деру. Шериф Викери сбежал, роняя

---

[1] Простая игра, в которую обычно играют в барах или закусочных. Игроки достают по четвертаку и сравнивают даты чеканки. Тот игрок, чья монета была отчеканена позже, покупает на всех еду (выпивку).

тапки. Одна эта фотография стоит тысячи слов. Если бы он появился на той пресс-конференции, его прилюдно покрыли бы позором.

Что ж, удачи на предстоящих выборах, шериф, думает Билли.

2

Он поднимается на второй этаж, чтобы поухаживать за Дафной и Уолтером, и вдруг замирает с пульверизатором в руках. Да в своем ли он уме? Его попросили полить их, а не утопить. Билли заглядывает в холодильник Дженсенов и ничего хорошего там не находит, зато на кухонном столе лежит открытая упаковка английских маффинов. Внутри остался один, и Билли подогревает его в тостере, уверяя себя, что иначе он заплесневеет. Здесь обычные окна, и он садится на солнышке: жует маффин и размышляет о том, о чем прежде старался не думать. Об истории Бенджи, конечно. Основное дело сделано, и других у него нет. Но ведь теперь придется писать про службу в морской пехоте, а это много, начиная с автобуса на Пэррис-Айленд... это очень много.

Билли моет тарелку, вытирает, убирает обратно в шкаф и спускается к себе. Выглядывает в окно-перископ и видит привычную картину — то есть ничего особенного. Брюки, в которых он был вчера, валяются на полу в спальне. Он подбирает их и ощупывает карманы, отчасти даже надеясь, что потерял флешку где-нибудь по дороге. Но флешка на месте, а там же и ключи — один из них от «форда» Далтона Смита, что ждет его на другом конце города. Ждет, когда Билли решит: вот теперь можно ехать. *Когда все уляжется*, так обычно говорят в фильмах про запоротое последнее дело.

Флешка как будто потяжелела. Глядя на нее — невероятное устройство для хранения данных, которое тридцать лет назад казалось чем-то из разряда научной фантастики, — Билли дивится сразу двум вещам. Во-первых, тому, что на флешку уже записано огромное количество слов. Во-вторых, тому, что слов может стать больше. Вдвое больше. В четыре раза больше. В десять или в двадцать.

Билли открывает свой чудом уцелевший ноутбук (для него это почти то же самое, что изгвазданная пинетка, только стоит дороже) и включает его. Вводит пароль, вставляет флешку и перетаскивает единственный файл на рабочий стол. Смотрит на первую строчку — «Однажды мамин хахаль вернулся домой с поломанной рукой», — и его охватывает отчаяние. Билли уверен, что получилось хорошо, но то, что сначала казалось легкотней, сейчас кажется сложным делом, ведь теперь он просто обязан держать марку. И не факт, что у него получится.

Он подходит к окну-перископу и вновь смотрит на пустоту, гадая, не сделал ли только что открытие — почему молодые писатели часто не могут закончить начатое. Он вспоминает «Что они несли с собой» Тима О'Брайена, одну из лучших книг о войне в истории литературы, если не лучшую. Писательство — тоже своего рода война, только автор ведет ее с самим собой. История — это его снаряжение, к которому постоянно что-то добавляется. И с каждым днем оно тяжелеет.

Сколько в мире незаконченных книг — мемуаров, стихов, романов, верных способов похудеть или разбогатеть. Они лежат у людей в столах, потому что стали слишком тяжелы — неподъемны. С собой не поносишь.

Когда-нибудь непременно сяду за книгу, говорят себе эти писатели. Займусь ею на пенсии. Или когда дети подрастут.

Неужели и Билли ждет та же участь? Неужели история станет для него неподъемной, рискни он написать про автобус до Пэррис-Айленда, про стрижку «под банку»[1] или про то, как сержант Аппингтон впервые спросил его: *Хо-*

[1] Из-за характерной армейской стрижки, придающей голове сходство с банкой или кувшином (выбритые виски и затылок, невысокая площадка на макушке), морпехи получили прозвище «банкоголовые», или «кувшиноголовые».

чешь пососать мой член, Саммерс? Хочешь? А то с виду ты членосос.

Спросил.

О нет, он не спрашивал, думает Билли. Или вопрос был риторический. Он орал мне в лицо, приблизившись почти вплотную: его нос в дюйме от моего носа, теплая слюна брызжет мне на губы. А я ответил: *Никак нет, сэр, не хочу.* И тогда он завопил: *То есть мой хрен недостаточно хорош для тебя, рядовой Саммерс, потрох ты сучий, жалкое подобие новобранца?!*

Как ясно все встает перед глазами... Сможет ли он это записать, пусть и от лица Бенджи Компсона?

Нет. Не сможет. Билли задергивает занавеску и вновь садится за ноутбук, чтобы выключить его и весь день смотреть телевизор: шоу и викторины «Эллен Дедженерес», «Суд идет», «Келли и Райан», «Верная цена». Потом обед, дневной сон и несколько мыльных опер. На закуску — «Судья Джон Ло», который орет, что не пальцем делан, и машет молотком, как рэпер Кулио в старых музыкальных клипах. Только Билли собирается вырубить компьютер, как в голову приходит одна мысль. Будто кто-то нашептал ее на ухо.

Ты свободен. Ты можешь делать все, что угодно.

Свободен не в прямом смысле слова, конечно. Придется торчать здесь по крайней мере до тех пор, пока полиция не свернет блокпосты (а для верности выждать еще несколько дней). Зато Билли свободен в творческом плане — может писать что угодно. И *как* угодно. Никто, черт подери, не дышит тебе в спину и не заглядывает через плечо. Можешь больше не притворяться дебилом, который сочиняет историю дебила. Можешь писать от лица умного человека, который пишет про себя в юности (а Бенджи, если Билли решит и дальше писать от его имени, еще юн), наивного и необразованного, но отнюдь не дурака.

Хватит с меня Фолкнера, думает Билли. Можно писать «вобщем» вместо «в общем», «видимо» вместо «видать», «их» вместо «ихний». Можно даже оформлять прямую речь по всем правилам, если захочется.

Раз Билли пишет для себя, он может рассказывать только то, что считает важным, и пропускать остальное. Он не обязан писать про стрижку «под банку», хотя и может. Не обязан вспоминать орущего ему в лицо Аппингтона — хотя может. Не обязан вспоминать паренька — Хаггерти или Хаверти, Билли толком не помнит его фамилию, — у которого случился сердечный приступ и его унесли в медсанчасть. Сержант Аппингтон потом сказал, что он оклемался. Кто его знает, как оно было на самом деле.

Билли с удивлением обнаруживает, что отчаяние сменилось каким-то упрямым рвением. Даже высокомерием. Ну и ладно. Он будет писать что вздумается. Будет, потому что может.

А начнет с того, что нажмет «Заменить» и исправит Бенджи на Билли, а Компсона на Саммерса.

3

Начальную военную подготовку я проходил в учебном центре на Пэррис-Айленде. Мне сказали, что я проведу в учебке три месяца, но получилось только восемь недель. Понятное дело, нас, салаг, унижали и оскорбляли, кто-то соскочил, кого-то комиссовали, но не меня. Наверное, соскочившим и комиссованным было куда вернуться, а мне некуда.

Шестая неделя называлась Травой. На Траве нас учили разборке-сборке оружия. У меня это отлично получалось. Когда сержант Аппингтон приказывал нам произвести разборку-сборку на скорость, я всегда побеждал. Вторым обычно приходил Руди Белл, которого мы прозвали Тако. За все время он ни разу меня не опередил, хотя пару раз был близок. А дольше всех с винтовкой обычно вошкался Джордж Диннерстайн. Потом его заставляли упасть-отжаться двадцать пять раз, и сержант «Апарыш» Аппингтон ногой прижимал его зад к земле. Причем стрелял Джордж неплохо. Не так хорошо, как я, но с трехсот ярдов три его пули из четырех попадали по центру картонной мишени. Мой результат? Четыре из четырех с семисот ярдов. Почти без исключений.

Только на Траве мы еще не стреляли. На Траве мы просто учились разбирать и собирать оружие, твердя себе под нос Клятву стрелка: «Это моя винтовка. Винтовок на свете много, но эта — моя. Моя винтовка — мой лучший друг. Моя жизнь». И так далее. Лучше всего мне запомнились вот эти слова: «Без меня моя винтовка бесполезна. Без винтовки бесполезен я».

А еще на шестой неделе мы сидели задницей в траве. Иногда по шесть часов кряду.

Тут Билли останавливается, едва заметно улыбается и вспоминает Пита «Хоя» Кэшмена. Однажды тот уснул в высокой южнокаролинской траве, и Апарыш присел с ним рядом на корточки да как заорет: *Заскучал, морпех?!*

Хой так резко подскочил, что чуть не перекувыркнулся. Даже проснуться не успел, а уже чеканит: *Никак нет, сэр!* Он был приятелем Джорджа Диннерстайна и заслужил прозвище Хой, потому что имел привычку хвататься за пах и вопить: *Поточи мой хой!* Впрочем, Апарышу он поточить не предлагал.

Воспоминания роятся в голове. Билли подозревал (а точнее, знал), что так будет, но о Траве писать вообще-то не собирался. И о Хое тоже, хотя позднее, возможно, напишет. Сегодня надо написать о неделе номер 7 и о том, что случилось после.

Билли склоняется над клавиатурой. Часы летят незримо и неощутимо. В этой комнате творится магия. Он дышит ею. Вдох. Выдох.

4

После недели Травы наступает неделя Огня. Мы использовали «М-40А» — армейскую версию винтовки «Ремингтон-700». Магазин на пять патронов, сошки, НАТОвские патроны с бутылочными гильзами. «Вы должны видеть цель, но цель не должна видеть вас, — снова и снова твердил Ап. — Не верьте киношникам: снайперы никогда не работают в одиночку».

Хотя это была учебка, а не снайперская школа, Аппингтон поделил нас на группы по двое — стрелок и наводчик. Я оказался в одной группе с Тако, а Джордж — с Хоем. В итоге мы вместе, все четверо, попали в Эль-Фаллуджу, участвовали в обеих операциях: «Бдительная решимость» в апреле 2004-го и «Ярость призрака» в ноябре. Вобщем мы с Тако

Билли останавливается, мотает головой, напоминает себе, что «тупое я» осталось в прошлом. Стирает начало последнего предложения и исправляет ошибку.

В общем, всю Огневую мы с Тако менялись ролями: то я вел огонь, а он занимался наведением, то наоборот. Джордж с Хоем хотели последовать нашему примеру, но Ап им запретил.

— Диннер, за тобой стрельба без промахов. Кэш, ты только наводишь.

— Сэр, я тоже хотел бы пострелять, сэр! — прокричал Хой. При обращении к Апарышу новобранцы всегда должны были кричать. Такое у морпехов правило.

— А я хочу оторвать твои сиськи и засунуть их тебе в зад, и что? — отрезал Ап.

С тех пор в их группе Джордж всегда был стрелком, а Хой — наводчиком. И в снайперской школе, и в Ираке.

В конце Огневой недели сержант Аппингтон вызвал нас с Тако в штаб размером с кладовку и сказал:

— Вы двое — жалкие недоноски, но стрелять умеете. Может, и серфингу научитесь.

Вот как мы с Тако узнали, что нас переводят в Кэмп-Пендлтон. Там мы окончили курс молодого бойца, который сводился к огневой подготовке, потому что из нас делали снайперов. Мы полетели в Калифорнию самолетом «Юнайтед эйрлайнс». Я летел впервые в жизни.

Билли останавливается. Хочет ли он писать про Пендлтон? Нет, не хочет. Серфингу их не учили (по крайней мере его какой серфинг, если он даже плавать не умел?). Билли достал себе футболку с надписью «ЧАРЛИ НЕ СЕРФЯТ»[1] и заносил ее до дыр. Он был в этой футболке в тот день, когда подобрал детскую пинетку и повесил ее на правое бедро, привязав к ремню.

Хочет ли он писать про операцию «Иракская свобода»? Не-а. К тому времени, когда он добрался до Багдада, война уже кончилась. Президент Буш заявил об этом с палубы авианосца «Авраам Линкольн». Миссия выполнена, так он сказал. С тех пор Билли и остальные банкоголовые его полка стали «миротворцами». В Багдаде он чувствовал, что им рады. Что их любят. Женщины и дети бросали цветы. Мужчины кричали *«нахн нихубу американ»*. Мы любим Америку.

Недолго они нас любили, думает Билли. Так что к черту Багдад, переходим к делу.

Осенью 2003-го мы стояли в Эр-Рамади, по-прежнему творили мир и пытались сдержать натиск бури, хотя к тому времени по нам уже стреляли, а муллы начали добавлять слова «смерть Америке» к проповедям, что летели из колонок на минаретах и стенах некоторых городских магазинчиков. Я служил в 3-м батальоне под названием «Темная лошадка». Рота «Эхо». В ту пору нас часто возили на учебные стрельбы. Джорджа и Хоя откомандировали куда-то еще, но мы с Тако по-прежнему были вместе.

Как-то раз на нас приехал посмотреть один подполковник, я его тогда видел впервые. У меня в руках была «М-40», и я вел огонь с восьмисот ярдов по пирамиде из пустых пивных банок, выбивая по одной банке сверху вниз. Выбивать их нужно бережно, снизу, как бы опрокидывая, иначе вся конструкция рухнет.

Этот подполковник — по фамилии Джемисон — велел нам с Тако проехать с ним. Мы сели в небронированный джип и поднялись на холм, с которого открывался вид на мечеть аль-Давла. Красивая была мечеть. А вот слова, звучавшие из колонок, нравились нам куда меньше: надоевшая до оско-

[1] Цитата из кинофильма Ф. Ф. Копполы «Апокалипсис сегодня». «Чарли» — прозвище, которое американские солдаты дали вьетконговцам.

мины мура про то, как американцы позволят евреям колонизировать Ирак, ислам запретят, в правительстве будут сидеть одни евреи, а Америке достанется вся нефть. Мы не знали языка, но слова «смерть Америке» всегда произносились по-английски. А еще мы видели на улице переведенные листовки, написанные, судя по всему, ведущими представителями духовенства. Активисты зарождающихся повстанческих движений целыми кипами раздавали их прохожим. «Готов ли ты погибнуть за свою страну? — гласили заголовки. — Готов ли ты к славной смерти во имя Ислама?»

— Дистанцию определить можете? — спросил Джемисон, показывая пальцем на купол мечети.

Тако сказал, что это тысяча ярдов. Я сказал девятьсот, а потом осторожно и как можно вежливей добавил, что вообще-то нам запрещено открывать огонь по религиозным учреждениям. Если, конечно, подполковник задумал именно это.

— Боже упаси, — ответил Джемисон. — Чтобы я приказал подкомандному солдату открыть огонь по их священным навозным кучам? Да никогда. Но видишь ли, из колонок сейчас летят вовсе не религиозные речи, а политические. Кто из вас готов выбить колонку? Только купол не дырявьте — за это мы наверняка загремим в их моджахедский ад.

Тако сразу вручил мне винтовку. Трипода у меня с собой не было, поэтому я положил ствол на капот джипа и произвел выстрел. Джемисон смотрел в бинокль, но я и без всякого бинокля увидел, как одна из колонок полетела вниз, а за ней тянулся провод. Купол я не продырявил, зато пылкая речь муллы стала заметно тише (по крайней мере с нашей стороны).

— Давай, жми! — заорал Тако. — Вжарь им!

Джемисон сказал:

— Валим отсюда на хрен, пока они ответный огонь не открыли.

Именно так мы и поступили.

Я вспоминаю тот случай и понимаю: он как нельзя более наглядно иллюстрирует все, что пошло не так в Ираке, и почему «мы любим Америку» превратилось в «смерть Америке». Подполковнику надоело слушать эту бесконечную хреномуть, и он велел нам снять одну из колонок. Но ведь это полный бред — учитывая, что там еще шесть штук висело по разным сторонам мечети.

Когда мы ехали обратно, я видел мужчин в дверях домов и женщин в окнах, видел их лица. Что-то я не заметил на них ни намека на любовь к Америке. По нам пока не стреляли (в тот день — нет), но на лицах было написано, что скоро начнут. Эти люди считали, что мы стреляли по мечети, а не по колонкам. Да, купол остался цел, но в их глазах мы палили по их святыне, по самой основе их мироустройства.

Патрулировать улицы Эр-Рамади становилось все опаснее. Местная полиция и Иракская национальная гвардия постепенно теряли контроль над повстанцами, но американским войскам не разрешали взять их обязанности на себя, потому что политики — в Вашингтоне и Багдаде — свято верили в идею самоуправления. Большую часть времени мы торчали в лагере и надеялись, что нас не заставят сопровождать ремонтную бригаду, которая чинит очередную прорванную (или намеренно поврежденную боевиками) трубу водоснабжения, или охранять горстку технических специалистов, американцев и иракцев, пытающихся вернуть к жизни вышедшую (или выведенную) из строя электростанцию. Таких охранников постоянно подстреливали: к концу 2003 года полдюжины морпехов героически пали в бою, а сколько было ранено — не сосчитать. Стреляли моджахеды хреново, но их растяжки сеяли панику в наших рядах.

Весь этот карточный домик рухнул в последний день марта 2004-го.

Ладно, думает Билли, вот тут история начнется по-настоящему. Мне удалось подобраться к ней максимально быстро и без лишней мудистики, как сказал бы Апарыш.

К тому времени мы передислоцировались из Эр-Рамади в Кэмп-Бахария, который еще называли Страной Грез. Он находился в сельской местности, примерно в двух милях от окраины Эль-Фаллуджи, к западу от Евфрата. Говорили, дети Саддама ездили туда на «оздоровительный отдых». Джордж Диннерстайн и Хой Кэшмен снова были с нами, в роте «Эхо».

Мы вчетвером играли в покер, когда услышали огонь и взрывы со стороны так называемого «Бруклинского моста». Не отдельные выстрелы или очереди, а настоящий артобстрел.

К ночи до нас начали доходить слухи. Мы наконец узнали, что случилось, — по крайней мере в общих чертах. Четверо наемников компании «Блэкуотер», доставлявших продовольствие — в том числе нашей роте, расквартированной в Стране Грез, — решили вопреки протоколу срезать путь через Эль-Фаллуджу, а не ехать в объезд, и прямо у моста через Евфрат попали в засаду. Наверное, они были в бронежилетах, но никакая броня не выдержит ураганного огня, который повстанцы обрушили на два их пикапа «мицубиси».

Тако сказал:

— Как можно было поехать прямо через центр города? Они что, на всю голову больные? Здесь им не Омаха!

Джордж согласился, но добавил, что возмездия в любом случае не миновать, больные они или нет. Мы все считали так же. И ведь их не просто убили (разъяренной толпе просто убить мало), их вытащили из машин, облили бензином и подожгли. Двоих потом разорвали на куски, точно куриц-гриль. Остальных повесили на «Бруклинском мосту», как чучела Гая Фокса.

На следующий день подполковник Джемисон явился в лагерь, когда наше отделение готовилось заступить на патрульную службу. Он приказал нам с Тако выйти из «хаммера», в котором мы уже сидели, и ехать с ним — мол, с нами хочет поговорить один человек.

Человек сидел на груде автомобильных шин в пустом гаражном боксе, провонявшем выхлопными газами и машинным маслом. Там стояло адское пекло, потому что двери были закрыты, а кондиционеров в таких боксах не бывает. Когда мы вошли, он встал и осмотрел нас. На нем была кожанка, что в этой душной вонючей печке выглядело очень странно. На груди красовалась эмблема батальона «Темная лошадка» с двумя слоганами: «НЕПРЕВЗОЙДЕННЫЕ ПРОФИ» сверху и «ПОВОЮЕМ!» снизу. Но куртка была так, для отвода глаз, я это сразу понял, и Тако потом тоже говорил, что с первого взгляда опознал в мужике цэрэушника. Он спросил, кто из нас Саммерс, и я вышел вперед. Мужик представился Хоффом.

Билли в изумлении замирает. Он только что случайно добавил деталь из своей нынешней жизни в ту, прошлую, армейскую. Кажется, Роберт Стоун писал, что наш разум — это обезьянка? Да, он самый — в романе «Псы войны». И там же он писал, что людей, которые косят слонов пулеметным огнем с воздуха, волей-неволей тянет к наркотикам. В Ираке морпехи стреляли по верблюдам. И да, делали они это под кайфом.

Билли стирает последнее предложение и задает работу обезьяне, что живет промеж его ушей, за лобной костью. Через несколько секунд нужное имя всплывает само собой. Ошибка была вполне простительная: фамилии немного похожи.

Он представился Фоссом. Руки нам жать не стал, просто сел обратно на груду шин — наверняка перепачкав ими брюки сзади — и сказал:

— Саммерс, говорят, ты — лучший стрелок роты.

Поскольку это был не вопрос, я не стал отвечать.

— Можешь поразить цель с тысячи двухсот ярдов? Стрелять надо через реку, с нашей стороны. Достанешь?

Я покосился на Тако и понял, что он тоже догадался. «Наша сторона» — это все, что за пределами города. А раз заговорили о сторонах, значит, мы все-таки собираемся войти в город.

— Вы имеете в виду живую цель, сэр?

— Ясное дело. Ты думал, я тебе по пивным банкам стрелять предлагаю?

Вопрос был риторический, и я снова не ответил.

— Да, сэр. Достану.

— Это ответ морпеха или твой ответ, Саммерс?

Подполковник Джемисон слегка нахмурился, как будто считал, что ответ может быть только один — морпеха, — но промолчал.

— И то и другое, сэр. В ветреный день вероятность поражения цели чуть ниже, но мы, — я показал большим пальцем на Тако, — сделаем поправки на ветер. Вот песчаная буря — это уже другое дело.

— По прогнозу скорость ветра на завтра — от нуля до десяти, — сказал Фосс. — Это для тебя не проблема?

— Нет, сэр. — Потом я задал вопрос, который вообще-то не должен был меня волновать. Но не спросить я не мог. — Мы ведь о боевике говорим, сэр? О плохом хаджи?

Подполковник тут же встрял — мол, не твоего ума дело, — однако Фосс махнул на него рукой, и Джемисон заткнулся.

— Живые цели раньше снимать приходилось, Саммерс?

Я ответил «нет» и не соврал. «Снять живую цель» значит убить человека снайперским выстрелом на расстоянии. А Боба Месса я застрелил в упор.

— Тогда можете считать это хорошим началом карьеры, потому что да, вам надо устранить очень плохого хаджи. Полагаю, вы в курсе, что произошло вчера?

— Так точно, сэр, — ответил Тако.

— Наши наемники не случайно поехали через центр Эль-Фаллуджи — надежный источник сообщил им, что это безопасно. Якобы отношение местных к американцам поменялось в лучшую сторону. Кроме того, их сопровождала иракская полиция. Вот только сопровождающие оказались либо повстанцами в украденной полицейской форме, либо диссидентами, либо просто обоссались, увидев, какая охеренная глыба дерьма на них прет. Убивали «блэкуотерцев», кстати, не они, а шестьдесят хмырей с калашами, которые... вот вы сами как думаете, парни? Толпа вооруженных до зубов повстанцев случайно мимо пробегала?

Я пожал плечами, мол, не знаю. Пусть Тако ведет беседу.

— Маловероятно, сэр, — ответил он.

— Маловероятно — это мягко сказано. Конечно, они сидели в засаде. Ждали. Перегородили дорогу парой пикапов. Кто-то спланировал это нападение — и мы даже знаем кто, потому что слушаем его телефон. Понимаете?

Тако сказал «да». Я опять пожал плечами.

— Этот кто-то — ублюдок в арафатке по имени Аммар Джассим. Ему лет шестьдесят или семьдесят, никто точно не знает, даже он сам. Джассим владеет компьютерным магазином, по совместительству интернет-кафе и игротекой, где местные ребятки режутся в «пэкмена» и «фроггера» — в свободное от изготовления растяжек и закладки фугасов время.

— Знаю это место, — сказал Тако. — «Пронто пронто фото фото». Видел в патруле.

Видел? Да мы там сами были, играли в «Донки Конг» и футбол. Когда мы вошли, местные ребятишки быстро вспомнили про другие срочные дела и свинтили. Тако решил об этом умолчать, ну и я ничего не сказал.

— Джассим — баасист старой закалки и новоиспеченный босс повстанцев. Надо его проучить. Заявиться к нему в лавку мы не можем, потому что рискуем заодно уложить десяток мальцов, играющих в компьютерные игры, а это нам чести не сделает. «Аль-Джазира» опять вонь поднимет и начнет нас грязью поливать. Это недопустимо. Но ждать мы тоже не можем, потому что Буш в ближайшие дни даст добро на проведение контртеррористической операции — если комунибудь расскажете, убью.

— Не успеете, — сказал Джемисон. — Я вас опережу.

Фосс пропустил его слова мимо ушей.

— Когда дерьмо попадет на вентилятор, Джассим сразу ударится в бега — вместе со своими приспешниками. Надо положить его прежде, чем это случится. Устроим иудину козлу показательную расправу!

Тако спросил, кто такой «иудин козел». Я мог бы объяснить, но оставил эту честь Фоссу. Потом Фосс повернулся ко мне и снова спросил, готов ли я. Я сказал: «Да, сэр, готов, сэр». Спросил, откуда мне надо будет стрелять, и он все объяснил. Мы там уже были — разгружали транспортные вертолеты. Затем я спросил, можно ли оснастить мою винтовку прицелом «Люпольд» одной из последних моделей или надо обходиться тем, что имеется. Фосс посмотрел на Джемисона, и тот ответил: «Устроим».

Когда мы вернулись в барак — патруль уехал без нас, — Тако спросил, уверен ли я, что смогу произвести выстрел.

— Если не смогу — свалю вину на наводчика, — ответил я.

Он врезал мне кулаком в плечо.

— Ах ты гад! Зачем вечно строишь из себя дебила?

— Вообще не понимаю, о чем ты.

— Вот опять!

— Страхуюсь я так. Чем меньше про тебя знают, тем спокойней тебе живется. И крепче спится.

Он обдумал мои слова. А потом говорит:

— Цель-то ты снимешь, не сомневаюсь, но я не про то спрашивал. Это ж типа живой человек. Точно сможешь его застрелить? Хладнокровно пустить человеку пулю в башку?

Я сказал, что точно смогу. А о том, что мне уже приходилось это делать, умолчал. Бобу Мессу я пустил пулю в грудь. Это потом, в снайперской школе, меня научили всегда целиться в голову.

5

Билли сохраняет документ, встает и пошатывается — ноги как будто оказались в другом измерении. Сколько он просидел за компьютером? Билли смотрит на часы и потрясенно обнаруживает, что прошло почти пять часов. Ощущения такие, словно он только-только очнулся от яркого и очень правдоподобного сна. Он кладет руки на поясницу и потягивается, отчего по ногам сразу бегут иголки. Пройдясь из гостиной в кухню и спальню, он возвращается в гостиную. Потом еще раз. И еще. С первого взгляда квартира показалась ему идеальным местом для того, чтобы затаиться и переждать бурю, прежде чем отправиться на север (или на запад, как пойдет). Теперь она кажется слишком маленькой — он словно вырос из нее, как вырастают из одежды. Ему бы сейчас пройтись или даже пробежаться, но нет, нельзя. Даже в костюме Далтона Смита. Поэтому Билли еще раз обходит квартирку, а потом делает на полу в гостиной несколько отжиманий.

«Упал-отжался двадцать пять раз, — вспоминает он слова сержанта Апарыша. — И не обращай внимания на мою ногу у себя на заднице, козел».

Билли не может сдержать улыбку. Сколько всего вспомнилось, надо же. Если все записывать — и в тысячу страниц не уложишься.

После отжиманий он немного успокаивается. Думает, не включить ли новости по телевизору. Или лучше заглянуть на сайт местной газетенки? Пускай газеты уходят в прошлое, Билли заметил, что все горячие новости они по-прежнему освещают первыми. Ни телевизор, ни газета его не прельщают — все-таки он пока не готов возвращаться в настоящее. Может, перекусить? Но и есть не хочется, хотя он уже должен был проголодаться. Решив ограничиться чашкой черного кофе, он выпивает ее, стоя на кухне. Потом возвращается к ноутбуку и продолжает с того места, на котором остановился.

6

На следующее утро подполковник Джемисон отвез нас с Тако на перекресток трассы номер 10 и дороги с севера на юг, которую морпехи прозвали «Дорогой в ад», как в песне «AC/DC»[1]. Он вез нас на своем ненаглядном универсале «игл», с картинкой на корме: черный конь с красными глазами. Мне этот конь никогда не нравился. Я живо представлял, как иракские наводчики его подмечают, может, даже фотографируют.

Фосса нигде не было. Он убрался восвояси — не знаю, куда там эти ребята исчезают, когда все нужные процессы запущены.

На вершине холма, на пыльной разворотной площадке, стояли два фургона «Иракских электросетей» или как-то так, не помню, что именно было написано на боках. С виду они были очень похожи на американские фургоны коммунальных служб, только меньше и не желтого цвета, а ярко-зеленого.

---

[1] «Highway to Hell» (1979).

На боках лежал особенно толстый слой краски, но снизу все равно просвечивало улыбающееся лицо Саддама Хусейна — точно упрямый призрак, не желающий отправляться на тот свет. Еще туда подогнали подъемник «Джини» с люлькой.

На перекрестке стояли два столба линии электропередачи с большими трансформаторами, понижающими напряжение для подачи в ближайшие кварталы и пригороды Эль-Фаллуджи. Вокруг шныряли ребята в арафатках и пара человек в шапочках куфи, все — в оранжевых рабочих жилетах. Защитных касок я ни на ком не заметил (похоже, Управление по охране труда еще не добралось до провинции Аль-Анбар). С другого берега реки эти люди казались обычной разношерстной бригадой электриков, но с шестидесяти ярдов становилось видно, что это наши ребята. Ко мне подошел Альби Старк из нашего отделения — он помахивал свободными концами своего платка и пел песенку о том, как опасно наступать Супермену на плащ[1]. Потом он увидел подполковника и отдал ему честь.

— А ну кыш отсюда, займись чем-нибудь, — рявкнул на него Джемисон. — И ради бога, не пой больше!

Он повернулся к нам с Тако, но обратился только к нему — видно, решил, что из нас двоих Тако мозговитей будет.

— Ну-ка еще раз, младший капрал Белл.

— Джассим обычно выходит на улицу около десяти утра — покурить и поболтать со своими поклонниками, часть которых, вероятно, открыла огонь по наемникам. Он будет в сине-белой арафатке. Билли должен его завалить. Конец истории.

Джемисон поворачивается ко мне:

— Убьешь его — замолвлю за тебя словечко, представим тебя к награде. Промажешь или попадешь в кого-нибудь из ошивающихся рядом — тебе засадят больнее и глубже, чем мне, я лично об этом позабочусь. Все понял, морпех?

— Думаю, да, сэр.

Сам-то я в тот момент думал, что из уст сержанта Аппингтона те же слова прозвучали бы куда убедительней и страш-

---

[1] Песня Джима Кроче «You Don't Mess Around with Jim» (1972).

ней. Но надо отдать подполковнику должное: он старался. Несколько месяцев спустя он подорвался на дорожном фугасе; ему оторвало пол-лица и начисто отшибло зрение.

Джемисон подозвал Джо Клечевски. Он тоже был из нашего отделения, которое мы прозвали «Горячей девяткой». Почти все «электрики» были оттуда, им пришлось вызваться добровольцами — ведь так сказал Тако.

— Сержант, ты понимаешь, что надо делать, когда Саммерс произведет выстрел?

Кляча заулыбался, сверкнув щербинкой между передними зубами.

— Быстро снять их с верхотуры и свалить отсюда на хрен, сэр!

Хоть Джемисон и нервничал — я это видел, да и остальные, наверное, тоже, — эти слова заставили его улыбнуться. Кляча умел выжать улыбку даже из самой каменной рожи.

— Правильно мыслите, сержант.

— А если он так и не объявится, сэр?

— У нас всегда есть завтра. При условии, что завтра нам не прикажут переходить в атаку. Продолжаем работу, морпехи, и в случае успеха обойдемся без «ура», очень вас прошу. — Он показал пальцем на Евфрат и гиблый город на другом берегу. — Как поется в песне, нас слышно издалека[1].

Альби Старк и Кляча попытались залезть в люльку. Вообще-то она рассчитана на двух человек, но не на таких дылд, как Кляча. Альби чуть не вывалился наружу. Все, кроме Джемисона, засмеялись — еще бы, эти ребята отжигали не хуже Эбботта и Костелло[2].

— Вылезай оттуда, детина, — приказал подполковник Кляче. — Иисус прослезился. — Он показал пальцем на Хоя. Голенища его коричневых армейских ботинок торчали из-под куцых брюк. Это тоже выглядело забавно — он напоминал мальчугана, который нацепил отцовские сапоги и теперь топает в них по дому. — Ты, мелюзга. Иди сюда. Как звать?

— Сэр, я рядовой первого класса Питер Кэшмен, и я...

[1] Песня «Voices Carry» американской группы «Til Tuesday» (1984).

[2] Эбботт и Костелло — американский комедийный дуэт, выступавший на радио и телевидении в 1940–50-х годах.

— Не козыряй, болван, ты нас демаскируешь! Тебя небось мама в детстве часто на голову роняла?

— Никак нет, сэр, вроде не роняла...

— Полезай в люльку с этим как-его, а когда вас подымут... — Он осмотрелся по сторонам. — Вот мудачье! Где чертов саван?

Может, с точки зрения терминологии это было правильное слово, но во всех остальных смыслах — нет. Я увидел, как Кляча перекрестился.

Альби, все еще стоявший в люльке, посмотрел себе под ноги.

— Кажется, я на нем стою, сэр.

Джемисон отер лоб.

— Так, ладно, хорошо хоть кто-то про него вспомнил.

Вспомнил про саван я.

— Полезай в люльку, Кэшмен. Как можно быстрей подготовь огневую позицию. Время не ждет.

Под вой гидравлики люлька начала медленно подниматься в воздух. На максимальной высоте — тридцать пять, сорок футов — она вздрогнула и замерла напротив одного из трансформаторов. Альби и Хой потолкались в люльке и наконец сумели вытащить саван у себя из-под ног. Затем, виртуозно сквернословя (используя в том числе словечки, которых они набрались у иракских мальчишек, приходивших в лагерь выпрашивать сладости и курево), они все-таки натянули брезент на люльку и трансформатор. Получился эдакий цилиндр; сверху он держался на крючках, закрепленных на одной из поперечин столба, а сбоку застегивался на «болты», как 501-е «левайсы». Снаружи на саване были какие-то ярко-желтые арабские закорючки, но я понятия не имел, что они означают — лишь бы не «РАБОТАЕТ СНАЙПЕРСКАЯ ГРУППА».

Люлька вновь опускается, а цилиндр остается на месте, наверху. Когда опора в виде люльки исчезает, брезентовый кожух действительно становится похож на саван. Хой разодрал руки в кровь, у Альби ссадины на лице, но никто из них, к счастью, не свалился на землю. Пару раз нам казалось, что кто-нибудь точно полетит.

Тако задрал голову и посмотрел наверх.

— А что это вообще-то такое, сэр?

— Защита от песка, — ответил Джемисон, а потом добавил: — Наверное.

— Такая неприметная, — сострил Тако. Теперь он смотрел через реку на теснившиеся там дома, магазины, склады и мечети. То была юго-западная часть города, которую мы все называли Куинс. Больше сотни морпехов уехали оттуда ногами вперед — в мешках для транспортировки тел. Еще несколько сотен после визита в местный Куинс недосчитались частей тела.

— Когда я захочу узнать твое мнение — я тебе его озвучу[1], — сказал подполковник, вспомнив старую добрую классику. — А ну-ка хватайте манатки и бегом наверх! И наденьте оранжевые жилеты, чтоб издалека было видно. Остальные просто ошиваются рядом, имитируя бурную деятельность. Не дай бог кто-нибудь увидит эту винтовку! Саммерс, стой спиной к реке, пока не окажешься... — Он умолк; не хотел говорить: *Пока не окажешься в саване*, — а я не хотел этого слышать. — Пока не окажешься в укрытии.

Я сказал: «Есть, сэр», — и мы начали подниматься. Я стоял, взяв «М-40» на грудь и повернувшись спиной к городу, а Тако — широко расставив ноги над сумкой со всякими оптическими приборами. Снайперы овеяны романтическим ореолом, про них снимают фильмы, а Стивен Хантер пишет про них книги, но львиную часть работы проделывают наводчики.

Не знаю, как пахнет настоящий саван, но в нашем воняло тухлой рыбой. Я расстегнул три болта по шву, чтобы получилась дыра — амбразура, — но шов оказался не в том месте. Оттуда можно было стрелять только в отбившихся от стада коз. Вдвоем, кряхтя и чертыхаясь, пытаясь не сорвать чертов саван с крючков, мы кое-как развернули его в нужную сторону. Брезент хлопал нас по лицам. Тухлой рыбой воняло все сильнее. На сей раз из люльки чуть не выпал я. Тако схватил меня одной рукой за оранжевый жилет, второй — за ремень винтовки.

[1] Ставшая крылатой цитата из кинофильма «Солдат Джейн». Авторство приписывается Лоуренсу Джонстону Питеру, Аль Капоне и др.

— Вы что там творите? — крикнул снизу Джемисон. Снизу ему и остальным были видны только наши ноги, неуклюже переминающиеся по полу люльки, — номер «первоклассники учатся танцевать вальс».

— По хозяйству шуршим, сэр! — отозвался Тако.

— Так, прекращайте шуршать и готовьтесь. Уже почти десять.

— Мы же не виноваты, что эти утырки нам шов не в ту сторону повернули, — проворчал Тако.

Я осмотрел новый прицел и всю винтовку (винтовок много, но эта — моя), тщательно протер окуляр кусочком замши. В Ираке песок и пыль просачивались всюду. Затем я передал винтовку Тако, чтобы тот обязательно проверил все еще раз. Порядок. Он вернул ствол мне, хорошенько послюнил руку и высунул ее на улицу через амбразуру.

— Скорость ветра нулевая, малыш Билли. Надеюсь, этот гондон покажется из норы — сейчас условия идеальные, лучше не будет.

Самым крупным предметом в нашей люльке — после моей винтовки — был «М-151», или Лучший Друг Наводчика. Он

Билли резко выныривает из сна о прошлом. Идет на кухню, ополаскивает лицо холодной водой. Внезапно он оказался на распутье, хотя с берега дорога выглядела идеально прямой. Быть может, нет никакой разницы, какой путь он выберет. А может, разница все-таки есть.

Все из-за треклятого «М-151» — зрительной трубы, с помощью которой наводчик рассчитывает расстояние от дульного среза до цели, причем со сверхъестественной (по крайней мере для Билли) точностью. Это расстояние нужно для расчета поправок для установленной дистанции, которые указываются в угловых минутах. Во всем этом не было необходимости, когда Билли планировал убийство Джоэла Аллена, но в 2004-м (при условии, что Аммар Джассим вообще выйдет на улицу) дистанция была гораздо больше.

Надо объяснять это непосвященному читателю — или нет?

Если Билли начнет объяснять, выходит, он все-таки ждет (или хотя бы надеется), что кто-то прочитает его писанину. Если нет — получается, не ждет. Ни на что не надеется. Итак?..

Стоя у кухонной мойки, он мысленно переносится в тот день, когда услышал по радио одно интервью. Дело было вскоре после его возвращения из песков. Наверное, шло какое-то ток-шоу по Национальному общественному радио, участники которых всегда кажутся очень умными и объевшимися прозака. На сей раз брали интервью у старичка-писателя, чьи романы гремели на всю страну в ту пору, когда известным литератором мог быть только белый мужчина со склонностью к алкоголизму. Билли хоть убей не помнил, как его звали, но точно не Гор Видал (не язвил) и не Трумен Капоте (не жеманничал и не крякал). Зато Билли хорошо запомнил его ответ на вопрос ведущей о рабочем процессе. «Садясь за работу, я стараюсь не забывать о двух людях — о себе самом и о постороннем человеке».

Это воспоминание вновь возвращает Билли к «М-151». Он *может* описать устройство этого прибора. *Может* объяснить, для чего он нужен. *Может* растолковать, почему угловые минуты в данном случае даже важнее дистанции, хотя две эти величины всегда идут рука об руку. Да, он способен все это сделать, но необходимости нет — если он пишет для себя. А если для постороннего?..

Спустись на землю, говорит себе Билли. Ты тут единственный посторонний.

Ну и что? Писать можно и для себя, ничего страшного. Никого не интересует его... Как это лучше назвать?

— Профпригодность, — бормочет он себе под нос, возвращаясь к ноутбуку и в очередной раз принимаясь за книгу.

7

Самым крупным предметом в нашей люльке — после моей винтовки — был «М-151», или Лучший Друг Наводчика. Тако устанавливал трипод, а я изо всех сил старался ему не мешать. Платформа под ногами немного шаталась, и Тако велел мне не двигаться, если я хочу засадить пулю в голову Джассима, а не в вывеску над дверью. Поэтому я сидел тише воды, ниже травы, пока Тако занимался делом — что-то высчитывал и бормотал себе под нос.

Подполковник Джемисон сказал, что дистанция 1200 ярдов. Тако навел свой прибор на мальчишку, набивавшего мяч у входа в «Пронто пронто фото фото», и насчитал 1340 ярдов. Далековато, конечно, но в такой безветренный ясный день, как тот в начале апреля, вероятность поражения цели велика. Я сам поражал и более далекие цели, и мы все слышали байки про снайперов-асов, которые попадали точно в цель с дистанции вдвое больше этой. Конечно, я не мог рассчитывать, что Джассим будет стоять на месте, как картонная мишень. Это меня беспокоило, а вот то, что он живой человек, в груди которого бьется сердце, — не очень. Он иудин козел, заманивший четверых наших бойцов в ловушку. Ни в чем не повинных парней, которые просто доставляли провиант. Он плохой человек и заслуживает смерти.

Примерно в четверть десятого Джассим высунулся из магазина. На нем была длинная синяя рубаха вроде дашики и белые мешковатые штаны. На голове вместо бело-синего платка — красная вязаная шапочка. Просто великолепный ориентир, лучше не придумаешь. Я начал целиться, но Джассим только шугнул набивающего мяч мальчишку, шлепнув его по заду, и тут же скрылся за дверью.

— Вот отстой, — сказал Тако.

Мы стали ждать. Молодые люди входили в «Пронто пронто фото фото». Потом выходили. Все они смеялись, устраивали дружеские потасовки и хватали друг друга за задницу, как это делают парни по всему миру, от Кабула до Канзас-Сити. Часть этих ребят, несомненно, поливала автоматным огнем «блэкуотерский» конвой. Кто-то из них, несомненно, стрелял по нам семь месяцев спустя, когда мы начали прочесывать один за другим жилые кварталы и выкуривать их из города. Как знать, возможно, кто-то из них потом подстерег нас в «Веселом доме» (как мы его называли), когда все, что могло пойти не так, пошло не так.

Десять часов утра. Десять пятнадцать.

— Может, сегодня он решил покурить во дворе, — предположил Тако.

А в десять тридцать дверь «Пронто пронто фото фото» открылась, и Аммар Джассим вышел на улицу в компании двух юных приспешников. Я посмотрел в окуляр прицела. Они стояли и смеялись. Джассим похлопал одного из парней по спине, и молодые люди ушли, обнявшись за плечи. Джассим достал из кармана штанов пачку сигарет. Прицел давал такое приближение, что я видел надпись «Мальборо» на пачке и даже разглядел двух фирменных золотых львов. Картинка была четкая: лохматые брови, красные губы, будто накрашенные помадой, щетина с проседью.

Тако смотрел на него в «М-151», который держал в руках.

— Этот засранец — точная копия Арафата!

— Заткнись, Так.

Я навел перекрестье прицела на красную шапочку и стал ждать, когда Джассим закурит. Пусть разок затянется, прежде чем я вышибу ему мозги. Он сунул сигарету в рот. Потом убрал пачку обратно в карман и вытащил зажигалку. Не дешевую биковскую, а «Зиппо». Может, он ее купил в магазине или на черном рынке. А может, снял в качестве трофея с одного из контрактников, которых они расстреляли, сожгли и повесили на мосту. Джассим откинул крышку — на ней сверкнул крошечный солнечный блик. Я это видел. Я все видел. Старший комендор-сержант Диего Васкес из Пендлтона говорил нам, что снайпер живет ради одного безупречного выстрела. Этот был безупречный. Еще он говорил: «Это как секс, целочки вы мои. Первый раз запомните на всю жизнь».

Я сделал вдох, задержал дыхание, досчитал до пяти и плавно нажал спусковой крючок. Ощутил толчок в плечо. Вязаная шапочка Джассима слетела на землю, и я сперва подумал, что промахнулся. Пусть всего на дюйм, но для снайпера дюйм зачастую равен миле. Джассим просто стоял с сигаретой в зубах. Потом зажигалка вывалилась из его руки, а сигарета — изо рта. Они упали на пыльный тротуар. В кино человек, в которого попадает пуля, отлетает назад.

В настоящей жизни так бывает редко. Джассим даже сделал два шага вперед. К тому времени я увидел, что у него слетела не просто шапочка — в этой шапочке осталась срезанная макушка.

Он рухнул на колени, потом — лицом вниз. К нему стали сбегаться люди.

— Лови ответку, сука, — сказал Тако.

Я обернулся и заорал:

— Спускайте нас!

Люлька поползла вниз. Казалось, она ползла очень медленно, потому что на другом берегу уже зазвучали выстрелы — будто салют начался. Мы с Тако машинально пригнулись, когда брезентовый кожух остался наверху. Это вряд ли помогло бы нам выжить, но против инстинкта не попрешь. Я прислушивался — не свистят ли вокруг пули — и морально готовился к тому, что сейчас словлю одну или две, но ничего не происходило.

— Вылезайте оттуда, живо! — заорал Джемисон. — Бегом! Пора *диди мау*[1]!

При этом он смеялся, ликовал. Все ликовали. Пока я бежал к грязному «мицубиси», на котором подполковник вывозил нас с Тако, меня так часто и так сильно хлопали по спине, что я чуть не упал. Альби, Хой, Кляча и остальные побежали к фургончикам «Иракских электросетей», которыми мы воспользовались в первый и последний раз. С другого берега летели крики и автоматные очереди.

— Вот вам, гниды! — орал Кляча. — Поплатились, сукины дети! Отведали копыт нашего коняры!

Машина подполковника стояла на разворотной площадке перед фургонами. Я открыл багажник, чтобы убрать туда винтовку и вещи Тако.

— Ноги в руки, мать твою! — крикнул Джемисон. — Мы блокируем остальным выезд.

Я, что ли, тут машину поставил, подумал я, но вслух ничего не сказал. Быстренько забросил вещи, а когда захлоп-

---

[1] То есть «пора валить». Выражение заимствовано американскими солдатами из вьетнамского языка, стало общеупотребительным после выхода фильма «Охотник на оленей» (1978).

нул багажник, увидел на земле, в дорожной пыли, какую-то странную штуку. Детскую пинетку. Розовую, девчачью. Я наклонился ее подобрать, и в этот миг чья-то шальная пуля ударила в бронированное стекло нашей машины. Если бы не та пинетка, пуля угодила бы мне аккурат в загривок или в темечко.

— По коням, живо! — орал Джемисон. Еще одна шальная пуля отскочила от бронированного бока его «игла». А может, не такая уж и шальная; к тому времени по нам наверняка лупили с берега.

Я подобрал пинетку. Потом сел в «мицубиси», и Джемисон рванул с места, вильнув задом и взметнув клубы плотной пыли, через которые потом придется ехать нашим ребятам на фургонах. Подполковник об этом не думал — он спасал свою задницу.

— Черти весь подъемник изрешетили! — заметил Тако. Его до сих пор штырило после убийства, и он все не мог отсмеяться. — Что ты там нашел?

Я показал ему пинетку и сказал, что она, похоже, спасла мне жизнь.

— Береги ее как зеницу ока, брат, — сказал Тако. — Везде носи с собой.

И я носил. Но она пропала аккурат перед штурмом «Веселого дома» в ноябре. Когда мы уходили из того здания в промышленном секторе, я везде ее искал, но так и не нашел.

8

Билли наконец выключает ноутбук, встает к окошку-перископу своей сухопутной подлодки и смотрит через лужайку на улицу и пустырь через дорогу, где раньше была железнодорожная станция. Он не знает, сколько прошло времени. Мозг отключился — как будто Билли только что закончил самый долгий и самый сложный в мире тест.

Сколько слов он сегодня написал? Можно, конечно, посмотреть в «Ворде» статистику документа — теперь это история Билли, а не Бенджи, — но он вроде бы пока не страдает обсессивно-компульсивным расстройством. Много слов, удовольствуемся этим, и впереди не меньше. Нужно рассказать про апрельскую операцию, стартовавшую меньше чем через неделю после ликвидации Джассима, по завершении которой политики струсили и начали выводить войска. И, наконец, про кошмар в Эль-Фаллудже — операцию «Ярость призрака». Сорок шесть дней ада. Конечно, так он не напишет, это клише, но иначе как адом те события не назовешь. «Веселый дом» стал их кульминацией, своеобразным подведением итогов. Может, что-то Билли и пропустит, но «Веселый дом» надо описать подробно, потому что это была квинтэссенция Эль-Фаллуджи, ее смысл. Вернее, отсутствие всякого смысла. Это был просто дом, который им приказали зачистить от боевиков. Но какую цену они за это заплатили.

По Пирсон-стрит иногда проходят люди. Изредка проезжают машины. Одна полицейская, но Билли она не пугает — ползет себе еле-еле в неопределенном направлении и никуда не торопится. Он до сих пор дивится, почему этот район — расположенный так близко к центру города — настолько безлюден. На Пирсон-стрит час пик — это час сна. Наверное, люди, работающие в центре города, едут после работы в какие-нибудь уютные пригороды вроде Бентонвилла, Шервуд-Хайтс, Плато и Мидвуда. Или в Коди, где Билли выиграл в тире плюшевую игрушку для маленькой девочки. А этот район даже названия не имеет — по крайней мере Билли его не знает.

Надо посмотреть новости. Билли включает «Восьмой канал», дочку Эн-би-си («Шестого» он по-прежнему сторонится, потому что там крутят видео с убийством Аллена). На экране появляются слова «ЭКСТРЕННЫЙ ВЫПУСК», зловеще завывают скрипки и гремят барабаны. Да ладно. Какие могут быть срочные новости, если убийца по-прежнему разгуливает на свободе — пишет историю, которая имеет все шансы стать книгой?

Небольшие подвижки в расследовании все-таки есть, впрочем, ничего неожиданного и оправдывающего апокалиптический саундтрек. Один из ведущих выпуска новостей сообщает, что местный предприниматель Кеннет Хофф мог быть причастен к «убийству Джоэла Аллена, совершенному по предварительному сговору группой лиц, число которых продолжает расти». Второй ведущий добавляет, что Хофф, по всей видимости, не покончил с собой, а был убит. Да ты просто Шерлок Холмс, думает Билли.

Ведущие передают слово корреспондентке, стоящей напротив дома Кеннета Хоффа — фешенебельного особняка, все-таки значительно уступающего в грандиозности съемному дворцу Ника Маджаряна. Корреспондентка — длинноногая блондинка, явно только на днях получившая диплом журналиста, — рассказывает, что полиции «доподлинно известно» о том, что винтовка «Ремингтон-700», из которой застрелили Аллена, была приобретена Кеннетом Хоффом. Помимо этого, «доподлинно установлена» его связь с предполагаемым убийцей Уильямом Саммерсом, ветераном войны в Ираке, награжденным несколькими медалями за воинские заслуги.

Бронзовой и Серебряной звездой, мысленно добавляет Билли. А еще «Пурпурным сердцем» со звездой на ленточке, означающим, что он получил не одно боевое ранение, а два. Об этом телевизионщики решили не распространяться — впрочем, их можно понять. Он тут главный злодей, ни к чему сбивать народ с толку его героическим прошлым. Сбивают с толку пусть писатели, а не репортеры.

Затем на экране появляются две фотографии. Снимок, сделанный Ирвом Дином у стойки охраны в тот день, когда Билли впервые посетил свой писательский офис. И фотопортрет новобранца с серьезной рожей и дурацкой стрижкой «под банку». На этой карточке Билли выглядит даже моложе белокурой корреспондентки. Может, он и был моложе. Видимо, фото откопали в каких-то военных архивах, потому что родственников, которым Билли мог подарить его в День семьи, у него не было.

Местная полиция считает, что Саммерс мог сбежать из города, продолжает корреспондентка, и даже из штата, поэтому к делу подключили ФБР. На этих словах блондинка исчезает, снова показывают студию. Ведущие демонстрируют зрителям фотографию Джорджо Свиньелли и зачем-то упоминают его мафиозное прозвище, будто он станет путешествовать под таким псевдонимом. «Литагент» Саммерса уличен в связях с организованной преступностью в Лас-Вегасе, Рино, Лос-Анджелесе и Сан-Диего, доказано его участие в ряде преступлений, однако задержать его пока не удалось. Читай: если увидите на улице итальяшку среднего возраста, чей вес перевалил за сто пятьдесят кило, в крокодиловых туфлях и с молочным коктейлем в руках, срочно связывайтесь с местным отделением полиции.

Итак, думает Билли. Хофф готов, Джорджо почти наверняка готов, а у Ника — железобетонное алиби. Остался только я: последняя дыня на бахче, последняя горошина в стручке, последняя конфета в коробке — выбирай любую метафору.

За рекламой очередных чудодейственных таблеток с внушительным списком побочек, среди которых летальный исход, следуют интервью с соседями Билли по Эвергрин-стрит. Он уже встает и хочет выключить телевизор, но садится обратно. Он втерся в доверие к этим людям и должен понести кару. Хотя бы выслушать их, увидеть их боль. И растерянность.

Джейн Келлогг, местная пьянчужка, отнюдь не выглядит растерянной.

— Мне он сразу показался подозрительным типом, — говорит она. — Глазки у него... бегали.

Врешь, думает Билли.

Диана Фасио, мама Дэнни, рассказывает, что пришла в ужас, когда узнала, что ее дети проводили столько времени с хладнокровным убийцей.

Пол Рагланд восхищается тем, как естественно и непринужденно он себя вел.

— Я искренне считал, что Дэйв — отличный парень. Порядочный человек. Это еще раз доказывает, что никому нельзя верить. Никому!

Одна лишь Корин Акерман пытается встать на его защиту и упоминает то, на что остальные предпочли закрыть глаза.

— Конечно, он совершил ужасное преступление, но ведь преступник, которого он убил, не жвачку в магазине украл, правильно? Насколько я поняла, это жестокий убийца. Если хотите знать мое мнение, Дэйв сэкономил нам денег на судах.

Благослови тебя Бог, Кори, думает Билли. И даже пускает слезу, как будто это не новости, а душещипательный фильм на канале «Лайфтайм» с правильным финалом. Если, конечно, самосуд входит в ваши представления о том, что такое «правильно». У Билли с этим проблем нет, особенно в таких случаях, как с Алленом.

Прежде чем рассказать зрителям о ситуации на дорогах (в городе по-прежнему пробки из-за полицейских блокпостов, простите, народ) и перейти к прогнозу погоды (становится все холоднее, ну надо же), ведущие раскрывают еще одну подробность дела об убийстве на ступенях здания суда. Тут Билли не может сдержать улыбки. Шерифа Викери отстранили от расследования не потому, что он бросился наутек, теряя шляпу, когда его заключенного подстрелили, — или не только поэтому. Просто он зачем-то повел Аллена к главному входу, вместо того чтобы воспользоваться служебным. Поначалу его даже заподозрили в причастности к убийству, но впоследствии он сумел оправдаться (вероятно, сознавшись, что просто хотел дать интервью телевизионщикам).

Я пристрелил бы Аллена в любом случае, думает Билли. Черт, я пристрелил бы его даже в дождь — помешать мне мог разве что библейский потоп.

Он выключает телевизор и идет в кухню изучать запасы замороженных полуфабрикатов. А сам уже думает о том, про что будет писать завтра.

Глава 13

1

Три дня подряд он грезит об Эль-Фаллудже.

Билли описывает «Горячую девятку»: Тако Белла, Джорджа Диннерстайна и Альби Старка, Клячу, Хоя Кэшмена. Целое утро он посвящает истории про то, как Джонни Кэппс практически усыновил ораву иракских ребятишек, которые пришли выпрашивать сладости и сигареты и остались поиграть в бейсбол. Джонни и Пабло «Бигфут» Лопес научили их игре. Один мальчик лет девяти-десяти, Замир, без конца твердил: «Ты в ауте, сукенсэн!» — к месту и не к месту, как заведенный. То были единственные известные ему английские слова (не считая «давайбей»). Например, кто-нибудь отбивал мяч на шортстопа, а Замир, сидевший на лавке в красных штанах, футболке со «Снуп Доггом» и кепке «Торонто блю джейс», вскакивал и орал: «Ты в ауте, сукенсэн!» Билли пишет про Клэя Бриггса, санитара по прозвищу Фармацевт, который вел бойкую переписку порнографического характера с пятью девчатами из Су-Сити, Айова. Тако иногда говорил, что не врубается, как у такого урода может быть столько телок. Хой отвечал, что это «вымышленные телки», и Альби Старк ерничал: «А ты вообще в ауте, сукенсэн!» Пусть эти слова изначально не имели никакого отношения к любовной переписке Фармацевта, все каждый раз покатывались со смеху.

Время от времени Билли делает перерывы в работе и разминается: приседает, отжимается, машет ногами, качает пресс. Первые два дня бегает на месте, вытянув вперед руки и хлопая себя ладонями по коленям. На третий день вдруг вспоминает — вот дурак! — что весь дом в его распоряжении, и вместо бега на месте принимается бегать по лестнице с первого на третий этаж и обратно, пока не выдыхается, а сердце не начинает биться со скоростью сто пятьдесят ударов в минуту. Нельзя сказать, что он начал сходить с ума в четырех стенах (еще ведь даже недели не прошло), но он не привык подолгу сидеть и писать, и эти всплески физической активности помогают ему не чокнуться.

А еще после упражнений лучше соображаешь. Во время очередного забега по лестнице Билли приходит в голову идея. Как он раньше до этого не додумался?! Билли заходит к Дженсенам, воспользовавшись ключом, проверяет Дафну и Уолтера (оба чувствуют себя превосходно), затем идет в спальню. Дон принадлежит к определенному типажу: такие ребята смотрят футбол и «НАСКАР», любят ребрышки и курицу-гриль, по пятницам сосут пивасик с дружками в местном баре. А в спальне у них обычно припрятан ствол — а то и два.

Билли находит пушку в тумбочке возле кровати. Это шестизарядный револьвер «Ругер Джи-Пи-100» с полностью снаряженным барабаном. Рядом лежит коробка патронов 38-го калибра. Билли не видит смысла относить револьвер вниз. Если к нему ворвутся копы, он совершенно точно не будет отстреливаться. Но мало ли зачем может понадобиться оружие; приятно знать, что в доме оно есть — на всякий пожарный. Жизненная тропа порой петляет самым непредсказуемым образом, и Билли знает это, как никто другой.

Пшикнув водой на оба растения, он спускается в подвал. За окном завывает ветер — дует, как обычно, со стороны пустыря. По прогнозу скоро должен пойти дождь, и похолодает еще сильнее. «Это невероятно, — прощебетала сегодня утром ведущая прогноза погоды, — но к дождю может добавиться и мокрый снег! Матушка-Природа, похоже, перепутала времена года».

Билли плевать, что там за окном — дождь, снег, слякоть или бананы с неба падают. Он будет сидеть у себя в подвальчике, невзирая на погоду. История, которую он пишет, полностью заняла его жизнь, потому что на данный момент это и есть его единственная жизнь. Вот и хорошо.

Вчера он обменялся парой коротких сообщений с Баки Хэнсоном. Вечером написал ему: **Ты цел?** — и получил ответ: **Д**. На вопрос: **Деньги пришли?** — поступило ожидаемое **Н**. Джорджо сейчас не позвонить, даже с предоплаченного мобильника, потому что копы могут прослушивать его телефон. Билли и рискнул бы, но ради чего? Чтобы услышать женский голос, который сообщит ему, что абонент недоступен? Ведь Джорджо больше не доступен, это ежу понятно.

А в том, другом мире уже ноябрь 2004-го. Билли подобрался к операции «Ярость призрака». На нее уйдет дней десять, а то и две недели. Покончив с «Веселым домом», он соберет манатки и рванет из города. К тому времени блокпосты снимут, если уже не сняли.

Он садится за компьютер и смотрит, где остановился. За два дня до начала операции Джемисон приказал Джонни и Пабло убрать с базы детвору. Все поняли, что это значит: они опять входят в город и на сей раз не уйдут, пока не доведут дело до конца.

Билли помнит, как Замир оглянулся и напоследок крикнул: «Ты в ауте, сукенсэн!» И больше этих мальцов никто не видел. Столько лет прошло — сейчас они уже взрослые. Если вообще живы.

Билли начинает писать про тот день, когда юных бейсболистов отправили домой, но сегодня почему-то не пишется. Источник временно иссяк. Билли сохраняет документ, выключает комп и подходит к другим своим дешевеньким ноутбукам. Включив их по очереди, проверяет, весь ли кликбейт загрузился («ПРЕДСМЕРТНОЕ ЖЕЛАНИЕ МАЙКЛА ДЖЕКСОНА», «ПРОСТОЙ И ЭФФЕКТИВНЫЙ СПОСОБ ЛЕЧЕНИЯ РАДИКУЛИТА», «КАК ЗНАМЕНИТЫЕ МУШКЕТЕРЫ ВЫГЛЯДЯТ СЕГОДНЯ»). В его маленьком мирке все спокойно. У него есть план. Он покончит с Ираком — «Веселый дом» станет естественной кульминацией, — а потом соберет вещи и свалит из этого злосчастного города. Он поедет на запад, не на север, и однажды — в обозримом будущем — нанесет визит Нику Маджаряну.

Потому что за Ником должок.

2

Без четверти двенадцать планы Билли терпят крах. Он сидит в одних трусах у себя в гостиной и смотрит по телевизору какой-то боевик. Хотя сюжет простенький — герой пытается отомстить негодяям, убившим его собаку, — Билли никак не может вникнуть в происходящее на экране. Пожалуй, пора на боковую. Он выключает зомбоящик и идет в спальню, но тут на улице раздается громкий визг шин и изношенных тормозов. Билли морально готовится услышать грохот, гулкий удар, будто кто-то наверху хлопнул гигантской дверью — с таким звуком машина обычно въезжает в столб, — но вместо этого слышит тихую музыку и громкий смех. Пьяный смех, судя по всему.

Он подходит к окну-перископу и отодвигает занавеску. Над дорогой висит тусклый фонарь, в свете которого можно с трудом разглядеть старый фургон с ржавыми боками, заехавший двумя колесами на тротуар. Идет дождь, причем сильный — свет фар приглушен, словно пробивается сквозь занавеску. Длинная дверь фургона отъезжает в сторону; в салоне горит свет, но из-за дождя и порывистого ветра Билли толком ничего не видит — одни силуэты. Людей по меньшей мере трое, все двигаются... Нет, четверо. Четвертый сидит неподвижно, сгорбившись и свесив голову на грудь. Двое подхватывают его под локти, и он повисает на них, как птица с перебитыми крыльями.

Опять смех и голоса. Два парня вытаскивают из машины кого-то без сознания, а третий стоит у них за спиной — наблюдает и направляет. У человека без сознания длинные темные волосы. Девушка?.. Смеясь и переговариваясь, трое оттаскивают ее за фургон и бросают в канаву. Верхняя часть ее тела остается наверху, а ноги — в канаве. Парни прыгают обратно в салон, закрывают грузовую дверь. Пару секунд старый фургон стоит на месте, пронзая светом фар завесу дождя. Потом, взвизгнув шинами и рыгнув выхлопной трубой, отъезжает. Сзади виднеется какой-то стикер, но надпись не прочитать. Подсветка номерного знака мигает и явно вот-вот сдохнет.

Да, точно, это девушка. Она в кедах, юбке и кожаной куртке. Юбка задралась, обнажив почти всю согнутую в колене ногу, наполовину покрытую сточной водой. Нога выглядит очень белой. Может, девушка мертва? Но разве в таком случае парни смеялись бы? В песках Билли всякого насмотрелся (в том числе такого, что не забудет никогда) и знает, что возможно все.

Надо ее достать. И не только потому, что она может умереть. Пусть по будням здесь и безлюдно, рано или поздно кто-то пройдет мимо и заметит ее. Даже если не остановится — добрые самаритяне нынче в дефиците, — то уж 911 позвонит точно. Слава богу, сейчас темно, и слава богу, Билли не лег спать пятью минутами раньше. Иначе очень скоро в его дверь постучали бы копы, обходящие Пирсон-стрит — не видел ли кто, как здесь выбросили эту девчонку? А если они постучали бы в час или два ночи, Билли вряд ли успел бы натянуть даже парик Далтона Смита, не то что живот. Ого, сказал бы один из копов, где-то я вас видел. Проедемте-ка с нами в участок.

Билли в одних трусах бежит наверх. Одолев коридор, спускается по ступеням крыльца, бросает дверь болтаться на ветру и мчит через дорогу. В пятку втыкается заноза — большая, и входит глубоко, — но первым делом Билли пробирает адский холод. Еще не такой, чтобы вместо дождя повалил мокрый снег, но уже близко. Руки мгновенно покрываются гусиной кожей. Сразу начинает ныть та часть большого пальца на ноге, которую ему отстрелили. Если девушка еще жива, то долго она не протянет.

Билли падает на одно колено и поднимает ее. Из-за ударившего в кровь адреналина он даже не может понять, легкая она или тяжелая. Дождь хлещет его по лицу и голой груди. Он озирается по сторонам. Трусы набрали воды и сползли на бедра. Вокруг никого. Слава богу! Билли шлепает обратно через дорогу. На подходе к дому девушка вдруг поворачивает голову, издает резкий утробный звук и выплевывает тонкую струйку рвоты ему на бок и на ногу. Рвота поразительно теплая, почти как электрическая грелка.

Что ж, зато ты живая, думает Билли.

Ступеньки награждают его еще одной занозой, но в следующий миг он уже дома. Оставить дверь хлопать на ветру нельзя, поэтому Билли кладет девушку на пол в коридоре и закрывает дверь. Когда он оборачивается, девушка уже смотрит на него из-под полуприкрытых век. На одной стороне лица расплылся огромный багровый синяк — точно не от встречи с тротуаром, потому что ее бросили на спину, лицом вверх. К тому же за пару минут синяк не успел бы так хорошо проявиться.

— Кто ты? — заплетающимся языком спрашивает девушка. — Где...

Ее снова начинает рвать. На сей раз рвота затекает в горло, и девушка давится.

Билли падает рядом на колени, обхватывает ее под грудью и рывком поднимает к себе. Теперь его чертовы трусы, изначально великоватые и набравшие воды, начинают ползти вниз. Билли засовывает два пальца девушке в рот, надеясь, что та его не укусит. Последнее, что ему сейчас нужно, — это инфицированная рана. Он разжимает ей зубы, пальцами выгребает часть рвотных масс на пол, потом обхватывает ее сзади покрепче и резко надавливает на грудину. Отлично! Девица блюет, как герой: целый фонтан рвоты вылетает из нее, точно реющий флаг, и врезается в противоположную стену коридора.

По улице едет машина. Появись она три минуты назад, это был бы конец, но сейчас Билли в безопасности и смотрит на свет ее фар сквозь залитое дождем стекло входной двери. Он опускается на одно колено, все еще держа девушку перед собой. Чертовы трусы теперь болтаются где-то между колен, и Билли даже успевает выругать себя за то, что когда-то отказался от плавок. Голова девушки вновь падает на грудь, но на сей раз сиплые звуки, которые она издает, — это храп, а не попытки захлебнуться собственной блевотой. Опять отключилась.

Свет фар становится ярче, потом машина уезжает, не сбавляя скорости. Билли встает и поднимает девушку, одну руку сует ей под колени, а другой обхватывает плечи. Голова девушки запрокидывается назад. Билли сбрасывает мешающие трусы и ногой откидывает их в сторону. Прямо сцена из какой-то безумной комедии, ей-богу.

С мокрых волос девушки капает вода. Пряди болтаются, как маятник, туда-сюда, пока он тащит ее вниз, в подвал, пытаясь не грохнуться со ступеней. Ее запрокинутое лицо бледное, как луна. На лбу, над левым глазом, Билли замечает еще один синяк.

Ноги его просто убивают. Хрен с ним с оторванным пальцем, но чертовы занозы! Билли умудряется спуститься, не упав, и толкает задом дверь в свою квартиру. Тут обмякшее тело девушки начинает выскальзывать, проваливаться между рук. Он подпирает ее коленом под поясницу, встряхивает и вваливается в дверь. Тело опять начинает выскальзывать. Не обращая внимания на занозы, все глубже впивающиеся в его красные от холода ноги, Билли прыгает к дивану и успевает вовремя: девушка с глухим, мягким стуком и утробным бульканьем приземляется на диван и продолжает храпеть.

Билли наклоняется, уперев руки в колени, чтобы снизить нагрузку на поясницу, которую вот-вот прострелит. От девушки так разит блевотой, что его самого начинает мутить. Пахнет и алкоголем, но не сильно.

Что ж, видимо, девчонка перебрала, думает он. Но в таком случае от нее должно нести спиртным за милю — он еще в коридоре учуял бы. И...

Он поднимает свою ногу и принюхивается к влажному пятну ее рвотных масс. Спиртным почти не пахнет.

Билли окидывает девушку взглядом. На ней джинсовая юбка с бахромой по низу, короткая. Будь на ней нижнее белье, его было бы видно, но трусов нет. И тут Билли замечает кое-что еще. Внутренняя часть бедер бледная — белая как луна, — а выше все перепачкано кровью.

3

Девушка опять рыгает, но слабо, и лишь тонкая струйка мутной слюны стекает по щеке. Потом ее начинает трясти. Конечно, ей холодно, она же промокла! Билли стаскивает с нее кеды. Потом короткие, по щиколотку, носки с сердечками. Пытается усадить, бормоча: «Ну давай, помоги мне». Конечно, она не может помочь. Ее веки то и дело вздрагивают, она пытается заговорить — возможно, даже думает, что говорит, задает вопросы, которые задавал бы любой нормальный человек на ее месте, — но Билли разбирает только два слова: «кто» и «ты». Все остальное — сплошные «гм-м-м» и «шо-о-о».

— Вот так, — приговаривает Билли, — теперь все отлично, ты только не умирай.

Впрочем, даже сейчас, пытаясь хоть как-то все уладить, он понимает, что ее смерть значительно упростила бы ему задачу. Гнилая мысль, подлая, но ведь это правда...

Он снимает с нее куртку — дешевую, тонкую, из какого-то дерматина. Под курткой — футболка с надписью «BLACK KEYS. АМЕРИКАНСКИЕ ГАСТРОЛИ 2017». Билли пытается снять и ее, но горловина цепляется за подбородок. Девушка стонет и отчетливо произносит три слова: «Только не души!»

Она начинает сползать с дивана. Простой белый хлопковый бюстгальтер перекосило, и одна грудь обнажилась, потому что бретелька на левом плече порвана. Билли спускает бюстгальтер на живот, поворачивает застежкой к себе и кое-как расстегивает.

Раздев девушку до пояса, он умудряется уложить ее на спину. Стягивает промокшую насквозь джинсовую юбку и бросает ее на пол вместе с остальной одеждой. Теперь девушка полностью раздета, если не считать одной серьги в ухе — вторая потерялась бог весть где. Все ее тело покрыто гусиной кожей, и ее по-прежнему трясет — не только от холода, но и от шока. Он видел, как людей так же трясло в Эль-Фаллудже. Потом эта дрожь переходила в конвульсии. Конечно, ей не изрешетили ноги, как бедному Джонни Кэппсу, но какие-то травмы у нее есть — не зря же на бедрах кровь. На маленьких грудках тоже синяки, узкие и длинные. Кто-то схватил ее за грудь и сжал. Сильно. Слева на шее такие же кровоподтеки, и Билли вспоминает, как она взмолилась: *Только не души!*

Понимая, что девушку еще может вырвать, Билли поворачивает ее на бок, лицом к спинке дивана, надеясь, что так она не упадет. Она опять храпит, хрипло, но ровно. И у нее стучат зубы. Эту юную американку отделали по самое не хочу, думает Билли.

Он бежит в ванную и берет одно из двух банных полотенец. Встает на колени перед диваном и принимается растирать девушке спину, ягодицы, бедра и икры. Он делает это быстрыми, сильными движениями и с облегчением видит, как мертвенно-бледная кожа розовеет. Взяв девушку за плечо (на нем тоже небольшие синяки), он переворачивает ее на спину и начинает сначала: ступни, ноги, живот, грудь, плечи. Когда он добирается до лица, она пытается поднять руки и помешать ему, но тут же роняет их — силы ее покинули. Билли хочет высушить ей волосы, но это не так-то просто: они набрали слишком много воды из канавы.

Мне хана, думает Билли. Чем бы это все ни закончилось, мне хана.

Он бросает полотенце и хочет перевернуть девушку обратно на бок, чтобы она не захлебнулась рвотными массами, если ее опять начнет тошнить. Тут ему приходит в голову другая мысль. Он раздвигает ее ноги, спуская правую на пол, и осматривает влагалище. Половые губы ярко-красного цвета и рассечены в нескольких местах, на одной из ран выступила свежая кровь. Участок между влагалищем и анусом — Билли знает название, но от стресса не может вспомнить — порван еще сильнее, чем губы, и одному богу известно, что творится внутри, какие там повреждения. Он видит и засохшую сперму, в основном на лобке и нижней части живота.

Парень успел вытащить, думает Билли, потом вспоминает, что в фургоне было три человека. Судя по голосам, все мужчины. Один из них успел вытащить, а остальные?

Эта мысль напоминает ему о самом себе. Учитывая, что случилось с девушкой, лежащей на диване в его гостиной, есть в происходящем даже некоторая ирония: она лежит без сознания с раздвинутыми ногами, он сидит рядом, причем они оба — в чем мать родила. Что подумали бы его соседи по Эвергрин-стрит, увидев эту картину? Пожалуй, даже Кори Акерман, святая душа, не рискнула бы встать на его защиту. Билли представляет заголовок в местной газетенке: «УБИЙЦА ПОДСУДИМОГО ИЗНАСИЛОВАЛ ПОДРОСТКА!»

Мне хана, вновь думает Билли. Полная и безоговорочная жопа.

Билли решает уложить девушку в кровать, но сперва нужно сделать еще кое-что. Теперь, когда все более-менее улеглось, возвращается адская боль в ступнях. Билли много чего не купил для своего временного жилища — например, про пинцет не подумал, — но в ванной были пластыри и остатки перекиси от прежних жильцов. Перекись наверняка просрочена, однако на безрыбье и рак рыба.

Стараясь наступать на внешние края стоп, Билли ковыляет в кухню, берет там нож для чистки овощей, потом идет в ванную. На пластырях — картинки из «Истории игрушек». Билли садится рядом с храпящей, дрожащей девицей и кончиком ножа подковыривает занозы, чтобы легче было их выдернуть. В общей сложности он насчитал пять штук, включая две здоровенные. Кровоточащие ранки он заливает перекисью — жжет будь здоров, значит, еще работает, — а самые крупные заклеивает пластырями. Похоже, они совсем старые, остались даже не от предыдущих жильцов, а от тех, что были до них, и вряд ли будут хорошо держаться.

Билли встает, разминает шею и плечи, затем берет девушку на руки. Поскольку адреналин ему больше не помощник, Билли может прикинуть ее вес — фунтов сто пятнадцать, сто двадцать от силы. М-да, такая вряд ли даст отпор трем крепким мужикам. Они все ее насиловали? Скорее всего да. Если они были вместе и один начал, остальные наверняка поддержали. Ладно, он спросит ее, когда она очнется. Хотя вряд ли она что-то вспомнит. Первым делом она захочет узнать, почему он не вызвал полицию или не отвез ее в ближайшую больницу.

Она опять начинает проваливаться у него между рук, и Билли бросает ее на кровать, вместо того чтобы опустить плавно и бережно, как собирался. Она слегка приоткрывает глаза, потом снова закрывает и принимается храпеть. Билли больше не хочет с ней бороться, но и оставлять ее в кровати голой тоже не хочет. Она и так перепугается до полусмерти, когда очнется. Он достает из комода футболку, садится рядом, приподнимает ее левую руку и надевает футболку ей на голову. Вялое протестующее мычание вновь сменяется храпом, когда ему удается просунуть голову в горловину и частично натянуть футболку на плечи.

— Ну же, помоги мне. — Он поднимает одну ее руку и, разок-другой промахнувшись, засовывает ее в короткий рукав. — Сделай усилие, хорошо?

Видимо, она все-таки его слышит, потому что вторую руку кое-как засовывает в рукав сама. Билли укладывает девушку обратно, выдыхает и тыльной стороной ладони отирает пот со лба. Футболка сбилась у нее над грудью. Он оправляет ее спереди, приподнимает туловище в районе живота, оправляет футболку сзади. Девушку опять колотит, при этом она тихонько всхлипывает. Билли просовывает руку ей под колени, приподнимает ее и стягивает футболку вниз, прикрывая ягодицы и бедра.

Господи, одеваю, как младенца, думает Билли.

Хорошо бы она не обмочила кровать — другого постельного белья у него нет, а ближайшая прачечная самообслуживания находится в трех кварталах отсюда. Однако вероятность такая существует. Ладно хоть кровь почти остановилась. Все могло быть и хуже. Ее могли порвать, как тряпку, даже убить. Может, этого насильники и добивались — раз швырнули ее в канаву. Но вряд ли. Скорее всего они просто напились или обдолбались чем-то вроде мета, вот и не соображали. Думали, очнется и сама пойдет домой, наученная горьким опытом.

Билли встает, вновь отирает лоб и накрывает девушку одеялом. Она сразу же вцепляется в него, натягивает до подбородка и укладывается на бок. Вот и хорошо, а то вдруг ее опять стошнит. Вряд ли в ее желудке что-то осталось после тех фонтанов, что она устроила в коридоре, но чем черт не шутит.

Даже под одеялом она продолжает трястись.

Вот что мне с тобой делать? — думает Билли. *Что, черт подери, мне теперь делать?!*

На этот вопрос нет ответа. Ясно только одно: он попал по полной.

4

Билли достает из комода пару чистых семейных трусов — в ящике остаются только одни. Потом идет в гостиную и садится на диван. Едва ли ему удастся уснуть, но даже если удастся, спит он чутко и непременно услышит, если она попытается удрать из квартиры. Ладно, и что тогда? Конечно, он ее остановит — хотя бы потому, что на улице холод, дождь и чуть ли не ураган, судя по завыванию ветра за окнами. Но это сегодня. А утром что? Она проснется с больной головой, в чужой квартире, без одежды...

Ее одежда! Все еще валяется на полу мокрой грудой.

Билли встает с дивана и относит все в ванную. По дороге заглядывает проведать свою непрошеную гостью. Храпеть она перестала, но до сих пор дрожит. К щеке прилипла мокрая прядь волос. Он нагибается и убирает ее с лица.

— Умоляю, не надо, — говорит девушка.

Билли замирает. Не дождавшись продолжения, уходит в ванную. Вешает на дверной крючок дешевую куртку. За шторкой есть ванная с душем, как во второсортных мотелях, и Билли, отжав футболку и юбку над ванной, вешает их сушиться на штангу. Тут он замечает на куртке три кармашка на молнии: один, совсем маленький, над левой грудью, и два диагональных сбоку. В нагрудном кармане пусто, а в боковом обнаруживается мужской бумажник и телефон.

Вынув симку, Билли кладет телефон обратно. Пусть пока полежит на месте. Открывает бумажник. Первым делом находит ее водительские права. Девушку зовут Элис Максуэлл, она из Кингстона, Род-Айленд. Ей двадцать лет. А, нет, только стукнуло двадцать один. Фотографии на правах обычно ужасные — стыдно показать даже копу, который остановил тебя за превышение скорости, — но ее щелкнули очень неплохо. А может, Билли так только кажется, потому что сейчас она выглядит хуже, чем на любых казенных фотографиях. Глаза у нее большие, ясные, светло-голубые. На губах легкая улыбка.

Первые права, думает Билли. Даже обновить не успела: на них еще стоит штамп о действующем для подростков запрете вождения по ночам.

В бумажнике лежит одна-единственная кредитка, которую она аккуратно подписала: Элис Рейган Максуэлл. Еще есть студенческий билет экономического колледжа «Кларендон» (это здесь, в Ред-Блаффе), подарочная карта Эй-эм-си (не так ли называется сеть кинотеатров, принадлежавшая Кеннету Хоффу?), страховой полис с указанной группой крови (первой) и несколько фотокарточек. На них куда более юная Элис Максуэлл запечатлена со своими подружками, собакой и какой-то взрослой женщиной (вероятно, матерью). Еще есть фото парня: тот стоит без рубашки, в одних шортах, и улыбается. Наверное, ее школьный дружок.

В отделении для купюр Билли находит две десятки, две купюры по одному доллару и газетную вырезку — некролог, посвященный некоему Генри Максуэллу. Похороны состоятся в баптистской церкви Христа, город Кингстон. Просьба вместо цветов и венков сделать пожертвование Американскому онкологическому обществу. На фотографии — немолодой мужчина с обвисшими щеками и редеющими волосами, аккуратно зачесанными на совершенно лысую макушку. С виду обычный человек без особых примет, мимо таких постоянно проходишь на улице, не замечая, но даже на скверной газетной фотографии Билли видит семейное сходство. Элис Рейган Максуэлл любила отца, раз носит с собой в бумажнике некролог. Это Билли по душе.

Если она учится здесь, а отец похоронен там, значит, и мать скорее всего живет в Кингстоне. В ближайшие часы она вряд ли хватится дочери. Билли убирает бумажник в куртку, но телефон все-таки прячет в верхний ящик комода, под стопку чистых футболок.

Наверное, стоит помыть в коридоре пол, пока рвота не засохла?.. Нет, лучше не надо. Если она проснется и решит, что это он — причина пожара в ее промежности, хорошо, если у него будет какое-то доказательство, что он притащил ее с улицы. Впрочем, это не означает, что он не мог воспользоваться ею позже, когда убедился, что в ближайшее время она не отбросит концы, не блеванет на него и не проснется в самый ответственный момент.

Девушка по-прежнему дрожит. Это явно шок... Или действие какой-то дряни, которую ей подмешали в питье? Он слышал про руфи[1], но понятия не имеет, что бывает после его приема.

Билли хочет уйти, и тут девушка — Элис — издает громкий стон. Отчаянный. Скорбный.

Черт с тобой, думает Билли. Идея хуже не придумаешь, но какая теперь разница...

Он ложится рядом с ней в постель. Обнимает ее со спины и прижимает покрепче к себе.

— Вот так — тепло и хорошо. С тобой все хорошо. Согревайся, успокаивайся, и хватит уже трястись! Утром тебе станет лучше. Утром мы все уладим.

---

[1] Запрещенное снотворное рогипнол.

Мне хана, опять думает он.

Видимо, она действительно отогрелась — или просто остаточное действие руфи закончилось? Билли не знает, и ему в общем-то наплевать. Главное, что дрожь начинает утихать и вскоре прекращается. Храп тоже. Теперь ему слышно, как дождь барабанит по крыше и подоконникам. Дом уже старый и при сильных порывах ветра скрипит. Звук этот, как ни странно, успокаивает.

Полежу пару минут и встану, думает Билли. Как только пойму, что она не вскочит посреди ночи и не заорет во всю глотку, что ее убивают. Всего две минутки...

А потом он проваливается в сон. Ему снится, что в кухне стоит дым, пахнет горелым печеньем. Надо предупредить Кэти, сказать, чтобы скорее доставала печенье, пока мамин хахаль не вернулся домой, но говорить он не может. Это прошлое, и Билли — всего лишь зритель.

5

Ночью Билли резко просыпается — в полной уверенности, что проспал приезд Джоэла Аллена и запорол дело, на которое потратил несколько месяцев работы. Тут он слышит рядом дыхание девушки — спокойное, без храпа — и все вспоминает. Она спит, уткнувшись ягодицами ему в пах, и Билли с ужасом замечает, что у него эрекция. Это совершенно неприемлемо, просто ни в какие ворота! Вот только телу обычно плевать на обстоятельства, у него свои желания.

Билли выбирается из кровати и в темноте, ощупью бредет в ванную, прикрывая рукой причинное место. Еще не хватало — в довершение всех бед — удариться твердым членом об комод. Не ночка, а гребаный цирк. Девушка не шевелится, спит. Судя по размеренному дыханию — крепко.

Когда он добирается до ванной и закрывает за собой дверь, эрекция уже немного спадает — можно помочиться. Смыв в унитазе громкий, и вода будет течь, пока не подергаешь ручку несколько раз, поэтому он просто опускает крышку, выключает свет и бредет в темноте к комоду, где на ощупь находит свои единственные спортивные шорты на резинке.

Закрыв дверь в спальню, он уже чуть увереннее проходит в гостиную — занавеска на окне-перископе отодвинута, и света уличного фонаря достаточно, чтобы ни обо что не удариться.

Билли выглядывает в окно и видит лишь пустынную улицу. Дождь по-прежнему льет, но ветер немного утих. Билли задергивает занавеску и смотрит на наручные часы, которые так и не снял. Пятнадцать минут пятого. Надев шорты, он укладывается на диван и пытается придумать, как ему быть с девушкой, когда она проснется. В голове стучит одна-единственная мысль, нелепая, но правдивая: появление в доме нежданной гостьи, пожалуй, положило конец его писательству. А как все хорошо начиналось... Билли невольно улыбается. Нашел из-за чего расстраиваться — все равно что волноваться о запасе туалетной бумаги, когда сирены извещают тебя о приближении торнадо.

Своему телу он не хозяин — и мыслям, по всей видимости, тоже. Билли закрывает глаза. Он хочет немного подремать, но вместо этого погружается в глубокий сон. А когда просыпается, девушка стоит над ним. В футболке, которую он на нее надел. И с ножом в руке.

Глава 14

1

— Где я? Кто ты? Ты меня изнасиловал?

Глаза у нее красные, волосы всклокочены. Ее портрет мог бы послужить иллюстрацией к статье «похмелье» в толковом словаре. Еще она перепугана насмерть, что вполне можно понять.

— Тебя изнасиловали, но это сделал не я.

Нож в ее руке — тот маленький ножик для чистки овощей, которым Билли ковырял занозы. Он забыл его на журнальном столике.

Билли осторожно протягивает руку и забирает нож. Она не сопротивляется.

— Кто ты такой? — спрашивает Элис. — Как тебя зовут?

— Далтон Смит.

— Где моя одежда?

— Висит в ванной. Я тебя раздел и...

— *Раздел?!* — Она опускает глаза на футболку.

— И вытер полотенцем. Ты была мокрая насквозь. Продрогла. Как голова?

— Болит. Такое чувство, будто я всю ночь пила, но я выпила всего одну бутылку пива... и, кажется, джин-тоник... Где мы?

Билли скидывает ноги на пол. Элис пятится и поднимает руки: не подходи.

— Кофе будешь?

Она обдумывает его предложение, но недолго. Опускает руки.

— Да. Аспирин есть?

2

Он варит кофе. Она тем временем выпивает две таблетки аспирина и медленно бредет в ванную. Запирается изнутри, но Билли это не волнует — такой замок при желании вышибет даже пятилетка. А десятилетка сорвет дверь с петель.

Элис возвращается в кухню.

— Ты за собой не смыл. Фу.

— Не хотел тебя будить.

— Где мой телефон? Он у меня в кармане лежал.

— Не знаю. Хочешь тост?

Она кривит губы.

— Нет. Бумажник на месте, а телефона нет. Ты его забрал?

— Нет.

— Врешь.

— Нет.

— Так я тебе и поверила, — дрожащим от презрения голосом говорит она. Потом садится, натягивая футболку на колени. Впрочем, футболка длинная, и все, что нужно, прикрыто.

— Где мое белье? — спрашивает она. Укоризненным, уличающим тоном.

— Лифчик под журнальным столиком. Одна из лямок порвана. Может, я смогу ее завязать. Трусов на тебе не было.

— Врешь! Думаешь, я шлюха?

— Нет.

Он думает, что она простая девчонка, которая впервые уехала из родного города и случайно угодила в дурную компанию. Дурная компания накачала ее снотворным и воспользовалась ее беспомощностью.

— Я не шлюха, — говорит Элис, начиная рыдать. — Я девственница! По крайней мере была... Это кошмар. Худший кошмар в моей жизни.

— Могу понять, — искренне, без тени иронии говорит Билли.

— Почему ты не вызвал полицию? Или не отвез меня в больницу?

— Тебе крепко досталось, но я решил, что дуба ты не дашь. В смысле...

— Знаю, не объясняй.

— Я подумал: дам тебе отоспаться, а потом ты сама решишь, что делать дальше. Чашка кофе должна помочь. Хуже точно не будет. Кстати, как тебя зовут? — Билли рассудил, что лучше сразу это «выяснить», чтобы потом случайно не проболтаться.

3

Он наливает ей кофе, морально готовясь к тому, что Элис в любой момент может бросить в него чашку и рвануть на выход. Вряд ли, конечно — она немного успокоилась, — однако ситуация по-прежнему может выйти из-под контроля. Все и так плохо, но запросто может стать хуже.

Элис не швыряет в него кофе. Она делает глоток и кривит лицо, крепко стискивает зубы. Билли видит, что мышцы ее горла продолжают ходить туда-сюда даже после того, как она проглотила.

— Если тебя опять будет рвать, делай это в раковину, пожалуйста.

— Меня не будет рва... Что значит опять? Как я сюда попала? Ты точно меня не изнасиловал?

Это не смешно, однако Билли не может сдержать улыбки.

— Наверное, я запомнил бы.

— Как я сюда попала? Что случилось?

Он делает глоток кофе.

— Это как рассказывать историю с середины. Давай лучше сначала. Расскажи, что случилось с *тобой*.

— Я не помню. Вся прошлая ночь — одна сплошная черная дыра. Я проснулась здесь. С похмельной головой и таким чувством, что мне фонарный столб запихали в... Ну, ты понял. — Она делает второй глоток кофе, и на сей раз ей даже не приходится сдерживать рвотные позывы.

— А что было до?

Она смотрит на него широко распахнутыми голубыми глазами, открывая и закрывая рот. Потом роняет голову.

— Выходит, это Трипп? Он что-то подмешал мне в пиво? Или в джин-тоник? Ты это хочешь сказать?

Билли с трудом удерживается от того, чтобы не взять Элис за руку. Он почти сумел добиться ее расположения, но трогать ее нельзя, иначе все насмарку. Она сейчас не готова к прикосновениям мужчин — тем более полуголых мужчин в одних шортах.

— Не знаю. Меня там не было. А вот ты была. Поэтому расскажи мне, что случилось, Элис. Расскажи все, что помнишь.

И она рассказывает. При этом в ее глазах по-прежнему читается немой вопрос: если ты меня не насиловал, почему я проснулась в твоей постели, а не в больничной койке?

4

История получается не слишком длинная, даже с учетом коротких автобиографических вставок. Билли и сам мог бы ее рассказать, потому что история Элис стара как мир. Где-то на середине Элис вдруг умолкает, распахивает глаза и начинает часто, судорожно втягивать ртом воздух, стискивая рукой горло: «У-уп, у-уп». Воздух входит и выходит со свистом.

— Астма? — спрашивает Билли.

Ингалятора он среди ее вещей не нашел, но он мог остаться в сумке, которую она, вероятно, потеряла (если у нее вообще была с собой сумка).

Элис мотает головой.

— Паническая... — *у-уп,* — атака. — *У-уп.*

Билли уходит в ванную, пускает воду, ждет, пока она потеплеет, и смачивает салфетку. Затем, несильно отжав, относит салфетку обратно в кухню.

— Вот. Запрокинь голову и положи мокрую салфетку себе на лицо.

Каким-то образом Элис умудряется распахнуть глаза еще шире.

— Я же... — *у-уп*, — задохнусь!

— Нет. Наоборот, это поможет раскрыть дыхательные пути.

Он сам запрокидывает ей голову — бережно — и накладывает теплую влажную ткань поверх глаз, рта и носа. Ждет. Секунд пятнадцать — и Элис начинает дышать ровнее, затем снимает салфетку.

— Помогло!

— Влажный воздух помог, — поясняет Билли.

В его словах есть доля правды, но небольшая. Помогает не столько влажный воздух, сколько *идея*. Он своими глазами видел, как в ходе операции «Ярость призрака» Клэй Бриггс — Фармацевт, их санитар — несколько раз успокаивал таким образом новобранцев (да и стареньких, Бигфута Лопеса, например) перед тем, как те в очередной раз отправлялись хлебнуть лиха. Если мокрая тряпка не помогала, у него в запасе имелся еще один фокус. Билли внимательно слушал объяснения Фармацевта: мол, эти фокусы просто отвлекают обезьяну, что буянит у нас в голове. Он всегда умел слушать — слушать и припрятывать полезные сведения на будущее, как белка запасает орешки.

— Готова рассказывать дальше?

— А можно мне тост? — почти робея, спрашивает она. — И стакан сока?

— Сока нет, есть имбирный эль. Хочешь?

— Да, спасибо.

Он делает тосты, потом наливает в стакан имбирный эль и добавляет кубик льда. Садится напротив. Элис Максуэлл продолжает свою старую как мир историю. Билли слышал и читал ее уже не раз (в частности, недавно она попалась ему в творчестве Эмиля Золя).

Окончив школу, Элис год проработала официанткой в родном городе — откладывала деньги на экономический колледж. Она могла бы учиться и в Кингстоне, там есть целых два неплохих колледжа, но ей хотелось повидать мир. И уехать подальше от мамули, думает Билли. До него начинает доходить, почему она до сих пор не потребовала немедленно вызвать полицию. Вопрос в другом: почему Элис захотела «повидать мир» в этом богом забытом городишке? Загадка.

Сейчас она — студентка колледжа и бариста на полставки в кофейне на Эмери-плазе (это меньше чем в трех кварталах от писательского офиса Билли в «Башне Джерарда»). Там-то она и познакомилась с Триппом Донованом. Пару недель они просто общались. Он ее смешил. Включал обаяние. Неудивительно, что она согласилась, когда он позвал ее поужинать после работы. Еще через пару дней они сходили в кино, а потом — времени этот Трипп, похоже, не терял — он позвал Элис потанцевать в одно хорошее местечко на шоссе номер 13. Она сказала, что совсем не умеет танцевать. Он, конечно, ответил, что тоже не умеет, да и танцевать необязательно, можно просто взять кувшин пива и послушать музыку. Выступать будет кавер-группа «Foghat», они же тебе нравятся? Элис сказала «да». Она понятия не имела, кто такие «Foghat», но в тот же вечер скачала несколько их песен себе на телефон и послушала. Музыка неплохая, немного блюзовая, но в целом — чистой воды рок-н-ролл.

Триппы донованы этого мира могут издалека засечь нужную девушку, думает Билли. Обычно это робкие девицы, которые медленно идут на контакт, потому что боятся сделать первый шаг. Они вполне хороши собой, но ТВ, кино, Интернет и глянцевые журналы начисто отшибли им самооценку, поэтому они, как правило, считают себя некрасивыми или даже уродинами. Они видят свои изъяны — слишком большой рот, слишком близко посаженные глаза, — но не видят достоинств. Модные журналы, что лежат на столиках в салонах красоты, а часто и родные матери уверяют их, что для счастья надо скинуть по меньшей мере двадцать фунтов. Они приходят в отчаяние от каждого лишнего дюйма на талии, груди и бедрах. Когда их приглашают на свидание — это чудо, но тут приходит новая беда: что надеть?! У таких девушек обычно есть подруги, с которыми это можно обсудить, но недавно приехавшая в город Элис подругами обзавестись не успела. Впрочем, когда они с Триппом идут в кино, он будто и не замечает ее простенькой одежды и большого рта. Трипп забавный. Трипп щедро осыпает ее комплиментами. И он настоящий джентльмен. После кино они целуются, но это желанный — *долгожданный* — поцелуй, и Трипп даже не пытается засунуть язык ей в рот или забраться под лифчик.

Трипп тоже здесь учится. Билли спрашивает, сколько ему лет (думая при этом, что вряд ли она знает), но — хвала «Фейсбуку»! — она знает. Триппу Доновану двадцать четыре.

— Староват для студента.

— Вроде бы диплом он уже получил, сейчас учится в аспирантуре.

В аспирантуре, ну-ну, думает Билли.

Конечно, перед танцами в «Ведре» Трипп предложил Элис заглянуть к нему на квартиру и чего-нибудь выпить. Конечно, она согласилась. Вышеупомянутая квартира находилась в одной из многоэтажек района Шервуд-Хайтс рядом с федеральной автомагистралью. Элис поехала туда на автобусе, потому что машины у нее нет. Трипп, как истинный джентльмен, встречал подругу на улице. Он поцеловал ее в щеку, они вошли в лифт и поднялись на третий этаж. Квартира была большая. Снимать такую Трипп мог только в складчину. Его соседей звали Хэнк и Джек. Фамилий Элис не знает. Они показались ей хорошими парнями — встретили, поздоровались, потом ушли в одну из комнат смотреть какой-то спорт по телевизору. Или играть на приставке, она точно не знает.

— На этом месте память начинает тебя подводить?

— Нет. Они ушли к себе и закрыли дверь. — Элис вытирает щеки и лоб влажной салфеткой.

Трипп предложил ей пива. Элис сказала, что не очень любит пиво, но из вежливости согласилась на бутылочку. «Хайнекен» зашел не очень хорошо, пила она медленно. Трипп это увидел и предложил джин-тоник. Дверь в комнату Джека открылась, телевизор затих, и Джек спросил: «Я не ослышался — кто-то сказал «джин-тоник»?»

В общем, все сделали себе по джин-тонику, и вот тут перед глазами Элис все поплыло. Она решила, это с непривычки. Трипп предложил выпить еще: мол, если с первой опьянел, после второй протрезвеешь. Это известный факт. Кто-то из соседей включил музыку, а потом Элис вроде бы танцевала с Триппом в гостиной — и больше она ничего не помнит.

Она кладет себе на лицо салфетку и опять дышит сквозь нее. Бюстгальтер так и валяется под столом, точно мертвый зверек.

— Теперь твоя очередь, — говорит она.

Билли рассказывает, что видел и делал — начиная с визга тормозов и шин под его окнами и заканчивая тем, как уложил ее в кровать. Элис обдумывает его слова, потом говорит:

— У Триппа нет фургона. У него «мустанг». Он заезжал за мной на «мустанге», когда мы ходили в кино.

Билли сразу вспоминает Кена Хоффа. У того тоже был «мустанг». И он в нем умер.

— Хорошая тачка, — замечает он. — Твоя соседка, наверное, обзавидовалась?

— У меня нет соседки. Я снимаю совсем крошечную квартирку. — Только эти слова слетают с ее губ, как глаза испуганно распахиваются: зря ты сказала, что живешь одна! Билли мог бы напомнить ей, что Трипп Донован тоже был в курсе, но лучше не надо. Элис вновь кладет салфетку себе на лицо и тяжело дышит, только на сей раз фокус не срабатывает.

— Ну-ка дай, — говорит Билли и мочит салфетку под краном в кухне, краем глаза приглядывая за Элис. Впрочем, вряд ли она выбежит на улицу в одной футболке. Он возвращается за стол. — Попробуй снова. Дыши медленно и глубоко. — Когда ее дыхание восстанавливается, он говорит: — Идем со мной. Хочу тебе кое-что показать.

Он выводит ее из квартиры на лестницу, потом в коридор. Показывает засохшие рвотные массы на стене:

— Видишь? Тебя вырвало, когда я занес тебя в дом.

— А трусы чьи? Твои?

— Да. Я вообще-то спать собирался. Трусы с меня сползли, пока я пытался не дать тебе захлебнуться собственной блевотой. Со стороны, наверное, смешно выглядело.

Она не улыбается, только повторяет, что у Триппа нет фургона.

— Он мог принадлежать одному из соседей.

По ее щекам начинают катиться слезы.

— О боже. Боже! Нельзя, чтобы моя мать узнала. Она всегда была против моего отъезда.

Это Билли и сам уже понял.

— Ладно, идем обратно. Приготовлю тебе нормальный завтрак. Яичницу с беконом.

— Без бекона, — морщится Элис. Но от яиц не отказывается.

5

Он готовит ей яичницу-болтунью, кладет сбоку два тоста, ставит тарелку на стол и уходит в спальню. Закрывает дверь. Сбежит так сбежит. Фатализму его научила операция «Ярость призрака», когда они улицу за улицей и квартал за кварталом зачищали город от повстанцев. Перед тем как вломиться в дом, Билли всегда проверял, на месте ли пинетка. Чем больше дней проходило без ранений, чем чаще он выходил из очередного зачищенного дома живым, тем выше была вероятность, что в следующем пуля его настигнет. Нельзя бесконечно выбрасывать семерки или нужное количество очков[1] — рано или поздно

[1] Речь идет о популярной игре в кости под названием «Крэпс».

удача от тебя отвернется. Фатализм стал их лучшим другом. *Да похер*, говорили они. *Будь что будет, погнали! Повоюем!* Вот и сейчас то же самое: да похер.

Он надевает светлый парик, усы и очки. Садится на кровать и заглядывает в телефон. Узнав нужное, идет в ванную и припудривает живот детской присыпкой — она, как выяснилось, здорово спасает от раздражения. Потом берет бутафорский живот и несет его в кухню.

Элис, не донеся вилку до рта, широко распахивает глаза. Билли прижимает пенополистироловую штуковину к своему животу и оборачивается.

— Поможешь затянуть пояс? Самому жуть как неудобно!

Он ждет. Многое зависит от того, что случится дальше. Она может отказаться. Может даже пырнуть его ножом для масла, который он сам ей дал. Оружие, прямо скажем, не смертоносное — куда более серьезное ранение она могла бы нанести ему ножом для чистки овощей, пока он спал, но все-таки и столовым ножом можно добавить человеку неприятностей, особенно если приложить силу и бить в правильное место.

Элис не пытается его ударить. Она затягивает ему пояс, причем гораздо лучше, чем он сделал бы это сам, перекрутив живот назад, а пластмассовую пряжку — вперед.

— Когда ты понял, что я в курсе? — тихо спрашивает она.

— Когда ты рассказывала мне свою историю. Я прямо увидел, как у тебя в голове что-то щелкнуло, и сразу началась паническая атака.

— Ты тот, кто убил...

— Да.

— А здесь ты... ну, затаился? Скрываешься от полиции?

— Да.

— Усы и парик — для маскировки?

— Да. И накладное брюхо тоже.

Она открывает рот, потом закрывает. Похоже, вопросы у нее закончились, но она больше не задыхается — Билли надеется, что это тоже шаг в правильном направлении.

А потом думает: кого я обманываю? Нет тут никаких правильных направлений.

— Ты заглядывала — туда?.. — Он указывает ей на колени.

— Да. — Тихим голосом. — Перед тем как вышла осмотреться. Там кровь. И все болит. Я поняла, что ты... или кто-то...

— Там не только кровь. Сама увидишь, когда пойдешь в душ. По меньшей мере один из них не надел презерватив. Скорее всего остальные тоже.

Она опускает вилку с яичницей на тарелку.

— Я выйду ненадолго. В полумиле отсюда, ближе к центру, есть круглосуточная аптека. Машины у меня нет, пойду пешком. В этом штате контрацептивы экстренного действия продают без рецепта, я только что проверил в Интернете. У тебя ведь нет моральных или религиозных причин не пользоваться контрацептивами?

— Боже, нет, конечно! — Опять этот тихий-тихий голосок. И слезы по щекам. — Если я забеременею... — Она мотает головой.

— В некоторых аптеках и женское белье продают. Я тебе куплю, если увижу.

— Я все верну, у меня есть деньги! — Это звучит так нелепо, что она тут же отводит взгляд и заливается краской.

— Твоя одежда в ванной. Как только я уйду, ты можешь одеться и тоже уйти. Я тебя не держу. Но послушай меня, Элис. — Он поворачивает ее лицо к себе. Она напрягает плечи, но взгляд не отводит, смотрит ему в глаза. — Этой ночью я спас тебе жизнь. Было очень холодно, шел ледяной дождь, ты была без сознания очень долго. Тебя накачали наркотой. Ты либо замерзла бы насмерть, либо захлебнулась бы собственной рвотой. Я тебя спас, а теперь вверяю тебе свою жизнь. Понимаешь?

— Меня точно изнасиловали они, а не ты? Клянешься?

— Ручаться, что насиловали тебя именно они, я не могу. Но три парня выбросили тебя из фургона, и в квартире Триппа тоже было трое парней.

Элис прячет лицо в ладонях.

— Мне так стыдно!

Билли искренне озадачен.

— Стыдно? Ты просто доверилась плохим людям, и они тобой воспользовались. Конец истории.

— Тебя показывали в новостях. Ты застрелил человека!

— Да. Джоэл Аллен был плохой человек, наемный убийца. — Как и я, думает Билли, но есть по меньшей мере одно отличие. — Он проиграл в покер крупную сумму двум людям, затем подкараулил их на улице и расстрелял, чтобы вернуть свои деньги. Один из них скончался. Я должен идти сейчас, пока рано и на улице мало народу.

— У тебя есть толстовка?

— Да. А что?

— Надень ее поверх этой штуки. — Она показывает на бутафорский живот. — Будет казаться, что ты пытаешься прикрыть брюхо. Все толстяки так делают.

6

Дождь закончился, но на улице по-прежнему холодно, и Билли рад, что надел толстовку. Он пропускает машину, которая едет по залитой улице и окатывает все вокруг водой, затем переходит дорогу к пустырю. От фургона остался тормозной след — впрочем, на сухом асфальте он получился бы длиннее и темнее. Билли опускается на одно колено. Он знает, что искать, но не ожидает, что найдет. Однако находит. Спрятав предмет в карман, он снова переходит Пирсон-стрит, потому что тротуар с этой стороны улицы сильно изрыт тяжелой техникой, которую городские власти нагнали сюда для сноса старой железнодорожной станции. Судя по разросшемуся бурьяну, снесли ее год назад или раньше, но тротуар восстановить так и не удосужились.

По дороге он нащупывает в кармане потерянную серьгу. Когда полиция его повяжет, серьга отправится в конверт для вещдоков, как и остальные его личные вещи, и Элис вряд ли когда-нибудь ее получит. Билли почти уверен, что она его сдаст. Пусть он действительно спас ей жизнь, он — убийца в розыске. Кроме того, она может испугаться, что ее посадят за пособничество, если она при первой возможности не сдаст его полиции.

Нет, думает Билли. Девушка она робкая, напуганная и растерянная, но не тупая. Она всегда может заявить, что он ее похитил — и ей поверят. Мобильник без сим-карты не работает, даже если она найдет его в ящике комода, но рядом есть «Зоунис», она может позвонить в полицию оттуда. Вероятно, она уже там, и его повяжут на выходе из аптеки. Подъедет несколько полицейских машин с полной иллюминацией, одна запрыгнет на тротуар и перегородит ему дорогу, двери распахнутся еще до полной остановки автомобилей, и на улицу выскочат копы с пушками наголо и криками: *Выходи с поднятыми руками! С поднятыми руками! На землю лицом вниз, быстро!*

Почему же он так поступил?

Отчасти дело в том сне с запахом горелого печенья, что ему приснился. Отчасти виновата Шанис Акерман и ее автопортрет с фламинго. Отчасти даже Фил Стэнхоуп, которая наверняка сказала полиции, что согласилась пойти с ним на свидание, потому что он производил такое приятное впечатление — подающий надежды писатель, будущая звезда. Какая работящая девушка на такого не клюнет? Признается ли она, что переспала с ним? Если нет, то Диана Фасио точно молчать не будет — Диана видела, как утром они выходили из дома и даже выразила свое одобрение по этому поводу.

Возможно, все это так, но главная причина кроется в другом: Билли не мог ее убить. Не мог — и все тут. Тогда он стал бы такой же сволочью, как Джоэл Аллен, или лас-вегасский насильник, или Карл Трилби, снимавший фильмы, в которых взрослые мужики растлевали детей. Поэтому он надел парик, накладное пузо, очки без диоптрий и теперь тащится под дождем в аптеку. Элис Максуэлл знает не только, что он — Уильям Саммерс, она в курсе и про Далтона Смита. А он работал над этой личностью много лет.

Те говнюки могли выбросить ее на другой улице, думает Билли, но выбрали эту. Они могли проехать по Пирсон-стрит чуть дальше, но не проехали. Можно клясть судьбу, однако Билли в судьбу не верит. Можно говорить себе, что на все есть причины... Вот только это враки для людей, не способных посмотреть правде в глаза. Просто так совпало. С того момента, когда насильники выбросили девчонку в канаву, Билли, в сущности, стал коровой, бредущей вместе со стадом на скотобойню, потому что других вариантов у него нет. Имеем то, что имеем, как говорили в песках. А значит — похер.

Однако один крошечный проблеск надежды у него все же остался: Элис велела ему надеть толстовку. Может, это ерунда и она просто хотела втереться к нему в доверие — а может, и нет.

Может, и нет.

7

Аптека относится к сети «Си-Ви-Эс». Билли находит нужные контрацептивы в проходе под вывеской «Планирование семьи». Стоят они пятьдесят долларов — наверное, по сравнению с альтернативными вариантами это не очень дорого, — а лежат на нижней полке (чтобы плохим девочкам было сложнее их отыскать?). Взяв с полки упаковку, Билли выпрямляется и тут замечает в двух проходах от себя чью-то рыжую кудрявую шевелюру. Сердце замирает в груди. Билли приседает и потом медленно-медленно высовывается из-за коробок с вагисилом и монистатом. Нет, это не Дана Эдисон, самый суровый из молодчиков Ника Маджаряна. Это вообще не мужчина. Это женщина, собравшая копну рыжих волос в высокий хвост.

Спокойно, говорит он себе. Хватит дергаться. Дана и остальные давно вернулись в Вегас.

Наверное.

Нижнее белье висит на дальней стене. В основном это трусы для женщин, страдающих недержанием, но есть и другие виды. Билли думает взять бикини, потом спохватывается: Элис может расценить это как неприличный намек. Даже смешно, ей-богу, — он словно надеется, что она не сбежит в его отсутствие. Но на что еще ему надеяться, в конце концов? Да и возвращаться больше некуда. Так что он пойдет домой.

Билли берет упаковку хлопковых шортиков «Хэйнс» и несет их на кассу, поглядывая в окно: нет ли на улице полицейских машин? Пока нет. Конечно, они не стали бы парковаться у входа. Злоумышленник может увидеть их и захватить заложников в магазине. На кассе сидит женщина лет пятидесяти. Она молча пробивает его покупки, но Билли прекрасно умеет читать лица и знает, о чем она думает: у кого-то была веселая ночка. Расплатившись картой Далтона Смита, он выходит под дождь — теперь это легкая морось, — морально готовясь к аресту. На улице никого нет, кроме трех женщин, увлеченно болтающих друг с другом. Они входят в аптеку, даже не глядя на него.

Билли возвращается в дом номер 658 по Пирсон-стрит. Дорога кажется бесконечной, поскольку с каждой минутой его надежда крепнет — быть может, напрасно. Она, хоть и из пернатых[1], — птица коварная. Копы могут ждать его за домом или в квартире.

Впрочем, за старой трехэтажкой бравых парней в синем тоже не оказывается. И в квартире его ждет только Элис. Она смотрит по телевизору программу «Сегодня».

Элис поднимает голову — и между ними что-то проскакивает. Билли переносит аптечный пакет в левую руку и роется в правом кармане. Затем протягивает ей ладонь (Элис едва заметно отшатывается). Синяки на ее лице сейчас в самом цвету. Так и кричат: меня избили и изнасиловали.

— Вот, нашел твою серьгу.

Он открывает ладонь и показывает ей свою находку.

---

[1] Слова из стихотворения Эмили Дикинсон «Надежда — из пернатых» (перевод А. Гаврилова).

8

Элис уходит в ванную, чтобы надеть новое белье, но остается в футболке: юбка еще не просохла.

— Джинса сохнет целую вечность, — говорит она.

Потом запивает таблетку водой из-под крана. Билли рассказывает ей про побочки: тошноту, головокружение...

— Я умею читать. А соседей у тебя, кстати, нет? В доме такая тишина... Гробовая.

Билли рассказывает про Дженсенов, уехавших в круиз (никто пока не знает, что спустя полгода круизные линии закроются, а с ними и почти весь турбизнес страны). Потом отводит Элис наверх (идет она вполне охотно) и знакомит ее с Дафной и Уолтером.

— Ты их залил. Утопить хочешь?

— Нет.

— Дай им пару дней просохнуть. — Она умолкает. — Или через пару дней тебя здесь не будет?

— Буду. Хочу перестраховаться и посидеть подольше.

Элис осматривает кухню и гостиную Дженсенов — оценивающе, по-женски. А потом потрясает его до глубины души своей просьбой. Нельзя ли ей пожить у него? Может, даже остаться в подвале на пару дней после того, как он уедет?

— Не хочу выходить, пока синяки не сойдут, — признается она. — Я похожа на жертву автокатастрофы. И еще: вдруг Трипп начнет меня искать? Он знает, где я учусь и где живу...

Билли думает, что Триппу и его дружкам она больше не нужна: повеселились, и хватит. Ну да, возможно, они прокатятся по Пирсон-стрит и проверят, не затянута ли канава полицейской желтой лентой, а потом, когда протрезвеют — или выветрится наркота, — наверняка посмотрят местные новости: нет ли там чего про найденную в канаве мертвую девушку. Но вслух Билли этого не говорит. Пусть она остается — это решит львиную долю его проблем.

Когда они возвращаются в подвал, Элис говорит, что устала. Нельзя ли ей немного поспать в его кровати? Билли не против, если только ее не тошнит и голова не кружится — в таком случае лучше еще немного пободрствовать.

Элис заверяет его, что все нормально, и уходит в спальню. Она делает вид, что больше не боится его, но Билли-то знает: еще как боится. Любая нормальная девушка боялась бы. Однако помимо страха она по-прежнему испытывает шок, унижение, стыд. Билли сказал, что стыдиться ей нечего, но она, конечно, не приняла его слова к сведению. Позже она придет к выводу, что напрасно захотела здесь остаться — это была очень, очень плохая идея. Но сейчас ей нужен только сон. Это видно по тому, как она сутулится, как волочит по полу босые ноги.

Билли слышит скрип матрасных пружин. А когда через пять минут заглядывает в спальню, Элис уже спит (или мастерски изображает крепкий сон).

Билли включает ноутбук и возвращается к тому месту, на котором остановился. Сегодня ты писать не сможешь, говорит он себе, слишком много всего происходит, голова забита. А в соседней комнате спит девчонка, которая в любой момент может проснуться и понять, что надо делать ноги.

Впрочем, в голове крутится не только это. Параллельно Билли вспоминает волшебное средство Фармацевта от панических атак — мокрую тряпку. В самом деле, чудо какое-то. Но ведь это было не единственное чудо в арсенале Клэя Бриггса, так? Улыбнувшись, Билли опускает пальцы на клавиатуру и начинает писать. Сперва получается как-то плоско, рвано, но очень скоро он входит в ритм. И мысли об Элис вылетают из головы.

9

Клэй Бриггс — Фармацевт, Фарм — был санитаром первого класса. Лечил и латал всех, кто нуждался в лечении и латании, но при этом был насквозь и с головы до ног наш, из «Горячей девятки». Невысокий, жилистый. Редеющие волосы, крючковатый нос, очочки без оправы, которые он без конца натирал. Спереди на шлеме носил пацифику и успел целую неделю (пока начальство не засекло) проходить с приклеенным сзади стикером «НЕ О МОЛОКЕ НАДО ДУМАТЬ. СЕКС — ВОТ ЧТО ГЛАВНОЕ»[1].

Панические атаки были среди морпехов обычным делом, пока шла операция «Ярость призрака» (и шла, и шла, и не было ей конца). Считается, что у морпехов вроде как иммунитет от таких штук, но, конечно, это неправда. Парни сгибались пополам, иногда падали, начинали хрипеть и сипеть. Большинство банкоголовых считали себя доблестными воинами и не признавались, что им страшно. Мол, кашель просто от дыма и пыли в воздухе. Фармацевт не спорил — ну да, просто пыль, просто дым, — а укладывал им на лица мокрые тряпки. «Подыши через тряпку, — говорил он, — она сработает как фильтр, и дыхание восстановится».

Имелись в его арсенале и другие чудо-средства. Некоторые он сам придумал, некоторые нет, но все они работали (по крайней мере сначала): если бахнуть по жировику или шишке ребром толстой книги, они исчезнут (он называл это «библейским методом»); если зажать нос и громко петь: «А-а-а-а», — можно купировать приступ икоты или кашля; носовое кровотечение остановит паровая ингаляция с бальзамом «Викс Вейпораб», а воспаление роговицы снимет натирание век серебряной долларовой монетой.

— Почти все мои штучки — это методы народной медицины. От бабули набрался, — однажды признался мне Фарм. — Я пользуюсь теми, которые действительно помогают — но помогают они потому, что *я* так сказал.

Потом он спросил, как мой зуб, — один коренной давно меня беспокоил.

Я ответил, что болит просто адски.

— Что ж, это можно исправить, — сказал он. — У меня в рюкзаке есть змеиный погремок, купил его однажды на

[1] Отсылка к словам хряка Наполеона из повести Джорджа Оруэлла «Скотный двор» (перевод И. Полоцка): «Не о молоке надо думать, товарищи!.. Урожай — вот что главное».

«Ибэй». Сунь его за щеку, пососи немного, и боль сразу утихнет.

— Не, я пас, — говорю.

Он даже обрадовался, потому что погремок лежал на самом дне рюкзака и пришлось бы вытряхивать все вещи, чтобы до него добраться. Если он вообще был там. Столько лет прошло, а я до сих пор гадаю, помогло бы мне его средство или нет. Тот зуб мне в итоге выдернули.

Самое удивительное чудо на моей памяти Фармацевт сотворил в августе 2004-го, во время затишья между апрельской «Бдительной решимостью» и ноябрьской «Яростью призрака». Летом паническая атака случилась у политиков. Вместо того чтобы спустить нас с цепи окончательно, они решили дать иракской полиции и армии шанс самим зачистить город от повстанцев и восстановить порядок на улицах. Важные иракские политики говорили, что все получится, но они-то сидели в Багдаде. А в Эль-Фаллудже многие полицейские и военные сами были моджахедами.

В ту пору мы большую часть времени торчали за городом, а на июнь-июль нас вообще отправили в Эр-Рамади, где было относительно тихо. Когда мы все-таки вернулись в Эль-Фаллуджу, нашей задачей было «завоевывать умы и сердца». На деле это означало лишь то, что переводчики — толмачи — от нашего имени вешали лапшу на уши муллам и местным лидерам, вместо того чтобы орать в мегафоны: «А ну вылезайте, свинотрахари сраные!» — пока мы носимся на джипах по улицам, зная, что в любой момент можем схлопотать пулю, поймать растяжку или подорваться на фугасе. Мы раздавали детям сладкое, игрушки и комиксы про Супермена — вместе с листовками, которые им полагалось отнести домой, где рассказывалось про разные блага, которые якобы может предоставить им государство, а повстанцы — не могут. Дети съедали конфеты, обменивались комиксами, а листовки выбрасывали.

В ходе «Ярости призрака» мы по несколько дней кряду отсиживались в так называемой «Лалафаллудже» (местечко назвали так в честь музыкального феста «Лоллапалуза»). Спали, когда могли, на крышах, выставив караул по четырем сторонам света, — высматривали повстанцев, лезущих на соседние крыши с целью нанести нам хотя бы незначительный урон, причинить боль. Эдакая смерть от тысячи порезов. Мы тогда изъяли сотни гранатометов и другого оружия, но сами хаджи никак не переводились, так и лезли из всех щелей.

Впрочем, тем летом наша служба чем-то напоминала и обычную работу от звонка до звонка. Днем мы ехали в город «завоевывать умы и сердца», а до наступления темноты возвращались на базу. Хотя открытые военные действия не велись, мы не горели желанием оставаться в Лалафаллудже после захода солнца.

Однажды по дороге на базу мы увидели на обочине перевернутый и все еще дымящийся «игл». Ему полностью оторвало перед, дверь со стороны водителя была открыта, а лобовое стекло изнутри заляпано кровью.

— Черт, это же машина подполковника, — сказал Кляча.

У нас на базе был ВПГ — военно-полевой госпиталь. Даже не палатка, а что-то вроде навеса без стенок с двумя большими вентиляторами в разных концах. В тот день на улице стояла жара (как и всегда, впрочем). Мы услышали крики Джемисона.

Фарм бросился к палатке, на бегу снимая с себя рюкзак. Остальные за ним. В госпитале было еще два пациента, которым тоже нехило досталось, но все же не так, как Джемисону. У одного рука висела на перевязи, у второго была забинтована голова.

Джемисон лежал на койке, ему капали в вену какой-то раствор (кажется, он назывался «лактат Рингера»). На месте его левой ступни была давящая повязка, которая уже пропиталась кровью. Левую щеку ему разорвало, кровоточащий левый глаз криво торчал в глазнице. Два пехотинца держали Джемисона, пока медик пытался засунуть в него таблетки с морфином, но подполковник не хотел ничего глотать. Он вертел головой как бешеный, в ужасе таращась по сторонам уцелевшим глазом. Наконец глаз остановился на Фармацевте.

— Больно! — проорал он. От нашего властного (и порой юморного) подполковника ничего не осталось, боль поглотила все. — Больно! Как же, сука, *больно*, боже мой!

— Вертолет уже в пути, сэр, — сказал один из медиков. — Успокойтесь. Вот обезболивающие, выпейте...

Джемисон поднял окровавленную руку и вышиб таблетки у него из ладони. Джонни Кэппс бросился их собирать.

— *Больно! Больно! БО-О-О-ЛЬНО!*

Фарм упал на колени рядом с койкой.

— Слушайте, сэр. Я знаю верное средство от боли — лучше всякого морфина.

Уцелевший глаз вновь уставился на Фарма, только вряд ли подполковник что-то видел.

— Бриггс? Это ты?

— Так точно, сэр, ваш док Бриггс. Давайте споем.

— Мне очень больно!

— Надо петь, сэр. Так вы перехитрите боль.

— Ага, это чистая правда, сэр, — подхватил Тако, а сам на меня косится, мол, что за бред?!

— Начинаем, — сказал Фарм. И запел. Зычно так, от души: — Если ты в лес пойдешь сегодня... Теперь вы.

— Больно!

Фармацевт взял его за правое плечо. С другой стороны рубашка Джемисона была разодрана, и лохмотья пропитались кровью.

— Пойте — и сразу полегчает. Гарантирую. Я начну еще раз, а вы подпевайте. Если ты в лес пойдешь сегодня...

— Если ты в лес пойдешь сегодня, — прохрипел подполковник и вдруг спросил: — Это «Медвежий пикник»[1], что ли? Ты издеваешься, скотина...

— Нет, нет, пойте. — Фармацевт огляделся по сторонам. — Помогите мне, ребят, а? Кто знает песню?

Так случилось, что я знал — мама пела ее моей сестре, когда та была совсем мелкой. Снова и снова, пока Кэти не заснет.

Пел я скверно, но все-таки заревел:

— Если ты в лес пойдешь сегодня, ждет тебя там сюрприз! Если уж в лес пойдешь сегодня...

---

[1] Детская песня «Teddy Bears' Picnic» Джона Уолтера Браттона (1907, музыка) и Джимми Кеннеди (1932, слова).

— ...мишкой ты нарядись, — закончил строчку Джемисон. Он по-прежнему хрипел.

— Так держать! — гаркнул Фармацевт и пропел: — А почему? Секрета здесь нет: всех мишек в лесу ждет сегодня обед. Пикник для медведей и всех их соседей...

Тут к нам присоединился солдат с забинтованной головой. У него оказался чудесный сильный баритон.

— ...большой медвежий пи-и-и-кник!

— Давайте, подполковник, запевайте, — сказал Фарм, стоявший на коленях возле койки. — Большой...

— ...медвежий пикни-и-к! — Большую часть строчки Джемисон проговорил, но последний слог «пикника» все же пропел, растягивая его, как солдат с забинтованной головой. И в этот миг Джонни Кэппс метнул ему в рот таблетки морфина — точно в цель.

Фарм обернулся и посмотрел на остальных солдат «Горячей девятки». Он был похож на чокнутого тамаду, который пытается вовлечь в действо всех гостей на празднике.

— Если ты в лес пойдешь сегодня... а ну-ка, хором!

И вот уже все бойцы «Девятки» поют первый куплет «Медвежьего пикника» подполковнику Джемисону. Поначалу они просто притворялись, что поют, но к третьему разу выучили слова и запели по-настоящему. Два раненых солдата подпевали. Затем подключились и медики. В четвертый раз Джемисон, обливаясь потом, пропел весь куплет. К палатке стали сбегаться люди — они не понимали, что происходит.

— Боль стихает, — выдохнул Джемисон.

— Морфин подействовал, — сказал Альби Старк.

— Не он. Еще раз. Прошу. Еще раз.

— И еще раз! — воскликнул Фарм. — Давайте, ребята, с чувством! У нас пикник, а не похороны, мать вашу!

И мы запели: *Если ты в лес пойдешь сегодня, ждет тебя там сюрприз!*

К нам начали присоединяться морпехи, прибежавшие посмотреть, в чем дело. К тому времени, когда Джемисон потерял сознание, нас было уже человек сорок — мы орали во всю глотку идиотскую детскую песенку и «Черного ястреба», прилетевшего за подполковником Джемисоном, заметили, только когда тот сел нам практически на головы. Никогда не забуду...

10

— Что делаешь?

Билли вздрагивает, словно его выдернули из сна, и оглядывается. На пороге спальни стоит Элис Максуэлл. Синяки ярко выделяются на фоне белой кожи, волосы торчат во все стороны, левый глаз опух и не открывается до конца (Билли сразу вспоминает подполковника, лежавшего в палатке под вентиляторами, которые даже на полной мощности не справлялись с адовой жарой).

— Ничего. В игрушку режусь. — Он нажимает «сохранить», выключает ноутбук и закрывает крышку.

— Много надо печатать в твоей игрушке.

— Проголодалась?

Элис обдумывает его вопрос.

— У тебя, случайно, нет супа? Я голодная, но жевать ничего не хочу — кажется, щеку прикусила, пока была в отключке.

— Томатный или куриный с вермишелью?

— Куриный, пожалуйста.

Вот и славно — в шкафчике как раз завалялось две банки куриного супа, а томатного только одна. Он подогревает суп и наливает обоим по тарелке. Съев свою порцию, она просит вторую — и, если можно, кусочек тоста с маслом? Тост она макает в бульон. Заметив на себе взгляд Билли (его тарелка давно пуста), она виновато улыбается.

— Мама говорит, я ем как свинья, когда голодная.

— Твоей мамы здесь нет.

— И слава богу! Она сказала бы, что я рехнулась. Наверное, я в самом деле рехнулась: сперва насильника подцепила, а теперь живу под одной крышей с...

— Заканчивай, не стесняйся.

Элис не закачивает.

— Мама хотела, чтобы я осталась в Кингстоне и выучилась на парикмахера, как моя сестра. Джерри хорошо зарабатывает, и я тоже могла бы.

— Но почему ты выбрала экономический колледж в этом городе? Ума не приложу.

— Здесь дешевле всего. При этом сам колледж хороший. Ты доел?

— Да.

Она относит тарелки и ложки в раковину, а потом стеснительно одергивает подол футболки. По осторожной походке видно, что ей до сих пор больно. Может, посоветовать ей спеть первый куплет «Медвежьего пикника»? Или они споют вместе — дуэтом.

— Чего улыбаешься?

— Ничего.

— Надо мной смеешься, да? Я выгляжу как боксер после боя.

— Нет, просто вспомнил одну забавную историю из армейской жизни. Твоя одежда наверняка высохла.

— Ага. — Элис не спешит переодеваться, а снова садится за стол. — Ты убил того человека ради денег? Так ведь?

Билли думает о полумиллионе долларов (минус деньги на мелкие расходы), что лежат на его счету в офшорном банке. Потом — о полутора миллионах, которые ему пока не перевели.

— Все сложно.

Элис улыбается, поджав губы.

— А разве бывает просто?

11

Она листает кабельные каналы. Ненадолго останавливается на Ти-си-эм, где Фред Астер танцует с Джинджер Роджерс, потом идет дальше. Посмотрев рекламно-информационную программу про косметические средства, выключает телевизор.

— Так чем ты занимаешься?

Жду, думает Билли. Больше делать все равно нечего. Работать над своей писаниной в присутствии Элис он не может: стесняется. Только ее расспросов не хватало. Из всего странного, что с ним происходило в жизни — а такого было немало, — эти дни на Пирсон-стрит, пожалуй, самые странные.

— Что за домом?

— Небольшой дворик и дренажная канава, какие-то чахлые деревья. Потом невысокие постройки — складские помещения, наверное. Еще с той поры, когда там останавливались поезда. — Он показывает на окно-перископ, задернутое шторой. На улице опять льет как из ведра, и ничего не видно. — По-моему, они заброшенные.

Элис вздыхает.

— Мертвейший район города, короче.

Билли хочет сказать, что у прилагательного «мертвый» степени сравнения отсутствуют по определению (как, например, у слова «глухой»), но не говорит, потому что Элис права.

Она сидит, уставившись в пустой телеэкран.

— «Нетфликса» у тебя нет?

Вообще-то есть — на одном из дешевых ноутов, — но Билли приходит в голову идея получше.

— У Дженсенов есть. Наверху. И попкорн даже был, если не съели. Я им покупал.

— Пойду проверю, высохла ли юбка.

Она идет в ванную и закрывает дверь. На замок. Значит, Билли все еще на испытательном сроке. Вскоре Элис выходит в своей джинсовой юбке и футболке с «Black Keyes». Они поднимаются к Дженсенам. Пока Билли пытается включить «Нетфликс» на телевизоре (он в четыре раза больше, чем его телевизор в подвале), Элис смотрит в окно на задний двор.

— Там есть гриль. Стоит открытый посреди лужи. Весь двор — одна сплошная лужа.

Билли дает ей пульт. Она пару минут листает каталог сериалов, потом спрашивает Билли, нравится ли ему «Черный список».

— Не смотрел.

— Тогда включаю с первой серии.

Начинается сериал нелепо, но Билли быстро входит во вкус, потому что главный герой, Ред Реддингтон, харизматичен и находчив. Всегда на шаг впереди своих противников — жаль, Билли так не умеет. Они смотрят три серии подряд под барабанную дробь дождя по крыше. Билли делает попкорн в микроволновке Дженсенов, и они оба жадно на него набрасываются. Элис моет миску и ставит ее на сушилку.

— Все, больше не могу, а то голова разболится, — говорит она. — Если хочешь, можешь смотреть без меня. Я пойду вниз.

Вот так запросто. Будто они соседи, делят на двоих один дуплекс. Хоть сериал про нас снимай. *Экзистенциальная парочка*. Билли говорит, что тоже насмотрелся, но не откажется вернуться к приключениям Реда позже.

Заперев квартиру Дженсенов, они возвращаются в подвал. После попкорна ужинать не хочется. Вместо ужина они включают новости и едят готовый пудинг из стаканчиков.

— Сплошной дрянью питаемся. Марафон вредной еды, — говорит Элис. — Мама сказала бы...

— Не начинай.

Первым делом в новостях показывают сюжет не про убийство Джоэла Аллена, а про взрыв газа в Сенатобии, в соседнем штате Миссисипи — три человека погибли, двое получили тяжелые ранения. Кроме того, к западу от Ред-Блаффа затопило платную трассу, и теперь она временно закрыта.

— Сколько думаешь тут просидеть? — спрашивает Элис.

Билли и сам в последнее время задавал себе этот вопрос. Если люди, которые его ищут — местные копы, ФБР, молодчики Ника, — думают, что он притаился где-то в городе, то, по их мнению, он просидит в укрытии от силы дней пять-шесть. Значит, лучше пробыть на Пирсон-стрит подольше: пусть придут к выводу, что он все-таки сумел улизнуть из города сразу после выстрела. Главное, чтобы Элис не решила усложнить ему жизнь побегом.

— Дня четыре. Может, пять. Тебе это по силам, Элис? — Кажется, он впервые назвал ее по имени... Или нет? Уже не вспомнить.

— Я видела на чеке, сколько стоила таблетка. Если я останусь — мы в расчете?

Возможно, она пытается обвести его вокруг пальца, но почему-то Билли так не думает. Ей нужно зализать раны, и она в самом деле решила, что он безобиден. По крайней мере для нее. А все-таки дверь в ванную она заперла, когда переодевалась... Значит, не доверяет. Он дурак, если хочет убедить себя в обратном.

— Ага. В расчете.

12

Первая ссора происходит тем же вечером, в половине одиннадцатого. Они пытаются решить, кто спит на кровати, а кто на диване. Билли настаивает, чтобы на кровати спала она. Диван вполне его устроит.

— Это сексизм!

— Спать на диване — сексизм? Ты смеешься?

— Вести себя как мужчина — сексизм. Ты слишком высокий. У тебя ноги не поместятся, будут на пол свисать.

— Я их положу вот сюда. — Он похлопывает диванный подлокотник.

— Тогда вся кровь сбежит вниз, и ноги затекут.

— Но ведь тебя... — Он умолкает, пытаясь подобрать слово. — На тебя напали. Тебе нужен нормальный отдых. *Сон*.

— Ты хочешь спать на диване, потому что боишься, что из гостиной я сбегу. Но я не собираюсь убегать! Мы договорились.

Да, думает Билли, и если она собирается сдержать слово, надо обсудить легенду — что она будет рассказывать людям, когда я уеду. Интересно, она слышала про стокгольмский синдром? Если нет, придется объяснить.

— Давай подбросим монетку. — Он достает из кармана четвертак.

Элис протягивает ему руку.

— Чур я бросаю. Тебе нельзя доверять, ты преступник.

Билли смеется. Она — нет. Но едва заметно улыбается. Билли думает, что улыбка была бы хорошей, если бы Элис все же дала себе волю.

Он вручает ей четвертак.

— Орел или решка? Скажешь, когда монета будет в воздухе.

Элис ловко подкидывает монету — чувствуется опыт. Билли кричит: «Решка!» (Он всегда выбирает решку, Тако его научил.) Выпадает решка.

— Значит, ты спишь на кровати, — объявляет Билли. Элис не возражает. Она даже рада. Ходит она до сих пор очень осторожно.

Она закрывает за собой дверь в спальню. Свет под дверью гаснет. Билли снимает обувь, брюки, рубашку и ложится на диван. Тянется к выключателю и тоже гасит свет.

Из другой комнаты раздается очень тихое:

— Спокойной ночи.

— Приятных снов, — отвечает он, — Элис.

Глава 15

1

Билли снова в Эль-Фаллудже. Пинетка пропала.

Они с Фармом, Тако и Альби Старком сидят за перевернутым такси. Остальные бойцы «Девятки» — за сгоревшим хлебным фургоном. Альби лежит головой на коленях Тако, а Фарм пытается его залатать. Но это бесполезно, все врачи клиники Мэйо[1] не смогли бы ему помочь. На коленях Тако скопилась лужа крови.

Да пустяки, царапина, сказал Альби, когда хаджи напали на них из засады, и четверо солдат нырнули за перевернутую «короллу». Он зажимал рукой шею, но улыбался. Потом кровь забила фонтаном промеж его пальцев, и он начал задыхаться.

По ним открыли ураганный огонь из окон дома, который стоит дальше по улице. В верхних окнах и на крыше видно повстанцев, и пули барабанят по днищу такси. Тако запросил огневую поддержку с воздуха и теперь кричит остальным, укрывшимся за хлебным фургоном, что птица уже рядом, пара «хеллфайеров» — и эти ушлепки заткнутся, осталось переждать две минуты, от силы пять. Фарм стоит на коленях, подняв к небу свой пыльный зад, и обеими руками сжимает шею Альби, но кровь продолжает хлестать — с каждым ударом сердца между пальцев вы-

---

[1] Клиника Мэйо — один из крупнейших медицинских и исследовательских центров мира. Находится в городе Рочестер, штат Миннесота.

стреливает новый фонтанчик, — и Билли видит в глазах Тако правду.

Джордж, Хой, Джонни, Бигфут и Кляча открыли по боевикам ответный огонь, потому что увидели, что уроды на крыше вот-вот найдут нужный угол обстрела и доберутся до Билли и всех, кто спрятался за «короллой». Укрытие неважное, геометрия сулит им верную смерть. Неизвестно, смогут ли они вести огонь по боевикам до прибытия «Кобры» с ракетами.

Билли оглядывается по сторонам в поисках пинетки: она ведь только что висела на поясе, значит, должна быть где-то рядом. Если сейчас взять ее в руки, все волшебным образом устроится, это как спеть всей толпой «Медвежий пикник». Но пинетки рядом нет, и он знает, что ее нет, однако поиски талисмана позволяют ему не смотреть на Альби, который сейчас делает последние судорожные вдохи и пытается окинуть взглядом весь мир, прежде чем его покинуть. Интересно, что он видит и что увидит на другой стороне: жемчужные ворота, золотые берега или черное ничто? Джонни Кэппс орет из-за фургона: *Бросайте его, бросайте, бросайте и бегите сюда!* — но они не бросят его, потому что своих не бросают, это самое главное гребаное правило сержанта Аппингтона, и пинетки нет, пинетки нигде нет, он потерял ее навсегда, и удача от него отвернулась, и Альби уходит, уже почти ушел, эти жуткие вздохи, в ботинке почему-то дыра, и оттуда течет кровь, черт подери, ему прострелили ступ...

2

Билли резко подскакивает, чуть не падая с дивана. Он не в Эль-Фаллудже, а в доме на Пирсон-стрит, и за стенкой хрипит вовсе не Альби Старк.

Он несется в спальню и видит, что Элис сидит в кровати, одной рукой стискивая горло — точно так же Альби стискивал горло, когда думал, что пуля только его оцарапала. Глаза у нее выпучены, и она явно в панике.

— Намочи... — *у-уп!* — тряпку! — *У-уп!*

Он бежит в ванную, мочит салфетку под краном, не дожидаясь, пока вода станет теплой, возвращается в спальню и накрывает ей лицо. Слава богу, он больше не видит ее глаза — они так таращатся, что вот-вот выскочат из орбит и повиснут на щеках.

Элис по-прежнему делает судорожные вдохи.

Билли запевает первую строчку «Медвежьего пикника».

У-уп! У-уп! — раздается в ответ.

— Элис, пой со мной! Подпевай, слышишь? Дыхательные пути сразу откроются! Если ты в лес пойдешь сегодня...

— Если ты в лес... пойдешь... сегодня... — После каждого слова или двух она пытается набрать воздух в легкие.

— Ждет тебя там сюрприз.

Элис под салфеткой трясет головой. Билли хватает ее за плечо — оно покрыто синяками, и да, он делает ей больно, плевать, лишь бы достучаться.

— На одном дыхании, слышишь? Ждет тебя там сюрприз!

— Ждет тебя там... сюрприз. — *У-уп!*

— Вот так, уже лучше. А теперь обе строчки вместе, и с чувством, поняла? Если ты в лес пойдешь сегодня, ждет тебя там сюрприз! Давай, хором. *À deux.* Вместе.

Она поет вместе с ним дуэтом, только голос Элис слегка приглушен влажной салфеткой. На месте ее рта при каждом вдохе появляется вмятина в форме полумесяца.

Билли сидит рядом. Наконец ее дыхание начинает выравниваться. Он обнимает ее за плечи.

— Все прошло. Все отлично.

Она снимает с лица салфетку. Лоб облеплен мокрыми прядями волос.

— Что это за песня?

— «Медвежий пикник».

— Она всегда помогает?

— Ага. — Если, конечно, тебе не оторвало половину горла.

— Надо скачать на телефон. — Тут до нее доходит. — Черт, у меня же нет телефона!

— Я скачаю на один из ноутбуков, — говорит Билли, указывая на гостиную.

— Зачем тебе столько? Для чего они?

— Для антуража. Это значит...

— Я знаю, что это значит. Часть твоей новой личности. Как парик и живот. — Основанием ладони она смахивает со лба мокрые пряди. — Мне приснилось, что он меня душит. Трипп. Думала, умру. Еще он приговаривал: «Ну-ка, снимай трусишки», — и голос у него был такой странный, рычащий, совсем не как в жизни. А потом я проснулась...

— ...и не смогла вдохнуть.

Она кивает.

— Видела фильм «Избавление»? Про парней, которые шли на каноэ по горной реке?

Элис смотрит на него как на сумасшедшего.

— Нет. А при чем тут это?

— «Ну-ка, снимай трусишки» — слова из этого фильма. — Он легонько дотрагивается до синяков на ее шее. — Скорее всего твой сон — это воспоминание, которое мозг восстановил сам, без твоего участия. Возможно, именно эти слова ты услышала перед тем, как окончательно потерять сознание. Причем потеряла ты его не только от наркотиков. Он действительно тебя душил. Ты везучая. Он и убить мог, и тут уж без разницы, случайно или нет.

— Если ты в лес пойдешь сегодня, ждет тебя там сюрприз... Так, а дальше что?

— Всю песню не помню. Но первый куплет звучит так: «Если ты в лес пойдешь сегодня, ждет тебя там сюрприз. Если уж в лес пойдешь сегодня, мишкой ты нарядись». Твоя мама тебе не пела такую песню в детстве?

— Моя мама вообще не пела. У тебя отличный голос.

— Поверю на слово.

Они еще немного сидят рядом. Дыхание Элис полностью восстановилось. Теперь, когда кризис миновал, Билли вдруг понимает, что он в одних трусах, а Элис — в одной футболке с «Black Keyes». Он встает.

— Ладно, я пошел. Все будет хорошо.

— Не уходи. Посиди еще немного.

Он садится обратно. Она пододвигается к нему ближе. Билли ложится рядом, подкладывая ей руку под голову, как подушку. Поначалу он напряжен, как струна.

— Расскажи, почему ты застрелил того человека. — Пауза. — Пожалуйста.

— После таких историй не очень-то спится.

— Ну и что. Я все равно хочу послушать. Понять. Потому что ты не производишь впечатление злодея.

Вот и я всегда так себе говорил, думает Билли. Но последние события заставили меня в этом усомниться. Билли виновато косится на картинку с фламинго Дэйвом, что лежит у него на тумбочке.

— Это строго между нами, ясно?

Она робко улыбается.

Да, сказка на ночь получается шизовая, но что поделать. Билли рассказывает все — с того момента, как Фрэнк Макинтош и Пол Логан приехали за ним в гостиницу. Сперва он подумывает изменить их имена (как делал поначалу в своей книге), но потом понимает, что толку от этого мало. Про Кена Хоффа и Джорджо она уже знает из новостей. Только одно имя Билли меняет: Ник Маджарян становится Бенджи Компсоном. Потому что такие знания могут крупно подпортить ей жизнь.

Билли надеялся, что чистосердечное признание поможет ему прояснить некоторые моменты, разобраться в себе. Не помогло. Зато Элис начинает ровно дышать, успокаивается — какая-никакая польза от его рассказа есть.

Обдумав услышанное, она спрашивает:

— Ладно. Тебя нанял Бенджи Компсон. А кто нанял его?

— Не знаю.

— И зачем они впутали во все это Кена Хоффа? Почему гангстеры сами не могли винтовку тебе подогнать?

— Думаю, Хофф им был нужен как хозяин «Башни Джерарда». Того здания, откуда я стрелял.

— Куда тебя вроде как прикомандировали, и ты там просидел бог знает сколько времени.

Прикомандировали, ага. Как журналистов, которых прикрепляли к воинским подразделениям для освещения войны в Ираке. Они надевали бронежилеты, шлемы и отправлялись в горячие точки. А потом писали статьи, снимали защиту и уезжали домой.

— Ну, не так уж долго я там сидел.

— Все равно, звучит очень сложно.

Билли тоже так думает.

— Кажется, я сейчас усну. — Не глядя на него, она добавляет: — Если хочешь, можешь остаться тут.

Опасаясь, как бы органы ниже пояса опять его не подвели, Билли отвечает, что лучше поспит на диване. Может, Элис все понимает. Взглянув на него, она кивает, отворачивается и закрывает глаза.

3

Утром Элис говорит, что у них почти кончилось молоко, а есть колечки «Чириос» всухомятку — то еще удовольствие. Да я в курсе, думает Билли. Он предлагает ей пожарить яичницу, но и яйцо в холодильнике осталось всего одно.

— Не знаю, почему я купил всего полдюжины...

Потому что не ждал гостей, вот почему.

— А я знаю. Ты не рассчитывал, что придется кормить еще одного человека.

— Ладно, схожу в «Зоунис». Там есть и молоко, и яйца.

— Может, дойдешь до «Харпс» на Пайн-плазе? Там можно взять свиные отбивные или еще какое-то мясо. Когда закончится дождь, пожарим на углях. И какой-нибудь свежей зелени купи, знаешь, в пакетах? Пайн-плаза не так уж и далеко.

Первая мысль Билли: ага, она пытается сплавить меня из дома, чтобы убежать. Но потом он видит желтеющие синяки на ее щеке и лбу, распухший нос (отек только-только начал сходить) и думает: нет, все ровно наоборот. Она вьет гнездо. Пусть и временное.

Постороннему человеку это показалось бы сущим безумием, но не ему. В его глазах все логично. Она могла умереть в придорожной канаве, если бы не он, и он не демонстрирует намерений изнасиловать ее повторно. Напротив, он даже сходил в аптеку и купил ей таблетки на случай, если она забеременела от тех мерзавцев. И еще надо подумать о «форде-фьюжне», который ждет на другом конце города. Пора подогнать его сюда, чтобы в любой момент можно было отчалить в Неваду.

И потом, Элис ему нравится. Ему нравится наблюдать, как она возвращается к жизни. Да, она пережила пару панических атак, но это вполне объяснимо — ее накачали наркотой и изнасиловали. Она не заикается про учебу, не вспоминает друзей и однокурсников, которые могут о ней тревожиться, даже маме не пытается звонить (да и сестре-парикмахеру тоже). Элис сейчас в переходном состоянии. Она поставила жизнь на паузу и пытается решить, что ей делать дальше. Билли не психиатр, но догадывается, что это может быть ей на пользу.

Вот черти, думает Билли, причем уже не первый раз. Какими надо быть гадами, чтобы изнасиловать девчонку без сознания?

— Хорошо, я схожу за продуктами. Ты ведь будешь здесь?

— Конечно. — Как будто она давным-давно приняла это решение. — Доем колечки с остатками молока. А ты можешь съесть яйцо. — Она бросает на него неуверенный взгляд. — Если хочешь. Или давай наоборот. Это ведь твои продукты.

— Я не против. После завтрака поможешь мне надеть пузо?

Тут она смеется. Впервые.

4

Пока они едят, Билли спрашивает, знает ли она, что такое стокгольмский синдром. Она не знает, поэтому он рассказывает.

— Если полиция меня схватит, рано или поздно они придут сюда. Ты им скажешь, что боялась сбежать.

— А я и боюсь, — говорит Элис. — Только я боюсь не тебя. Просто не хочу, чтобы меня видели в таком состоянии. И потом, никто тебя не схватит. В этом прикиде ты вообще на себя не похож. — Тут она наставительно поднимает указательный палец. — Но.

— Что «но»?

— Не забудь взять зонт. По намокшему парику всегда видно, что это парик. Капли воды по нему скатываются. А настоящие волосы быстро намокают и прилипают к голове.

— У меня нет зонта.

— У Дженсенов в кладовке есть. У входа.

— Когда ты успела заглянуть в их кладовку?

— Пока ты готовил попкорн. Женщинам нравится смотреть, как живут другие люди. — Она удивленно смотрит на него через стол (перед ней тарелка с «Чириос», перед ним — одно яйцо). — Неужели не знал?

5

Зонт не только защищает от дождя светлый парик — он помогает спрятать лицо от любопытных глаз и не чувствовать себя жучком, которого разглядывают под микроскопом. Билли выходит из дома и направляется к ближайшей автобусной остановке. Он прекрасно понимает чувства Элис, потому что и сам чувствует то же самое. Поход в аптеку стоил ему немалых нервов, а тут вылазка еще более дальняя. Положим, до Пайн-плазы можно дойти пешком, но на другой конец города пешком не отправишься. И еще: чем ближе день отъезда из города, тем страшнее, что его успеют поймать до того.

И ладно бы проблема была только в копах и молодчиках Ника. Что, если ему встретится кто-нибудь из жизни Дэвида Локриджа? Он прямо воочию видит, как выходит из прохода в «Харпс» с корзинкой для покупок в руке и сталкивается лицом к лицу с Полом Рагландом или Питом Фасио. Ладно, они-то, может, его и не признают, а вот женщину так просто не обманешь. Пусть Элис и сказала, что в парике и с накладным животом он сам на себя не похож, Фил заметит сходство, это как пить дать. И Корин Акерман тоже. Да что там, Джейн Келлогг, которая вечно под мухой, без труда его узнает! Почему-то Билли в этом уверен. Такие встречи статистически маловероятны, однако происходят каждый день. Все пути ведут к свиданью — это знает стар и млад[1].

Перед выходом он нашел в Интернете расписание автобусов и теперь ждет свою «тройку» на Рампарт-стрит. Чтобы спрятаться под крышу остановки, ему пришлось сложить зонт — иначе он выглядел бы странно. Рядом стоят еще трое. Никому нет до него дела: все уткнулись в свои телефоны.

На парковке ему сначала становится дурно: «форд» не заводится. Однако в следующий миг Билли вспоминает, что надо держать ногу на педали тормоза. Дожили!

Он едет на Пайн-плазу на машине, одновременно наслаждаясь ощущениями — наконец-то он вновь за рулем! — и до смерти боясь попасть в аварию или каким-то иным образом привлечь внимание полиции (за три мили пути ему попадается целых две полицейских машины). В «Харпс» он покупает мясо, молоко, яйца, хлеб, крекеры, свежий салат, заправку для салата и несколько консервов. Знакомых он не встречает — да и откуда тут взяться его знакомым? Эвергрин-стрит находится в Мидвуде, а жители Мидвуда отовариваются в «Сейвмарте».

Билли расплачивается «мастеркардом» Далтона Смита и возвращается на Пирсон-стрит. Паркуется на потрескавшейся подъездной дорожке и спускается в подвал со своими покупками. В квартире никого нет. Элис сбежала.

[1] У. Шекспир. Двенадцатая ночь. Акт II, сцена 3. Перевод Э. Линецкой.

6

Для покупок он приобрел две текстильные сумки (с надписями «ХАРПС» и «СВЕЖИЕ ПРОДУКТЫ РОДНОГО КРАЯ») и теперь, окидывая взглядом пустую гостиную и кухню, едва не роняет их на пол. Дверь в спальню распахнута, там никого нет, но он все равно окликает Элис — вдруг она в ванной? Впрочем, дверь в ванную тоже открыта. Будь Элис там, она точно ее закрыла бы, хоть Билли и нет дома.

Его охватывает даже не страх, скорее... что? Обида? Разочарование?

Да, пожалуй, думает Билли. Это глупо, но я разочарован. Девочка просто взвесила все «за» и «против». Он понимал, что это может случиться. Ну, или должен был понимать.

Билли идет на кухню, ставит сумки на стол, видит пустые тарелки в раковине. Садится обдумать план дальнейших действий и тут замечает на столе записку — бумажную салфетку, прижатую сахарницей, с тремя словами: «Я ВО ДВОРЕ».

Вот и славно, думает он, делая долгий выдох. Она просто вышла подышать свежим воздухом.

Билли убирает часть продуктов в холодильник, потом выходит на улицу, вновь раскрывает над собой зонтик и идет на задний двор. Элис убрала гриль из лужи и теперь отмывает его: трет изо всех сил, повернувшись к нему спиной. Видимо, она опять совершила набег на кладовку Дженсенов, потому что на ней зеленый дождевик Дона, доходящий ей до икр.

— Элис.

Она с криком подскакивает на месте, едва не опрокидывая гриль. Билли хватает ее за плечо, чтобы удержать на ногах.

— Нельзя так людей пугать! — бормочет она и тут же делает судорожный вдох.

— Прости. Я не хотел подкрадываться...

— Однако... — *у-уп!* — подкрался.

— Напой-ка первую строчку «Медвежьего пикника». — Это шутка, но лишь отчасти.

— Я не... — *у-уп!* — не помню слов.

— Если ты в лес пойдешь сегодня... — Он поднимает руки и жестом просит ее спеть остальное.

— Если ты в лес пойдешь сегодня, ждет тебя там сюрприз! Удалось что-нибудь купить?

— Удалось.

— Свиные отбивные?

— Да. А ведь я сперва решил, что ты сбежала.

— Как видишь, нет. У тебя, случайно, нет губок для мытья посуды? Та, которую я взяла наверху, уже в хлам.

— Губок в списке покупок не было. Я же не знал, что у тебя случится приступ Золушки, тем более в такой дождь.

Она закрывает крышку гриля и с надеждой смотрит на него:

— Посмотрим «Черный список»?

— Ага, — отвечает он, и они идут смотреть сериал. Три серии подряд. Между второй и третьей Элис подходит к окну и говорит:

— Дождь заканчивается. Даже солнце выглянуло. Думаю, вечером можно будет пожарить мясо. Про салат не забыл?

Похоже, все складывается, думает Билли. Это бред, это безумие, но пока что все складывается как нельзя лучше.

7

Ближе к вечеру солнце действительно выходит из-за туч, медленно и как бы нехотя. Элис жарит отбивные на гриле. Они получаются слегка подгоревшими снаружи и сыроватыми внутри («Повар из меня никакой, прости», — говорит она), но Билли съедает все подчистую и обгладывает косточку. Мясо вкусное, а салат еще вкуснее. Он и не думал, что так соскучился по зелени, пока не начал ее есть.

Потом они идут наверх и смотрят еще пару серий «Черного списка», но Элис не сидится на месте: она то и дело перебирается с дивана в кресло с продавленным сиденьем (наверное, это гнездо Дона Дженсена) и обратно на диван. Билли напоминает себе, что Элис уже смотрела все эти серии — возможно, с мамой или с сестрой. Он и сам немного заскучал, когда сообразил, в чем фишка Реда Реддингтона.

— Надо оставить им денег, — говорит Элис, когда они выключают телевизор и возвращаются в подвал. — За «Нетфликс».

Билли обещает так и сделать, хотя Дон и Бев, на которых внезапно свалилось немаленькое состояние, вряд ли нуждаются в его финансовой помощи.

Она говорит, что теперь его очередь спать на кровати. После не самой комфортной ночки на диване Билли не возражает. Засыпает почти сразу, но спит чутко, подсознательно прислушиваясь к дыханию Элис. В пятнадцать минут третьего он вскакивает, услышав за стенкой ее резкие, судорожные вдохи.

Специально на этот случай он не до конца закрыл дверь в спальню и сейчас тянется к ручке, чтобы распахнуть ее настежь. Но, положив ладонь на ручку, замирает. Элис поет. Очень тихо.

— Если ты в лес пойдешь сегодня...

Спев первый куплет два раза, она еще несколько раз жадно глотает воздух, а потом перестает. Билли ложится спать.

8

Ни он, ни она — да и вообще никто — пока не догадываются, что через полгода Америку и весь мир захватит отбившийся от рук вирус, но к четвертому дню Билли и Элис успевают получить примерное представление о том, что такое самоизоляция. На четвертое утро — за день до того, как Билли решил отправиться на золотой запад, — он вновь начинает бегать туда-сюда по лестнице, а Элис затевает уборку (впрочем, убирать почти нечего, потому что они оба довольно чистоплотны). Закончив с уборкой, она устраивается на диване. Когда Билли, тяжело дыша после полудюжины кругов по лестнице, возвращается в подвал, Элис смотрит по телевизору кулинарное шоу.

— Курица-гриль, — замечает он. — Выглядит аппетитно.

— Зачем возиться с курицей-гриль дома, если можно купить ее в магазине? — Элис выключает телевизор. — Вот бы мне что-нибудь почитать. Можешь скачать для меня книгу? Детектив, например. На дешевый ноут, не на свой.

Билли не отвечает. Ему в голову приходит идея — отчаянная, смелая и пугающая.

Она неверно истолковывает его выражение лица.

— Ты не думай, я не рылась... Просто догадалась, что этот комп твой: у него вся крышка потертая. Остальные как новенькие.

Билли даже в голову не пришло, что Элис могла рыться в его компьютере. Она и пароля-то не знает. Нет, он думает о другом: ведь он так и не стал объяснять, зачем нужна зрительная труба «М-151», решив, что пишет все-таки для себя. Никто и никогда не прочитает его писанину. И вот пожалуйста, читатель появился. Ничего плохого ведь не случится, если Элис ее прочтет, — она и так все про него знает.

Нет, плохое может случиться. С ним. Если книга ей не понравится. Если она скажет, что читать это невозможно и нельзя ли скачать ей что-нибудь поинтереснее?

— Да что с тобой? — спрашивает Элис. — У тебя лицо странное.

— Ничего. Знаешь... Я тут пишу на досуге. Вроде как про свою жизнь. Не хочешь взгля...

— Да.

9

Смотреть, как она сидит с его «макбуком-про» на коленях и читает слова, которые он писал в «Башне Джерарда», невыносимо. Поэтому Билли идет наверх, к Дженсенам, полить Дафну и Уолтера. Кладет двадцатку на кухонный стол (с запиской: «За “Нетфликс”»), а потом просто ходит туда-сюда по квартире. Меряет шагами комнату, точно взволнованный муж из старых комиксов, у которого рожает жена. Заглядывает в ящик тумбочки, где лежит ругер, берет его в руки, кладет обратно, задвигает ящик.

Как это глупо — нервничать. Она же студент экономического колледжа, а не литературный критик. В школе небось ворон считала на уроках английского, довольствуясь четверками и тройками, а про Шекспира знает только то, что его фамилия рифмуется со словом «кефир». Билли понимает, что нарочно умаляет ее умственные способности. Пытается защитить собственное эго — на случай, если Элис все-таки не оценит его писанину. Еще он понимает, что это глупо. Ее мнение не имеет никакого значения, у него есть куда более серьезные поводы для беспокойства. Только ему почему-то все равно важно, что она подумает.

Наконец он возвращается в подвальчик. Элис все еще читает, но, когда он входит, поднимает на него опухшие, красные глаза.

— Что случилось?

Она утирает нос основанием ладони — детский и поразительно трогательный жест.

— Все это... в самом деле было? Тот человек... забил твою сестру сапогами? *Растоптал?* Ты это не выдумал?

— Нет. Все так и было. — Почему-то у Билли тоже глаза на мокром месте, хотя он не плакал, когда это писал.

— Ты спас меня из-за нее?

Я спас тебя не потому, что такой сердобольный, а потому, что иначе копы постучались бы в мою дверь, думает Билли. Но это лишь половина правды. Часто ли мы говорим себе *всю* правду?

— Не знаю.

— Это ужасно. Я думала, со мной случилось ужасное, но это...

— С тобой действительно случилось ужасное.

— ...но то, что случилось с Кэти, гораздо страшней! Ты правда его застрелил?

— Правда.

— Молодец. *Молодец*! И тебя отправили в приют?

— Да. Можешь не читать, если тебя это расстраивает. — На самом деле ему не хочется, чтобы она бросала чтение, и ему вовсе не жаль, что она расстроилась. Наоборот, он рад. Значит, он сумел до нее достучаться.

Она вцепляется в ноутбук.

— Я хочу дочитать, — говорит она и добавляет чуть ли не с укором: — Зачем ты смотрел со мной какой-то дурацкий сериал? Мог же писать!

— Не знаю. Стеснялся.

— Ясно. Понимаю. Я тоже стесняюсь, поэтому хватит на меня глазеть. Дай спокойно почитать.

Билли хочет поблагодарить ее за слезы, но не решается. Вместо этого он спрашивает, какие у нее размеры.

— *Размеры?* Зачем тебе?

— Неподалеку от «Харпс» есть магазин «Гудвилл». Могу купить тебе пару брюк и футболок. Кеды, может. Ты не хочешь, чтобы я на тебя смотрел, пока ты читаешь, и я тоже не хочу смотреть. А эта юбка тебе наверняка надоела.

Элис лукаво улыбается — ей к лицу такая улыбка. Вернее, была бы к лицу, если бы не синяки.

— Без зонта идти не боишься?

— На машине поеду. Ты, главное, помни: если я не вернусь и сюда заявятся копы, скажешь им, что я держал тебя силой. Припугнул, что из-под земли достану, если ты сбежишь.

— Вернешься, никуда не денешься, — отвечает Элис и записывает на бумажку свои размеры.

Он едет в «Гудвилл» и проводит там немало времени — чтобы дать время *ей*. Знакомых не встречает, никто на него не смотрит. Когда он возвращается, Элис уже закончила читать. То, что он писал несколько месяцев, она прочла меньше чем за два часа. У нее есть вопросы. Не про зрительную трубу, нет. Про людей. Особенно про Ронни, Глена и «бедную одноглазую девочку» из Дома Вековечной Краски. Еще она говорит, что ей понравился переход от детского стиля письма к взрослому по мере взросления рассказчика. И еще — что Билли обязан писать дальше. Пока он пишет, она будет наверху — посмотрит телевизор или вздремнет.

— Я все время хочу спать. Какой-то кошмар.

— Нет, это нормально. Твое тело все еще восстанавливается после того, что с ним сделали те мрази.

Элис останавливается в дверях.

— Далтон? — Она по-прежнему так его называет, хотя знает его настоящее имя. — Твой друг Тако умер?

— Там много кто умер.

— Мне очень жаль, — говорит она и закрывает за собой дверь.

10

Он пишет. Реакция Элис окрылила его. Он не тратит много слов на то, что происходило между апрелем и ноябрем 2004-го, когда они якобы завоевывали умы и сердца местного населения, но не завоевали ни того ни другого. Всего несколько абзацев — и Билли переходит к тем событиям, память о которых до сих пор причиняет ему боль.

После гибели Альби их «Горячую девятку» (а точнее, «Восьмерку» — у каждого на шлеме теперь была надпись «АЛЬБИ С.») на пару дней вернули на базу. Шли разговоры о перемирии. Билли всюду искал потерянную пинетку — может, он где-то на базе ее обронил? Остальные тоже искали, но ее нигде не было. А потом их вернули в город — зачищать жилые дома. Первые три они благополучно зачистили: два оказались пустыми, а в третьем сидел мальчишка лет двенадцати-четырнадцати. Он поднял руки и истошно заверещал: *Не стреляй Америка, не стреляй я любить «Нью-Йорк янкиз»! Не убивай!*

А потом они подошли к «Веселому дому».

Тут Билли прерывается на гимнастику. Может, они с Элис пробудут на Пирсон-стрит подольше... Хотя бы дня три. Тогда он успеет дописать про «Веселый дом» и все, что там случилось. Ему хочется написать, что потеря пинетки не имела никакого значения — дураку ясно, что не имела. И еще ему хочется написать, что в глубине души он думает иначе.

Перед тем как начать бегать туда-сюда по лестнице, он делает небольшую разминку — не хватало только порвать подколенное сухожилие (травмпункт-то ему теперь точно не светит). За дверью Дженсенов тихо, телевизора не слышно — наверное, Элис спит. И понемногу приходит в себя. По крайней мере Билли на это надеется, хотя вряд ли женщина способна полностью восстановиться после изнасилования. Все равно остаются шрамы, и иногда эти шрамы ноют. Наверное, они ноют даже спустя годы — десять, двадцать, тридцать лет. Возможно, это так. Или как-нибудь иначе. Мужчине трудно об этом судить, если только он сам однажды не подвергся изнасилованию.

Бегая по лестнице, Билли думает о мужчинах, которые сотворили такое с Элис. А они, безусловно, уже мужчины. Триппу Доновану двадцать четыре; стало быть, Джеку и Хэнку, дружкам-насильникам Донована, примерно столько же. Ну да, это мужчины, не мальчишки. Причем плохие.

Он возвращается в подвал, тяжело дыша, но чувствуя приятное тепло и легкость во всем теле. Отлично, можно поработать еще часок-другой. Не успевает он начать, как на компьютер приходит текстовое сообщение — от Баки Хэнсона, затаившегося бог знает где. **Денег по-прежнему нет. Думаю, и не будет. Что планируешь делать?**

Получить их, — отвечает Билли.

11

Вечером он подсаживается к Элис на диван. Темные брюки и полосатая рубашка очень ей идут. Когда он выключает телевизор и объявляет, что им надо поговорить, она пугается.

— Про что-то плохое?

Билли пожимает плечами.

— Вот ты мне и скажи.

Она внимательно слушает, не сводя с него глаз. Когда он заканчивает, у Элис возникает только один вопрос:

— Ты в самом деле на это готов?

— Да. Они должны поплатиться за содеянное, но это не единственная причина. Мужчина, который однажды такое сделал, наверняка пойдет за добавкой. Возможно, ты не первая. И не последняя.

— Ты серьезно рискуешь. Это может быть опасно.

Он вспоминает про револьвер в тумбочке Дона Дженсена и говорит:

— Думаю, не очень.

— Только не убивай их. Я этого не хочу. Пообещай, что не убьешь!

Такая мысль даже не приходила Билли в голову. Они поплатятся, да, но прежде всего они должны усвоить урок, а мертвого ничему не научишь.

— Нет, — говорит он, — убивать не буду.

— И Джек с Хэнком меня не особо волнуют. Они не делали вид, что я им нравлюсь, и в квартиру хитростью не заманивали.

Билли молчит. Джек с Хэнком очень даже его волнуют, если они приняли участие в изнасиловании. А судя по травмам, которые Билли видел, когда переодевал Элис, по меньшей мере один из них принял участие. Может, и оба.

— А вот Триппу я хочу отомстить, — говорит Элис, кладя ладонь ему на руку. — Хочу, чтобы он получил по заслугам. Тогда я буду счастлива. Наверное, это делает меня плохой?

— Это делает тебя человеком, — отвечает Билли. — Плохие люди должны платить за свои поступки. И цена должна быть высокой.

Глава 16

1

Выстрелы, автоматные очереди и взрывы гремели в других частях города, но до последнего момента, до того, как дерьмо попало на вентилятор, в наших краях — в районе парка развлечений «Джолан» — было относительно тихо. Мы без особых проблем зачистили первые три дома своего участка в квартале Лима. Два дома оказались совершенно пусты, в третьем сидел мальчик, просто мальчик, безоружный и не обвешанный взрывчаткой. На всякий случай мы проверили: заставили его снять футболку. А потом отправили его в полицейский участок с парой солдат, которые конвоировали туда же своих пленных и как раз проходили мимо. Мы знали, что к вечеру малец снова окажется на улице, потому что полицейская лавочка была не резиновая: сколько народу входило, столько и выходило. Хорошо еще мы сразу его не пристрелили, потому что после смерти Альби Старка мы до сих пор ходили злые как черти. Динь-Динь даже поднял автомат, но Кляча толкнул ствол вниз и велел оставить ребенка в покое.

— В следующий раз он нас встретит с калашом, вот увидишь, — сказал Джордж. — Надо их перебить, всех до единого — как тараканов.

Четвертый дом оказался самым большим жилым домом квартала — настоящий особняк с куполообразной крышей и пальмами во внутреннем дворе. Жил там явно какой-то зажиточный баасист. Вокруг стоял высокий бетонный забор с сюжетной росписью: дети играют в мяч, прыгают через скакалку, носятся по двору, а на них смотрят женщины. Вероятно, с одобрением, но точно сказать нельзя, потому что они с головы до ног закутаны в паранджи. Чуть в сторонке стоит мужчина. Наш толмач Фарид сказал, что это *мутаваин*. Женщины присматривают за детьми, а мутаваин присматривает за женщинами, чтобы те своим поведением не возбуждали в мужчинах похоть.

Мы все перлись от Фарида, потому что акцент придавал ему сходство с юпером[1] из Траверс-Сити. На самом деле многие толмачи говорили как мичиганцы, уж не знаю почему. «Каррдинка адначает, чдо в эдод *алятфал*, в эдод дом, детям можно приходидь иградь».

— А, то есть это веселый дом, — сказал Хой.

— Нет, веселидзя в доме нельзя. Только во дворе.

Хой закатил глаза и хохотнул, но больше никто не смеялся. Мы все еще думали об Альби и о том, что на его месте мог быть любой из нас.

— Ладно, ребят, погнали, — сказал Тако. — Повоюем.

Он вручил Фариду матюгальник, на боку которого кто-то печатными буквами написал: «ДОБРОЕ УТРО, ВЬЕТНАМ», — и сказал

2

Топот бегущих по лестнице ног выдергивает Билли из воспоминаний об Эль-Фаллудже. В подвал врывается запыхавшаяся, растрепанная Элис.

— Кто-то приехал! Я поливала растения и увидела, как у дома остановилась машина!

Билли даже не спрашивает, точно ли она видела машину — по лицу ясно, что да, видела.

---

[1] Юперы (от аббревиатуры U.P. — Upper Peninsula) — прозвище жителей Верхнего полуострова Мичигана, северной части штата Мичиган, где проживает всего 3% населения штата. Малонаселенность обусловлена суровым климатом и труднодоступностью региона.

— Думаешь, это они? Дженсены вернулись? Я телевизор выключила, но я пила кофе, запах наверняка еще стоит, а на столе блюдце! Крошки! Они сразу поймут, что кто-то...

Билли чуть отодвигает занавеску и выглядывает в щель. Если бы машина подъехала к самому дому, он ее не увидел бы — угол обзора не тот, — но «фьюжн» занял почти всю дорожку, и новую машину прекрасно видно. Это синий внедорожник с царапиной на боку. Он кажется знакомым. Не успевает водитель выйти на улицу, как Билли вспоминает: это же Мертон Рихтер, риелтор, сдавший ему квартиру.

Билли вскидывает подбородок.

— Дверь заперта?

Элис мотает головой. В ее вытаращенных глазах читается ужас, но паниковать пока рано — возможно, все еще обойдется. Ничего страшного, даже если Рихтер подергает ручку и заглянет в квартиру, когда ему не откроют. Дженсены ведь попросили Билли поливать их цветы. Но потом Рихтер спустится к нему, а он не успел даже парик надеть, не говоря уже о брюхе. На нем футболка и спортивные шорты.

Входная дверь открывается. Из коридора доносятся шаги Рихтера. Блевоту давно убрали, но запах мог остаться... Открыть дверь и проветрить им как-то в голову не пришло.

Билли думает подождать — вдруг Рихтер приехал к Дженсенам? Нет, такими мыслями тешить себя нельзя.

— Врубай все компьютеры. — Он обводит рукой «оллтеки».

Черт подери, Рихтер идет вниз! В подвал!

— Ты моя племянница.

На большее у него времени нет. Он захлопывает крышку «макбука», бросается в спальню и закрывает за собой дверь. Когда он бежит через комнату к ванной, где висит его накладной живот, из коридора доносится стук. Рихтер пришел. Встречать его придется Элис, потому что на подъездной дорожке стоит машина — значит, кто-то дома.

Когда Элис откроет, Рихтер увидит девушку вдвое моложе Билли, запыхавшуюся и в синяках. И первым делом Рихтер подумает вовсе не о гимнастике. Черт!

Билли закидывает живот за спину, чтобы застежка оказалась спереди, но от волнения не попадает зубцами в пластиковое гнездо, и живот падает на пол. Он подбирает его и пробует снова. На сей раз все получается, он даже затягивает ремень, но слишком туго — перекинуть накладное брюхо вперед не получается, даже если втянуть живот. Когда Билли ослабляет ремень, чертова штука опять падает на пол. Он наклоняется за ней, ударяясь головой об раковину, потом заставляет себя успокоиться и наконец прилаживает живот на место.

Из коридора доносятся приглушенные голоса. Элис хихикает — скорее нервно, чем весело. Черт, черт, *черт*!

Билли натягивает чиносы и толстовку — это быстрее, чем застегивать рубашку, да и Элис права, толстяки думают, что мешковатая одежда их стройнит. Парик лежит на комоде. Билли хватает его и нахлобучивает поверх собственных черных волос. В гостиной Элис снова смеется. Главное, не называть ее по имени — вдруг она назвала риелтору вымышленное?

Сделав два глубоких вдоха, он заставляет себя успокоиться, растягивает губы в растерянной улыбке — будем надеяться, именно так выглядят люди, которых неожиданно выдернули из туалета, — и открывает дверь.

— У нас гости?

— Да, — отвечает Элис. Она оборачивается к нему с улыбкой на лице и неприкрытым облегчением в глазах. — Он говорит, что сдал тебе эту квартиру.

Билли хмурится, роясь в памяти, а в следующий миг улыбается — вспомнил!

— Да, конечно! Мистер Рикер.

— Рихтер, — поправляет риелтор, протягивая ему руку. Билли жмет ее, по-прежнему улыбаясь и пытаясь угадать, о чем сейчас думает их незваный гость. От него, конечно, не ускользнули синяки на лице Элис и ее нервозность. Как такое не заметить? А ладонь у Билли, наверное, потная.

— Я был в... — Билли машет рукой в сторону спальни и ванной.

— Ничего страшного, — говорит Рихтер, окидывая взглядом включенные компьютеры. На экранах автоматически сменяют друг друга статьи с кликбейтными заголовками: «Целебные свойства ягод акаи», «Два странных совета для избавления от морщин», «Врачи назвали овощ, от которого вреда больше, чем пользы», «10 знаменитых детей-актеров: тогда и сейчас».

— Так вот вы чем занимаетесь? — спрашивает Рихтер.

— Небольшая подработка. На пиво и «Скиттлз» я зарабатываю преимущественно тем, что устанавливаю и обслуживаю компьютеры для разных контор по всей стране. Постоянно в разъездах, да, заяц?

— Ага, — отвечает Элис и опять сдавленно хихикает. Рихтер косится на нее, и по его глазам видно: ни хрена он не верит вракам Элис, которые та успела наплести ему, пока Билли возился в ванной с чертовым накладным брюхом. Племянница? Ну-ну, а луна сделана из сыра.

— Поразительно, — говорит Рихтер и, щурясь, смотрит на один из экранов. Там статья про опасный овощ (оказывается, это кукуруза, хотя она даже не овощ) как раз сменилась статьей про десять легендарных нераскрытых убийств (на первом месте победительница детских конкурсов красоты Джонбенет Рэмси). — Просто поразительно. — Он выпрямляется и осматривает гостиную. — Как у вас стало уютно.

Элис немного убралась, но в остальном квартира осталась в первозданном виде.

— Чем могу помочь, мистер Рихтер?

— Да вот, приехал вас предупредить... — Переходя к делу, Рихтер поправляет галстук и натягивает профессиональную улыбку. — Некий консорциум под названием «Саутер эндевор» выкупил складские помещения на Понд-стрит и все жилые дома — те немногие, что остались — на Пирсон-стрит. Включая ваш. Они хотят построить здесь новый торговый центр, чтобы вернуть к жизни этот район.

Кому нужны торговые центры в эпоху интернет-торговли, думает Билли. Ничего они к жизни не вернут, сами же первыми загремят на кладбище. Вслух он этого не говорит.

Элис немного успокаивается. Отлично.

— Ладно, я пойду, не буду лезть в мужские разговоры, — говорит она и уходит в спальню, закрывая за собой дверь.

Билли кладет руки в карманы и немного покачивается туда-сюда на пятках, чтобы толстовка обтянула накладное брюхо.

— То есть те склады и дома снесут, я правильно понял? Включая этот.

— Да, но у вас есть шесть недель на поиски нового жилья, — говорит Рихтер, словно вручая ему первый приз. — Увы, не более того. Перед тем как съехать, сообщите мне новый адрес, чтобы я мог вернуть вам арендную плату за оставшиеся месяцы. — Рихтер вздыхает. — Сейчас пойду к Дженсенам, им тоже надо сообщить грустную весть. Это труднее, они тут давно живут.

Билли не собирается говорить Рихтеру, что Дон и Беверли все равно начнут подыскивать себе другое жилье, как только вернутся из круиза. Возможно, даже не съемное. Но он все-таки сообщает ему, что соседи пока в отъезде, а его попросили поливать цветы.

— Нас с племяшкой, вернее.

— Вы прекрасный сосед. А она — чудесная девушка, — говорит Рихтер и облизывается. Может, у него просто губы пересохли, а может, и нет. — Телефончик Дженсенов у вас имеется?

— Да, в бумажнике. Сходить за ним?

— Буду признателен.

Элис сидит на кровати и смотрит на него большими глазами. Лицо у нее бледное, как простыня, от чего синяки стали еще ярче. *Ну что?* — читает Билли в ее взгляде. *Все плохо?*

Билли гладит рукой воздух: *Спокойно, без паники.*

Он берет бумажник и возвращается в гостиную, не забывая идти вразвалочку. Рихтер склонился над одним из «оллтеков» — руки уперты в колени, галстук висит неподвижно, как остановившийся маятник, — и читает статью про чудесные свойства авокадо, самого полезного овоща в мире (хотя это фрукт). На мгновение Билли приходит в голову мысль: сцепить руки и, точно кувалдой, шибануть Рихтера сзади по шее.

Вместо этого он открывает бумажник и протягивает риелтору листок с телефонным номером:

— Вот, держите.

Рихтер достает из внутреннего кармана блокнот с серебристым карандашиком и переписывает номер.

— Отлично, я им звякну.

— Я могу и сам, если хотите.

— О, конечно, как вам угодно, но я все равно должен позвонить. Служба обязывает. Что ж, простите за беспокойство, мистер Смит. Позволю вам вернуться к... — он украдкой косится на дверь спальни, — делам.

— Я вас провожу, — говорит Билли и добавляет чуть тише: — Хотел рассказать про... — Он многозначительно кивает на ту же дверь.

— Да это не мое дело, дружище! Двадцать первый век на дворе.

— Знаю, но вы не так поняли.

Они поднимаются по лестнице. Билли тащится следом за Рихтером, слегка пыхтя.

— Пора худеть, пора.

— Добро пожаловать в клуб, — говорит Рихтер.

— Эта бедная девочка — дочь моей сестры Мэри, — начинает Билли. — Муж Мэри год назад от них ушел, а она подцепила в баре какого-то ушлепка по имени Боб, забыл фамилию. Он стал приставать к девочке, та сопротивлялась, и он ее избил.

— Ого. Понимаю. — Рихтер поглядывает на входную дверь: ему явно не терпится сесть в машину. Возможно, история ему не по душе. Или он хочет поскорее сделать ноги.

— Есть одна загвоздка. Мэри женщина темпераментная, ей слова поперек не скажи — сразу обижается. Никто ей не советчик.

— Знаю таких, — говорит Рихтер, все еще поглядывая на дверь. — Очень хорошо знаю.

— В общем, я приютил у себя племяшку, пусть поживет тут неделю или дней десять. Сестра маленько успокоится, выпустит пар — тогда я ей верну ребенка и поговорю с ней о Бобе.

— Понял. Удачи. — Он с улыбкой протягивает Билли руку. Улыбка выглядит искренней. Похоже, Рихтер поверил в его историю. Или притворяется изо всех сил, надеясь спасти свою шкуру. Билли крепко жмет ему руку.

Рихтер восклицает:

— Ох уж эти женщины! И жить с ними нельзя, и пристрелить можно только в Алабаме!

Билли смеется над шуткой. Рихтер отпускает его руку, открывает дверь, а потом вдруг оборачивается.

— Смотрю, вы усы сбрили.

Билли испуганно поднимает руку к губам. В спешке он действительно про них забыл, но, может, оно и к лучшему. Усы сажают на специальный гримировальный клей. Впопыхах Билли мог приклеить их криво, или Рихтер заметил бы остаток клея и спросил бы себя: какого хрена?!

— Ага, надоело еду из них выковыривать, — говорит Билли.

Рихтер смеется. Натужно или искренне — не разберешь. Может, и первое.

— Понимаю, дружище! Прекрасно понимаю.

Он спускается по ступенькам крыльца к своему поцарапанному внедорожнику, слегка сутулясь — то ли от холода, то ли от страха (ждет, что Билли всадит ему пулю в затылок?).

Уже из салона он на прощание машет Билли рукой. Билли машет в ответ. А потом спешит вниз, в подвал.

3

— Сегодня я пообщаюсь с твоим дружком, а завтра сделаю ноги, — говорит Билли.

Элис зажимает рот рукой, но тут же опускает ее: указательным пальцем она случайно задела распухший нос.

— Господи. Он тебя узнал?

— Чутье подсказывает, что нет, но он наблюдателен — заметил, что я без усов.

— Боже!

— Он думает, я их сбрил, так что все нормально. По крайней мере мне так кажется. Я решил еще денек поиспытывать судьбу. Кем ты ему представилась?

— Брендой Коллинз. Это моя школьная подруга. А ты...

— ...Назвал другое имя? Нет. Просто сказал, что ты моя племянница. И что новый хахаль твоей мамаши тебя отметелил, потому что ты отказалась с ним спать.

Элис кивает:

— Отлично. Все учел.

— Да, но не факт, что он мне поверил. Мои россказни — это одно, а глаза ему совсем другую картину нарисовали: толстяк среднего возраста держит у себя в квартире избитую несовершеннолетнюю девчонку.

Элис приосанивается — вид у нее обиженный. В иных обстоятельствах это выглядело бы смешно.

— Мне двадцать один! По документам я уже взрослая!

— У тебя в барах удостоверение личности требуют?

— Ну...

Билли кивает: тема закрыта.

— Знаешь... — говорит она, — если ты и впрямь решил... ну, пообщаться с Триппом, то нам не стоит ждать до завтра. Поехали прямо сейчас.

4

Билли смотрит на нее, одновременно веря и не веря своим ушам. «Нам не стоит». «Поехали». Хуже того, она произносит это легко и непринужденно, без всякой задней мысли.

— Охренеть, — обреченно говорит Билли. — У тебя в самом деле стокгольмский синдром.

— Нет. Я ведь не заложница, в любой момент могу встать и уйти. Например, когда я у Дженсенов, а ты внизу пишешь. Если красться тихонько, ты даже не заметишь ничего — потому что с головой уходишь в работу.

Наверное, она права, думает Билли. И потом...

Элис продолжает за него:

— Если бы я хотела сбежать, то сделала бы это в самом начале. Когда ты пошел в аптеку за контрацептивами. — Помедлив, она добавляет: — И вообще, я назвала риелтору чужое имя!

— С перепугу.

Элис яростно мотает головой:

— А вот и нет! Пока ты был в спальне, я могла шепотом сообщить ему, что ты — Уильям Саммерс, убийца, застреливший подсудимого у здания суда. Мы поднялись бы наверх и прыгнули в его машину раньше, чем ты надел бы эту штуковину. — Она пихает его в накладной живот.

— Тебе нельзя ехать со мной. Это безумие.

Однако идея потихоньку начинает проникать в его мозг, впитываться, как вода в иссохшую землю. Элис не может поехать с ним в Вегас, но если им удастся придумать историю, которая защитит личность Далтона Смита (а личность эта сейчас под угрозой), то...

— Знаешь, я отпущу тебя одного при условии, что ты оставишь в покое Триппа и его дружков. Если с ними случится что-то нехорошее, они сразу вспомнят про меня. Трипп и его дружки, в смысле. В полицию они вряд ли пойдут, а вот со мной точно захотят поквитаться.

Билли прячет улыбку. Она играет на его чувствах — и неплохо играет, учитывая, что это экспромт. Ничего себе, какие перемены! Всего несколько дней назад он выловил ее из канавы и едва откачал, а по ночам у нее до сих пор случаются панические атаки. Быстро же она оклемалась — и это не может не радовать. Кроме того, Элис права: что бы он теперь ни сделал с насильниками, они сразу вспомнят про нее. При условии, конечно, что на прошлой неделе не насиловали других женщин.

— Ага, — продолжает Элис, внимательно наблюдая за ним исподлобья и продолжая вдохновенно морочить ему голову. — Так что не советую тебе трогать этих ребят.

Наконец она спрашивает, чего это он так лыбится.

— Ничего. Нравишься ты мне. Взрывная девка, как сказал бы мой друг Тако.

— Что это значит?

— Не важно. Но мразота получит по заслугам. Мне надо все обдумать.

— А можно, я пока соберу твои вещи?

5

Вещи Билли собирает сам. Времени на это уходит немного. В чемодане для новых вещей места уже нет, однако на верхней полке шкафа он находит полиэтиленовый пакет из магазина «Барнс энд Ноубл» и всю купленную для Элис одежду засовывает в него. Затем относит в багажник машины стопку «оллтеков».

Пока он занимается этим, Элис, вооружившись дезинфицирующим спреем «Лизол», полотенцем и водой, идет к Дженсенам и протирает все поверхности. Особое внимание уделяет пульту от телевизора — они оба им пользовались — и выключателям. Когда она спускается обратно, Билли помогает ей пройтись по мебели в подвале. Особенно тщательно они отмывают ванную: краны, лейку душа, зеркало, ручку смыва воды в унитазе. На все про все уходит около часа.

— Фух, вроде управились, — говорит Элис.

— А ключи от квартиры Дженсенов где?

— Боже! — восклицает она. — Все еще у меня. Надо их протереть и... Что? Сунуть им под дверь?

— Давай я.

Билли берет ключ и идет наверх. Первым делом забирает ругер Дона Дженсена и прячет его за пояс, под накладной живот. Толстовка размера XL отлично все прикрывает. Револьвер — штука недешевая, Дон отдал за нее сотен пять или шесть, и у Билли нет при себе столько наличных. Он оставляет на тумбочке два полтинника, сотню и записку: *Взял твое оружие. Переведу деньги, когда смогу*. Скорее, конечно, не когда, а если.

А вот как быть с Дафной и Уолтером на подоконнике? Умрут ли они от жажды? Эдакие Ромео и Джульетта растительного мира... Глупо об этом даже думать — будто у него мало других забот!

Наверное, они небезразличны ему потому, что Бев дала им имена. Подарив обоим по паре пшиков — на удачу, — Билли машинально ощупывает задний карман брюк: на месте ли сложенный вчетверо рисунок Шан? Да, на месте.

Вернувшись в подвал, Билли достает из комода телефон Элис и отдает ей. Не забыв вставить симку.

Принимая телефон, она сверлит Билли гневным взглядом:

— Так он не потерялся! Ты его забрал!

— Я не мог тебе доверять.

— А теперь можешь?

— Теперь могу. И потом, рано или поздно ты должна позвонить матери. Иначе она будет волноваться.

— Ну да... — соглашается Элис и добавляет с горечью: — Через месяцок хватится, наверное. — Она вздыхает. — Ладно, и что мне ей сказать? Что у меня появился друг, с которым мы смотрим «Черный список» и едим куриный суп?

Билли молчит, пытаясь что-то придумать.

Элис тем временем расплывается в улыбке.

— Знаешь что? Я ей скажу, что бросила колледж. В это она поверит. И что я еду в Канкун с друзьями. Это тоже вполне укладывается в ее картину мира.

— Серьезно?

— *Да*.

Билли приходит в голову, что в одном этом слове выражена вся суть отношений матери и дочери: слезы, попреки и захлопнутые двери.

— И все-таки над историей еще надо поработать, — говорит он. — Но сейчас нам пора.

6

Два съезда ведут с трассы к району Шервуд-Хайтс, и возле обоих есть скопления закусочных быстрого питания, заправок самообслуживания и мотелей. Билли велит Элис подыскать несетевой мотель. Пока она разглядывает знаки, он незаметно вытаскивает ругер из-за пояса и прячет под сиденье. На втором съезде Элис указывает ему на мотель «Пенни пайнс» и спрашивает, годится ли такой. Билли отвечает, что годится, и снимает два смежных номера, расплачиваясь кредиткой Далтона Смита. Элис ждет его в машине. Билли невольно вспоминает «Third Rate Romance»[1], старинную песенку группы «Amazing Rhythm Aces».

Они переносят вещи в номера. Билли достает из сумки свой «макбук» и кладет его на единственный столик (хлипкий и шаткий — надо бы подложить что-то под одну ножку), снова застегивает сумку и закидывает ее на плечо.

— Зачем она тебе?

— Нужно кое-что прикупить. И смотрится она как надо. Солидно, профессионально. Продиктуй-ка мне свой мобильный.

Элис диктует, и он добавляет ее в свой список контактов.

— У тебя есть адрес дома, где живут те парни? — Вообще этот вопрос следовало задать раньше, но ему было немного не до того.

— Номер дома не помню. Комплекс называется «Лэндвью эстейтс», стоит на федеральной трассе номер десять. Последняя остановка перед аэропортом, потом автобус разворачивается и едет обратно. — Элис берет его за рукав и подводит к окну. Показывает пальцем на дома вдалеке. — Я почти уверена, что это и есть «Лэндвью эстейтс». Трипп живет — *они* живут — в корпусе Си.

— Третий этаж?

— Да. Номер квартиры не скажу, но она в самом конце коридора. На входе в подъезд кодовый замок, и я не видела, какие Трипп набирал цифры. Как-то не пришло в голову, что мне это может понадобиться.

---

[1] Третьесортный роман (*англ.*).

— Ничего, я сумею войти.

По крайней мере Билли на это надеется. Его конек — это огнестрельное оружие, а не взлом кодовых замков.

— Ты еще вернешься перед тем, как туда ехать?

— Нет, но я буду на связи.

— Мы сегодня ночуем здесь?

— Не знаю. Как пойдет.

Она еще раз спрашивает, действительно ли он хочет это сделать. Билли отвечает «да», и это не ложь.

— А вдруг что-то случится?

Может, и случится. Билли понимает, что это рискованно, но готов довести задуманное до конца, если сумеет. Они должны поплатиться.

— Если ты против, только скажи, и я никуда не пойду.

Элис берет его руку и стискивает.

— Береги себя, — говорит она. Ладонь у нее холодная.

Он выходит в коридор, но на полпути разворачивается. Стучит в дверь. Элис открывает.

— Как Трипп выглядит?

Она достает телефон и показывает ему фотографию.

— Щелкнула его, когда мы ходили в кино.

Мужчина, который напоил ее, накачал наркотиками и вместе с двумя дружками изнасиловал, а потом выбросил из машины в канаву, как мусор, держит пакетик с попкорном и улыбается: глаза сияют, зубы белые и ровные. Билли приходит в голову, что он похож на актера из рекламы зубной пасты.

— Понял. А остальные?

— Один коротышка, веснушчатый такой. Второй намного выше, смуглый. Не помню, кто из них Джек, а кто Хэнк.

— Это не важно.

7

Рядом с мотелем стоит торговый центр «Аэропорт», а вплотную к нему — большой «Уолмарт», даже больше мидвудского. Билли запирает машину, памятуя о пистолете под водительским сиденьем, и идет в магазин. Маску он находит сразу: до Хэллоуина несколько недель, но магазины всегда вываливают праздничный хлам загодя. Еще он покупает бинокль, упаковку прочных кабельных стяжек, пару тонких перчаток, ручной миксер «Мэджик уонд» и баллончик чистящего средства для плит и духовок «Изи-офф». На улице два копа — настоящие копы, а не охранники «Уолмарта» — попивают кофе и обсуждают подвесные лодочные моторы. Билли им кивает:

— День добрый.

Они кивают в ответ и возвращаются к разговору. Билли бредет вразвалочку до середины парковки, а потом быстренько бежит к своему «форду». Перекладывает пистолет и покупки в пустую сумку для ноутбука и отправляется в «Лэндвью эстейтс». Жилой комплекс вполне приличный — для молодых холостяков даже слишком, — но не настолько элитный, чтобы иметь будку с бывшим копом-охранником на входе. Парковка возле корпуса Си в это время дня почти пуста.

Билли паркуется напротив двери, снимает накладной живот и ждет. Минут через двадцать к дому подруливает спортивная «киа-стингер», и из нее выходят две девушки с покупками. Билли поднимает бинокль. Они подходят к двери и вводят код, но одна девушка загораживает ему обзор. Еще через двадцать минут подходит мужчина... Впрочем, не тот, что ему нужен, лет пятидесяти. Он тоже стоит между Билли и панелью кодового замка — никакой бинокль не поможет.

Нет, так ничего не выйдет, думает Билли.

Можно попробовать войти вместе с кем-нибудь («Ой, придержите дверь, пожалуйста!»), но такие приемчики, наверное, работают только в кино. И потом, сейчас середина дня, за сорок минут в подъезд вошли два человека, и никто не выходил.

Билли закидывает на плечо сумку и обходит дом сзади. Там есть небольшая дополнительная парковка, и на ней стоит фургон. На бампере — стикер с надписью: «ДЭДХЕ-

ДЫ[1] — ОТСТОЙ». Ага, если фургон не сломан (что, конечно, тоже возможно), по крайней мере один из этих недоносков сейчас дома.

Слева от двери (черный выход или какая-то подсобка?) стоят два больших мусорных контейнера. Справа — шезлонг и ржавый столик с пепельницей. Дверь приоткрыта и подперта изнутри кирпичом: тот, кто выходит сюда покурить, явно не хочет каждый раз возиться с замком.

Билли подходит и заглядывает в щель. В плохо освещенном коридоре никого нет. Играет музыка: Эксл Роуз завывает «Welcome to the Jungle»[2]. Футах в тридцати Билли видит две открытые двери слева и справа. Музыка доносится из той, что справа. Билли заходит и быстрой, уверенной походкой устремляется по коридору. Если очутился там, где тебе не место, делай вид, что пришел по делу. Комната слева — прачечная с несколькими стиральными и сушильными машинами. За правой дверью оказывается лестница в подвал.

Кто-то сидит там и подпевает Роузу. Не просто подпевает: Билли видит тень, и эта тень танцует. Кто-то — вероятно, консьерж или управдом — решил отдохнуть от своих трудов (включения выбитых «автоматов» или поиска баллончика с краской) и вообразил себя участником «Танцев со звездами».

В конце коридора видны двери здоровенного грузового лифта: двери открыты, стены обклеены резиновыми мебельными подкладками. Конечно, Билли даже не думает пользоваться лифтом — все оборудование расположено в подвале, и таинственный танцор непременно услышит, если лифт придет в движение. Слева от лифта — дверь с табличкой «ЛЕСТНИЦА». Билли поднимается на третий этаж и там открывает сумку для ноутбука. Надевает перчатки, маску, кладет стяжки в карман брюк. В левой руке у него ругер, в правой — баллончик чистящего средства для плит. Он приоткрывает дверь и выглядывает в коридор:

[1] Фанаты рок-группы «Grateful Dead».
[2] Песня группы «Guns N'Roses» (1987).

там пусто. Справа и слева расположены двери квартир, и одна — в самом конце. Видимо, там и живут дружки-насильники.

Билли идет по коридору. Вместо того чтобы позвонить, громко стучит в дверь. Выжидает пару секунд и стучит еще раз.

Раздаются шаги.

— Кто там?

— Полиция, мистер Донован.

— Его нет дома. Я его сосед.

— Поздравляю. Открывай.

Дверь открывает высокий смуглый парень дюйма на два выше Билли. В Элис Максуэлл от силы пять футов четыре дюйма, и мысль о том, что этот громила ее насиловал, выводит Билли из себя.

— Что за... — Лицо парня вытягивается, когда он видит мужика в маске Мелании Трамп и с сумкой для ноутбука на плече.

— Ну-ка, снимай трусишки, — говорит Билли и пускает парню в глаза струю «Изи-оффа».

8

Джек — или Хэнк, не важно — отшатывается назад, прижав ладони к глазам. Пена течет по его лицу и шлепается на пол. Парень спотыкается об пуф, стоящий перед плетеным креслом с высокой спинкой и козырьком (кажется, такие кресла называют «бунгало»), и растягивается на полу. Да, это в самом деле холостяцкое логово — напротив большого плоского телевизора стоит изогнутый двухместный диван (вот его название Билли точно знает: «тет-а-тет»), а рядом — круглый столик с ноутбуком. Барная стойка разместилась у большого окна с видом на аэропорт. Как раз в эту минуту взлетает самолет, и Билли приходит в голову странная мысль: если бы мерзавец тоже его видел, то мечтал бы оказаться в нем. Билли хлопает входной дверью. Парень орет, что ослеп.

— Пока нет, но у тебя есть все шансы ослепнуть, если не промоешь глаза как можно быстрее. Поэтому слушай, что я говорю. Протяни руки вперед.

— *Я не вижу! Я ничего не вижу!*

— Вытяни руки, и я тебе помогу.

Джек или Хэнк продолжает кататься по ковролину как сумасшедший. Он не вытягивает руки, как ему велено, он пытается сесть, а с таким здоровяком шутки плохи. Билли кидает сумку на пол и пинает его под дых. Воздух резко выходит у него из легких, брызги пены шлепаются на пол.

— Я неясно выразился? Руки вперед, тебе говорят!

Парень протягивает ему руки: глаза зажмурены, щеки и лоб горят огнем. Билли опускается на колени, соединяет запястья Джека или Хэнка и в одну секунду, пока верзила на полу не сообразил, что происходит, связывает их кабельной стяжкой.

— Кто еще дома? — спрашивает Билли, хотя уверен, что никого нет. Если бы кто-то был, он уже давно выбежал бы на крики соседа.

— Никто! Боже, как *жжет*! Мои глаза!

— Вставай.

Джек или Хэнк с трудом поднимается на ноги. Билли хватает его за плечи и разворачивает лицом к коридору, ведущему в кухню.

— Шагом марш.

Джек или Хэнк не марширует, а ковыляет, размахивая перед собой сцепленными руками, чтобы не врезаться во что-нибудь. Он дышит часто и тяжело, но не судорожно, как Элис, — нет нужды разучивать с ним первый куплет «Медвежьего пикника». Билли толкает парня в спину до тех пор, пока тот не упирается пряжкой ремня в мойку. У кухонного смесителя есть выдвижная гибкая лейка. Билли включает воду и направляет струю воды прямо в лицо Джеку или Хэнку. Сам он тоже изрядно намокает в процессе, но это ничего — даже освежает.

— *Жжет! Все равно жжет!*

— Скоро пройдет, — успокаивает его Билли, надеясь, что пройдет не очень скоро. У Элис тоже все горело, а может, до сих пор горит. — Как тебя зовут?

— Чего тебе надо? — Парень уже плачет. Этому детине лет двадцать пять, если не больше, он высокий и весит не меньше двухсот двадцати фунтов, а хнычет, как малое дитя.

Билли тычет его в поясницу стволом ругера.

— Это револьвер. Так что не заставляй меня повторять. Как тебя зовут?

— *Джек!* — вопит парень. — Джек Мартинес! Пожалуйста, не стреляй, не надо!

— Давай вернемся в гостиную, Джек. — Билли толкает Джека в спину. — Садись в плетеное кресло. Ты его видишь?

— Немного, — рыдает Джек. — Все как в *тумане*. Кто ты? Чего тебе на...

— Сядь.

Он берет Мартинеса за плечи, разворачивает и усаживает в кресло «бунгало». Оно закреплено на потолочном крюке и начинает плавно раскачиваться под весом Мартинеса. Тот глядит на Билли налитыми кровью глазами.

— Посиди минутку, успокойся, возьми себя в руки.

На барной стойке рядом с ведерком для льда лежат салфетки. Тканевые, не бумажные, очень приятные на ощупь. Билли берет одну и подходит к Мартинесу.

— Не двигайся.

Мартинес сидит неподвижно, пока Билли вытирает с его лица остатки пены и воды. Затем Билли отступает.

— Где остальные?

— Зачем они тебе?

— Здесь не ты задаешь вопросы, Джек, а я. Твое дело — отвечать, если не хочешь опять получить струю пены в глаза. Или пулю в колено, если я разозлюсь по-настоящему. Понял?

— Да! — Брюки Мартинеса потемнели в области паха.

— Где твои соседи?

— Трипп ушел в МКРБ к своему научному руководителю. Хэнк на работе. Он продавец в «Джозбэнке».

— Что такое «Джозбэнк»?

— «Джозеф А. Бэнк» — магазин мужской...

— Спасибо, я понял. Что такое МКРБ?

— Муниципальный колледж Ред-Блаффа. Трипп там учится в аспирантуре. Заочной. На историческом. Пишет кандидатскую про войну Австралии и Венгрии.

Билли хочет сказать этому идиоту, что Австралия не имеет никакого отношения к венгерской революции 1848 года, но зачем? Он пришел, чтобы преподать совсем другой урок.

— Когда он вернется?

— Не знаю. Вроде бы встречаются они в два. Потом он может зайти куда-нибудь выпить кофе, он так делает иногда.

— Ага. Поболтать с бариста всегда приятно. Особенно если она недавно в городе и мечтает с кем-нибудь познакомиться.

— А?

Билли пинает его в ногу. Несильно, но Мартинес вскрикивает, и кресло под ним опять начинает качаться. Веселое кресло для трех ублюдков.

— Когда вернется с работы Хэнк?

— Смена заканчивается в четыре. Зачем...

Билли поднимает банку «Изи-оффа». Наверное, видит Мартинес пока неважно, однако это не мешает ему догадаться, что у Билли в руке. Он тут же затихает.

— Ну, а ты, Джек? Чем зарабатываешь на пиво и бублики?

— Я дейтрейдер.

Билли подходит к ноутбуку на столике. По экрану бегут цифры, по большей части зеленые. Сегодня суббота, но где-то идет торговля, потому что деньги, как известно, не спят.

— За домом твой фургон стоит?

— Нет, это Хэнка. У меня «мазда-миата».

— Фургон сломан?

— Да, прокладку головки блока цилиндров пробило. На этой неделе он ездит на работу на моей машине. Магазин, в котором он работает, находится в торговом комплексе «Аэропорт».

Билли пододвигает к «бунгало» обычный стул и садится напротив Мартинеса.

— Я больше ничего не буду с тобой делать, если ты пообещаешь хорошо себя вести. Обещаешь?

— Да!

— Поясню. Когда твои приятели вернутся домой, ты будешь сидеть тихо. Не станешь их предупреждать, орать и прочее. Претензии у меня в основном к Триппу, но если ты попытаешься предупредить его или Хэнка, я сделаю с тобой то же самое, что с Триппом. Понял? Все ясно?

— Да!

Билли достает телефон и набирает Элис. Она спрашивает, все ли у него хорошо, и он отвечает «да».

— Я тут сижу с парнем по имени Джек Мартинес. Он хочет тебе кое-что сказать.

Билли протягивает трубку Мартинесу.

— Скажи ей, что ты — никчемный кусок говна.

Джек даже не пытается возражать — то ли сдрейфил, то ли действительно считает себя куском говна. Хорошо, если так. Хорошо, если даже дейтрейдера можно чему-то научить.

— Я... никчемный кусок говна.

— А теперь скажи: «Прости меня».

— Прости меня, — хнычет Мартинес в трубку.

Билли забирает у него телефон. Элис, похоже, плачет. Она просит Билли быть осторожнее, и он заверяет ее, что очень осторожен, потом кладет трубку и вновь переключает внимание на красноглазого здоровяка в кресле «бунгало».

— Ты понял, за что извинялся?

Мартинес кивает. Что ж, думает Билли, с тебя достаточно.

9

Они сидят, а время идет. Мартинес жалуется на резь в глазах. Билли мочит вторую салфетку в барной мойке и вытирает ему лицо, особое внимание уделяя глазам.

Мартинес его благодарит. Билли думает, что рано или поздно к нему, возможно, вернется былая протрамповская удаль, но это ничего. Главное, что он больше никогда не будет насиловать женщин. Он встал на путь исправления.

Примерно в три тридцать кто-то подходит к двери. Билли тоже подходит, перед этим глянув на Мартинеса и поднеся палец к губам Мелании. Мартинес кивает. Видимо, домой приехал Трипп Донован, потому что у Хэнка еще не закончилась смена. Ключ поворачивается в замке. Донован что-то насвистывает. Билли берет ругер за ствол и готовится нанести удар.

Донован входит, по-прежнему насвистывая. Он настоящий модник: дизайнерские джинсы, короткая кожаная куртка. Завершают образ стильный портфель с монограммой и лихо заломленная на затылке кепка с плоским козырьком. Завидев Мартинеса в «бунгало» со связанными руками, он перестает свистеть. Билли делает шаг вперед и бьет его рукоятью револьвера по голове. Не слишком сильно.

Донован теряет равновесие, но не валится с ног, как это бывает в кино с теми, кого огрели пушкой по голове. Он оборачивается, тараща глаза и щупая рукой затылок. Билли уже навел на него ругер. Донован смотрит на свои окровавленные пальцы.

— Ты меня ударил!

— Поверь, это еще хрень по сравнению с тем, что я получил, — ворчливо вставляет Мартинес. Звучит почти смешно.

— Зачем эта маска?

— Руки вместе. Запястье к запястью.

— На фига?

— Например, чтобы не получить пулю в лоб.

Донован перестает спорить и складывает руки вместе. Билли убирает ругер за пояс. Донован тут же бросается на него, что было вполне ожидаемо: Билли делает шаг в сторону и резким движением впечатывает Донована лицом во входную дверь. Тот кричит. Билли хватает его за воротник модной кожаной куртки (купленной, вероятно, в «Джозбэнке») и рывком тянет на себя, одновременно подставляя ему ногу. Трипп падает. Из носа у него идет кровь.

Билли опускается на колени (предусмотрительно спрятав ругер за спину, чтобы Донован не смог до него дотянуться) и достает из кармана одну стяжку.

— Руки вместе, запястье к запястью.

— Нет!

— Нос у тебя кровит, но не сломан. Руки вместе, иначе я это исправлю.

Донован складывает руки. Билли связывает их и звонит Элис, чтобы сообщить: двое готовы, остался третий. Доновану он трубку не дает, потому что тот пока не готов приносить извинения. Ничего, скоро будет готов.

10

Трипп Донован, сидящий на диванчике для двоих, не прекращает попыток разговорить Билли. Он заявляет, что понял, почему приехал Билли, но эта девчонка Элис нагло врет: она сама хотела потрахаться, сама им предложила и получила, что хотела. Все счастливы, конец истории.

Билли миролюбиво кивает.

— И вы подбросили ее до дома.

— Вот именно. До дома.

— На фургоне Хэнка.

Тут глазки Донована начинают бегать. Он обладает чудесным даром очаровывать и облапошивать окружающих. Этот дар выручал его всю жизнь, и сейчас он надеется очаровать и облапошить даже неизвестного злоумышленника в маске Мелании Трамп, проникшего в их дом. Но вопрос про фургон ему не понравился. Это вопрос знающего человека.

— Нет, Машина Любви сейчас сломана, стоит внизу.

Билли молчит. Мартинес молчит, и Донован не видит его говорящего взгляда: «Ты попал, чувак». Донован сосредоточил все свое внимание на Билли.

— У тебя там «прошка»? — Он кивает на сумку для «макбука» на полу. — Мощная машинка, да?

Билли молчит. Он отчаянно потеет под своей пластиковой маской и ждет не дождется, когда можно будет ее снять. Когда можно будет покончить с этим делом и убраться подальше из гнусного холостяцкого логова.

Без пятнадцати пять в замке вновь поворачивается ключ, и входит третья свинья: невысокий молочный поросеночек в черном деловом костюме с алым галстуком — цвета крови на бедрах Элис Максуэлл. Хэнк не рыпается. Увидев кровь на лице Донована и опухшие глаза Мартинеса, он сразу протягивает руки вперед (артачится самую малость — для галочки) и позволяет Билли связать их пластиковой стяжкой. Билли подводит его к круглому столику с ноутбуком.

— Ну, вот все и в сборе, — объявляет он. — Большая дружная семья.

— У меня в столе есть деньги, наличные, — говорит Донован. — В моей комнате. И еще отличный кокс. Три грамма чистейшего снега!

— У меня тоже есть наличные, — подхватывает Хэнк. — Всего лишь полтос, но... — Он пожимает плечами: мол, что поделать. Этот парень отчасти даже нравится Билли. Глупо, учитывая его поступок, но держится он молодцом. Кожа под глазами и вокруг рта побелела от ужаса, однако ведет он себя хорошо и храбрится изо всех сил.

— Ой, да ладно. Вы же понимаете, деньги тут ни при чем.

— Я говорю... — опять начинает Донован.

— Да он все знает, Трипп, — перебивает его Мартинес.

Билли поворачивается к Хэнку:

— Фамилия?

— Фланаган.

— Фургон, который стоит за домом, Машина Любви — она твоя?

— Да. Но она сломана. Прокладку...

— Пробило. Я в курсе. Но на прошлой неделе он был еще на ходу, верно? Повеселившись с Элис, вы подбросили ее до дома — на этом самом фургоне, так?

— Молчи! — рявкает на друга Донован.

Хэнк пропускает его предостережение мимо ушей.

— А вы ей кто? Парень? Брат? Ох...

Билли не издает ни звука.

Хэнк вздыхает и чуть не плачет.

— Вы ведь знаете, что мы не отвозили ее домой.

— Что вы с ней сделали?

— Молчи! — снова рявкает Донован. Похоже, это теперь его главная заповедь.

— Плохой совет, Хэнк. Лучше вам сразу все выложить и тем самым избавить себя от многих печалей.

— Мы ее высадили.

— Высадили? Теперь это так называется?

— Ладно. Мы просто выкинули ее из машины... — признается Хэнк. — Но она в сознанке была, понимаете? Говорила что-то. У нее остался телефон, деньги на «убер»... Она разговаривала!

— Ясно выражалась? Поддерживала беседу? Рискни мне соврать.

Хэнк больше не врет. Он начинает плакать, и это кое о чем говорит.

Билли звонит Элис. Он не заставляет Хэнка называть себя никчемным куском говна — парень заливается слезами, а значит, сам это осознал. Он только велит ему извиниться. Хэнк извиняется — вполне искренне. Что ж, уже неплохо.

Билли поворачивается к Доновану:

— Теперь твой черед.

11

Ублюдки присмирели. Никто даже не пытается рвануть к двери: знают, что далеко не убегут, этот незваный гость в маске быстро их осадит. Билли подходит к сумке и достает оттуда ручной миксер «Мэджик уонд» — гладкий цилиндр из нержавейки около восьми дюймов в длину. Электрический шнур аккуратно смотан и завязан проволочкой.

— Мне вот что пришло в голову. Мужчина никогда не узнает, каково это — пережить насилие, пока его самого не изнасилуют. Вам, мистер Донован, предстоит стать более-менее живым подтверждением моей мысли.

Донован пытается вскочить с дивана, но Билли усаживает его обратно. Когда тот приземляется, подушка под ним громко пердит. Мартинес и Фланаган не шевелятся, только во все глаза глядят на миксер.

— Сейчас ты встанешь, стянешь штаны и трусы и ляжешь на живот.

— Нет!

Донован белеет и таращит глаза — они у него даже больше, чем у соседей. Билли не ждал от парня мгновенного повиновения. Он достает из-за пояса ругер. И тут вспоминает Пабло Лопеса, одного из морпехов, погибших в «Веселом доме». Бигфут Лопес разучил наизусть речь Грязного Гарри, ту, которая заканчивается словами: *Так что спроси себя: «Удача сегодня на моей стороне?» Что скажешь, мерзавец?* Билли не помнит ее всю, но суть передать может.

— Это не моя пушка, я ее взял на время. Она точно заряжена, но я понятия не имею, какие там пули — не смотрел. Если не снимешь трусы и не ляжешь на живот, я выстрелю тебе в лодыжку. В упор. Так вот, ты должен задать себе один вопрос: обычные или разрывные? Если первое, то рано или поздно на ноги ты встанешь. После долгих мучений и тренировок, конечно. И хромать будешь до конца жизни. А вот если второе, ногу тебе просто снесет — можешь сказать ей *адьос*. Поэтому варианта у тебя два: рискнуть с пулей или получить миксер в жопу. Выбор за тобой.

Донован что-то нечленораздельно бормочет. Его слезы не вызывают у Билли жалости, они вызывают желание дать ему в зубы рукоятью ругера и посчитать, сколько идеально белых рекламных зубов можно выбить одним ударом.

— Хорошо, перефразирую. Больно будет в любом случае. Но боль может быть короткой и унизительной, а может быть долгой — и до конца жизни ты будешь волочить за собой левую ногу. При условии, что ее не ампутируют. У тебя пять секунд на принятие решения. Пять... четыре...

На счет «три» Трипп Донован встает и скидывает штаны. Его член от страха съежился и превратился в макаронину, а яиц почти не видно.

— Мистер, может, не надо... — канючит Мартинес.

— Заткнись, — обрывает его Хэнк. — Он заслужил. Наверное, мы все заслужили. — Он обращается к Билли: — На всякий случай скажу: я ей не вставлял, только на живот кончил.

— Но кончил ведь? — спрашивает Билли, зная ответ на вопрос.

Хэнк роняет голову.

Донован лежит на ковре. Зад у него белый, ягодицы плотно сжаты.

Билли опускается рядом с ним на одно колено.

— Советую не двигаться, мистер Донован. Лежите смирно. И благодарите Бога, что я решил не втыкать его в розетку. Поверьте, я об этом думал.

— Я тебя отымею, сука, — рыдает Донован.

— Сегодня отымеют только одного человека — тебя.

Билли кладет рукоятку миксера на правую ягодицу Донована. Тот вздрагивает и судорожно втягивает воздух.

— Сперва я хотел купить какую-нибудь смазку — крем, массажное масло, да хоть вазелин, — но потом передумал. Элис ведь смазки не досталось? В лучшем случае ты плюнул и размазал, прежде чем воткнуть.

— Умоляю, не надо, — хнычет Донован.

— Элис тоже так говорила? Вряд ли, ты же накачал ее наркотиком по самое не хочу. Она успела сказать: «Только не души». Наверное, ей хотелось сказать больше, но язык почему-то не слушался. Что ж, мистер Донован, замрите. Не дергайтесь. Пожалуй, не стану говорить, чтобы вы расслабились и получали удовольствие.

12

Билли не тянет время, как собирался, — ему не хватает смелости (или желания). Закончив, он фотографирует Триппа и его дружков на телефон. Потом вытаскивает миксер из задницы Триппа, стирает с него отпечатки пальцев и отшвыривает в сторону. Нержавеющий цилиндр закатывается под круглый столик, на котором стоит ноутбук Мартинеса.

— Никому не двигаться. Я почти закончил, вы же не хотите обосраться на финишной прямой?

Билли идет на кухню и берет нож для чистки овощей. Когда он возвращается, все сидят на прежних местах. Билли велит Хэнку протянуть руки вперед и перерезает его путы.

— Мистер... — робко произносит Хэнк. — Вы парик потеряли.

В самом деле. Парик лежит у стены рядом с плинтусом, похожий на мертвого зверька. Кролика, может быть. Видимо, он слетел, когда Донован пытался ударить Билли, а тот прижал гаденыша к двери. Неужели он не приклеил его перед тем, как они с Элис уехали из подвала? Теперь уж не вспомнить, но, видимо, не приклеил.

Билли подбирает парик с пола, но надеть не пытается — так и держит в руке. В другой руке у него ругер.

— Ребятки, я сфотографировал всех вас, но главная звезда у нас мистер Донован, поскольку миксер торчит из жопы только у него. Вряд ли вы станете звонить в полицию, потому что в таком случае вам придется объяснять, почему я ничего не украл, но *если* вы все-таки попытаетесь сочинить какую-то историю, умолчав о групповом изнасиловании, эта фотография попадет в Интернет. С подробными пояснениями. Вопросы есть?

Вопросов ни у кого нет. Билли пора уходить. Снять маску и надеть парик можно на лестнице, но сперва он хочет сказать еще кое-что. Он должен это сказать. Первым делом на ум приходит вопрос: неужели ни у кого из вас нет сестер? Уж матери-то есть у всех, даже у Билли была, пусть и не очень хорошо справлялась со своими обязанностями. Ладно, вопрос слишком риторический. Получится не урок, а проповедь.

Билли говорит:

— Вам должно быть стыдно.

И уходит. В коридоре поспешно стягивает маску и прячет ее в расстегнутую сумку для ноутбука, а сам при этом думает: чья бы корова мычала, ты и сам ненамного лучше этих мразей... Но такие мысли пагубны. Надевая парик и спускаясь по лестнице, он приходит к выводу, что от себя не уйдешь — он застрял в собственной шкуре и деваться ему все равно некуда. Это слабое утешение, но лучше, чем ничего.

Глава 17

1

Элис, видимо, сидела под дверью, потому что на его стук она открывает сразу, в ту же секунду. И обнимает его. Поначалу он замирает и пытается отстраниться, но, увидев ее обиженное лицо, обнимает ее в ответ. Если не считать ничего не значивших «братских» объятий от людей вроде Ника и Джорджо, его уже очень давно никто не обнимал по-настоящему. Впрочем, нет: Шанис Акерман обнимала. Это было приятно. И сейчас тоже приятно.

Они заходят в номер. Когда Билли звонил ей по дороге из «Лэндвью эстейтс», он сказал, что с ним все в порядке, но теперь она снова задает этот вопрос. И он в очередной раз отвечает, что все отлично.

— И ты... проучил их?

— Да.

— Всех троих?

— Да.

— Мне надо знать как?

— Никому из них не понадобится ехать в больницу, но они получили по заслугам. Давай закроем эту тему.

— Хорошо, но можно задать последний вопрос? Я его уже задавала.

Билли говорит, что можно.

— Ты сделал это для меня или для сестры?

Подумав, он отвечает:

— Мне кажется, для вас обеих.

Она понимающе кивает: тема закрыта.

— Твой парик выглядит так, будто угодил в торнадо. Есть расческа?

Расческа у него есть — в сумке для бритвенных принадлежностей. Элис надевает парик на руку, растопырив пальцы, и быстрыми, уверенными движениями принимается его вычесывать.

— Мы заночуем здесь?

Билли успел подумать об этом по дороге в мотель.

— Пожалуй. Вряд ли Три балбеса[1] вызвали полицию, об этом можно не беспокоиться. Да и поздновато уже.

Элис прекращает расчесывать парик и заглядывает ему в глаза.

— Возьми меня с собой, когда решишь ехать. Пожалуйста. — Она принимает его молчание за несогласие. — Мне нечего здесь делать. Я не могу вернуться к прежней жизни. Учиться и варить людям капучино? Нет, только не это. Домой мне тоже нельзя. Только не после того, что произошло. Мне нужно уехать из этого города. Начать все заново. Прошу тебя, Далтон. *Пожалуйста.*

— Хорошо. Но в какой-то момент наши пути должны разойтись. Ты же это понимаешь?

— Да. — Она протягивает ему парик. — Так лучше?

— Гораздо. И для друзей я Билли. Договорились?

Она улыбается.

— Ага.

2

В четверти мили от мотеля есть закусочная «Слим чикен». Билли едет туда и привозит в номер еду и молочные коктейли. То, как Элис глядит на сэндвич с курицей и беконом — мечтая о следующем куске, пока жует предыдущий, — его радует. Он сам не знает почему. Потом они смотрят по телевизору местные новости. За весь выпуск —

---

[1] Отсылка к одноименному трио американских артистов водевиля (1922–1970-е годы).

всего одно упоминание убийства возле здания суда (ничего нового, просто нужно было чем-то заполнить две минуты перед прогнозом погоды). Жизнь идет своим чередом.

— Ночью все будет нормально?

— Конечно. — В доказательство она крадет у него один ломтик картошки фри.

— Если начнешь задыхаться...

— ...спою «Медвежий пикник», да, я помню.

— А если не поможет, то постучи мне в стенку.

— Ладно.

Билли встает и выбрасывает мусор в ведро.

— Тогда спокойной ночи. Мне еще нужно кое-что сделать.

— Будешь писать?

Билли мотает головой:

— Нет, есть другие дела.

Элис мрачнеет.

— Ты же... ты же не сбежишь от меня посреди ночи?

Он не может сдержать смех — вот ведь как все повернулось!

— Нет, не сбегу.

— Пообещай.

Он сжимает кулак и отставляет мизинец. Такую клятву он иногда давал Шан и очень часто — Кэти.

— Клятва на мизинчиках!

Элис делает то же самое, и они сцепляются мизинцами.

— Ложись пораньше, потому что выезжать будем ни свет ни заря. Путь неблизкий.

Теперь осталось понять, куда именно они держат путь.

3

Билли идет в свой номер и пишет сообщение Баки Хэнсону.

Можно к тебе приехать? Я не один. Моей спутнице можно доверять, но ей нужны документы. Мы ненадолго. Я отдам тебе обещанное, как только мне вернут долг.

Он отправляет сообщение и ждет. Билли всецело доверяет Баки и знает, что тот доверяет ему. К тому же миллион баксов — немалые деньги.

Пять минут спустя телефон дзынькает.

SCOTS концерт Скипперс-Смоукхаус 2007 69 El Camino. Уничтожь и БНП.

Они уже много лет так не общались, но Билли помнит, что такое БНП: *больше не пиши*. Если Баки так осторожничает, значит, все очень серьезно. Видимо, он что-то слышал про Ника. Что-то плохое.

А еще Билли знает, что такое SCOTS — аббревиатура названия любимой группы Баки «Southern Culture on the Skids», а «69 El Camino» — одна из их песен. Билли идет на «Ютьюб» и вбивает в поисковую строку «Живой концерт SCOTS в клубе Скипперс-Смоукхаус». Видимо, группа не раз выступала на этой площадке, потому что «Ютьюб» выдает более сорока видео разных песен. Пять из них называются «69 El Camino», но только одно из выступлений датируется 2007 годом. Билли кликает на него, однако сам ролик не включает: видео сделано на дешевый смартфон, звук явно скверный, да и Билли нужна не музыка.

У видео чуть больше четырех тысяч просмотров, и сотни людей оставили под ним комментарии. Билли пролистывает комменты до конца и видит последний, оставленный две минуты назад человеком под ником «Хэнсон199».

Отличная песня. Помню, как они сыграли офигенную 10-минутную версию на концерте в Сайдуайндере, в салуне «Эджвуд».

Билли логинится под ником «Тако04» и оставляет под роликом комментарий. Короткий. **Надеюсь скоро их увидеть!**

Он удаляет с телефона сообщение от Баки и его ответ про видео «SCOTS», затем открывает «Гугл». В континентальной части США есть только один город Сайдуайндер. Он находится в Колорадо. Салуна «Эджвуд» там нет, зато имеется улица Эджвуд-маунтин-драйв.

Билли пишет Элис: **Выезд в 5 утра, OK?**

Ответ — **принято** — приходит сразу.

Билли скачивает на один из «оллтеков» приложение. Времени на это уходит немало, потому что вайфай в «Пенни пайнс» страшно тормозит. Когда приложение загружается, он около часа читает, затем принимает долгий горячий душ и на всякий случай ставит на телефоне будильник, хотя знает, что проснется и так. Ему снится Лалафаллуджа. Кто бы мог подумать.

4

На улице еще темно, когда они грузят свои нехитрые пожитки в багажник «форда». Билли ставит дешевый «оллтек» между передними сиденьями и подключает его к розетке.

— Я знал, что рано или поздно одна из этих машинок пригодится.

— В самом деле? — сонно спрашивает Элис.

— Нет, но иногда мне везет.

Пока Элис пристегивается, Билли открывает скачанное вчера приложение. Раздается громкий противный свист — как будто старинный модем подключается к Интернету. Билли убавляет звук.

— Что это?

Он нагибается и показывает незаметную панельку внизу, слева от бардачка:

— Видишь? Это СБД. Система бортовой диагностики. Она много чего умеет делать, а у арендованных авто еще и показывает местонахождение транспортного средства — на случай, если в прокате захотят проверить, где мы. Как только мы пересечем границу штата, СБД пошлет им соответствующее уведомление. А мое приложение помешает это сделать — они решат, что СБД неисправна.

— Будем надеяться, что решат.

— С высокой долей вероятности, — говорит Билли. — Ну, ты готова? Не хочешь еще разок проверить комнату — может, мы что-то забыли?

— Готова. — Элис окончательно проснулась. — Куда едем?

— В Колорадо.

— Колорадо, боже! — восклицает она совсем по-детски. — Сколько миль?

— Больше тысячи. За два дня должны добраться.

Она улыбается.

— Тогда нам пора выезжать.

Билли отвечает: «Принято», — заводит двигатель и переключает рычаг автоматической коробки передач в режим «драйв». Пять минут спустя они уже на шоссе и едут на запад.

5

Заправиться и перекусить они решают в Маскоги — городке, воспетом легендарным исполнителем кантри Мерлом Хаггардом. В дороге Элис не теряла времени — рылась в Интернете — и теперь просит Билли заехать в торговый комплекс «Эрроухэд». Там она показывает на магазинчик с ярко-оранжевыми козырьками над окнами.

— Что еще за «Ульта»? — спрашивает Билли.

— Магазин косметики. Сходи ты, пожалуйста. Я в таком виде не хочу.

Билли может ее понять. Она молода, здорова, и синяки уже начали сходить, но все равно по ее лицу видно, что в недавнем прошлом кто-то хорошенько ее приложил. Она говорит, что нужно купить, и он берет в магазине все товары из списка. Основное средство — тональный крем «Дермабленд». Он не такой дорогой, как противозачаточные, но в общей сложности за крем, кисть и фиксирующую пудру приходится отстегнуть почти восемьдесят долларов.

— Ты дорого мне обходишься, — говорит он, вручая Элис пакет с покупками.

— Погоди, ты еще не видел результат.

Тон у нее задиристый. Билли этому рад. Еще недавно она была забитой девочкой, которая даже в зеркало на себя посмотреть не могла... И все же до полного исцеления ей пока далеко. По дороге на северо-запад она засыпает, но примерно через час начинает стонать во сне и размахивать руками, словно пытается от кого-то отбиться. Задев рукой переднюю панель, она распахивает глаза и делает судорожный вдох. Еще один. И еще — на сей раз вцепившись в горло.

— «Медвежий пикник», быстро! — приказывает Билли, сбавляя скорость и съезжая на обочину.

— Все нормально, не останавливайся. Я уже дышу. Просто сон плохой приснился.

— Про что?

— Не помню.

Она врет, но это ничего.

6

На ночь останавливаются в канзасском городишке Протекшн — потому, что он находится примерно на полпути до места их назначения, и потому, что им обоим приходится по душе идея переночевать в мотеле с одноименным названием[1].

На сей раз Элис заходит вместе с Билли, и парень за стойкой на нее даже не смотрит. Женщина, может, посмотрела бы. Косметика хорошая и нанесена мастерски, но кое-что под слоем тонального крема все-таки видно, если приглядеться. Билли спрашивает, принести ли еды из какой-нибудь закусочной. Элис мотает головой: она готова выйти в свет, и это тоже не может не радовать. Они идут в закусочную «У Дона» — практически единственное заведение общественного питания во всем Протекшне. Подают там главным образом бургеры и корн-доги[2].

— А к кому мы едем? — спрашивает Элис. — Что он за человек?

[1] Защита (*англ.*).

[2] Сосиска на палочке, покрытая тестом на основе кукурузной муки и обжаренная во фритюре.

— Баки сейчас лет шестьдесят пять или семьдесят. Он высокий и тощий, просто кожа да кости. Бывший морпех. Живет на одном пиве, куреве, «слим-джимах» и рок-н-ролле. Шарит в компьютерах. И у него много связей — потому что он связывает людей.

— Связывает людей?

— Подыскивает для своих клиентов профессиональных... исполнителей. Не детей, не наркоманов, не психов с ковбойскими замашками. В общем, он наполовину агент, наполовину охотник за талантами.

— А его клиенты — элита преступного подполья?

Билли улыбается.

— Не знаю, существует ли теперь подполье. По-моему, компьютерный век его уничтожил.

— И он находит работу для таких, как ты. — Она понижает голос: — Для наемных убийц.

Насколько ему известно, с другими наемными убийцами Баки не работает — только с ним. Но спорить не имеет смысла, ведь она права. Можно, конечно, сказать, что он убивает только тех людей, которые этого заслуживают, но зачем? Элис либо поверит ему, либо нет. Да и вообще, так себе оправдание. Свое прошлое он изменить не может, зато собирается изменить будущее. А еще — получить обещанные за работу деньги. Они принадлежат ему по праву.

— Думаю, Баки сможет нарисовать тебе новые документы. Такие услуги он тоже предоставляет. Ты можешь стать новым человеком. Если хочешь.

— Хочу, — без малейшего промедления отвечает она. — Но однажды, наверное, мне все-таки захочется снова позвонить матери. — Она тихо смеется, слегка тряхнув головой. — Знаешь, я даже не помню, когда она сама мне звонила. Серьезно, не помню!

— Ты ведь уже поговорила с ней?

— Да, пока ты... общался с Триппом и соседями.

— Надеюсь, ты не сказала, что едешь в Канкун?

— Соблазн был велик, — с улыбкой отвечает она, — но нет, конечно. Я сказала, что рассталась с парнем, бросила учебу и теперь мне нужно время, чтобы подумать о своей жизни.

— И ее это устроило?

— Маму уже очень давно не устраивают мои решения и поступки. Давай сменим тему, пожалуйста.

7

Весь следующий день они просто едут, в основном по автомагистрали I-70. Элис, которая все еще восстанавливается после физической и психологической травмы, много спит. Билли думает, как будет писать про Эль-Фаллуджу (его история хранится на флешке, а флешка лежит в сумке для ноутбука). В голову начинают лезть мысли про Альби Старка: тот мечтал вернуться домой, вывести из гаража свой «харлей» и погнать на нем из Нью-Йорка в Сан-Франциско. *К черту всю эту шоссейную романтику. Только платные автострады, только хардкор — выкручу газ на полную и до самого Сан-Франциско буду гнать под восемьдесят*. Его мечта так и не исполнилась. Альби умер за ржавым такси в Эль-Фаллудже и перед смертью сказал: *Да пустяки, царапина*. А потом начал задыхаться, как сейчас во время панических атак задыхается Элис, — не успел даже первую строчку «Медвежьего пикника» спеть.

Заправиться и поесть они останавливаются в городишке Куинтер, штат Канзас. Закусочная называется «Уофл дилайт». Выйдя из машины, они замечают за стойкой двух полицейских. Элис замирает в нерешительности, но Билли заходит в кафе, и ничего страшного не происходит. Копы не обращают на них никакого внимания.

— Если нормально себя вести, как правило, они тебя даже не замечают, — говорит Билли, когда они шагают обратно к машине.

— Как правило?

Он пожимает плечами:

— Конечно, всякое бывает. Делай что должен — и надейся на лучшее.

— Ты фаталист.

Билли смеется:

— Нет, реалист!

— А есть разница?

Он замирает, положив ладонь на дверную ручку «форда», и смотрит на Элис. Умеет девчонка его удивить, ничего не скажешь.

— Ты слишком умна для экономического колледжа, — говорит он. — По-моему, ты способна на большее.

8

Элис, наевшись вафель с беконом, опять засыпает. Билли время от времени посматривает на нее. Ему все больше и больше нравится, как она выглядит. Нравится она сама. Вот так взять и уйти, захлопнуть дверь в старую жизнь и без малейших колебаний открыть дверь в новую? Многие ли на такое способны, даже если им представится шанс?

Около четырех она просыпается, потягивается и потрясенно охает, вытаращившись в окно:

— Пресвятые ананасы!

Билли смеется:

— Такого я еще не слышал.

— Да это же Скалистые горы! Господи, ты только взгляни на них!

— Согласен, это нечто.

— Я, конечно, видела фотографии, но вживую совсем другое дело... И они появились так... внезапно.

Элис права. Сотни миль за окном машины тянулись равнины, а тут вдруг — они.

— Я думал, мы доберемся до Баки сегодня. В принципе это по-прежнему возможно, но мне не хочется ехать по горным дорогам в темноте. Там наверняка серпантин. — Он умалчивает о том, что Баки вряд ли обрадуется, если среди ночи увидит фары возле дома. Слишком уж он осторожничал, когда давал ему свой адрес. — Давай лучше поищем какой-нибудь захудалый мотельчик к востоку от Денвера.

Элис берет смартфон Далтона Смита и со свойственным молодежи проворством принимается гуглить.

— Вот, нашла на трассе какой-то мотель «Вилорог». Приют автомобилиста. Звучит достаточно захудало?

— Ага. Далеко?

— Еще миль тридцать. — Она опять принимается набирать и прокручивать. — Городишко называется Байерс. Там проходят состязания по стрельбе, после которых устраивают танцы, но это только в ноябре. Эх, не повезло, все веселье пропустим.

— Какая жалость.

— Ну, ничего не поделаешь, — глубокомысленно замечает Элис. — Жизнь — это вечеринка, а вечеринки не могут длиться вечно.

Билли не без удивления косится на нее.

— Это кто, Фицджеральд?

— Нет, Принц, — отвечает она. — Вид просто сумасшедший. Никак не могу налюбоваться. А когда солнце начнет заходить... Я, наверное, отвернусь. Иначе у меня сердце не выдержит. И ведь я здесь по одной-единственной причине. Меня изнасиловали и бросили умирать в канаве. Наверное, это правда: ничего в жизни не происходит просто так.

Билли слышал эту поговорку множество раз, и она всегда выводила его из себя.

— Нет. Я в это не верю. *Отказываюсь* верить.

— Ладно. Прости. — Голос у нее немного испуганный. — Я не хотела обидеть...

— Если я в это поверю, то придется поверить, что в этом мире есть что-то или кто-то важнее моей сестры. И Альби Старка. И Тако. И Джонни Кэппса, который никогда не сможет ходить. Нет всему этому разумного объяснения и быть *не может*.

Она не отвечает. Он украдкой смотрит на нее и видит, что она уставилась на свои стиснутые кулаки, а щеки у нее мокрые.

— Господи, Элис, я не хотел тебя так расстраивать. Прости.

— Ты и не расстроил. — Она стирает с лица слезы, доказывающие обратное.

— Просто, понимаешь... Если есть на свете Бог, то Он хреново исполняет свои обязанности.

Элис показывает пальцем вперед, на голубые зубцы гор:

— Если есть на свете Бог, их тоже сотворил Он.

Что ж, думает Билли, в чем-то она определенно права.

9

Смежные номера в приюте автомобилиста «Вилорог» оказались свободны. Судя по тому, сколько машин стоит на парковке, Билли и Элис могли бы снять весь мотель. Обедать они идут в ближайший «Бургер-барн». Вернувшись в номер, Билли вставляет в ноутбук флешку с историей и открывает документ на том месте, где остановился: Тако вручает Фариду свой мегафон с надписью «ДОБРОЕ УТРО, ВЬЕТНАМ». И сразу закрывает. Он не то чтобы боится писать о случившемся в «Веселом доме», нет, просто не хочется делать это урывками. Надо сесть в тишине, успокоиться и вылить все зараз, как яд из бутылочки. Возможно, времени на это уйдет немного, однако то будут *очень* напряженные часы.

Он подходит к окну и выглядывает на улицу. Перед каждым номером стоят дешевые пластиковые стулья. Элис сидит на одном из них и смотрит на звезды. Билли долго смотрит, как она смотрит. К психиатру не ходи, Элис в его глазах стала Кэти, только повзрослевшей. Возможно, психиатр добавил бы, что есть в ней и что-то от Робин Макгуайр, она же Ронни Гивенс из Дома Вековечной Краски, но с этим Билли готов поспорить. Робин ему хотелось трахнуть. Сколько вечеров он провел, дроча на ее светлый образ, — не сосчитать, а Элис он трахнуть не хочет. Она ему небезразлична, и это гораздо больше, чем секс.

Опасно ли иметь в жизни человека, который тебе небезразличен? Безусловно. Опасно ли, что он тоже небезразличен Элис, — ведь она доверяет ему, полагается на него? Спору нет. Но ведь это так здорово. Смотреть, как она смотрит на звезды. Это дорогого стоит. Да, все может измениться, если дело примет скверный оборот, но прямо сейчас, в этот самый момент, Билли сознает, что подарил ей горы и звезды. Они не принадлежат Элис, зато она может на них любоваться. И это дорогого стоит.

10

Выезжают они рано утром и уже к восьми утра добираются до окраины Денвера. Мир вокруг плоский. Без четверти девять проезжают через Боулдер. Мир по-прежнему плоский. А потом бац — и они уже в горах. Билли оказался прав, ехать приходится по серпантину. Элис сидит прямо и едва успевает вертеть головой, глядя широко распахнутыми глазами то на обрывы справа, то на отвесные, заросшие лесами склоны слева. Билли может ее понять. Она — девчонка из Новой Англии, которой довелось совершить короткое и в конечном итоге неприятное путешествие на Средний Юг, и сейчас ей все внове, все потрясает до глубины души. Пусть Билли никогда не поверит, что она согласилась бы на изнасилование ради этой поездки к подножию Скалистых гор, все-таки он доволен, что она здесь. Ему нравится ее восторг. Нет — он безумно рад.

— Я могла бы тут жить, — говорит она.

Они проезжают через Недерленд, крошечный городишко, который кажется придатком огромного торгового комплекса на окраине. Парковка забита под завязку. Билли, который вообще-то способен поверить во что угодно, вряд ли поверил бы, что уже в начале следующей весны эта парковка будет пустовать, а большая часть магазинов закроется.

— Мне надо туда заскочить, — говорит Элис, показывая пальцем на витрину аптеки и краснея.

Он находит свободное местечко у входа.

— Тебе нездоровится?

— Нет, но скоро начнутся эти дни. Вообще-то еще рано, но я чувствую их приближение. Живот болит.

Билли вспоминает аннотацию к противозачаточным таблеткам.

— Может, лучше мне...

— Нет, я сама. Не волнуйся, я недолго. Боже, надеюсь, я не протекла — брюки жалко...

— Ничего страшного... — «Купим новые», — хочет сказать Билли, но Элис уже выскочила из машины и торопливо шагает к «Уолгринс», почти бежит. Несколько минут спустя она выходит с пакетом в руках.

Билли спрашивает, все ли у нее хорошо. Она коротко — даже немного резко — отвечает, что да. За городом она просит его остановиться подальше от других машин и отвернуться. Он отворачивается, и его взгляд сразу падает на дельтапланериста, зависшего в небе над глубоким, похожим на открытую рану ущельем. Вот ненормальный! С такого расстояния кажется, что он замер на месте и почти не двигается. Билли слышит, как Элис возится на заднем сиденье, расстегивает молнию, шуршит пакетом, снимает защитный слой с прокладки — вряд ли она осмелилась бы сейчас воспользоваться тампоном, — а потом снова застегивает молнию.

— Можешь смотреть.

— Нет, лучше ты посмотри, — говорит Билли и показывает пальцем на дельтапланериста.

— Ох ты господи! — Элис ладонью прикрывает глаза от солнца.

— Не говоря уже о пресвятых ананасах.

Элис усмехается. Искренне. Ее усмешка греет Билли душу.

А потом она повторяет:

— Я могла бы тут жить.

— И заниматься *этим*? — Билли вновь показывает пальцем на дельтапланериста.

— Ну, или чем-нибудь другим... — Она медлит. — А может, этим.

— Ну что, поехали? Все тип-топ?

— Так точно, — лихо отвечает Элис.

11

Билли рад, что вчера решил остановиться и не ехать в ночи, потому что до Сайдуайндера они добираются только спустя два часа. Торговых комплексов в городке нет — лишь одна центральная улица, забитая сувенирными лавками, ресторанами, магазинами одежды в стиле Дикого Запада и барами. Последних предостаточно: «Одинокий всадник», «Сапоги и шпоры», «Перекати-поле» и «187». Салуна «Эджвуд» они не находят, но Билли и не надеялся его найти.

— Странно бар назвали, — говорит Элис, показывая на вывеску с числом «187».

— Ага, — соглашается Билли, а потом видит выстроившиеся в ряд мотоциклы на парковке перед баром, и название перестает казаться ему странным. 187 — это статья в калифорнийском уголовном кодексе, посвященная убийству.

Элис включает навигатор на телефоне Билли, потому что приложение-глушитель мешает работе не только локатора, но и бортового GPS.

— Еще миля, может, чуть больше. Поворот налево.

Проехав милю, они оказываются за городом. Билли сбавляет скорость и замечает впереди указатель: «Эджвуд-маунтин-драйв». Поворачивает туда. Улица застроена симпатичными домиками и швейцарскими шале, стоящими не на дороге, а в глубине участков. Подъездные дорожки у большинства домов перегорожены цепями, поскольку до лыжного сезона еще шесть недель. После дома номер 108 асфальт заканчивается: гладкая дорога сменяется проселочной, сперва просто неровной, потом откровенно ухабистой. Билли с трудом одолевает пару крутых поворотов и перемахивает глубокую промоину в дороге. На сей раз машина подпрыгивает так, что ремни безопасности блокируются.

— Ты уверен, что мы приехали по адресу? — спрашивает Элис.

— Да. Нам нужен дом сто девяносто девять.

Она заглядывает в навигатор.

— Тут такого нет.

— Я не удивлен.

Еще через милю проселочная дорога тоже заканчивается, и они выезжают на травянистую тропу, где в колдобинах растут полевые цветы. Похоже на остатки старого лесовозного пути. Деревья обступают его со всех сторон, ветви уже хлещут «форд» по бокам. Потом тропа начинает идти в гору. Билли лавирует между валунами — явно свидетелями последнего ледникового периода. Элис становится не по себе.

— Если сейчас эта тропа просто закончится, нам придется сдавать назад две мили, потому что развернуться нег...

Билли одолевает самый крутой поворот, и тут дорога действительно заканчивается — упирается в бревенчатую хижину, построенную прямо на склоне холма. Сваи, на которых она стоит, похожи на старые телефонные столбы. Под открытой верандой припаркован «джип-чероки». Откуда-то доносится гул генератора — низкий, но ровный и мощный.

Билли и Элис выходят из машины и, прикрыв глаза от солнца, смотрят на веранду. Из кресла-качалки им навстречу поднимается Баки Хэнсон. На голове у него бейсболка с эмблемой «Нью-Йорк рейнджерс», а в зубах — сигарета.

— Здорово, Билли! Я уж думал, ты заблудился.

— Она тоже так думала. Баки, знакомься, это Элис Максуэлл.

— Приятно познакомиться, Элис. Билли, как я рад! Когда мы в последний раз виделись?

— Четыре года минуло. А то и все пять.

— Ну, поднимайтесь. Лестница сбоку. Вы голодны?

12

Похоже, Билли зря опасался, что его давнему агенту и подручному может не понравиться, что он привез сюда — в тайное убежище на случай непредвиденных обстоятельств — чужого человека. Баки вполне благосклонен к Элис: обходится без громких фраз про то, что друзья Билли его друзья, однако дает понять, что это действительно так. Поначалу она робеет (или просто держится настороже), потом оттаивает, но от Билли по-прежнему далеко не отходит.

Кухня в доме чистая, просторная, солнечная. Баки разогревает в микроволновке макароны с сыром.

— С удовольствием приготовил бы для вас яйца *уэвос ранчерос,* они у меня получаются недурно, но я еще не совсем тут обжился. Надо затариться продуктами. Планирую засесть тут до лучших времен и посмотреть, чем закончится эта история. Надеюсь на счастливый финал.

— Ты прости, что я втянул тебя в переплет, — говорит Билли.

Баки только отмахивается.

— Я же вас и свел, забыл? Конечно, я отдавал себе отчет, что дело рискованное. — Он ставит перед ними дымящиеся тарелки с макаронами. — Ну, а ты как здесь оказалась, Элис? Как ты познакомилась с этим ветераном войны Джорджи Буша?

Элис глядит на свои макароны так, будто это шедевр кулинарии. Ее щеки слегка розовеют.

— Наверное, можно сказать, что он подобрал меня на улице.

— Неужели? Хм. А дурачка он тебе уже включал? Зрелище потрясное. Билли, давай, покажи класс.

Билли не горит желанием демонстрировать Элис свое «тупое я», он хорошо к ней относится — не то что к уголовникам вроде Ника и Джорджо, — но Баки все же их приютил, и отказывать ему в такой малости не хочется.

— Да я уже видела... — Элис медлит, потом добавляет: — В каком-то смысле.

Она мелком косится на Билли, прежде чем вернуться к еде, но тот успевает заметить и понять ее взгляд: речь о первой части его истории. Той, которую он писал с оглядкой на возможных читателей — Ника и Джорджо.

— Здорово, правда?

Баки достает из микроволновки свою тарелку и садится за стол.

— Билли читает всякую заумь, но при этом может перечислить тебе всех одноклассников Арчи из школы «Ривердейл-хай» и рассказать, как Бэтмен получил свой плащ.

К черту, от меня не убудет, думает Билли. Он широко раскрывает глаза и начинает говорить чуть медленнее:

— А вот про это я не в курсе.

Баки смеется и шутливо грозит Билли вилкой, на которой еще болтается макаронина.

— Старина, ты хватки не теряешь! — Он поворачивается к Элис. — Подобрал тебя на улице, говоришь? Что это значит?

— Он спас мне жизнь.

Баки приподнимает брови.

— Ну ничего себе! Я хочу услышать эту историю. В подробностях. И особенно про то, как все пошло наперекосяк.

Билли обдумывает его слова.

— Все, кроме Элис, — говорит он и смеется. Ничего не может с собой поделать.

13

Билли вновь начинает рассказ с того места, как Поли Логан и Фрэнк Макинтош забрали его из гостиницы, и доходит до самого конца, лишь немного замазав финал. Мол, какие-то уроды отделали Элис и бросили ее умирать в канаве, а он за нее отомстил.

Баки не спрашивает как. Только забирает у гостей пустые тарелки, относит их в раковину и пускает горячую воду. В маленьком домике на всеми забытом конце Эджвуд-маунтин-драйв есть микроволновка и спутниковая тарелка на крыше, но нет посудомойки.

— Давайте я помою, — вызывается Элис.

— Ну уж нет, — отвечает Баки. — Посуды не так много, а форму из-под макарон я пока замочу. Пригоревший сыр фиг отскребешь. Билли, вы ко мне надолго? Если да, то мне надо совершить набег на местный «Кинг суперс».

— Не знаю, но я с удовольствием съезжу за продуктами.

— Я с тобой, — вставляет Элис. — Только дайте мне список. — Она заглядывает в холодильник. — Надо бы взять овощей.

Баки пропускает ее слова мимо ушей и, не оборачиваясь, говорит:

— Тебя ищут, Билли. Причем не только Ник с компанией, но как минимум четыре организованные группировки и бог знает сколько частных лиц. Один из тех редких, но иногда встречающихся случаев, когда все стороны преследуют одну цель. Тебя очень живо обсуждают в некоторых закрытых чатах, даже прозвище придумали — «мистер Саммерлок».

— Это от Саммерса и Локриджа?

— Ну да.

— А про Далтона Смита ничего не слышно? — Пожалуйста, только не это, Господи, думает Билли.

— Нет, пока тихо, но у твоих недоброжелателей есть выход на таких акул частного сыска, что ФБР по сравнению с ними — полные лохи. Если ты где-то накосячил, поверь мне, Далтона Смита скоро спалят.

Баки поворачивается к ним, вытирая полотенцем мокрые красные руки. Он смотрит прямо на Элис, и взгляд его красноречивее любых слов.

— Элис — не косяк. Я пойду своей дорогой, а она своей. Под другим именем. Если, конечно, ты можешь сделать ей документы.

— Без проблем. Кое-что уже сделал. Интернет, подключенный к сверхсовременному оборудованию, творит чудеса. — Баки садится за стол. — Ты не против стать Элизабет Андерсон?

Элис вздрагивает, потом робко улыбается.

— Да в общем, нет. А самой выбрать имя нельзя?

— Не советую. Есть опасность придумать имя, которое будет связано с твоим прошлым. Я тоже его не придумывал, это сделал компьютер. Вернее, сайт, «Генератор имен» называется. — Баки смотрит на Билли: — Если ты ей доверяешь, мне этого достаточно. А как же Дженсены? И риелтор? Они могут догадываться, что Далтон Смит — не настоящее имя?

Билли мотает головой.

— Значит, все чисто. Вот и славно. Потому что за тебя обещана награда.

— Какая?

— В чатах говорили про шесть миллионов долларов.

Билли разевает рот.

— Издеваешься? Что, серьезно? Но почему? Мне-то всего два за работу обещали!

— Не знаю.

Элис переводит взгляд с одного на другого, словно смотрит теннисный матч.

— Заказал тебя Ник, — продолжает Баки, — но, по-моему, это не его деньги. Да и тебе он не свои сбережения обещал.

Билли ставит локти на стол и прикладывает неплотно сжатые кулаки к вискам.

— Кто заплатит шесть миллионов за то, чтобы пристрелить стрелка, пристрелившего другого стрелка?

Баки смеется.

— Хорошо сказано, надо запомнить! Прямо «Карл у Клары украл кораллы».

— Кто и зачем? Джоэл Аллен был пустым местом, насколько я понял.

Баки качает головой:

— Не знаю. Но Ник Маджарян наверняка в курсе. Может, у тебя будет возможность задать ему этот вопрос лично.

— Кто такой Ник Маджарян? — спрашивает Элис.

Билли вздыхает.

— Бенджи Компсон. Тот, кто втравил меня во все это. Только это неправда. Он влез во все это сам.

14

В конце концов Билли решает, что они пробудут у Баки три дня, от силы четыре. Он хочет написать про «Веселый дом». Это не займет много времени, но ему еще предстоит обдумать свои дальнейшие действия. Скажем, нужна ли ему винтовка с оптическим прицелом — или хватит ругера? Он пока не знает. Или лучше обзавестись вторым пистолетом, глоком с магазином на семнадцать патронов вместо жалких шести? Он не знает. А вот «банка» для ругера может пригодиться, как бы его ни раздражали эти штуки. Доведется ли ему вообще им воспользоваться? Этого он тоже не знает, но Баки говорит, что добыть быстросъемный глушитель для ругера — не проблема. Если, конечно, он не имеет ничего против кустарного глушака, который развалится после нескольких выстрелов. В горах чего только ни найдешь, говорит Баки.

— Я могу раздобыть «Эм-двести сорок девять», если хочешь. Надо навести справки, но у меня есть на примете пара людей, которых можно спросить. Люди надежные, умеют держать язык за зубами.

«М-249», в народе «пила». Билли посещает короткое, но яркое воспоминание: Большой Джо Клечевски стоит у «Веселого дома» с этим самым пулеметом в руках.

— Нет. — Он мотает головой. — Пока обойдемся глушителем.

— Ладно, глушитель для «Ругера Джи-Пи», понял.

Через три дня будут готовы и документы для Элис. Когда они поедут за продуктами в Сайдуайндер, Баки хочет, чтобы она купила краску для волос.

— На водительских правах советую быть блондинкой. Но брови оставь темными. Тебе пойдет.

— Думаешь? — нерешительно спрашивает Элис, хотя глаза у нее загорелись.

— Да. Ты училась в экономическом колледже, так что придумаю тебе соответствующее прошлое. Стенографировать умеешь?

— Умею. Я прошла курс в Род-Айленде, причем весьма успешно.

— Отвечать на звонки можешь? «“Динэм-Шевроле”, с кем вас соединить?»

Элис закатывает глаза.

— Отлично, базовые навыки у тебя есть. Учитывая, что экономика у нас цветет и пахнет, этого должно быть достаточно. Добавим приличную одежду, хорошие туфли — и Бэт Андерсон без труда займет свою нишу.

Впрочем, Баки что-то не нравится. Элис не заметила, а вот Билли заметил, только он пока не понимает, в чем дело.

15

Они отправляются за продуктами. Билли надел парик и солнцезащитные очки (Баки откопал их в сумке со всяким хламом, которую пока не успел разобрать и называет «ирландский багаж»[1]). В «Кинг суперс» Билли расплачивается наличными. Потом они снова поднимаются по Эджвуд-маунтин-драйв: последние две мили «форд» преодолевает с трудом, ворча и подпрыгивая на колдобинах.

Элис помогает Баки разобрать покупки. Он с сомнением смотрит на овощные бананы, но молчит. Когда с покупками покончено, Элис спрашивает, нельзя ли ей прогуляться — надоело сидеть в четырех стенах. Баки отвечает, что за домом есть лесная тропинка.

— Она довольно круто идет вверх, но ты молодая и сильная, должна справиться. Советую побрызгаться отравой от комаров, поищи в ванной.

---

[1] Так в шутку называют большие полиэтиленовые пакеты или мешки, в которых носят свои вещи бездомные.

Элис выходит из ванной в рубашке с закатанными, как у дальнобойщика, рукавами и щедро поливает себя «Каттером». На щеках уже блестит толстый слой репеллента.

— Волки тебя не тронут, не обращай на них внимания, — говорит Баки и добавляет, увидев ее испуганное лицо: — Да шучу, шучу. Местные старички говорят, что волков в этих краях не видели с пятидесятых годов прошлого века. Охотники всех отстреляли. Медведей тоже. Зато если одолеешь милю, тебе откроется сумасшедший вид: глубоченное ущелье, а на другой его стороне — просторная расчищенная площадка. Там раньше стоял курортный отель, но много лет назад он сгорел дотла. — Баки понижает голос: — Говорят, там водились привидения.

— Смотри под ноги, — вставляет Билли. — Не хватало еще лодыжку сломать.

— Я буду осторожна.

Когда она уходит, Баки с улыбкой передразнивает Билли:

— «Смотри под ноги, не хватало еще лодыжку сломать»? Ты ей кто, папочка? Впрочем, по возрасту она тебе как раз в дочери годится.

— Вот только давай без этих фрейдистских намеков. Мы просто друзья. Я не могу тебе рассказать во всех подробностях, как так вышло, но поверь мне на слово.

— Ты говорил, что ее «отделали». Я правильно понял, что это значит?

— Да.

— И сколько их было?

— Трое. Но насиловали двое, один только кончил ей на живот. Якобы.

— Кошмар. А с виду и не скажешь. Вроде у нее все... ну, нормально.

— Ненормально.

— Да, конечно. Понимаю. И вряд ли когда-нибудь будет.

Как часто бывает с подобными неутешительными прогнозами, думает Билли, этот имеет все шансы сбыться.

Баки достает из холодильника две банки пива, и они выходят на веранду. Билли припарковал «фьюжн» внизу, нос к носу с «чероки».

— Радует, что она держит себя в руках, — говорит Баки, усаживаясь в свое кресло-качалку. Билли занимает второе кресло. — Характер у девицы сильный.

Билли кивает:

— Это точно.

— А еще она умеет, что называется, читать между строк. Может, ей и впрямь дома не сиделось, но ушла она нарочно — чтобы дать нам поговорить.

— Думаешь?

— Да. Пока вы здесь, могу поселить ее в свободной комнате. Я уже кое-какие вещи туда перетаскал, но ничего, уберу. Белья на кровати нет. Не знаю, есть ли в доме лишний комплект, зато в шкафу я видел пару покрывал. Три-четыре ночи можно и так перекантоваться. Поскольку вы не спите вместе, устрою тебя на чердаке. Большую часть года там либо морозилка, либо пекло, но сейчас должно быть самое то. Где-то у меня был спальный мешок, поищу. Может, в багажнике валяется.

— Вот и отлично. Спасибо.

— Должен же я как-то отблагодарить парня, пообещавшего мне миллион долларов. Если ты не передумал, конечно.

— Не передумал. — Билли косится на Баки. — Вот только деньги я, по-твоему, не получу.

— Может, и получишь.

Баки достает из кармана рубашки пачку «Пэлл-Мэлл» — надо же, их до сих пор производят! — и протягивает одну Билли. Тот мотает головой. Прикурив сигарету старой «Зиппо» с эмблемой морской пехоты США и надписью «Semper Fi»[1] на боку, Баки продолжает:

— Я уже давно понял, что тебя нельзя недооценивать, Уильям.

Какое-то время они сидят молча — двое на веранде в креслах-качалках. Билли думал, что Пирсон-стрит очень

---

[1] Semper Fidelis — всегда верен (*лат.*).

тихая, но по сравнению с этим местечком там был проходной двор. Откуда-то издалека доносится едва слышный гул бензопилы или измельчителя древесины. Он да легкий шелест ветра в ветвях сосен и осин, вот и весь саундтрек. Билли наблюдает за парящей в голубой вышине птицей.

— Тебе лучше взять ее с собой.

Билли потрясенно поворачивается к другу. Тот держит на коленях старую жестяную пепельницу, забитую окурками без фильтров.

— Что? Ты спятил? Я думал, она может пожить здесь, пока я смотаюсь в Вегас и найду Ника.

— Может. Но я в самом деле советую тебе взять ее с собой. — Он тушит сигарету, отставляет пепельницу в сторону и подается вперед. — Выслушай меня, Билли, а то раньше ты, похоже, не слушал. *Тебя ищут*. Тебя ищут суровые ребята вроде того Даны Эдисона, про которого ты рассказывал. Они в курсе, что копы тебя не нашли, что Ник тебя кинул и что ты почти наверняка захочешь стрясти с него обещанные деньги. И что свое ты возьмешь в любом случае — кровью, если придется.

— Как Шейлок[1], — бормочет себе под нос Билли.

— Про Шейлока ничего не знаю, не смотрел этот фильм, но если ты думаешь провести их этой штуковиной... — он щелкает пальцем по парику, который в самом деле приобрел довольно потасканный вид; пора его заменить, — то ты на редкость глуп. Они знают, что ты изменил внешность — иначе ты просто не уехал бы из Ред-Блаффа. И что ты на машине. В Вегас ведет не так много дорог, и поверь мне, тебя уже пасут на всех въездах.

Баки прав, но Билли не хочется подвергать Элис такой опасности: вообще-то он хотел ее защитить.

— Первым делом надо сменить номера на твоей машине. — Он показывает пальцем на дощатый настил веранды и автомобили под ней. — В этих краях, конечно,

---

[1] Персонаж пьесы Уильяма Шекспира «Венецианский купец». Соглашается дать купцу денег в долг без процентов, но взамен требует вексель, дающий ему право в случае неуплаты долга вырезать из тела должника фунт мяса.

попадаются тачки с южными номерами, но не так уж часто.

Билли молчит, поражаясь собственной тупости. О том, чтобы поставить глушитель на GPS-локатор, он подумал, но при этом всю дорогу через Средний Запад сверкал южными номерами! С тем же успехом мог прилепить на лобовое стекло табличку «ВОТ ОН Я».

Баки не нужно читать мысли Билли: все написано у него на лице.

— Ладно, не убивайся так. Ты почти все сделал правильно, особенно если учесть, что думать и действовать нужно было быстро.

— Одна крошечная ошибка может подвести тебя под петлю.

С этим Баки не спорит, только молча прикуривает сигарету и замечает, что Билли вряд ли ищут в Канзасе и Оклахоме.

— Думаю, они сейчас на западе. Разбрасываться им незачем. Айдахо, Юта, может, в Аризону пару человек пошлют, но основные силы сосредоточены в Неваде. Вегас ждет тебя.

Билли кивает.

— К тому же если бы они тебя выследили и нашли, то уже нагрянули бы сюда. — Оставляя в воздухе дымный след, Баки обводит рукой дом. — Безлюдное место в лесной глуши — идеальные условия для стрельбища. И все-таки здесь, думаю, бояться нечего. Обстоятельства складываются в твою пользу. Кроме того, у тебя есть еще одно преимущество. Машину ты арендовал на Далтона Смита, так?

— Да.

— А документы на какое-нибудь другое имя есть?

У Билли с собой водительские права и «мастеркард» Дэвида Локриджа, но толку от них теперь никакого.

— Есть, но давно спалены.

— Ладно, я тебе сделаю что-нибудь — на первое время сойдет. Использую «Генератор имен». Только имей в виду, кредиткой расплачиваться нигде нельзя, она для вида. И насчет авто: про номера забудь, надо менять саму машину. Арендованная пусть тут пока постоит. Все равно она страшная, как моя жизнь.

— Зато удобная, — говорит Билли, делая глоток пива.

— Деньги есть? Должны быть, раз ты мне авансом перевел мои десять процентов.

— Тысяч сорок, но не наличными. На счетах в редблаффском банке «Мани менеджер».

— Но счет открыт на имя Далтона Смита, так?

— Да.

Сигарета Баки уже сгорела до фильтра. Он ее тушит.

— На востоке Сайдуайндера есть магазин автомобилей с пробегом, «Автосток Рикки» называется. Явно теневая контора. Можешь что-нибудь там купить. Нет. Лучше я куплю. Расплачусь наличными, а ты мне дашь чек от имени Далтона Смита. Обналичу его, когда весь этот беспредел закончится.

— А если меня убьют? Ты останешься ни с чем.

Баки отмахивается:

— Я же не «БМВ» покупать собираюсь. Какую-нибудь развалюху, лишь бы ты до места доехал. За полторы-две тысячи баксов. Может, даже не легковушку, а старый ржавый пикап с плохонькой подвеской и более-менее живым мотором. — Он смотрит на солнце, что-то обдумывая. — Знаешь, с таким открытым прицепом, в которых ландшафтники возят косилки, воздуходувки и прочую хрень.

Билли так и видит эту картину: пикап с облупившейся на дверях краской, ржавчиной на порогах и следами автомобильной замазки «Бондо» вокруг фар. Нацепить старую, мятую ковбойскую шляпу — и да, получится недурная маскировка. Обыкновенный бродяга-шабашник, перекати-поле, каких тысячи.

— Они думают, что ищут одиночку, — говорит Баки. — Тут-то тебе и пригодится Элис. Допустим, вы заедете в придорожную кафешку на Пятидесятом шоссе, а там охотники за головами сидят, кофеек пьют да жертву караулят. Кого они увидят? Просто ковбоя с дочерью или племяшкой на видавшем виды старом «додже». Или «форде».

— Я не потащу Элис туда, где может пролиться кровь. — Самое плохое, что сама-то она охотно поедет.

— А ты брал ее с собой на разборку с насильниками?

Конечно, не брал, он оставил ее в ближайшем мотеле. Но ответить Билли не успевает: открывается задняя дверь, и в дом входит Элис.

16

Щеки у нее разрумянились, волосы напоминают стог сена, и Билли без особого удивления отмечает, что — по крайней мере сегодня — выглядит она сногсшибательно.

— Какая там красота! — восклицает Элис. — Ветрище ужас, меня чуть не сдуло, но бог мой, Билли, оттуда видно *вечность*!

— В ясный день[1], — с улыбкой добавляет Билли.

Элис то ли не узнает цитату, то ли слишком взбудоражена; она продолжает тараторить:

— Там были облака — надо мной и *подо* мной, представляешь! И еще я видела какую-то огромную птицу... Конечно, вряд ли кондор...

— Запросто, — перебивает ее Баки. — Говорят, они тут теперь водятся, хотя сам я еще ни одного не видел.

— А далеко-далеко, на другой стороне, это просто *бред*, но, кажется, я увидела отель, о котором ты говорил. А потом моргнула — от ветра глаза слезились, — и он исчез.

— Ты не единственная, кто его видел, — без намека на улыбку отвечает Баки. — Я человек не суеверный, однако ноги моей не будет там, где раньше стоял отель «Оверлук». Гиблое место.

Элис пропускает его слова мимо ушей.

— Вид просто чудесный. Нагулялась вволю. И знаешь что, Билли? Примерно в четверти мили отсюда в лесу стоит хижина.

Баки кивает:

[1] «В ясный день увидишь вечность» — фильм Винсента Минелли (основанный на одноименном мюзикле Алана Джея Лернера) и популярная песня в исполнении Барбары Стрейзанд.

— Ага. Летний домик. Вернее, был им в незапамятные времена, а сейчас заброшен.

— Ну, выглядит он вполне прилично. Сухой, чистый, есть стол и стулья. Если дверь открыта, даже солнце внутрь попадает. Ты мог бы работать там над своей книгой, Билли. — Она медлит. — Если захочешь.

— Может, и захочу. — Он поворачивается к Баки: — Давно ты владеешь этим домом?

— Лет двенадцать? — поразмыслив, отвечает Баки. — Нет, скорее, четырнадцать. Как летит время, а! Раз или два в год я сюда приезжаю на недельку или хотя бы на выходные. Просто чтобы примелькаться в городе.

— А кем представляешься?

— Элмером Рэндольфом. Вообще это мои настоящие имена — первое и второе. — Баки встает. — Смотрю, вы и яйца купили. Самое время для уэвос ранчерос!

Он уходит в дом. Билли встает и хочет последовать за ним, но Элис хватает его за руку чуть повыше запястья. Он вспоминает, как под проливным дождем тащил ее через дорогу, как меж полуприкрытых век мутными мраморными шариками поблескивали белки ее глаз. К счастью, теперь это другая девушка. Просто чудо что за девушка.

— Я могла бы здесь жить, — повторяет она.

Глава 18

1

Из уважения к гостям Баки курит на веранде, хотя весь дом населен пахучими призраками сотен сигарет «Пэлл-Мэлл», которые он успел выкурить здесь после переезда из Нью-Йорка. На следующее утро, когда Элис отправляется в душ (и начинает там петь — самый верный признак того, что она приходит в себя), Билли выходит к Баки на веранду.

— Говорят, ты книгу пишешь, — замечает Баки.

Билли смеется.

— Вряд ли моей писанины хватит на настоящую книгу.

— Говорят, мол, сегодня ты захочешь над ней поработать. В летнем домике.

— Возможно.

— А книга, мол, отличная.

— Вряд ли ее литературного багажа достаточно, чтобы об этом судить.

Эту тему Баки решает не развивать.

— Я подумал, мы с ней можем съездить в город, прикупить чего-нибудь, чтобы не отвлекать тебя от работы. Тебе нужен новый парик, а ей всякие женские штучки. Не только краска для волос.

— Когда вы успели это обсудить?

— С утра. Я обычно встаю около пяти — вернее, мочевой пузырь меня поднимает. Сделав дела, я вышел покурить на веранду, а она тут как тут. Мы вместе смотрели на восход. Ну, и поболтали заодно.

— Как тебе ее состояние?

Баки прислушивается к доносящемуся из душа пению.

— Тебе самому-то как?

— По-моему, у нее все неплохо.

— Вот и я так думаю. Мы с ней можем до Боулдера доехать, там выбор побольше будет. А на обратном пути заглянем к Рикки Паттерсону, машины посмотрим. Может, пообедаем в «Хэнди Эндис».

— Что, если они и тебя разыскивают?

— Нет, Билли, им нужен ты. Они меня чуток поискали в Нью-Йорке, может, заглянули к моей сестре в Куинс, никого не нашли, да и бросили эту затею.

— Надеюсь, ты прав.

— Я придумал. Первым делом мы с Элис заглянем в «Буффало эксчендж» или «Коммон тредс». Куплю ковбойскую шляпу и натяну по самые уши. И-и-ха! — Баки тушит очередную сигарету. — Знаешь, она о тебе очень высокого мнения. Ты в ее глазах просто герой. И в хоре певец, и в койке удалец.

— Надеюсь, она иначе сформулировала мысль?

В ванной по-прежнему льется вода. Элис еще поет — оно, может, и хорошо, но Билли приходит в голову, что она неспроста подолгу торчит в душе. Не может отмыться.

— Иначе. Она сказала, что ты — ее ангел-хранитель.

2

Полчаса спустя, когда пар из ванной выветрился, Билли идет бриться. Элис подходит к двери.

— Ты ведь не против, что я поеду?

— Ничуть. Повеселись, проветрись, но смотри в оба и не стесняйся попросить убавить громкость, если от его музыки у тебя кишки задрожат. Он обычно врубает звук на полную, когда по радио включают «Creedence» или «Zep». Вряд ли что-то изменилось.

— Хочу купить пару юбок и топов — помимо краски для волос и нового парика для тебя. Какие-нибудь дешевые кеды. И нижнее белье... — Она умолкает.

— Не такое уродское, как то, что купил бы твой ничего не смыслящий в моде дядюшка? Брось, мои чувства можешь не жалеть. Я сильный — как-нибудь справлюсь.

— Да нет, меня все устраивает, но этого мало. И бюстгальтер с целыми лямками мне тоже не помешает.

Билли об этом не подумал. Как не подумал про южные номера на «форде».

Хотя Баки опять ушел на веранду — курить, попивая апельсиновый сок (ну и сочетание, думает Билли), — Элис переходит на шепот:

— Только у меня нет денег.

— Пусть Баки об этом позаботится. А мы с ним сочтемся.

— Точно?

— Да.

Она берет его за руку, свободную от бритвы.

— Спасибо. За все.

Как странно слышать от нее слова благодарности. И в то же время — совершенно нормально. Парадокс, не иначе. Вслух Билли говорит только:

— Пожалуйста.

3

В четверть девятого Баки и Элис садятся в «чероки» и отчаливают. Элис сделала макияж, и от кровоподтеков на ее лице не осталось и следа. Впрочем, они и без косметики почти не видны. С ее свидания с Триппом Донованом прошло больше недели, а на молодых все быстро заживает.

— Звони, если что, — говорит Билли на прощание.

— Да, папочка, — отвечает Баки.

Элис заверяет его, что обязательно позвонит, но по ее лицу видно, что мысленно она уже в пути: болтает с Баки, как болтают все нормальные люди (если в происходящем есть хоть капля нормальности), и думает о магазинах и обновках, которые, возможно, примерит. Этим утром, если не считать долгого душа, по ней и не скажешь, что неделю назад ее изнасиловали.

Проводив их, Билли поднимается по указанной Элис тропинке и находит ту самую хижину — летний домик, как его назвал Баки. Заглядывает внутрь. Видит некрашеный дощатый пол и нехитрую мебель: складной стол и три складных стула. Впрочем, что еще ему нужно? Надо только принести свою словодробилку да, может, банку колы из холодильника.

Не жизнь, а сказка! Кто это сказал? Кажется, Ирв Дин, охранник «Башни Джерарда». Давно было дело. Как будто в другой жизни. Так и есть: в жизни Дэвида Локриджа.

Билли идет по тропинке до конца и смотрит через ущелье на противоположную сторону, где должен стоять отель-призрак. Никакого отеля он не видит, только пару обугленных столбов. Кондоров тоже нет.

Он возвращается в дом за «маком» и колой. Ставит их на стол в летнем домике. Если распахнуть настежь дверь, света в комнате вполне достаточно. Билли с опаской присаживается на один из складных стульев — ничего, вполне крепкий. Открывает файл со своей историей, прокручивает страницы вниз до того места, где Тако вручил мегафон Фариду, их толмачу, и уже хочет приняться за работу, от которой его оторвал риелтор Мертон Рихтер, как вдруг замечает на стене картину. Он подходит ближе, потому что картина висит в дальнем углу комнаты — зачем ее там повесили, непонятно, туда даже свет не попадает, — и видит на ней кусты живой изгороди, фигурно подстриженные в форме разных зверей. Слева стоит пес, справа два кролика, посередине два льва, а за ними, кажется, бык. Или так изобразили носорога? Картина написана плохо, зелень неестественно яркая, и художник зачем-то мазнул львиные глаза красным — видимо, хотел придать им зловещий вид. Билли снимает картину и поворачивает ее лицом к стене: иначе взгляд то и дело будет за нее цепляться. Не потому, что она хорошая, а потому, что плохая.

Он открывает банку колы, делает большой глоток и принимается за работу.

4

— Ладно, ребята, погнали, — сказал Тако. — Повоюем.

Он вручил Фариду матюгальник с надписью «ДОБРОЕ УТРО, ВЬЕТНАМ» и велел сделать дежурное предупреждение, суть которого сводилась к следующему: если покинете помещение сейчас, то выйдете на своих двоих и останетесь живы, а если покинете потом, то вас вынесут в мешке для трупов. Фарид все сказал, но никто из дома не вышел. Обычно после этого мы сразу заходили (предварительно прокричав хором что-то вроде речовки: «Темная лошадка — все будет гладко!»), но тут Тако попросил зачитать предупреждение еще раз. Фарид вопросительно покосился на него, однако выполнил просьбу. Опять никого. Тако и на этом не успокоился.

— Давай еще.

— Да ты чего? — не выдержал Хой.

— Не знаю, — ответил Тако. — Плохое предчувствие. Во-первых, мне не нравится этот балкон вокруг купола. Видите?

Конечно, мы видели. У балкона вместо перил было невысокое цементное ограждение.

— За ним целый полк моджахедов залечь мог.

Мы все удивленно воззрились на него.

— Да я не ссу, — начал оправдываться он, — но что-то тут нечисто.

Фарид дочитывал третье предупреждение, когда к нам подкатил капитан Хёрст, наш новый ротный. Он стоял в открытом «джипе», широко расставив ноги, — не иначе как Джорджем Паттоном-младшим[1] себя возомнил, сука. Через дорогу было три жилых дома, два достроенных, один нет. На их стенах красовалась выведенная баллончиком большая

---

[1] Джордж Смит Паттон-младший (1885–1945) — американский военачальник, один из главных генералов американского штаба, действовавшего в период Второй мировой. Не проиграл ни одного сражения. С ноября 1945-го — командующий войсками США в Европе. Отличался жестокостью и грубостью (в частности, широкую огласку получил инцидент в госпитале, где Паттон оскорбил солдат и применил к ним физическую силу).

буква «Ч», то есть там уже было чисто. Вроде как. Зеленый Хёрст не знал, что порой повстанцы незаметно возвращаются в зачищенные дома. Даже в плохой оптический прицел его голова сейчас представляла собой огромную хэллоуиновскую тыкву.

— Чего ждешь, сержант? — прогремел ротный. — Скоро стемнеет! Зачистим эту гасиенду, мать ее!

— Есть, сэр! — ответил Тако. — Я просто хотел дать им еще один шанс.

— Обойдутся! — проорал капитан Хёрст и очертя голову устремился в бой.

— Дебил сказал — солдат сделал, — пробормотал Бигфут Лопес.

— Ладно, детки, встали в круг, — скомандовал Тако.

Мы собрались вместе — «Горячая восьмерка», которая раньше была «Горячей девяткой». Тако, Динь-Динь, Кляча, Хой, Бигфут, Джонни Кэппс и Фармацевт с волшебным чемоданчиком. И я. В тот миг я видел себя как бы со стороны — со мной такое иногда случалось.

Помню, как раздавался редкий беспорядочный огонь. Помню, как где-то позади, в квартале Кило, грохнула граната — глухой, утробный «бумц», — а где-то впереди, может, в квартале Папа, рявкнул «РПГ». Вдали хлопали винты вертолета, и еще какой-то идиот дул в свисток — фьють, фьють, фьють, — бог его знает зачем. Помню, какая стояла жара: ручьи пота оставляли светлые полосы на наших грязных лицах. И еще помню детей на улицах, этих вездесущих мальчишек в футболках с рэперами и рок-группами. Взрывов и выстрелов для них не существовало: они вставали на ободранные коленки и деловито собирали с земли стреляные гильзы, чтобы потом снова их зарядить и раздать бойцам. Помню, как ощупью искал детскую пинетку на поясе и не находил.

Мы в последний раз встали в круг и сцепили руки. По-моему, Тако это чувствовал. Может, мы все чувствовали, не знаю. Я помню их лица. Помню запах одеколона «Инглиш лэзер», которым Джонни каждое утро по чуть-чуть, экономно смачивал щеки. Это был его талисман. Помню, он однажды сказал, что мужчина, от которого пахнет как от джентльмена, не может умереть: Господь этого не допустит.

— Ну-ка, ребятки, — скомандовал Тако, и мы заорали нашу речовку.

Глупо, конечно, глупо и по-детски — как и многое на войне, — но нас это заводило. И быть может, если в доме действительно засели боевики, это дало бы им возможность еще разок посмотреть друг на друга и подумать, что они творят и какого хрена они должны умирать ради религиозных воззрений какого-то престарелого имама, которому давно сорвало крышу на почве Бога.

— Темная лошадка — все будет гладко!

Тряхнув сцепленными руками, мы выпрямились. У меня за плечом висел автомат «М-4» и винтовка «М-24». Рядом стоял Кляча с «пилой» в одной руке — вес около двадцати пяти фунтов в снаряженном состоянии, — а патронная лента свисала с могучего плеча, словно шарф. Мы столпились у ведущих во двор ворот. Перекрещивающиеся тени от недостроенного дома через дорогу образовали решетку на расписанной стене: в одних квадратах оказались дети, в других — женщины и мутаваин. Для взлома дверей у Бигфута был «М-870» — дробовик, которым можно разнести в клочья любой замок. Тако отошел в сторонку, чтобы не мешать Футу работать, но когда Пабло на всякий случай толкнул ворота, они медленно, с душераздирающим скрежетом отворились. Тако посмотрел на меня, а я на него, два рядовых банкоголовых куска пушечного мяса с одной мыслью: это, мать вашу, полное *динки-дау*[1].

Тако пожал плечами и, пригнувшись и опустив голову, побежал через двор. Мы за ним. На мостовой валялся одинокий футбольный мяч. Джордж Диннерстайн, пробегая мимо, поддал его ногой.

Мы благополучно пересекли двор — по нам даже ни разу не выстрелили из зарешеченных окон дома, — подошли к цементной стене и встали у дверей, по четыре человека с каждой стороны. Деревянные двери были двойные, тол-

[1] Безумие, бред (*вьет.*).

стенные, высокие — по меньшей мере восемь футов в высоту. На каждой высечен символ: скрещенные сабли над крылатым якорем. Эмблема бригад БААС. Еще одно дурное предзнаменование. Я поискал глазами Фарида: он вернулся к воротам. Он увидел, что я на него смотрю, и пожал плечами. Я его понял. Свою работу он сделал, а штурм домов не входил в его обязанности.

Тако показал на Хоя и Клячу и жестами велел им идти налево и проверить окно. Мы с Бигфутом пошли направо. Я осторожно заглянул внутрь, надеясь успеть вовремя отдернуть голову, если мне захотят ее отстрелить, но в комнате никого не было и никто в меня не стрелял. Я увидел большой круглый зал с ковриками на полу, низкий диванчик, книжный шкаф с одной-единственной книжкой в бумажной обложке, а рядом — журнальный столик. На стене висел гобелен с изображением скачущих лошадей. Потолки были высоченные, почти как в католической церкви маленького городка, — не меньше пятидесяти футов до вершины купола, пронзенного изнутри солнечными лучами, будто лазерами. Лучи из-за танцующих на свету пылинок казались твердыми.

Я отстранился и жестом показал Бигфуту, чтобы он занял мое место. Поскольку голову мне никто не снес, он осматривал комнату чуть дольше.

— Дверей отсюда не видно, — сказал Фут. — Угол обзора не тот.

— Знаю.

Мы обернулись к Тако. Я покачал ладонью туда-сюда — мол, вроде чисто, но не факт. Тот же самый посыл был у Хоя, стоявшего по другую сторону двери; он просто пожал плечами. Мы вновь услышали автоматные очереди, далекие и не очень, но в квартале Лима и в большом доме с куполом стояла полная тишина. Мяч, который пнул на бегу Динь-Динь, остановился в дальнем углу двора. Видимо, дом был пуст, но я все ощупывал и ощупывал свой ремень в поисках чертовой пинетки.

Мы вернулись к двери и снова встали по обе стороны от нее.

— В колонну по одному, — сказал Тако. — Ну, кто тут хотел повоевать?

— Я, — вызвался я.

Тако помотал головой:

— Ты в прошлый раз первым шел, Билли. Дай другому шанс заслужить медаль.

— Я, — сказал Джонни Кэппс, и Тако кивнул:

— Тогда ты.

Только поэтому я до сих пор хожу, а Джонни нет. Вот так все просто. Нет у Бога никакого плана, он просто тянет наугад палочки из общей кучи.

Тако показал пальцем на Бигфута, затем на двойные двери. На правой был огромный черный засов — казалось, дверь нагло высунула черный язык. Фут попробовал его отодвинуть, но засов не поддавался. Ворота во двор были открыты (возможно, потому, что в лучшие времена здесь играли соседские дети), но дом оказался заперт. Тако кивнул Бигфуту, и тот вскинул дробовик, заряженный специальными патронами, которыми сбивают замки. Все остальные выстроились в ряд — ту самую «колонну» — позади Джонни. Кляча шел вторым, потому что у него был пулемет. Тако — третьим. Я четвертым, а Фармацевт, как обычно, в самом конце. Джонни глубоко и часто дышал, чтобы перенасытить легкие кислородом и войти в раж. Я видел, как двигаются его губы: «Повоюем, повоюем, сука, повоюем».

Фут ждал приказа Тако и по его сигналу отстрелил замок, а с ним и добрый кусок правой двери. Ее выбило внутрь.

Джонни, не мешкая, снес левую дверь плечом и вломился в дом с криком:

— Банзай, муда...

Больше он ничего выкрикнуть не успел, потому что ждавший за дверями моджахед открыл по нему огонь из «АК», причем целился он не в спину, а в ноги. Штанины Джонни затрепетали, словно от ветра. Он вскрикнул, наверное, от удивления, потому что боль почувствовать еще не успел. Кляча попятился, вопя: «Назад, морпехи!» Мы рванули назад, а он дал короткую очередь из «пилы». Дверь разлетелась в щепки, от скрещенных сабель не осталось и следа. Моджахед выпал на улицу; только одежда и мешала его телу развалиться на куски. При этом он до сих пор норовил схватить одну из гранат, примотанных к поясу. Наконец он выдернул ее, но в следующий миг граната выпала из его пальцев, по-прежнему с чекой. Кляча пинком отбросил ее подальше. За плечом Тако я видел Джонни. К тому времени боль он уже почувствовал: орал во всю глотку и вертелся на месте. Кровь заливала его сапоги.

— Помоги ему, — велел Тако Кляче, а потом проорал: — Док!

Джонни сделал еще шаг и рухнул на пол. Он вопил: «Я ранен, Господи, меня подстрелили!» Кляча рванул к нему, Тако следом, и в этот миг по нам открыли огонь сверху. Мы должны были догадаться. Откуда взялись те пыльные солнечные лучи под куполом? Окон-то в куполе не было. Это были бойницы, пробитые в бетоне, внизу, там, где их скрывала стена вокруг внешнего балкона.

Кляча получил пулю в грудь и пошатнулся, крепко держась за «пилу». Эту пулю бронежилет остановил, но следующая попала ему в горло. Тако поднял глаза на лучи под куполом и рванулся за «пилой». Пуля попала ему в плечо. Две следующих ушли в стену. Четвертая разворотила ему лицо. Его челюсть повернулась, словно на шарнире. Он крутанулся на месте, поливая нас кровью и пытаясь махнуть нам рукой — мол, назад, — а потом у него взорвалась голова.

Меня кто-то ударил — на миг мне показалось, что это пуля, — а потом мимо промчался Фармацевт. Санитарная сумка слетела у него со спины и болталась на руке на одной лямке.

— Нет, нет, они наверху! — заорал ему Бигфут. Он схватил сумку за вторую лямку и дернул на себя нашего врача. Только поэтому Клейтон «Фармацевт» Бриггс по сей день топчет землю.

Пули стали рикошетить от пола, осыпая нас осколками. Пули попадали в коврики, поднимая фонтанчики пыли и разорванных волокон. Одна угодила в грудь скачущей лошади на гобелене. Другая — в журнальный столик, отчего тот завертелся вокруг своей оси. Моджахеды на балконе поливали нас непрерывным огнем. Я видел, как тела Клячи и Тако дергаются снова и снова; может, в них стреляли для перестраховки, а может, со злости (скорее всего — и то и другое). Вот только Джонни они не трогали; он катался по полу в луже крови и орал во всю глотку. Они запросто могли его добить, но не хотели: Джонни был приманкой.

Все случилось в считаные мгновения. Прошло от силы полторы минуты с тех пор, как Фут выбил дверь. Когда все летит к чертям, времени оно не теряет.

— Надо достать Кэппси, — сказал Хой.

— Они только этого и ждут, — возразил Динь-Динь. — Они не дураки, и ты дураком не будь.

— Он истечет кровью, если мы его бросим, — сказал Фарм.

— Я его притащу, — крикнул Фут и вбежал в дом, согнувшись пополам.

Он схватил Джонни за кольцо бронежилета и поволок. Пули сыпались на них со всех сторон. Он добрался до убитого пулеметной очередью моджахеда и поймал пулю в лицо: так пришел конец Пабло Лопесу из Эль-Пасо, штат Техас. Он перевернулся на спину, и повстанцы принялись фаршировать свинцом новую мишень. Джонни по-прежнему орал.

— Я смогу его вытащить, — сказал Динь-Динь.

— Фут тоже так думал! — крикнул Хой. — Эти черти умеют стрелять! — Он повернулся ко мне: — Что нам делать, Билли? Звать поддержку с воздуха?

Мы все понимали, что «хеллфайр» уничтожит моджахедов на балконе, но заодно прикончит и Кэппса.

— Я их сниму, — сказал я.

Не дожидаясь возражений — нам всем было уже не до того, — я побежал обратно через двор, скинув по дороге свой «М-4».

— Отходим, босс? — спросил Фарид.

Я ему не ответил, просто рванул через дорогу к недостроенному зданию. Двери не было. Внутри стояла темнота и пахло свежим цементом. Внизу оказался целый склад: консервы, сухпайки, шоколадки «Хершис». Палета колы, груда журналов (сверху журнал об охоте и рыбалке «Филд энд стрим»). Видимо, какой-то предприимчивый иракский *таджир* открыл здесь торговую точку.

Я побежал наверх. На первой лестничной площадке оказалось много мусора. На второй кто-то написал на стене баллончиком: «ЯНКИ, ВАЛИТЕ ДОМОЙ», — старый добрый лозунг, не теряющий с годами обаяния и актуальности. Из дома с куполом по-прежнему доносился шквальный огонь и крики Джонни Кэппса. Я не слышал, как словил пулю Пит Кэшмен, но он ее словил. Динь-Динь сказал, что перед смертью он крикнул: «Да ладно, я без проблем его вытащу — он уже близко!»

На четвертом этаже стен не было, и солнце ударило мне в лицо, точно кулаком. Я обогнул тачку с затвердевшим цементом, отпихнул в сторону какие-то доски и побежал дальше, дыша по-собачьи и обливаясь потом. На шестом этаже лестница закончилась, но это ничего — я оказался как раз на одном уровне с вершиной купола и видел балкон сверху.

Их было трое. Они стояли на коленях спиной ко мне. Я накинул ремень своей «М-24» на правое плечо, а ствол положил на торчавший из недостроенной стены кусок арматуры. Повстанцы веселились от души: смеялись и ободряли друг дружку, улюлюкали, словно пришли на футбольный матч и их команда выигрывала. Я взял на прицел голову первого моджахеда. Она, может, и не была размером с праздничную тыкву, но мишень все равно получилась отличная. Я нажал спусковой крючок — и вуаля, головы не стало. Только кровь и мозги стекали по закругленной стене купола. Двое оставшихся моджахедов переглянулись: что это было?!

Второго я тоже снял без труда, а третий улегся на пол, надеясь спрятаться за цементным ограждением балкона. Напрасно. Оно оказалось слишком низким. Я пустил ему пулю в спину. Он остался лежать на месте. Бронежилета на нем не было. Наверное, он думал, что со спины его прикрывает Аллах, но у Аллаха в тот день нашлись дела поважнее.

Я побежал вниз по лестнице и через дорогу. Фарид так и замер у ворот. Динь-Динь с Фармацевтом были в «Веселом доме», последний стоял на коленях рядом с Джонни. Он уже отрезал ему штанины. Осколки костей прилипли к ткани и торчали из кожи Кэппса. Динь-Динь орал в рацию — сообщал кому-то, что у нас потери, большие потери, квартал Лима, дом с куполом, пришлите вертушку, забирайте нас отсюда и т.д.

— *Больно!* — кричал Джонни. — *Ох господи как больно КАК СУКА БОЛЬНО!*

— Прими вот это, — говорил Фарм, протягивая ему таблетки с морфином.

— *Ох господи лучше б я сдох лучше б они меня убили О БОЖЕ ПУСТЬ ЭТО ЗАКОНЧИТСЯ!*

Фарм открыл ему рот пальцами и запихнул туда таблетки.

— Разжуй — и увидишь Бога.

— Что у вас случилось, морпехи?

Я обернулся на голос Хёрста. Он все еще стоял, широко расставив ноги — косил под Паттона, говнюк, — но с лица заметно спал.

— А вы как думаете? — спросил Динь-Динь. — Фаллуджа случилась. *Сэр.*

Фарм сказал:

— Ему нужна кровь, и как можно быстрее, иначе

5

Билли выдергивают из Ирака звуки, которые он слышал в Ираке. Часть бесконечного музыкального сопровождения боевых действий в Лалафаллудже: рычит и скалится гитара Энгуса Янга в песне «Dirty Deeds Done Dirt Cheap»[1]. Похоже, Баки с Элис нагулялись по магазинам. Билли опускает взгляд на часы: пятнадцать минут четвертого. Он просидел за компьютером несколько часов и даже не заметил, как пролетело время.

Он дописывает последнее предложение, сохраняет файл, убирает ноутбук в сумку и уже собирается уходить, как вдруг его взгляд падает на картину, которую он снял со стены и перевернул, чтобы лишний раз на нее не отвлекаться. Он вешает ее обратно на крючок, наверное (нет,

[1] Песня группы «AC/DC».

почти наверняка), потому, что до сих пор помнит завет сержанта «Апарыша» Аппингтона: *нигде и никогда не оставляй следов своего пребывания*.

Билли осматривает картину и хмурится. Куст-пес теперь стоит справа, а кусты-кролики — слева. Разве было не наоборот? И львы как будто стали ближе...

Да нет, просто неправильно запомнил, говорит он себе, но перед уходом из летнего домика все же снова снимает картину и ставит на пол. Лицом к стене.

6

Музыка звучит все громче по мере того, как они подъезжают к дому. Соседей здесь нет, поэтому слушать можно хоть на полную, если захочется. Видимо, Баки включил любимый сборник: «AC/DC» сменяется «Metallica».

Они привезли с собой новую машину — по крайней мере новую для них, — и Билли на минутку останавливается осмотреть ее издалека. Под верандой места больше нет, поэтому Баки и Элис оставили ее в начале подъездной дорожки. Это «додж-рэм», модель «Куод-кэб» начала XXI века, некогда синяя, а теперь по большей части серая. Следов «Бондо» вокруг фар не видно, но лопнувшее заднее сиденье залатано черной изолентой, а пороги проржавели насквозь. Как и кузов, в котором стоит древняя газонокосилка «Лоунбой» (с виду она даже старше, чем сама машина). Прицеп тоже есть, двухколесный и изрядно помятый. В нем пусто.

Когда Билли начинает подниматься на веранду, «Metallica» сменяется Томом Уэйтсом, хрипящим «16 Shells from a Thirty-Ought-Six». Билли замирает в дверях. Баки и Элис танцуют посреди гостиной. Она в новом топе, щеки раскраснелись, глаза блестят. С волосами, убранными в хвостик — точнее, в полноценный хвост, который доходит ей почти до поясницы, — она похожа на школьницу. Элис хохочет и явно неплохо проводит время. Может, она смеется над ужимками Баки (танцор он так себе), а может, ей просто хорошо.

Баки победно вскидывает руки, продолжая отжигать под Тома Уэйтса. Он поворачивается вокруг своей оси, и Элис крутится в обратном направлении. Увидев в дверях Билли, она снова заливисто смеется и дергает бедрами так, что ее хвост начинает скакать из стороны в сторону. Песня Уэйтса подходит к концу. Баки выключает музыку, пока Боб Сигер не успел войти во вкус со своей песенкой про Бетти Лу, изможденно падает на диван и хлопает себя по груди.

— Все, я слишком стар для бугалу[1].

Элис, которая еще и близко не стара для бугалу, подлетает к Билли, чуть не прыгая от восторга.

— Пикап видел?

— Ага.

— То, что надо, правда?

— Такой увидишь и через пять минут забудешь, — кивает Билли, а потом обращается к Баки через ее плечо: — Бегает-то нормально, вы проверили?

— Рикки говорит, для старушки, которая уже выработала один ресурс, — самое то. Только масло жрет немного — а точнее, очень много. Мы с Элис на ней прокатились, вроде хорошо бегает. Подвеска жестковата, но что ты хочешь от такой развалюхи? Рикки мне ее за тридцать три сотни отдал.

— Я сама на ней приехала, — гордо сообщает Элис. Она все еще взбудоражена до предела: то ли от магазинов, то ли от танцев, а скорее от того и другого вместе. Билли не нарадуется, глядя на нее. — Коробка механическая, но я как раз на механике и училась. Дядя меня учил: в пол вдавил сцепление — начинай переключение. Плавно отпустил — ровно покатил. Вторая внизу ютится, третья в небе, словно птица.

Теперь смеется уже Билли. Сам он учился рулить в Доме Вековечной Краски, чтобы после ухода Гэда (в его истории — Глена Даттона) возить продукты из магазина

---

[1] Музыкальный и танцевальный стиль, возникший в Нью-Йорке в 1960-х годах среди латиноамериканцев под влиянием рок-н-ролла, ча-ча-ча, мамбо и др.

и вообще помогать по хозяйству. Мистер Степенек (в его истории — Спек) рассказывал ему те же стишки.

— Я тебе кое-что купила. Погоди, сейчас принесу.

Она убегает в комнату, а Билли вопросительно смотрит на Баки. Тот кивает и незаметно оттопыривает два больших пальца: все супер.

Элис возвращается с коробкой, на крышке которой витиеватым шрифтом написано: «КОСТЮМЕРНАЯ “ЛЮКС”». Она протягивает коробку Билли.

Внутри оказывается новый парик — раза в два дороже купленного им на «Амазоне». Только этот не светлый, а черный с проседью и значительно длиннее того, что носил Далтон Смит. И гуще. Первым делом Билли приходит в голову следующее: если его остановят копы, они наверняка заметят, что на правах волосы у него совсем другие. А потом его посещает другая мысль, которая сразу вытесняет остальные.

— Тебе не нравится... — Улыбка Элис меркнет.

— Ну что ты, очень нравится. Спасибо!

Он позволяет себе ее обнять. Она обнимает его в ответ. Значит, все хорошо.

7

В тот день, когда Билли и Элис приехали, погода стояла почти летняя, но второй вечер в горах уже гораздо прохладнее, а сквозняки по полу гуляют просто ледяные. Билли приносит из-под веранды кленовые дрова, и Баки затапливает на кухне маленькую йотуловскую печь. Потом они сидят за столом и просматривают распечатанные на принтере снимки — часть с «Гугл Планета Земля», часть из базы недвижимости «Зиллоу». На них можно в подробностях рассмотреть территорию, интерьеры и удобства особняка, расположенного по адресу Чероки-драйв, 1900, в городке под названием Пайют (на самом деле это даже не город, а северный пригород Лас-Вегаса). Владеет особняком некто Николай Маджарян.

Белоснежный дом стоит у подножия Пайютских предгорий. Он четырехэтажный: каждый следующий этаж чуть сдвинут назад относительно предыдущего, так что получается что-то вроде великанской лестницы. Вид на ночной Вегас наверняка открывается впечатляющий, думает Билли, особенно с крыши.

На спутниковых фотографиях видно высокую стену, которой огорожены владения, главные ворота и подъездная дорожка — а скорее, дорога, потому что длиной она в добрую милю. Ярдах в двухстах от дома стоит амбар или конюшня, рядом — выгул и манеж для лошадей. Есть еще три надворные постройки, одна большая и две поменьше. Билли думает, что прислуга наверняка живет в самой большой, той, что в былые времена называлась (а может, и до сих пор называется) бараком. Остальные две бытовки, возможно, предназначены для хозяйственных нужд и хранения инвентаря. Ничего похожего на гараж Билли на фотографиях не видит и обращает на это внимание Баки.

— Вероятно, он расположен в склоне, — говорит тот, постукивая пальцем по заросшему лесом косогору позади дома. — Только это скорее не гараж, а ангар. Помещение для дюжины и более автомобилей. Ник у нас ценитель классики, я слышал. Наверное, у каждого есть тяга к прекрасному, унять которую можно только за большие деньги.

Иные потребности ни за какие деньги не уймешь, думает Билли.

Элис рассматривает фото из «Зиллоу».

— Боже, тут комнат двадцать, наверное! А какой бассейн!

— Неплохо, — соглашается Баки. — Куча прибамбасов для комфортной жизни. И Ник еще наверняка всякого наворотил, потому что фотки сделаны до того, как он купил дом. За пятнадцать миллионов, кстати. Помню, видел его на «Зиллоу».

А мне полтора миллиона пожалел, думает Билли.

На фотографиях «Зиллоу» видно то, чего не видно на «Планете Земля». К примеру, широкие лужайки: изумрудно-зеленые, с вкраплениями цветочных клумб. Такой же изумрудно-зеленый выгул. Пальмовые рощи, в благодатной тени которых стоят шезлонги и прочая уличная мебель. Интересно, сколько сотен тысяч галлонов воды уходит на то, чтобы посреди пустыни стоял этот Эдемский сад? Сколько садовников и смотрителей его обслуживает? Сколько домашней прислуги? Сколько телохранителей и охранников Ник поставил следить за территорией в ожидании Билли Саммерса, который должен прийти забрать должок?

— Он назвал усадьбу «Вышина», — говорит Баки. — Я немного порылся в Инете — чего только не найдешь нынче в Сети, если знаешь, где искать. Ник там живет с две тысячи седьмого года. Поскольку сзади у него гора, никто его особо не беспокоит. Возможно, он слегка утратил бдительность, но я бы на это не рассчитывал.

Нет, на это рассчитывать нельзя, думает Билли. С человеком, который без труда избавился от давнего и верного соратника — Джорджо Свиньелли, — шутки плохи. Конечно, Ник сейчас разыскивает Билли (это единственное допущение, которое он вправе сделать), даже поджидает его. Но наверняка не осознает всей глубины и силы его гнева. Они заключили сделку. Билли выполнил свою часть условий, а Ник, вместо того чтобы выполнить свою часть, просто-напросто его кинул. И пытался убить. Если припереть Ника к стенке, он, вероятно, будет все отрицать, но Билли-то знает. Они оба знают.

Баки стучит пальцем по гугловскому спутниковому фото.

— Вот этот квадратик у въезда — сторожка. Там будет охрана. Сто процентов.

Билли в этом не сомневается. И вновь он задается вопросом, сколько человек сейчас охраняет маленькое королевство Ника Маджаряна. В фильме с Сильвестром Сталлоне или Джейсоном Стэйтемом их были бы десятки, все как один вооружены до зубов — от пулеметов до переносных ракетных установок. В реальной жизни Ник мог нанять человек пять от силы. Вооруженных дробовиками, пистолетами или тем и другим. Но Билли-то один, и он отнюдь не Сильвестр Сталлоне.

Элис выкладывает на середину стола один из спутниковых снимков:

— Что это? На «Зиллоу» такого фото нет.

Баки и Билли присматриваются. На снимке запечатлено место, где западная стена упирается в скалу. Подумав с минуту, Баки говорит:

— Похоже на служебный въезд на территорию. Конечно, на «Зиллоу» такое не показывают — как и навесы для мусорных контейнеров, к примеру. Их клиентам подавай гламурные фоточки. Что скажешь, Билли?

— Не знаю.

Однако картинка начинает понемногу вырисовываться. Чем больше он думает про старенький пикап, тем больше эта картинка ему по душе. И новый парик придется как нельзя кстати.

8

После ужина Элис занимает ванную, чтобы покрасить волосы. Когда Баки предлагает ей взять с собой пива («для подкрепления сил»), она не отказывается. Оба слышат, как она запирает дверь изнутри. Билли не удивлен. Впрочем, Баки тоже.

Баки приносит из холодильника еще две бутылки пива. Натягивает легкую куртку и бросает Билли толстовку. Они выходят на веранду, устраиваются в креслах-качалках и чокаются бутылками.

— За наш успех!

— Хороший тост. — Билли делает глоток пива. — Хочу еще раз поблагодарить тебя за гостеприимство. Я знаю, ты не ждал гостей.

— Тебе в самом деле нужен глушитель под ругер?

— Да. Можешь заодно раздобыть семнадцатый глок и патроны к обоим?

Баки кивает:

— Не проблема — здесь так уж точно. Что еще тебе понадобится?

— Усы к парику, который она мне купила. Свои я отрастить не успею. — Это еще не все, но остальное Элис наверняка захочет купить сама.

— Какой план? Пора бы ввести меня в курс дела, иначе я не успею тебя отговорить.

Билли рассказывает. Баки слушает очень внимательно и в какой-то момент начинает кивать.

— Лезть в логово льва — затея рискованная, но вполне разумная. Все охотники за головами наверняка будут поджидать тебя в городе, в окрестностях маджаряновского казино. «Дабл Дюс», или как там его.

— «Дабл Домино».

Баки подается вперед и заглядывает ему в глаза.

— Слушай, если ты переживаешь из-за денег, которые мне пообещал...

— Нет.

— ...то забудь об этом. Серьезно. Я в деньгах не нуждаюсь. И я даже рад, что у меня появился повод выбраться из города. Не пойму, чего я так долго с этим тянул — однажды, ей-богу, кто-нибудь скинет на Пятую авеню ядерную бомбу. Или какой-нибудь вирус нагрянет, превратив все от Манхэттена до Стейтен-Айленда в гигантскую чашку Петри.

Билли думает, что Баки наслушался теорий заговора по радио, но вслух ничего не говорит.

— Дело не в твоих или моих деньгах — хотя, конечно, я их заберу, если получится. Он меня обманул. Кинул. Обул меня, понимаешь? Он плохой человек. — Билли и сам слышит свое «тупое я» в этих словах, но ему плевать. — Он убил или заказал Джорджо. Со мной он хотел поступить так же.

— Ладно, — тихо отвечает Баки. — Я понял. Дело чести.

— Не чести, а честности.

— Согласен, есть разница. Пей давай.

Билли делает глоток и склоняет голову набок, прислушиваясь к звукам из дома. В душе льется вода. Опять.

— Как вы по магазинам прошвырнулись? Все хорошо?

— В целом да. Перед тем как мы заглянули в «Коммон тредс» за твоей ковбойской шляпой — кстати, забыл тебе показать эту красотку, — она начала задыхаться. Что-то запела себе под нос — я не разобрал слов — и сразу успокоилась.

Билли догадывается, *что* она пела.

— А когда тачку покупали, Элис такое устроила — ты бы видел! Сразу положила глаз на этот пикапчик и одним махом скинула цену с сорока четырех сотен до тридцати трех. Сперва Рикки уперся на тридцати пяти. Тогда она взяла меня за руку и говорит: «Пошли отсюда, Элмер, он, конечно, милый, но настроен несерьезно». Можешь в это поверить?

— Вообще — могу, — смеется Билли.

Баки почему-то не смешно. Он мрачнеет. Билли спрашивает, что случилось.

— Пока ничего, но мне это не нравится. — Он опускает бутылку и смотрит Билли в глаза. — Мы с тобой вне закона, верно? Сейчас так почти не говорят, но сути это не меняет. Элис пока законопослушный человек. Только это ненадолго, если она и дальше будет с тобой якшаться. Видишь ли, она влюблена в тебя по уши.

Билли тоже отставляет бутылку.

— Баки, я не... У меня и в мыслях...

— Я знаю, ты не пытаешься затащить ее в койку. Возможно, она к тебе в койку и не рвется — после того, что с ней случилось, — но ты спас ее, вернул к жизни...

— Ничего подобного...

— Ладно, хорошо, не вернул, но ты дал ей время и возможность начать этот процесс. Это не меняет факта, что она влюблена в тебя и пойдет с тобой хоть на край света, если ты позволишь. А если ты позволишь — ей конец.

Выговорившись, Баки замолкает. Ради этой беседы он и вытащил Билли на веранду. Переведя дух, он выпивает в один присест полбутылки пива и зычно рыгает.

— Давай, поспорь со мной. Если я приютил вас на пару дней, это еще не значит, что вы и пикнуть не смеете. Готов выслушать доводы.

Билли нечего ему сказать.

— Ну да, возьми ее с собой в Неваду. Найди дешевенький мотельчик за городом и оставь ее там, пока сам на дело пойдешь. Если выберешься живым, чистеньким и с деньгами, дай ей побольше и отправь обратно на восток. Вели по дороге навестить меня и напомни, что поддельные документы ей больше не нужны. Она может снова стать Элис Максуэлл.

Он поднимает указательный палец, на котором уже заметны первые артритные узлы.

— *Но только при условии, что ты не впутаешь ее в это дело!* Понял?

— Да.

— Если чистеньким ты не выйдешь, то скорее всего не выйдешь вовсе. Ей будет сложно это принять, но такова жизнь. Введи ее в курс дела. Ладно?

— Ладно.

— Скажи, что если не проявишься через несколько дней — сам решишь, какое время она должна выждать, — пусть возвращается сюда. Я дам ей немного денег. Тысячу, может, полторы.

— Ты не обязан...

— Знаю. Но я хочу ей помочь. Она мне нравится. Не ноет — хотя имеет право. И потом, эти деньги ты уже отработал. Ты мой единственный клиент. Года четыре как. Больше я уголовщиной не занимаюсь — пугливый стал. Если что-то пойдет не так, любой из этих отморозков может меня сдать, а я слишком стар для тюрьмы.

— Хорошо. Понял. Спасибо. Спасибо.

Душ выключается. Баки подается к Билли через подлокотник своего кресла.

— Знаешь, котенок, которого решила выкормить собака, привязывается к ней, как к родной матери. И с утятами та же история. В зоологии это называется запечатление, или импринтинг. Вот и у нее произошло запечатление на тебя, Билли, и я не хочу, чтобы она пострадала.

Дверь ванной открывается, и Элис выходит на веранду в синем банном халате — видимо, это халат Баки, потому что длинные полы доходят ей почти до босых ступней. Волосы она убрала наверх, заколов дюжиной невидимок, и прикрыла прозрачным полиэтиленом. Платиновая блондинка из нее, конечно, не получится, свои волосы слишком темные, но все равно перемены будут разительные.

— Как вам? Пока не очень понятно...

— Вроде неплохо. Всегда был неравнодушен к грязному блонду. У моей первой жены были как раз такие волосы. Она стояла у музыкального автомата, я увидел ее и пропал. Ну и дурак был.

Она рассеянно улыбается, но продолжает вопросительно смотреть на Билли: ей важно его мнение. Конечно, Баки прав. На «Ютьюбе» был забавный ролик: птица купается в собачьей миске, а собака — немецкий дог — спокойно стоит и смотрит. Еще Билли вспоминает старую пословицу: если ты спас кому-то жизнь, ты навсегда за него в ответе.

— Выглядишь сногсшибательно, — говорит он, и Элис улыбается.

Глава 19

1

Билли и Элис живут у Баки пять дней. Утром шестого дня — когда Господь предположительно создал зверей земных и птиц небесных — они грузят свои вещи в «додж-рэм» и готовятся к отъезду. Билли надел светлый парик и очки без диоптрий. Поскольку пикап большой, они сваливают все свои нехитрые пожитки назад. Древняя косилка так и остается в кузове. К ней присоединились триммер, воздуходувка и старая штилевская бензопила. В прицепе, который изначально был пуст, теперь стоят четыре картонные бочки, купленные в магазине хозтоваров «Лоуз». Баки и Билли хорошенько их попинали, чтобы состарить, и наполнили всяким инвентарем. Его они приобрели с молотка — какой-то банк в Недерленде закрывался и распродавал имущество на аукционе. Бочки надежно закрепили в прицепе при помощи тросов.

— Ты должен выглядеть как современный перекати-поле, — сказал Баки, пока они пинали друг другу бочки. — В Западной Девятке таких как собак нерезаных. Они кочуют с места на место в поисках какой-нибудь работенки, выполняют ее, получают деньги и едут дальше.

Элис спросила, что такое Западная Девятка, и Баки перечислил девять штатов: Колорадо, Вайоминг, Монтана, Юта, Аризона, Нью-Мексико, Айдахо, Орегон и — конечно же — Невада.

Пикап действительно смотрится правдоподобно. Возможно, они немного перестарались с мерами предосторожности — столько трудов ради одной короткой поездки. Баки наверняка прав: охотники за головами должны кучковаться в пределах Вегаса. Зато потом, когда Билли с Элис доберутся до «Вышины», маскировка может сыграть ключевую роль в успехе всего предприятия.

— Было здорово, — говорит им Баки на прощанье. На нем комбинезон и футболка с группой «Old 97's». — Рад, что вы ко мне заехали.

Элис обнимает его. Ее светлые волосы красиво блестят в лучах утреннего солнца.

— Билли? — Баки протягивает ему руку. — Береги себя.

Билли так и подмывает его обнять — у мужчин такое нынче принято, — но он сдерживается. Эти братские объятия всегда были ему не по нутру, даже в Ираке.

— Спасибо, Баки. — Он берет его ладонь обеими руками и легонько стискивает, помня об артрите. — За все.

— Рад был помочь.

Они садятся в машину. Билли заводит двигатель. Тот сперва работает с перебоями, потом выравнивается. Баки согласился найти человека, который отвезет «форд-фьюжн» обратно в Ред-Блафф — чтобы к Далтону Смиту не было никаких претензий. За это я тоже буду в долгу, думает Билли.

Он разворачивает старый пикап к дороге. А когда уже хочет включить первую передачу, Баки вдруг начинает махать руками и подбегает к машине с пассажирской стороны. Элис опускает стекло.

— Я тебя жду, — говорит он. — Не вздумай лезть в его дела и пачкать руки, поняла?

— Да, — отвечает она. Билли приходит в голову, что она просто его успокаивает. Ну да ничего, думает он, уж меня-то она выслушает. Будем надеяться.

Посигналив на прощанье, он трогается с места. Спустя полтора часа они поворачивают на запад, на автомагистраль I-70. Впереди Лас-Вегас.

2

Ночуют в Бивере, штат Юта, в очередном неприметном, но на удивление неплохом мотельчике. Они берут навынос по ведерку жареной курятины в кафе «Крейзи кау» и по пути в мотель заглядывают в «Рэйз 66» за парой банок «Бада». Номера у них смежные. Они садятся на улице, сдвинув пластмассовые стулья (куда без них), и пьют холодное пиво.

— В дороге я дочитала твою историю, — говорит Элис. — Мне понравилось. Не терпится узнать, что было дальше.

Билли хмурится.

— Я планировал остановиться на Эль-Фаллудже.

— На *Лала*фаллудже, — с улыбкой говорит она и спрашивает: — Ты разве не напишешь про то, как стал убивать людей за деньги?

Он морщится от ее откровенности. Не в бровь, а в глаз. Элис это замечает.

— То есть плохих людей. И как ты познакомился с Баки. Мне интересно.

Да, думает Билли, я мог бы про это написать. Может, даже стоит это сделать. Тут ведь какое дело: если бы притаившийся за дверью моджахед убил Джонни Кэппса, а не просто отстрелил ему ноги, Билли Саммерса здесь не было бы. И Элис тоже. Его посещает что-то вроде озарения: если бы Джонни Кэппс не выжил, Элис Максуэлл могла умереть от шока и холода на Пирсон-стрит.

— Возможно, напишу. Если будет возможность. Расскажи о себе, Элис.

Она смеется. Но не заливистым, непринужденным смехом, который Билли успел полюбить. Этот смех означает: не лезь.

— Да мне особо нечего рассказывать. Я всегда была невидимкой — из тех, что стараются слиться с мебелью. Знакомство с тобой — единственное примечательное событие в моей жизни. Ну, после группового изнасилования, наверное. — Она печально фыркает.

Нет, так просто от меня не отделаешься, думает Билли.

— Ты выросла в Кингстоне. У тебя есть мать и сестра. Что еще? Наверняка есть что-то еще.

— В жизни не видела столько звезд. — Элис показывает на темнеющее небо. — Даже у Баки.

— Не заговаривай мне зубы.

Она пожимает плечами.

— Ладно. Приготовься умереть от скуки. У моего отца был мебельный магазин, а мама вела его бухгалтерию. Он умер от сердечного приступа, когда мне было восемь, а Джерри, моей сестре, девятнадцать. Она как раз тогда поступила в школу визажистов-парикмахеров. — Элис поправляет волосы. — Джерри сказала бы, что это ужасный цвет.

— Может быть, но мне нравится. Продолжай.

— В старших классах я была хорошисткой. Иногда ходила на свидания с парнями, но ни с кем не встречалась. Популярность — это не про меня. Еще были непопулярные дети, забитые ботаники, над которыми все смеялись и издевались, но это тоже не про меня. Обычно я просто делала то, что мне говорили сестра и мама.

— Однако на парикмахерские курсы все-таки не пошла.

— Вообще я собиралась, потому что в настоящий универ — для умниц — меня точно не взяли бы: баллов и изученных предметов не хватало. — Она умолкает. Билли дает ей подумать. — Но однажды ночью я лежала, засыпала — и вдруг резко очнулась. Прямо подскочила в кровати. Чуть на пол не свалилась. С тобой такое бывало?

Билли вспоминает Ирак и отвечает:

— Много раз.

— Я подумала: если я это сделаю, если пойду у них на поводу, это никогда не закончится. Так и буду жить по их указке до конца дней, пока однажды не проснусь древней старухой в старом добром Кингстоне. — Она смотрит на Билли. — А знаешь, что сказали бы моя мама и сестра, если бы узнали про случившееся? Про изнасилование и нашу с тобой поездку? Они сказали бы: «Вот видишь, чем все закончилось. А мы тебе говорили».

Билли кладет руку ей на плечо. Она поворачивается к нему, и тут он на секунду видит женщину, которой она может стать с годами — если время и судьба будут к ней благосклонны.

— И знаешь, что я ответила бы? Плевать, потому что это мое время, моя жизнь, и я проживу ее так, как хочу и считаю нужным.

— Ладно, — говорит Билли. — Хорошо, Элис. Ты права.

— Вот именно! Я права. Только бы тебя не убили.

Этого он пообещать не может и потому молчит. Они еще долго смотрят на звезды, потягивая пиво, и Элис тоже помалкивает. Потом встает и говорит, что идет спать.

3

Билли спать не идет. Ему пришла пара сообщений от Баки. В первом указано название ландшафтной компании, которая благоустраивает и озеленяет территорию «Вышины»: «Сады и парки». Прораб у них то ли Келтон Фриман, то ли Гектор Мартинес, а может, вообще какой-то другой человек. Контора немаленькая, в городе на слуху.

В следующем сообщении говорится, что Ник по будням часто остается ночевать в «Дабл Домино», зато на выходные обычно едет в свою пайютскую усадьбу. Особенно в воскресенье. **В футбольный сезон не пропускает ни одного матча с «Джайентс»**, — добавляет Баки. — **Это знают все, кто его знает.**

Можно вывезти парня из Нью-Йорка, думает Билли, но Нью-Йорк из парня — никогда. В ответ он пишет: **Про гараж что-нибудь выяснил?**

Баки отвечает сразу же: **Нет**.

Билли взял с собой все фотографии с «Планеты Земля» и «Зиллоу». Какое-то время он их изучает, потом открывает ноутбук и находит в Интернете кое-какие фразы по-испански. Когда (и если) придет время, ему необязательно будет их говорить, однако сейчас он разучивает их наизусть, повторяя вслух снова и снова. Возможно, ему понадобится только одна. Или две. Или ни одной. Но перестраховка еще никому не помешала.

Me llamo Pablo Lopez.
Esta es mi hija.
Estos son para el jardín[1].
Mi es sordo y mudo: Я глухонемой.

4

Утром они завтракают в «Крейзи кау», потом выезжают. Билли не хочет слишком утруждать свой старый пикап, да и необходимости гнать нет. До Вегаса всего пара сотен миль. К Нику он не полезет до воскресенья: в этот день профи играют в футбол, и почти наверняка в особняке на Чероки-драйв стоит тишина. Никаких садовников, смотрителей и — в идеале — дружков Ника. Билли посмотрел расписание и узнал, что в это воскресенье «Джайентс» играют против «Кардиналс» в шестнадцать часов по североамериканскому восточному времени. В Неваде это час дня.

Чтобы скоротать время, он рассказывает Элис, как пришел в бизнес. Джонни Кэппс был первым звеном в этой цепи, которая закончится — осталось выковать по меньшей мере еще одно звено — на магистрали I-70, ведущей на запад.

— Погоди, это же тот парень, который остался без ног. Которого повстанцы оставили в живых, как приманку.

— Да. Клэй Бриггс — Фармацевт — смог остановить кровь, а потом Кэппса на вертолете доставили в дрянной ветеранский госпиталь, где он провел очень много времени и плотно подсел на иглу, пока врачи пытались реабилитировать то, что не подлежало никакой реабилитации. В конце концов дядя Сэм усадил его в коляску и отправил домой. В Куинс он вернулся прожженным наркоманом.

— Как грустно.

[1] Меня зовут Пабло Лопез. Это моя дочь. Это для сада (*исп.*).

Что ж, думает Билли, хотя бы история с наркотой кончилась хорошо. С Джонни связался его двоюродный брат Джоуи, оставивший себе итальянскую фамилию Каппицано (хотя все, конечно, звали его Джоуи Кэппс). С разрешения одной из крупнейших нью-йоркских организаций — и, разумеется, картели «Синалоа», контролировавшей городской наркобизнес, — Джоуи Кэппс создал собственную организацию. Совсем крошечную, даже группировкой не назовешь. Он предложил покалеченному бойцу должность бухгалтера в этой конторе, но при условии, что тот спрыгнет с иглы.

— И он спрыгнул?

— Да. Все это он рассказал мне сам, при встрече. Полежал в реабилитационном центре — лечение оплатил братишка, — а потом до самой смерти три-четыре раза в неделю ходил на встречи бывших наркоманов. Умер несколько лет назад. От рака легких.

Элис хмурится.

— Он ходил на встречи, чтобы слезть с иглы, но при этом зарабатывал на жизнь тем, что *сажал* людей на иглу?

— Ну, сам-то он никого не сажал. Просто считал и отмывал вырученные с продажи наркотиков деньги. Но сути это не меняет. Как-то раз я обратил на это его внимание, и знаешь, что он мне ответил? Что в барах всего мира работают бывшие забулдыги. Он просто дает людям то, что им нужно, а те, если захотят, могут слезть с иглы и вернуться к жизни. Это его слова. «Вернуться к жизни».

— Боже. Левая рука не знает, что делает правая.

Билли рассказывает, что чуть не поехал в Ирак еще раз, но потом решил, что это безумие — и самоубийство, — и снял форму. Какое-то время болтался без дела, пытаясь придумать, чем можно заняться парню, который много лет отстреливал людям головы. И тут на него вышел Джонни.

Завелся у нас один парень из Джерси, сказал он, который знакомится в барах с женщинами, а потом избивает их до полусмерти. Наверное, у него какая-нибудь детская травма, предположил Джонни, но срать я хотел на его детские травмы. Он плохой человек, раз людей инвалидами делает. Последняя его жертва оказалась в коме, и так уж вышло, что фамилия у нее была Каппицано. Джонни она приходилась троюродной или четвероюродной сестрой, но родня есть родня. Беда в том, что этот ублюдок, любивший избивать женщин, принадлежал к крупной и могущественной преступной группировке, базировавшейся на другом берегу реки, в Хобокене.

Джоуи и Джонни решили перетереть с главой этой группировки и выяснили, что ребятам из Нью-Джерси этот засранец тоже на хрен не сдался. *Stronzo madre*[1] с перстнями на пальцах предпочитает забивать теток до полусмерти — нет бы везти их домой и дрючить, как все нормальные мужики, или хотя бы *fottimi nel culo*[2], что тоже по вкусу некоторым мужикам и даже некоторым бабам. Но ни одна баба не хочет, чтобы ей разбили лицо.

Суть беседы сводилась к следующему: *capo*[3] не может дать формального разрешения прикончить *stronzo madre*, потому что за такое убийство непременно должна последовать месть. Но если это сделает сторонний человек и если обе группировки — крупная из Хобокена и маленькая из Куинса — за это заплатят, то гнилой зуб можно выдрать. Назовем это мафиозной дипломатией.

— И Джонни Кэппс позвонил тебе.

— Да.

— Потому что ты лучше всех стрелял?

— Лучше всех из его знакомых. К тому же он знал мою историю.

— Про то, как убили твою сестру.

— Да. Прежде чем взять заказ, я навел справки про этого говнюка. Даже сходил проведать его жертву, которая от побоев впала в кому. Она лежала без сознания, подключенная к системе жизнеобеспечения, — ясно было, что не жилец. На мониторах... — Билли чертит в воздухе над рулем прямую линию. — В общем, я его убил. Ощущения были примерно такие же, как в Ираке.

---

[1] Сукин сын, говнюк (*искаж. ит.*).

[2] Иметь в задний проход (*искаж. ит.*).

[3] Глава банды (*ит.*).

— Тебе понравилось?

— Нет, — без колебаний отвечает Билли. — Ни в песках, ни здесь это не доставляло мне никакого удовольствия.

— Брат Джонни стал обеспечивать тебя заказами?

— Да, еще два я получил через него. Один брать не стал, потому что тот человек... не знаю...

— Не показался тебе злодеем?

— Вроде того, да. Потом Джоуи познакомил меня с Баки, а Баки вывел на Ника. И вот мы здесь.

— Подозреваю, это далеко не вся история.

Элис права, но Билли не хочет рассказывать остальное, тем более вдаваться в подробности об убийствах, совершенных для Ника и других заказчиков. Он никому и никогда этого не рассказывал. Зачем говорить такое вслух? Глупо. И страшно даже от одной мысли. Элис Максуэлл, студентка экономического колледжа, чудом выжившая после группового изнасилования, сидит в одной машине с мокрых дел мастером. Человеком, который убивал людей за деньги. Убьет ли он Ника Маджаряна? Если будет возможность, да. И тут встает вопрос: убийство ради чести лучше, чем убийство ради денег? Наверное, нет. Но его это не остановит.

Элис какое-то время молчит, обдумывая услышанное. Наконец спрашивает:

— Ты рассказал мне это потому, что уже не надеешься все записать, верно?

Да, но как в таком признаешься?

— Билли?..

— Я рассказал потому, что ты попросила, — наконец отвечает Билли и включает радио.

5

Они останавливаются на ночь в очередном дешевом мотеле; вокруг Вегаса и его пригородов таких клоповников пруд пруди. Пока Билли регистрирует на стойке Далтона

Смита и Элизабет Андерсон, Элис играет на автоматах в холле, вставляя в купюроприемник один за другим четыре доллара. На пятом в поддон для выигрыша с грохотом вываливается десять фальшивых серебряных долларов, и она восторженно, по-детски взвизгивает. Администратор мотеля предлагает два варианта: получить десять баксов наличными или записать их ей на внутренний счет.

— Как тут кормят? — спрашивает Элис.

— Неплохо, — отвечает администратор, а потом шепотом добавляет: — Лучше бери деньги, дорогая.

Элис забирает выигрыш, и они идут ужинать в соседний «Суперстейкбургер». Элис говорит, что сегодня платит она, и Билли не возражает.

После ужина они возвращаются в мотель. Элис садится у окна в его комнате и смотрит на сплошной поток автомобилей, ползущий в сторону города, на огни отелей и казино впереди.

— Город Грехов! — восхищенно произносит она. — А я сижу в мотеле с красавчиком вдвое меня старше. Мама от злости просто кирпичей бы наложила.

Билли смеется, запрокинув голову.

— А сестра?

— Не поверила бы. — Она показывает пальцем на горы вдали: — Это Пайютские горы?

— Там у нас север? Тогда должны быть они. Только не горы, а предгорья. Если это имеет значение.

Элис поворачивается к нему. Она больше не улыбается.

— Расскажи мне, что ты собираешься делать.

Он рассказывает. И не только потому, что нуждается в ее помощи. Элис слушает очень внимательно.

— Опасная затея. Очень.

— Если мне покажется, что дело нечисто, я сразу дам задний ход. Обещаю.

— А ты поймешь, что дело нечисто? Как Тако у входа в тот дом в Эль-Фаллудже?

— Надо же, запомнила.

— Поймешь или нет?

— Думаю, да.

— А потом все равно войдешь. Вы же вошли в «Веселый дом». И вот чем все закончилось.

Билли молчит. Что тут скажешь?

— Жаль, мне нельзя с тобой.

Он опять молчит. Даже если бы идея не внушала ему такой ужас, Элис нет места в его плане. И она это понимает.

— Неужели тебе так нужны деньги?

— Я могу обойтись и без них. К тому же большую их часть я уже пообещал Баки. Я не ради денег иду на дело. Ник плохо со мной обошелся. Он должен получить по заслугам, как и те мерзавцы, что тебя изнасиловали.

На сей раз молчит уже Элис.

— И еще кое-что. Вряд ли это Ник придумал меня убить. И я точно знаю, что шесть миллионов за мою голову дает не он. Я хочу знать кто.

— И почему?

— Да. Это тоже.

6

Наутро Билли первым делом заглядывает в кузов пикапа: инструменты были просто привязаны, никаких замков или иной защиты от воров. Однако все лежит на месте. Что, впрочем, неудивительно: отчасти потому, что и сам пикап, и его содержимое выглядит видавшим виды, а еще потому — Билли с годами это понял, — что люди в большинстве своем честные и чужое брать не привыкли. Те, кто привык брать чужое (вроде Триппа Донована, Ника Маджаряна и его боссов), — редкостные сволочи, которым здесь не место.

Билли думает чиркнуть Баки сообщение. Пусть узнает, какая у Маджаряна машина (она должна стоять на вип-парковке у «Дабл Домино», и у нее наверняка выпендрежные номера). Но нет. Это лишнее. Баки нетрудно навести справки, но такие вопросы неизбежно привлекут внимание. А это последнее, что сейчас нужно Билли. Он надеется, что к этому времени Ник начал успокаиваться.

Как только открываются магазины, они с Элис отправляются в ближайшую «Ульту». На сей раз косметика нужна ему, но пусть все купит Элис, она куда лучше в этом разбирается. После «Ульты» она просится в казино. Это плохая идея, но в ее глазах столько восторга и надежды, что у Билли язык не поворачивается сказать «нет».

— Только на Стрип и в казино при больших отелях мы не пойдем, — говорит он.

Элис заглядывает в телефон и рассказывает, как проехать в «Отель и игорный дом Большого Томми» на востоке Лас-Вегаса. На входе у нее просят удостоверение личности, и она с апломбом показывает охраннику права на имя Элизабет Андерсон. Пока она бродит по казино, глазея на рулетки, столы для крэпса и блэк-джека и без конца вертящееся «Колесо фортуны», Билли поглядывает по сторонам в поисках парней определенного типажа. Таких в «Большом Томми» нет. Здесь, на задворках, за столами сидят солидные мамаши и папаши, которые явно могут позволить себе проиграться.

Билли опять приходит в голову, что Элис очень изменилась — это уже не та девушка, которую он тащил из канавы под проливным дождем. Она почти в норме. И если то, что он затеял, травмирует ее еще сильнее, чем пережитое, — это целиком его вина. Черт, да катись оно все к чертям, надо просто вернуть ее в Колорадо, думает Билли. И тут же вспоминает, как Ник плел ему про безопасную «квартирку» в Висконсине, все это время зная, что по дороге в Висконсин — миль эдак через пять — Дана Эдисон пустит ему пулю в лоб. Ник должен заплатить. А еще он должен познакомиться с настоящим Билли Саммерсом.

— Как тут *шумно*! — восклицает Элис. Щеки у нее порозовели, глаза разбегаются. — Во что мне сыграть?

Внимательно осмотрев игроков за рулеткой, Билли ведет ее туда и покупает фишек на пятьдесят долларов. Все это время в голове стучится: плохая идея, плохая идея. Новичкам везет, а Элис везет просто феноменально. За десять минут она выигрывает двести долларов, и народ вокруг уже начинает ей аплодировать. Билли такое внимание не по душе. Он уводит Элис к пятидолларовым автоматам, где она за полчаса выигрывает еще тридцать баксов. Потом она поворачивается к нему и говорит:

— Жмешь кнопку и ждешь, жмешь кнопку и ждешь, и так все время. Тупо, да?

Билли разводит руками и невольно улыбается. На ум приходят слова Робин Макгуайр: мол, улыбка — это когда зубы видно, а иначе не считается.

— Заметь, ты сама это сказала, не я, — говорит он. И показывает зубы.

7

После казино они идут в кинотеатр «Сенчури 16» и смотрят целых два фильма подряд — комедию и боевик. Когда последнее кино заканчивается, на улице уже почти темно.

— Перекусим? — предлагает Элис.

— Выбирай любое место. Но я объелся попкорна и «Кислых человечков».

— Может, просто по сэндвичу? Хочешь, расскажу хорошее про свою маму?

— Конечно.

— Иногда — если я была паинькой — мама устраивала мне Чудо-день. На завтрак пекла блинчики с шоколадной крошкой, а потом я придумывала, что мы будем делать. Разрешалось почти все: отправиться за яичными сливками[1] в аптеку «Грин лайн», купить мягкую игрушку — дешевую — или прокатиться на автобусе до конечной. Почему-то я любила это делать. Глупо, да?

— Нет.

Она берет его за руку — без малейшего стеснения — и принимается раскачивать ее туда-сюда.

---

[1] Яичные сливки — холодный коктейль на основе молока с добавлением шоколадного или ванильного сиропа и содовой воды. Не содержит ни яиц, ни сливок.

— Вот сегодня был как раз такой день. Особый. Чудо-день.

— Я очень рад.

Элис поворачивается к нему.

— Не дай им себя убить, — решительно и яростно произносит она. — Не дай, ты понял меня?

— Понял. Не дам, — отвечает Билли. — Хорошо?

— Хорошо, — кивает она. — Все хорошо.

8

А ночью Элис становится нехорошо. Билли спит чутко и слышит почти каждый звук — иначе он и не заметил бы ее стук в дверь: легкий, робкий, едва различимый. Секунду-другую он думает, что стук ему снится (это сон про Шанис Акерман), но в следующий миг Билли просыпается в номере мотеля на окраине Лас-Вегаса. Он встает, подходит к двери и смотрит в глазок. За дверью стоит Элис в мешковатой синей пижаме, которую она себе купила, когда ездила по магазинам с Баки. Ноги босые; одна рука стискивает горло. Билли слышит ее судорожные вдохи. Они куда громче, чем стук.

Он распахивает дверь, берет ее за свободную руку и заводит в комнату. Закрывая дверь, он уже поет:

— Если ты в лес пойдешь сегодня... Пой со мной, Элис.

Она мотает головой и делает рваный вдох.

— ...не могу...

— А вот и можешь. Попробуй следующую строчку. Если ты в лес пойдешь сегодня...

— Мишкой ты... — *у-уп!* — на...ря... — *у-уп!*

Ее шатает. Она с трудом стоит на ногах. Чудо, что в коридоре не отключилась, думает Билли.

Он встряхивает ее за плечи.

— Нет. Неправильно. Давай еще раз. Какая следующая строчка?

— Ждет тебя там сюрприз? — Дышит она с трудом, но вроде бы уже не собирается рухнуть на пол.

— Да. Теперь давай вместе. Только не говори, а именно пой. Если ты в лес пойдешь сегодня...

Она начинает подпевать:

— ...ждет тебя там сюрприз! Если уж в лес пойдешь сегодня, мишкой ты нарядись! — Она делает глубокий вдох и выдыхает рывками: *хах... хах... хах.* — Надо сесть.

— Пока не упала, — соглашается Билли.

Он подводит ее к креслу у окна, которое задернуто шторой.

Она садится, поднимает на него взгляд, скидывает со лба посветлевшую прядь волос.

— Я пыталась петь в своей комнате, не помогло. Почему же сейчас подействовало?

— Просто тебе надо было спеть с кем-то дуэтом. — Билли присаживается на край кровати. — Что такое? Кошмар приснился?

— Да, ужас ужасный. Один из тех парней... *мужчин*... засунул мне в рот кухонное полотенце. Чтобы я не орала. Вроде бы это был Джек. Я не могла дышать. Думала, сейчас точно задохнусь.

— Они в самом деле заткнули тебе рот?

Элис мотает головой:

— Не помню.

Но Билли-то знает, что так все и было. И она тоже знает.

Он сам не раз испытывал нечто подобное, но приступы были не такие сильные и частые, как у других. Билли не общался с однополчанами — за исключением Джонни Кэппса, — но иногда заглядывал на ветеранские форумы.

— Это естественно и нормально. Так разум уцелевшего в бою справляется с травмой.

— Значит, я — уцелевшая в бою?

— Конечно. Песня не всегда будет помогать. И мокрая тряпка на лицо тоже. Есть разные приемы борьбы с паническими атаками, можешь поискать в Интернете. Но иногда приходится просто их пережидать.

— Я думала, мне лучше, — шепчет Элис.

— Тебе действительно лучше. Но сейчас ты снова оказалась в стрессовой ситуации. — Моих рук дело, думает Билли.

— Можно мне поспать здесь? С тобой?

Вообще-то надо отказать, но это бледное умоляющее лицо... И неотступная мысль: моих рук дело.

— Ладно.

Билли жалеет, что не надел ничего, кроме пары свободных боксеров. Но что поделать, придется спать так.

Она залезает в кровать, он ложится рядом. Оба лежат на спине. Кровать узкая, и они касаются друг друга бедрами. Билли уставился в потолок и твердит про себя: у меня не будет эрекции. У меня не будет эрекции. С тем же успехом можно велеть псу не гонять кошку. Их ноги тоже соприкасаются. Ее — теплые и крепкие под тонким слоем хлопка. В последний раз Билли спал с Фил, и он не хочет спать с Элис, но, боже, как это трудно.

— Давай я помогу? — тихо, но без стеснения предлагает Элис. — Я не могу заняться любовью... по-настоящему... но я могу тебе помочь. Рада буду помочь.

— Нет, Элис. Спасибо, но нет.

— Точно?

— Да.

— Хорошо.

Она отодвигается от него и ложится на бок, лицом к стене.

Через какое-то время ее дыхание становится спокойным и размеренным. Тогда Билли уходит в ванную и помогает себе сам.

9

Проходят дни — всего несколько дней, коротенький отпуск, — и день икс уже совсем близко. Неподалеку от их мотеля есть «Таргет»; сразу после завтрака они идут туда за покупками. Элис берет большую банку увлажняющего крема и пульверизатор, простой купальник себе — слитный, синего цвета — и плавки ему: просторные шорты с узором из тропических рыбок. Еще она покупает Билли джинсовый комбинезон, желтые рабочие перчатки, джинсовую куртку и футболку с очень вегасским слоганом на груди.

Потом они идут в бассейн (это лучшая часть их мотеля). Элис играет в волейбол с ребятишками, Билли лежит в шезлонге и наблюдает. Со стороны они похожи на отца и дочь, едущих в Лос-Анджелес — в поисках работы или родственников, у которых не стыдно занять деньжат на неопределенный срок, а может, и пожить.

Администратор мотеля оказался прав насчет буфета: в меню только макароны с сыром и доисторический ростбиф *au jus*[1]. Впрочем, после двух часов в бассейне Элис за пару минут съедает огромную порцию и отправляется за второй. Билли за ней не поспевает, хотя в былые времена — в учебке, например, — он мог на спор съесть втрое больше. После обеда Элис говорит, что хочет вздремнуть. Еще бы.

Примерно в четыре часа они вновь отправляются за покупками, на сей раз в садовый центр под названием «Гроу-бэби-гроу». Настроение у Элис заметно испортилось, но она не пытается переубедить Билли. Спасибо ей за это. Уговоры легко могут перерасти в ссору, а ссориться с Элис — последнее, чего он хочет. Сегодня, возможно, их последний день вместе.

Когда они возвращаются в мотель и паркуются, Билли залезает в карман брюк и достает оттуда сложенный вчетверо рисунок. Разворачивает, бережно разглаживает, затем приклеивает к передней панели кусочком липкой ленты из «Таргета». Элис разглядывает девочку с розовым фламинго.

— Кто это?

Аккуратный карандашный рисунок Шанис слегка размазался, но сердечки, что летят от головы фламинго к голове Шанис, по-прежнему хорошо видны. Билли прикасается пальцем к одному из них.

---

[1] В собственном соку (*фр.*).

— Маленькая девочка, которая жила со мной по соседству в Мидвуде. Но завтра, возможно, она станет мне дочерью. Если так будет нужно.

10

Билли верит в людей, но до определенной степени. Старые инструменты и грязные бочки никто не тронет, а вот на пакеты из садового центра могут и позариться. Поэтому они заносят покупки в номер: четыре пятидесятифунтовых мешка универсального садового грунта «Миракл-гро», пять десятифунтовых мешков биогумуса «Бакару» и двадцатипятифунтовый мешок навоза «Блэк кау».

Элис позволяет Билли самому нести «Блэк кау». Она морщит нос и говорит, что воняет даже через упаковку.

Потом они смотрят телевизор в ее номере, и она спрашивает, не останется ли он на ночь. Билли говорит, что не стоит.

— Вряд ли я смогу заснуть одна, — говорит Элис.

— Я тоже вряд ли, но надо постараться. Иди сюда. Обнимемся.

Она обнимает его крепко, от души. И вся дрожит — от страха, не перед ним, а *за него*. Хорошо бы она вовсе не боялась, но лучше уж так, думает Билли. Гораздо лучше.

— Поставь будильник на шесть, — говорит он, отпуская Элис.

— Незачем.

Он улыбается.

— Все равно поставь. Ты еще можешь себя удивить.

Потом Билли пишет сообщение Баки: **Слышно что-нибудь про Н?**

Баки отвечает сразу: **Нет. Он наверняка дома, но ручаться не могу. Прости.**

Все ОК, — отвечает Билли, а потом ставит будильник на телефоне на пять. Заснуть ему вряд ли удастся, как и Элис, но ведь и он может себя удивить.

Сон в самом деле приходит, хоть и ненадолго. Ему снится Шанис. Она рвет в клочки рисунок с фламинго Дэйвом и кричит: *Ненавижу тебя, ненавижу, ненавижу!*

Билли просыпается в четыре. Взяв рабочие перчатки, выходит на улицу, а Элис уже там — сидит на пластмассовом стуле, без которого не обходится ни один мотель, кутается в толстовку с надписью «Я ЛЮБЛЮ ЛАС-ВЕГАС» и смотрит на лунный серп.

— Привет, — говорит Билли.

— Привет.

Он подходит к краю бетонированной дорожки и пачкает перчатки землей. Когда они приобретают достаточно замызганный вид, стряхивает с них пыль и встает.

— Холодина какая, — говорит Элис. — Оно и к лучшему: сможешь надеть куртку.

Билли знает, что с восходом солнца станет тепло. Пусть сейчас и октябрь, вокруг пустыня. Но рабочую куртку он все равно наденет.

— Хочешь позавтракать? Макмаффин с яйцом? Здешний «Макдак» — круглосуточный.

Она мотает головой:

— Не хочу есть.

— Кофе?

— Это можно.

— Со сливками и сахаром?

— Черный, пожалуйста.

Он спускается в безлюдный холл и приносит им по чашечке кофе из автомата «Банн» (без которого тоже не обходится ни один мотель). Элис по-прежнему смотрит на луну.

— Здесь она так близко... Протяни руку и достанешь. Красивая, правда?

— Да, но ты продрогла. Пойдем лучше внутрь.

Она садится в кресле у окна и потягивает кофе. Потом ставит чашку на столик и засыпает. Толстовка ей велика и сползает, оголяя плечо, не менее прекрасное, чем луна. Билли сидит, пьет кофе и наблюдает за Элис. Она дышит спокойно и медленно. Вот и славно. Время идет. Оно это умеет, думает Билли.

11

В семь тридцать он будит Элис и получает выволочку за то, что не разбудил раньше.

— Нам же тебя еще опрыскать надо! Эта дрянь только через четыре часа проявится.

— Ничего страшного. Матч начинается в час, а я поеду только к половине второго.

— Все равно, надо было пораньше тобой заняться, мало ли что. — Элис вздыхает. — Идем ко мне. Там все сделаем.

Несколько минут спустя он сидит без рубашки и втирает увлажняющий крем в руки, плечи и лицо. Элис велит ему не забыть про веки и шею. Когда он заканчивает, она при помощи пульверизатора наносит первый слой автозагара. Через пять минут все готово. Билли идет в ванную, смотрит в зеркало и видит там белого человека с пустынным загаром.

— Мало, — говорит он.

— Знаю. Мажься опять.

Она наносит второй слой автозагара. Становится чуть лучше, но цвет кожи все равно недостаточно темный.

— Слушай, я даже не знаю, — говорит он, выходя из ванной, — может, плохая была идея?

— Нет. Забыл, что я говорила? Автозагар будет проявляться еще четыре-шесть часов. Ковбойская шляпа, комбез... — Она окидывает его критическим взглядом. — Если бы ты не был похож на мексиканца, поверь, я тебе сказала бы.

Вот сейчас она попросит меня отказаться от своей затеи и вернуться с ней в Колорадо, думает Билли. Но она не просит, а велит надеть «костюм». Билли возвращается в номер, натягивает темный парик, футболку, комбинезон, куртку (перчатки запихивает в карман) и помятую ковбойскую шляпу, которую Баки и Элис купили в Боулдере. Шляпа глубокая и почти закрывает уши. Не забыть в нужный момент слегка ее приподнять, чтобы видна была проседь в темных волосах.

— Отлично выглядишь. — Несмотря на заплаканные красные глаза, тон у Элис деловой. — Блокнот с карандашом не забыл?

Билли хлопает себя по нагрудному карману комбинезона. Он большой и вместительный: войдут не только письменные принадлежности, но и глушитель для ругера.

— Ты уже посмуглел. — Она с трудом улыбается. — Хорошо, что здесь нет радетелей политкорректности.

— Нужда еще не такому научит, — говорит Билли. Он сует руку в боковой карман комбинезона — не туда, где лежит «Глок-17», а в свободный — и достает стопку купюр. Это все деньги, что у него остались, если не считать пары двадцаток в бумажнике.

— Держи. Считай, это твоя страховка.

Элис без возражений убирает деньги в карман.

— Если сегодня днем я не позвоню — жди. Понятия не имею, какое на севере покрытие, может, связи вовсе нет. Если до восьми, максимум до девяти вечера я не вернусь, значит, не вернусь вовсе. Заночуй здесь, потом садись на междугородный автобус до Голдена или Эстес-Парка. Позвони Баки. Он за тобой приедет. Хорошо?

— Ничего хорошего, но я тебя поняла. Давай помогу донести удобрения до машины.

Они делают две ходки, после чего Билли поднимает задний откидной борт кузова. Они стоят и молча смотрят друг на друга. Народу вокруг почти нет, лишь несколько полусонных постояльцев — пара торговых представителей, какая-то семья — катят свои чемоданы к машинам и тоже готовятся к отъезду.

— Если тебе надо быть там к половине второго, можешь еще часик побыть со мной, — говорит она. — Даже два.

— Лучше выехать пораньше.

— Да, ты прав, — соглашается Элис. — Пока я не разревелась.

Билли обнимает ее. Она крепко и яростно обнимает его в ответ. Он ждет от нее наставлений. Будь осторожен. Береги себя. Не вздумай умереть. Пожалуйста, останься, умоляю. Не уезжай.

Ничего такого она не говорит. Лишь поднимает на него взгляд и решительно произносит:

— *Забери свое*.

С этими словами Элис отстраняется и уходит. На крыльце мотеля она оборачивается и машет телефоном:

— Позвони, как только закончишь. Не забудь.

— Не забуду.

Если смогу, думает Билли. Позвоню, если смогу.

Глава 20

1

Спустя час езды на север по шоссе номер 45 Билли подъезжает к пончиковой «Дугис донатс», стоящей бок о бок с заправкой «АРКО» и мини-маркетом со странным названием «Хёрбст Ужасный». Это стоянка для грузового транспорта, окруженная просторными парковками, на которых храпят похожие на спящих зверей большегрузы. Билли заправляется, берет себе бутылочку апельсинового сока и круллер[1], потом паркуется сзади. Так и подмывает позвонить Элис, услышать ее голос. Причем ей наверняка хочется того же. Моя заложница, думает он. Моя заложница со стокгольмским синдромом. Вот только это больше не про нее, если вообще когда-то было про нее. Билли вспоминает, как она произнесла: *Забери свое*. Не бесстрашно, нет — она пока не превратилась в королеву-воительницу из комиксов, — но с чувством. Решительно и яростно. Он уже достает телефон, но вспоминает, что этой ночью отдохнуть ей удалось не больше, чем ему. Если она легла спать, повесив на ручку двери табличку «НЕ БЕСПОКОИТЬ», то лучше не тревожить ее звонками.

Он пьет сок, ест круллер и коротает время. Времени у него достаточно, чтобы в голову начали лезть всякие сомнения и опасения. В каком-то смысле — во многих на самом деле — это все очень похоже на «Веселый дом». События повторяются, только команды помощников у него больше нет. Возможно, Ник в это воскресенье во-

[1] Круллер — пончик из заварного теста в форме рифленого кольца.

обще не поехал в «Вышину», а если и поехал — как узнать, сколько он взял с собой телохранителей? Несколько человек точно взял, причем не охотников за головами со стороны, а своих людей — надежных и проверенных. Как узнать, где они засели? Да, по фотографиям с сайта «Зиллоу» можно получить примерное представление о планировке территории и комнат, но все могло измениться после того, как Ник купил усадьбу. Даже если сегодня он дома, смотрит футбол и болеет за «Джайентс»... в какой части дома он это делает? Да и удастся ли Билли проникнуть на территорию через служебный вход — большой вопрос. Может, *sí*, а может, *no*.

Билли заходит в один из биотуалетов на парковке, чтобы избавиться от кофе и сока. Когда он выходит, рядом стоит чернокожая девица в топе с бретелью-петлей и такой короткой мини-юбке, что из-под нее виднеются трусики. Выглядит девица так, будто не спала всю ночь и ночь эта была не из легких. Размазанная вокруг глаз тушь для ресниц напоминает Билли — «тупому» Билли — о братьях Гавс из старых комиксов про Дональда Дака и дядю Скруджа, журналы с которыми он иногда покупает на дворовых и гаражных распродажах.

— Привет, красавчик, — говорит девица. — Хочешь, составлю тебе компанию?

Что ж, отличный повод испытать свою легенду на прочность. Билли достает из нагрудного кармана блокнот с карандашиком и пишет: «*Mi es sordo y mudo*».

— Ни хрена не поняла.

Билли обеими руками дотрагивается до ушей, потом одной рукой — до рта.

— Ладно, забудь, — говорит девица, отворачиваясь. — Я все равно мексикашкам не отсасываю.

Билли провожает ее довольным взглядом. «Мексикашкам не отсасываю»? Сработало! До Джона Говарда Гриффина[1] ему, конечно, далеко, но автозагар сделал свое дело.

---

[1] Джон Говард Гриффин (1920–1980) — американский журналист, социолог и писатель, автор бестселлера о расовом неравенстве «Черный, как я». Чтобы испытать на себе, что значит быть чернокожим в Амери-

2

До одиннадцати он сидит в машине на парковке позади пончиковой. Не раз видит, как чернокожая девица и ее сослуживицы подходят к дальнобойщикам, но к Билли они не приближаются. Это его полностью устраивает. Время от времени он выбирается из пикапа — якобы проверить инструменты, а на самом деле немного размяться, чтобы не потерять форму.

В пятнадцать минут двенадцатого он поворачивает ключ зажигания (мотор заводится не сразу, и Билли успевает струхнуть) и едет на север по шоссе номер 45. Пайютские предгорья все ближе. За пять миль до места назначения он уже видит впереди усадьбу «Вышина». Она ничуть не похожа на дом, который Ник снимал в Ред-Блаффе, но столь же безобразна.

Когда навигатор велит ему через одну милю повернуть на Чероки-драйв, Билли заезжает на еще одну площадку для отдыха — на сей раз это просто небольшая стоянка. Он паркуется в тенечке и заглядывает в биотуалет, помня наставление Тако Белла: *Никогда не упускай возможности поссать перед боем.*

На выходе из туалета Билли смотрит на часы. Двенадцать тридцать. На своей большой белой гасиенде Ник с парой-тройкой дружков собирается смотреть предматчевое шоу. Возможно, они едят начос и тянут мексиканское пиво «Дос Экис». Билли вызывает голосового помощника «Сири», и та сообщает ему, что до места назначения ехать сорок минут. Он заставляет себя выждать еще немного и с большим трудом подавляет желание позвонить Элис. Вместо этого он выходит, достает из грязной бочки с инструментами ломик и проделывает еще пару дыр в глушителе своего «доджа». Гремящая и пердящая развалюха только добавит достоверности его персонажу.

— Ладно, — вслух говорит Билли.

ке, он принимал специальные препараты, часами загорал под ультрафиолетовой лампой и в таком виде путешествовал по стране на автобусах и автостопом.

Может, прочитать речовку «Темной лошадки» — на удачу? Ну уж нет. Что за идиотизм! И потом, когда они в последний раз сцепили руки и проорали заветные слова, это не сильно им помогло. Билли поворачивает ключ. Стартер крутит и крутит вхолостую. Когда он начинает сбоить, Билли выключает зажигание, ждет, потом один раз нажимает газ и вновь поворачивает ключ. На сей раз «додж» заводится с пол-оборота. Двигатель и раньше рычал громко. Теперь он ревет.

Билли проверяет, нет ли пробок, выезжает на шоссе номер 45, затем сворачивает на Чероки-драйв. Уклон становится все круче. На протяжении примерно мили по обеим сторонам дороги еще попадаются скромные домики, но вскоре застройка исчезает, и впереди теперь маячит только «Вышина».

Всю свою жизнь я шел сюда, думает Билли и пытается посмеяться над этой мыслью — не просто зловещей, а дурацкой и пафосной. Мысль никуда не уходит. Потому что это чистая правда, осознает Билли. Всю свою жизнь он шел сюда. Так и есть.

3

Здесь, за чертой укутанного смогом, провонявшего выхлопами Лас-Вегаса, воздух кажется кристально чистым. Такое ощущение, что он даже увеличивает картинку: когда Билли подъезжает к главным воротам усадьбы, дом как будто отдаляется, чтобы не рухнуть на него. За высоким забором ничего не видно, но Билли знает, что сторожка стоит сразу за воротами. Если там есть охрана, его драндулет уже появился на экранах мониторов.

Чероки-драйв упирается в «Вышину». Но перед этим от нее отделяется проселочная дорога, уходящая влево. По двум ее сторонам стоят две таблички: «ОБСЛУЖИВАНИЕ И ДОСТАВКИ» и «ВЪЕЗД СТРОГО ПО ПРОПУСКАМ». Слово «СТРОГО» выделено красным цветом.

Билли сворачивает на проселочную дорогу, не забыв слегка приподнять шляпу. Еще он похлопывает себя по нагрудному карману (там лежит ругер с глушителем) и по боковому (глок). Тратить время на точную пристрелку пистолетов довольно глупо, ведь они предназначены только для ближнего боя, но до Билли внезапно доходит, что он забыл испытать их в деле и даже магазины не проверил. Какая будет ирония судьбы, если придется стрелять из глока, а у того затвор заклинит. Или если глушитель перекроет ствол ругера, потому что его смастерил в гараже на коленке какой-нибудь любитель мета, — в таком случае оружие просто взорвется у него в руках. Но что толку теперь об этом волноваться?

Справа тянется высокий забор усадьбы. Слева от дороги растут сосны, причем так близко, что ветви хлещут пикап по бокам. Билли представляет, как трудно здесь продираться грузовикам — мусоровозам, ассенизаторам и прочим — и как громко матерятся водители, когда их сюда отправляют.

Тут он подъезжает к углу (стена поворачивает направо), и деревья заканчиваются. Двадцатиградусный уклон дороги тоже исчезает. Билли стоит на плато — видимо, территорию для дома и прилегающих владений специально ровняли бульдозерами. Дорога для служебного транспорта уходит влево и, делая небольшой крюк, ведет к скромным воротам. Они-то Билли и нужны. Из-за забора выглядывает верхняя часть — футов пятнадцать — сарая или амбара, стены которого по-деревенски выкрашены в красный. Металлическая крыша ярко блестит на солнце. Билли лишь мельком косится на слепящие блики и отводит взгляд, чтобы не сбить зрение.

Ворота открыты. По обеим сторонам расположены цветочные клумбы. Камера наблюдения висит на стене, точно подбитая птица, объективом вниз. Вот и славно, думает Билли. Он подозревал, что Ник к этому времени мог слегка расслабиться, потерять бдительность — и это действительно так.

В клумбе слева копается мексиканка в просторном синем платье. Рядом плетеная корзина со срезанными цветами. Желтые перчатки женщина явно купила там же, где и Билли. На голове у нее нелепое исполинское сомбреро. Сперва она стоит спиной к воротам, но, заслышав приближающийся автомобиль — еще бы, как такое можно не услышать? — она оборачивается, и тут Билли видит, что она вовсе не мексиканка. Несмотря на загорелую и грубую кожу, любому ясно, что она англоамериканка. Причем в возрасте.

Женщина поднимается и встает, расставив ноги, загораживая путь пикапу. Лишь когда Билли останавливается и опускает окно, она подходит к нему с водительской стороны.

— Кто ты такой и на кой черт приперся? — А потом добавляет (Билли ее вопрос радует не меньше, чем сломанная камера наблюдения): — *Qué deseas?*[1]

Билли поднимает палец — подождите минутку — и достает из нагрудного кармана блокнот с карандашом. Поначалу ему кажется, что он все забыл, но потом нужные слова всплывают в памяти, и он пишет: «*Estos son para el jardín*». Это для сада.

— Поняла, но что ты здесь делаешь в воскресенье? Отвечай, Педрито.

Он перелистывает страницу и пишет на следующей: «*Mi es sordo y mudo*». Я глухонемой.

— Да ладно? Английский понимаешь? — произносит она, тщательно артикулируя.

Ее темно-синие глаза на узком лице внимательно изучают Билли. Ему приходит в голову две мысли. Во-первых, Ник, может, и утратил бдительность... но не совсем. Пусть камера наблюдения сломана и все дружки Ника смотрят футбол вместе с ним, но эта женщина с совочком и корзиной цветов сидит здесь неспроста. Может, это совпадение — вселенское западло, как сказала бы его подруга Робин, — а может, и нет. Потому что в тени ближайшего дерева стоит бутылка с водой и лежит завернутый в бумагу сэндвич. То есть старуха пришла надолго и собиралась пробыть здесь до конца матча, например, — пока ее не отпустят.

---

[1] Чего надо? (*исп.*)

Это во-первых. А во-вторых, лицо старухи ему знакомо. Чертовски знакомо.

Она сует руку в салон и щелкает пальцами у него под носом. От них воняет куревом.

— *Lo entiendes?*[1]

Билли сводит большой и указательный пальцы — да, мол, самую малость понимаю.

— Небось, грин-карту у тебя спрашивать бесполезно. — Она хрипло смеется (и голос у нее такой же хриплый). — Что ты здесь делаешь в воскресенье, *mi amigo*[2]?

Билли пожимает плечами и тычет пальцем в стену сарая.

— Да я в курсе, что ты не чаи гонять приехал. Чего привез-то? Показывай.

Происходящее нравится Билли все меньше и меньше. Отчасти потому, что тетка и сама могла бы заглянуть в кузов и увидеть там мешки с удобрениями. И еще это странное чувство, что он уже где-то ее видел... Но этого не может быть. Для телохранителя она слишком стара, да и Ник, бандит старой закалки, никогда не нанял бы женщину для этих целей. Она — обыкновенная прислуга, которой велели приглядывать за служебными воротами, пока все смотрят футбол. Делать ей особо нечего, и она решила набрать цветов для дома. Но Билли это все равно не по душе.

— *Ándale, ándale!*[3] — Опять щелкает пальцами у него под носом. Это Билли тоже не по душе, хотя поведение и замашки — трамповское «белое превосходство», если угодно, — означают, что его маскировка работает.

Он выходит, оставляя дверь открытой, и ведет тетку к кузову, но та проходит дальше, к прицепу. Заглядывает в бочки. Презрительно поводит носом и возвращается к Билли.

— Почему только один мешок навоза? На кой черт мне один мешок?

Он пожимает плечами — мол, не понимаю.

---

[1] Ты понял? (*исп.*)

[2] Друг мой (*исп.*).

[3] Идем, идем! (*исп.*)

Тетка встает на цыпочки и хлопает по мешку «Блэк кау». Ее сомбреро съезжает набок.

— Всего один. Один! *Solo uno!*

Билли снова пожимает плечами — мол, мое дело маленькое.

Она вздыхает и отмахивается:

— Ладно, черт с тобой. Заезжай. Не буду я звонить Гектору в воскресенье и спрашивать, какого хрена он прислал мне глухонемого идиота с кучей говна. Тем более он тоже наверняка смотрит футбол. Или еще что-нибудь.

Билли разводит руками — он по-прежнему не *entender*[1].

— Заезжай, говорю! Разгружай свое дерьмо. *Tómalo!*[2] И вали в ближайшую *cantina*[3], может, успеешь на второй период.

Вот здесь он должен был что-то почувствовать, увидеть в ее глазах. Но не видит. Зато удача ему улыбается. Садясь за руль, он успевает заметить ее в зеркале и вовремя пригибается. Совок только царапает ему кожу под рукавом футболки, а в следующий миг Билли захлопывает дверь пикапа, прижимая старухе руку. Совок падает на пол к его левой ноге.

— *Вот черт!*

Она выдергивает руку так быстро и с такой силой, что сшибает сомбреро с головы: под ним оказываются седые волосы, убранные в высокую прическу. И тут Билли вспоминает, где видел ее раньше.

Она уже тянется к просторному боковому карману своего платья. Билли выскакивает из машины и наотмашь бьет ее по лицу. Она падает в цветочную клумбу, и вещь, за которой она тянулась, вываливается из кармана. Это мобильник. Билли впервые в жизни ударил женщину. Видя, как на ее щеке наливается синяк, он невольно вспоминает Элис, но не жалеет о содеянном. Вместо мобильника в кармане мог быть пистолет.

---

[1] Понимает (*исп.*).

[2] Заноси! (*исп.*)

[3] Столовая (*исп.*).

И ведь старушка тоже его узнала. Да, не сразу, но узнала. Причем до последнего изображала заносчивую белую стерву. Получается, все было зря — автозагар, комбинезон, парик, ковбойская шляпа. И рисунок Шан на передней панели, про который он хотел написать в блокноте (с гордой отцовской улыбкой на лице), что это рисовала его дочь. Вероятно, тетка так быстро узнала Билли, потому что видела не только его фотографию, но однажды и его самого — в Ред-Блаффе. А может, женщины просто приметливее, и маскарадом их не обмануть. Сексистская брехня? Едва ли.

— Сучий выродок! Это ты!

Билли думает: а ведь у Ника дома она источала радушие. Даже утонченность. Конечно, тогда она работала в режиме обслуги. Ник дал ей стопку купюр для Алана — повара, который приготовил «Запеченную Аляску», — а ей самой ничего не дал. Потому что она у него в штате. Член семьи, можно сказать. Смешно.

Вид у нее ошалелый, но это может быть очередная уловка. В любом случае хорошо, что совок остался в машине. Билли обхватывает старуху за плечи и помогает сесть. Щека у нее раздулась, как воздушный шарик, и он опять невольно вспоминает Элис. Вот только Элис никогда не смотрела на него таким взглядом. Если бы взгляд мог убивать...

Свободной рукой Билли достает из кармана куртки ругер и приставляет ствол к ее морщинистому лбу. Фрэнка Макинтоша за глаза называют Фрэнки Элвисом, а иногда Солнечным Элвисом. У него такая же высокая прическа. Такое же узкое лицо, такая же линия роста волос — «вдовий мысок». Билли мог бы узнать ее раньше (и тем избавить себя от кучи неприятностей), да сомбреро помешало.

— Здравствуй, Мардж. Сегодня ты отнюдь не так вежлива, как тогда у Ника.

— Чертов предатель! — выкрикивает она и плюет ему в лицо.

Билли испытывает почти непреодолимое желание двинуть ей еще раз, но не потому, что она в него плюнула. Он вытирает щеку и отпускает Мардж: та прекрасно может сидеть сама. Ей за семьдесят, и она всю жизнь курила как паровоз, но упорства и воли ей не занимать, тут Билли вынужден отдать ей должное.

— Ты все перепутала. Предатель — Ник. Я выполнил заказ, а он меня кинул и теперь хочет убить.

— Ник никогда бы так не поступил. Он своих не бросает.

Может быть, думает Билли, только я ему не свой. Обычный наемный рабочий, в сущности.

— Давай не будем спорить, Мардж. Время поджимает.

— Ты мне руку сломал, гад.

— А ты хотела вскрыть мне яремную вену. Уж извини, но, на мой взгляд, мы квиты. Сколько человек сейчас в доме?

Мардж не отвечает.

— Фрэнк там?

Она по-прежнему молчит, но ее темно-синие глаза выдают все, что ему нужно знать. Он подбирает с земли ее мобильник, отряхивает и протягивает ей:

— Позвони ему и скажи, что парень из «Садов и парков» привез удобрения и землю. Все нормально, волноваться не о чем. Скажи...

— Нет.

— Скажи, что велела парню затащить все в сарай.

— Нет.

Билли опустил ругер, но сейчас вновь поднимает его и прижимает к ее лбу.

— Звони, Мардж.

— Нет.

— Звони, не то я вышибу мозги сперва тебе, а потом и Фрэнку.

Она снова плюет ему в лицо. Вернее, пытается — не так уж много у нее слюны. Во рту пересохло от страха, думает Билли. Она в ужасе, но все равно не собирается выполнять его приказ. Может, оно и к лучшему. Чего доброго, Мардж интонацией даст им понять, что случилось, или просто заорет в трубку: *Он здесь, этот сучий выродок Билли Саммерс!*

Тщетно пытаясь не думать об Элис — это ведь не она, заруби себе на носу, это не она! — Билли бьет Мардж в висок. Та, закатив глаза, падает обратно в клумбу. Минуту он стоит над ней, проверяя, дышит ли (да, дышит), после чего закидывает ее мобильник в машину и садится за руль, но в последний момент выходит и вытряхивает цветы из плетеной корзины. На дне обнаруживается рация и короткоствольный револьвер «Кинг-Кобра» 357-го калибра. Ага, стало быть, она не просто цветочки здесь собирала. И отправили ее сюда вовсе не для галочки. Шкура у старушки толстая, этого не отнять. Револьвер и рацию он тоже бросает в пикап.

Десять долгих секунд стартер крутит вхолостую, не схватывая, и все это время Билли думает: почему сейчас, Господи, ну почему сейчас?! Наконец двигатель заводится, и Билли въезжает на территорию усадьбы. Проехав футов десять, он останавливается и, не заглушив мотор, идет запирать ворота. Они закрываются на огромный стальной засов. Билли задвигает его и возвращается к пикапу, который громко ревет дырявым глушителем. Тогда идея пробить глушитель показалась Билли хорошей, теперь — не очень.

Когда он садится за руль, Мардж Макинтош подбегает к воротам и начинает в них барабанить с криками:

— *Эй! Э-эй! Это Саммерс! В пикапе Саммерс!*

Вряд ли кто-нибудь ее услышит с такого расстояния — тем более «додж» ревет как зверь, — но стойкость старухи поражает Билли. Он изо всех сил двинул ей в висок, а она уже просит добавки.

Ага, не так уж сильно ты ей двинул, мог бы и посильнее, говорит внутренний голос. Ты думал об Элис и немного ослабил удар.

Теперь уже поздно. Да и вряд ли это имеет значение. Сколько времени пройдет, пока она оббежит «Вышину» снаружи, продираясь сквозь сосны, чтобы поднять охранников в будке у ворот... Если там вообще кто-то есть.

Конечно, есть. Когда Билли едет мимо амбара и выгула, оттуда на улицу выходит какой-то тип. Он вооружен, но винтовка — или дробовик? — пока что висит на плече, и вообще вид у типа расслабленный. Он поднимает раскрытые ладони к плечам: *Qué pasa?*[1]

Вместо того чтобы поехать прямиком к дому, как собирался изначально, Билли показывает типу оттопыренный вверх большой палец и поворачивает на дорожку, ведущую к будке охраны. Останавливает машину. Тип идет к нему, ружье (моссберг) по-прежнему висит на плече. Тут до Билли доходит, что его он тоже видел, — здесь, в «Вышине» Билли никогда не бывал, зато три или четыре раза заезжал к Нику в казиношный пентхаус, и этот тип там был. Сэл как-бишь-тебя... В отличие от наблюдательной матушки Фрэнка Сэл его не узнает.

— Чего привез, старик? Старушка тебя пропустила?

— Ага. — Билли даже не пытается изображать испанский акцент: все равно получится чертов Спиди Гонзалес[2], а не мексиканец. — Вы не распишетесь? Мне нужна подпись.

— Ну, не знаю, — говорит Сэл. Вид у него слегка обеспокоенный. Слишком поздно, амиго, думает Билли, слишком поздно. — Показывай, чего там у тебя.

Из нагрудного кармана комбинезона Билли торчит край блокнота. Он похлопывает по нему и говорит:

— Все здесь.

Потом он засовывает руку в карман, но достает не блокнот, а ругер Дона Дженсена. Тот выходит на удивление гладко и быстро, даже толстым глушителем ни за что не цепляется. Билли стреляет. Меж двух перламутровых пуговиц ковбойской рубашки Сэла появляется дыра. Раздается звук, будто лопнул воздушный шарик, и — вот уж не ждали! — глушитель разваливается на две дымящиеся части. Одна падает на землю, другая в салон.

---

[1] Что случилось? (*исп.*)

[2] Персонаж из мультсериала «Луни тьюнз», отважная и очень быстрая мексиканская мышь. Говорит с мексиканским акцентом.

— Ты в меня пальнул! — пошатываясь и таращa глаза, вскрикивает Сэл.

Билли не хочет больше стрелять (тем более второй выстрел будет куда громче), и ему не приходится. Сэл складывается пополам и падает на колени. Его голова опущена: со стороны это выглядит так, будто он молится. В следующий миг он валится вперед.

Билли думает прихватить моссберг, но черт с ним. Как он сказал Мардж, время поджимает.

4

Он едет к дому. У входа припарковано три машины: седан, кроссовер и «ламборгини» (наверняка Ника). Билли вспоминает слова Баки о том, что Ник неравнодушен к тачкам. Он глушит ревущий мотор и поднимается по главной лестнице к входной двери. В одной руке держит блокнот, которым прикрывает свой глок. Он только что убил человека. Возможно, плохого человека, творившего зло под началом Ника, но Билли не может знать этого наверняка. И теперь ему придется убить еще нескольких людей — при условии, что его самого не грохнут. Но он подумает об этом позже. Если позже вообще будет.

Он кладет палец на кнопку звонка, но медлит. А вдруг дверь откроет женщина, какая-нибудь прислуга? Вряд ли у Билли поднимется рука ее застрелить. Даже если в результате все пойдет псу под хвост, он скорее всего не сможет. Хорошо бы сперва обойти дом, осмотреться, но времени на это нет. Мамаша Элвис вышла на тропу войны.

Он берется за ручку, и дверь сразу открывается. Билли удивлен, но не слишком. Ник решил, что угроза миновала. К тому же погода ясная, воскресенье, и в Америке сегодня футбол. «Джайентс», похоже, только что заработали очко — слышны крики и улюлюканье нескольких человек. Не близко, но и не очень далеко.

Билли убирает блокнот обратно в нагрудный карман комбинезона и идет на звук. Происходит то, чего он боялся: из-за угла выруливает хорошенькая горничная-латиноамериканка. Она везет на тележке мобильный холодильник «Иглу» (наверняка полный пива) и поднос с дымящимися хот-догами. Билли успевает вспомнить слова из песни Чака Берри: «Она слишком мила — а ну как и семнадцати нет?»[1] Горничная видит Билли, видит пушку, разевает рот, «Иглу» начинает заваливаться на бок, поднос съезжает...

Билли ловит его и возвращает ей.

— Беги, — говорит он, показывая девушке на открытую дверь. — Быстро. И далеко.

Она не произносит ни слова, а прямо с подносом шагает по коридору и выходит на солнце. Осанка у нее безупречная, замечает Билли, и солнце красиво играет на черных волосах — может, Бог все же есть, и он не так уж плох? Она спускается по ступеням с прямой спиной и поднятой головой. Ни разу не оглядывается. Толпа ликует. Люди в гостиной тоже. Кто-то кричит: *«Вжарь им, Синий Великан!»*

Билли идет по выложенному кафелем коридору. Между двумя репродукциями Джорджии О'Кифф — невысокие холмы с одной стороны, горы с другой — открытая дверь. Билли заглядывает в щель между петлями и видит уходящую вниз лестницу. По телевизору начинается реклама пива. Билли притаился за дверью и ждет, когда она закончится, чтобы все присутствующие снова уткнулись в экран.

Тут снизу раздается крик Ника:

— Мария! Где сосиски?

Ответа нет, и он кричит снова:

— Мария, поторопись!

Кто-то бубнит:

— Пойду проверю.

Билли не уверен, но, судя по голосу, это Фрэнк.

Шаги на лестнице. Кто-то выходит в коридор и поворачивает налево — видимо, там кухня. Да, это в самом деле Фрэнк. Его легко узнать даже со спины: над сияющей

---

[1] Песня Чака Берри «Little Queenie» (1959).

проплешиной покачивается высокий «помпадур». Билли выходит из-за двери и идет следом, наступая на внешние края стоп и радуясь, что надел кеды. Фрэнк заходит в кухню и оглядывается по сторонам:

— Мария? Ты где, зайка? Нам бы поскорей...

Билли бьет его рукоятью глока по лысине — с размаху и изо всех сил. Брызжет кровь, и Фрэнк падает вперед, ударяясь лбом об угол стола для разделки мяса, стоящего посреди комнаты. У его мамаши голова оказалась непробиваемая, и Фрэнк вполне мог это унаследовать — вместе с «вдовьим мыском», — но что-то подсказывает Билли, что в ближайшее время он не очухается. А может, не очухается вовсе. В кино бандитов вечно лупят по голове со всей дури, а через пару минут те встают как ни в чем не бывало, но в жизни так не бывает. Фрэнк Макинтош может умереть от отека мозга или субдуральной гематомы — через пять минут или провалявшись в коме пять лет. А может, рано или поздно он придет в себя, но вряд ли до того, как у Билли закончится рабочий день. На всякий случай он его обыскивает. Оружия при нем нет.

Билли тихо возвращается в коридор. Видимо, игра началась: толпа снова ревет. Один из молодчиков Ника вопит во всю глотку: «*Ломай ему ноги! Да! Так ему и НАДО!*»

Билли спускается по лестнице — не медленно, но и не торопясь. В логове Ника сидят трое, и все, как приклеенные, пялятся в экран телевизора. Двое в небольших круглых креслах, третье кресло пустует (там, видимо, сидел Фрэнк). Ник развалился прямо перед телевизором на диване, широко расставив ноги. На нем слишком короткие, слишком узкие и слишком кричащие шорты. Из-под футболки «Нью-Йорк джайентс» торчит брюхо, на которое он поставил ведерко с попкорном. Другие тоже сжимают миски с попкорном (видимо, чтобы куда-то деть руки). Билли знает обоих: один был и в пентхаусе Ника, и в его рабочем кабинете в «Дабл Домино» — видимо, главбух или еще какой-нибудь счетовод. Билли не помнит, как его зовут — Майки или Микки... Может, Марки. Второй тип разъезжал на «транзите» вместе с Даной. Реджи.

— Что ж, ты явно не торопилась, — говорит Ник. Остальные двое уже увидели Билли, но Ник пока не отрывается от экрана. — Поставь...

Тут он наконец замечает ошарашенные лица своих дружков, оборачивается и видит Билли в двух шагах от ковра. Его потрясенный и испуганный взгляд — просто бальзам на душу. Этого мало, конечно. За то, как Билли провел последние пять месяцев своей жизни, кара должна быть куда страшнее. Но это уже прогресс.

— Билли? — Ведерко сваливается с брюха Ника, и попкорн рассыпается по полу.

— Здорово, Ник. Ты, наверное, не очень рад меня видеть, зато я рад. — Он наводит глок на счетовода (который и без того уже поднял руки). — Как тебя зовут?

— М...Марк. Марк Абрамович.

— Ложись на пол, Марк. И ты, Реджи. Оба легли на животы. Ноги и руки раскинули. Изображаем снежных ангелов.

Ребята не спорят: осторожно ставят миски с попкорном и ложатся на пол.

— У меня семья, — говорит Марк Абрамович.

— Рад за тебя. Будешь хорошо себя вести — скоро их увидишь. Кто-нибудь из вас двоих вооружен?

Ника можно не спрашивать, в его нелепом футбольном наряде попросту негде спрятать оружие, даже какую-нибудь компактную крошку для скрытого ношения.

Два лежащих на полу типа мотают головами.

Ник еще раз называет Билли по имени. На сей раз это не вопрос, а восторженное приветствие. Он пытается включить гостеприимного хозяина усадьбы, но получается не очень.

— Где ты был, черт возьми? Я пытался с тобой связаться!

Билли не стал бы отвечать на эту нелепую ложь, даже не будь у него дел поважнее. В комнате стоит четвертое кресло, а рядом — полупустая миска с попкорном.

— *Джонс предпочитает не пасовать,* — говорит спортивный комментатор, — *отдает мяч Баркли...*

— Выключи, — приказывает Билли. Ник — повелитель этого дома и повелитель дивана, стало быть, пульт у него.

— Что?

— Ты меня слышал. Выключи.

Когда Ник щелкает пультом в направлении телевизора, Билли с удовольствием отмечает дрожь в его руке. Воцаряется тишина. Теперь их в логове четверо, но пустое кресло и миска с попкорном говорят о том, что должен быть пятый.

— Где он? — спрашивает Билли.

— Кто?

Он указывает на пустое кресло.

— Билли, я должен объяснить, почему не смог с тобой связаться. У меня возникла заминка. Я...

— Заткнись. — Боже, как приятно это говорить — и как приятно больше не строить из себя дебила. — Марк!

Бухгалтер дергает головой, будто его прошибло током.

— Где он?

Марк отвечает быстро — мудрое решение:

— В туалете.

— Молчи, придурок, — шипит Реджи, и Билли простреливает ему лодыжку. Это неожиданность даже для него самого, но стреляет он по-прежнему метко и не жалеет о содеянном, как не жалел Фрэнка, когда врезал ему пистолетом по башке. Реджи тоже был одним из участников сговора по уничтожению тупого старины Билли Саммерса: запихнуть его в фургон, вывезти за город, пустить ему пулю в лоб — и дело с концом. Кроме того, эта троица должна узнать, кто тут главный.

Реджи с криками перекатывается на спину, пытаясь схватиться за лодыжку.

— Сука! Ты мне ногу прострелил!

— Заткни пасть, или я сам ее заткну. Не веришь? Рискни здоровьем. — Он наставляет пушку на Абрамовича, который испуганно таращит на него глаза. — Где туалет? Покажи пальцем.

Абрамович тычет пальцем куда-то за диван. Там вдоль стены выстроились три автомата для игры в пинбол.

Огоньки горят, но по случаю игры все звуки и мелодии отключены. Сразу за автоматами виднеется закрытая деревянная дверь.

— Ник. Вели ему выходить.

— Выходи, Дана!

Ага, вот кого не хватает в логове. Второго коммунальщика. Маленького рыжего хмыря с дурацким пучком на голове, который меня мурыжил в «Башне Джерарда». Может, Кена Хоффа замочил не Эдисон, думает Билли, но велика вероятность, что это был именно он. Конечно, он, ведь каждый персонаж должен сыграть в истории минимум дважды: правило Диккенса. И Золя.

Дана не выходит.

— Ну же, Дана, выходи! Все нормально!

Нет ответа.

— Он вооружен? — спрашивает Билли.

— Шутишь? По-твоему, когда я приглашаю приятелей на футбол, они ко мне с пушками приходят?

— Это мы скоро узнаем. Ник, как думаешь, твои приятели на полу понимают, что я умею стрелять? Что я *зарабатываю этим на хлеб*?

— Он умеет стрелять, — на всякий случай предупреждает их Ник. Его смуглое лицо заметно пожелтело. — Он морпех. Снайпер.

— Я пойду к туалету и уговорю Дану выйти. Ты, Реджи, вряд ли сможешь дать деру, а вот вы, мистер Абрамович, вполне на это способны. Попробуйте — и получите пулю в затылок. К тебе это тоже относится, Ник.

— Я не побегу, Билли. Мы сейчас все уладим, я объясню тебе, что случи...

Билли снова велит ему заткнуться и обходит диван. Ник теперь сидит к нему спиной — при необходимости можно в любой момент его уложить. Реджи и счетовода не видно за диваном, но у Реджи раздроблена лодыжка, а семьянин Абрамович миролюбив и напуган. Дана Эдисон, вот кого стоит опасаться.

Билли встает рядом с ближайшим к закрытой двери автоматом.

— Выходи, Дана. Если выйдешь — возможно, останешься жив. Если нет, я предупреждал.

Билли не ждет ответа, и ответа нет.

— Ладно, я вхожу.

Ну-ну, думает он, войду я к тебе, держи карман шире. Билли наклоняется и протягивает руку к дверной ручке. Как только он пытается ее повернуть, за дверью раздается четыре выстрела — они следуют один за другим так быстро, что трудно сосчитать. Дверь хлипкая, и пулевых отверстий в ней нет, она просто разлетается в щепки. Билли чувствует за своей спиной какое-то движение, но не оборачивается. Даже если Ник или Абрамович решили свалить, вряд ли они полезут к Билли, по которому сейчас ведет огонь Дана Эдисон: с той же долей вероятности они полезли бы в «Веселый дом» спасать Джонни Кэппса.

Эдисон думает, что Билли притормозит, если еще жив. Поэтому медлить нельзя: Билли встает перед расколотой дверью и выпускает в нее полдюжины патронов. Эдисон визжит, падает, а в следующий миг — только реальность может быть столь абсурдна — раздается звук смыва воды в унитазе.

Краем глаза Билли подмечает, как Абрамович скачет вверх по лестнице точно газель. Билли понятия не имеет, чем занят Ник, но сейчас не до этого. Вышибив ногой остатки двери, он входит в туалет. Дана Эдисон лежит на полу, из головы и горла хлещет кровь, а в душе валяются глок и очки без оправы. Видно, смыв он задел, когда падал. Дана обращает на Билли мутный взгляд:

— Вра... ча...

Бок унитаза залит его кровью. Нет, врач Дане уже не поможет, думает Билли. Дана, как говорится, сыграл в ящик. Билли нагибается к нему с пистолетом в руке.

— Помнишь, что ты мне сказал напоследок, когда уходил из моего кабинета в «Башне Джерарда»?

Эдисон только хрипит, булькает и брызжет кровью.

— А я помню. — Билли приставляет ствол глока к его виску. — Ты сказал: «Не промахнись».

И нажимает спусковой крючок.

5

Когда он выходит, ему открывается такая картина: Реджи стоит на коленях у дивана, из-за спинки виднеется его макушка. Завидев Билли, он вскидывает крошечный серебристый пистолетик (похоже, Ник все-таки был вооружен — спрятал ствол под подушки дивана). Прежде чем он успевает выстрелить, Билли прошивает спинку дивана двумя пулями, и Реджи исчезает из виду. Билли быстро, в три шага, подскакивает к дивану и заглядывает за него. Реджи лежит на полу, раскинув руки. Пистолет валяется рядом, глаза распахнуты и начинают стекленеть.

Зря ты не ограничился перебитой лодыжкой, думает Билли. Врачи еще могли ее починить.

В глубине логова что-то с грохотом падает. Звенит разбитое стекло, и кто-то громко чертыхается: «*M'qifsh Karin!*» Билли, пригнувшись, бежит туда. Света нет, но в полутьме Билли видит Ника, который стоит к нему спиной и жмет кнопки на освещенной панельке рядом со стальной дверью. В этой примыкающей к логову небольшой комнате имеются бильярдный стол, несколько винтажных игровых автоматов и этажерка на колесах, которая лежит на боку среди битого стекла. От витающего в воздухе запаха виски слезятся глаза.

Ник лихорадочно тычет пальцем в кнопки, все еще ругаясь по-албански или на каком-то другом языке, который он впитал с молоком матери и благополучно забыл. Замирает он лишь тогда, когда Билли велит ему прекратить и повернуться.

Ник выполняет приказ. У него лицо человека на пороге смерти — и правильно, потому что так оно и есть. При этом он улыбается. Едва заметно, но да, это определенно улыбка.

— Зря я сюда побежал. Надо было по лестнице, за Марки... — Он пожимает плечами.

— Там у тебя бункер? — спрашивает Билли.

— Ага. Представь себе... я забыл чертов код! — Он качает головой. — Нет. Я его не забыл, просто мозг отрубился, когда надо было цифры набрать. Жалкие четыре цифры — вспомнил только вторую двойку.

— А сейчас?

— Шесть-два-четыре-семь, — отвечает Ник. И смеется. Ей-богу, смеется.

Билли кивает:

— Такое случается. И с лучшими из нас, и со всеми прочими.

Ник внимательно смотрит на него. Облизывает губы — они влажно блестят.

— Как-то ты по-другому заговорил. Да и выглядишь иначе. Ты только строил из себя дебила, да? Джорджо меня предупреждал. Но я не поверил.

— И убил его.

Ник распахивает глаза в искреннем, по мнению Билли, удивлении.

— Джорджо жив-здоров, в Бразилию укатил! — Ник снова вглядывается в его лицо. — Ты мне не веришь?

— После того, что ты учинил, я не поверю ни единому твоему слову.

Ник пожимает плечами: мол, справедливо.

— Можно, я присяду? Ноги не держат.

Билли показывает стволом глока на три зрительских кресла рядом с бильярдным столом. Ник шатко подходит к среднему и садится. Протягивает руку за спину и включает свет, три лампы над зеленым сукном.

— Не надо было брать этот заказ... Позарился на бабло, дурак.

Время у Билли вроде есть. Возможно, он пожалеет об этом решении, но сейчас ему хочется получить ответы. Деньги — дело десятое, да и вряд ли они тут есть. Это только в кино у гангстеров в бункере стоят шкафы с наличными, а сегодня все в электронном виде. Самих денег как бы и нет. Деньги теперь — это райловский «дух в машине».

— У Свина печенка барахлит. Казалось бы, первым делом должно было отказать сердце — учитывая, какой он жирдяй, — но нет, печень подвела. Пересадку надо делать.

Врачи сказали, что не сделают, если он хотя бы двести фунтов не скинет — иначе, мол, он прямо на операционном столе коньки отбросит. Вот он и поехал в Бразилию.

— Худеть, что ли?

— Ну да, там клиника специальная. Если туда ляжешь, выйти по своей воле уже нельзя, пока не достигнешь нужного веса. Свин себя знает: для него это единственный способ похудеть, иначе он в первый же день диеты побежит за тройным воппером с сыром.

Билли начинает верить Нику. Тот упоминает Свина в настоящем времени и пока ни разу не оговорился. В чем-то это похоже на ситуацию с Эдисоном, который, падая, спустил воду в унитазе: нарочно такое не придумаешь. Джорджи Свин в концлагере для жирдяев — это настолько бредово, что не может не быть правдой.

— Джорджо знал, что после убийства Джоэла Аллена полиция первым делом установит именно его личность — такую тушу хрен забудешь. Но он не парился. Мол, это не даст ему соскочить в последнюю минуту, будет у него новая печенка или нет. А вообще он давно хотел отойти от дел.

— Неужели? — Билли всегда считал, что Джорджо из тех ребят, которые умирают в упряжке.

— Ну да.

— Провести остаток дней в Бразилии?

— В Аргентине вроде.

— Недешевое удовольствие. И какую он пенсию получил за помощь в выполнении заказа?

Ник, помедлив, отвечает:

— Три миллиона.

— Три миллиона Джорджо и еще шесть тому, кто меня порешит.

Ник распахивает глаза и обреченно откидывается на спинку кресла. Видно, понял, что раз Билли знает про шесть миллионов, последний его шанс выйти живым из этого переплета только что улетучился. Вероятно, он прав.

— А для меня, значит, полторашку пожалел? Я знал, что ты жмот, Ник, но на кидалу ты вроде не похож.

— Билли, да мы не собирались тебя...

— Собирались. Я хочу, чтобы ты это признал. Говори — или убью прямо сейчас.

— Ты все равно меня убьешь, так какая разница — сейчас или позже, — справедливо замечает Ник. Голос у него твердый, но по пухлой, безупречно выбритой щеке скатывается единственная слеза.

Билли молчит.

— Ладно, хорошо. Да, мы собирались тебя убить. Таковы были условия сделки. Дана взял это на себя.

— А я был вашим Освальдом[1].

— Это не я придумал, Билли, клянусь. Я сразу сказал клиенту, что ты наш человек и никого не выдашь — поручился за тебя. Но он настаивал на своем. А меня бабки ослепили, говорю же.

Билли мог бы спросить, сколько получил Ник, но надо ли ему это знать? Нет, не надо.

— Кто заказал Джоэла?

Вместо ответа Ник показывает пальцем на стальную дверь бункера:

— Деньги у меня есть. Полутора миллионов нет, но восемьдесят тысяч, может, сто наскребу. Сначала отдам их, потом все остальное.

— Так я тебе и поверил, — отвечает Билли. — Еще скажи, что мы выиграли во Вьетнаме, а на Луну не высаживались, все в павильоне сняли. — На ум приходит еще один вопрос. — Про пожар ты был в курсе?

Ник часто моргает: смена темы застала его врасплох.

— Пожар? Какой пожар?

— Ваши заряды были не единственным отвлекающим маневром. Незадолго до начала слушания по делу Аллена кто-то устроил пожар в соседнем городке. Меня об этом предупредил Хофф.

— Хофф? Этот *будалла*[2]?

— Ты в самом деле не знал?

— Нет.

---

[1] Имеется в виду Ли Харви Освальд, в 1963 году застреливший президента США Джона Кеннеди.

[2] Дурак, болван (*алб.*).

Билли верит, но он хотел это услышать — и увидеть лицо Ника, когда тот будет говорить. Ладно, теперь уже не важно. Проехали.

— Кто заказчик?

— Ты меня убьешь?

Надо бы, думает Билли. Ты это заслужил.

— Кто заказчик? — повторяет он вопрос.

Ник поднимает руку к лицу и медленно опускает, отерев пот со лба и слюну с губ. Его взгляд говорит о том, что он потерял всякую надежду — да ее и сначала было не очень-то много.

— Если я назову имя, разрешишь мне хотя бы помолиться перед смертью? Или убить меня мало — надо, чтобы я горел в аду? — Его щеки становятся мокрее.

— Помолиться можешь. Но сначала имя клиента.

— Роджер Клэрк.

Билли успевает подумать, что речь о каком-то клерке — офисном работнике или вроде того. Но потом Ник произносит фамилию по буквам. Звучит вроде бы знакомо... но в мире Ника людей зовут не так. Да и в мире Баки Хэнсона, если уж на то пошло. Скорее Билли видел или слышал его в новостях, блогах, подкастах... Может, по телевизору. Политика? Большой бизнес? Билли не интересуется ни тем ни другим.

— Дабл-ю-дабл-ю-и, Всемирная развлекательная сеть, — говорит Ник. — Впервые слышишь? Я не удивлен. Это всего лишь один из четырех крупнейших медиаконгломератов в мире.

Ник вымученно улыбается — человек на смертном одре пытается шутить, надо же, — но Билли этого почти не замечает. Он мысленно отматывает события последних месяцев назад, к самому началу. К их первой встрече с Хоффом, которому старость в Южной Америке уже не встретить.

— Рассказывай.

Ник рассказывает. Билли так потрясает — и пугает — услышанное, что он теряет счет времени и начисто забывает о том, что в «Вышине» еще остались люди, пока сверху не раздается истошный вой. Такой звук может издавать лишь мать, увидевшая распростертого на полу — и, возможно, умирающего — сына. А может, уже мертвого.

— Жить хочешь, Ник? — Риторический вопрос.

— Да. *Да!* Если ты меня пощадишь, я добуду деньги. Верну все до цента, торжественно клянусь! — Он перестал плакать, пока рассказывал про Клэрка, но теперь, при мысли о возможной пощаде, слезы хлынули снова.

Клятвы и обещания Билли не интересуют, ни торжественные, ни любые другие. Он показывает пальцем на стальную дверь бункера. Сверху опять раздается вой и крики:

— *Помогите! Кто-нибудь, помогите!*

— Оружие там есть? — спрашивает Билли.

Ник — больше не главный, не хозяин усадьбы, пять месяцев назад встречавший Билли с распростертыми объятиями, не ценитель шампанского, который хочет лишь помочь Билли скрыться с места преступления. Он сломлен, сведен к примитивным звериным инстинктам — то есть к желанию жить и дышать. Поэтому его удивленный взгляд Билли считает искренним.

— В бункере? Зачем мне там оружие?

— Полезай туда. Закрой дверь. Засеки время. Просидишь ровно час. Если выйдешь раньше, не факт, что меня здесь не будет. — Вообще-то факт, думает Билли. — И в таком случае я тебя убью.

— Я не выйду! Не выйду, клянусь, а деньги...

— Насчет денег я с тобой свяжусь.

Возможно, думает Билли. А может, они мне больше не нужны, учитывая, что я сделал и для кого я это сделал. Если незнание в данном случае и оправдывает мой поступок, то несильно.

— Отзови своих молодчиков и охотников за головами. Скажи им, что я пришел сюда, была перестрелка и меня завалили. Если преследование не прекратится, моли Бога, чтобы меня убили, иначе тебе точно не жить. Клэрку скажи то же самое. Я его спрошу при случае. Если услышу другую историю, то вернусь и убью тебя. Все ясно?

— Да. Да!

Билли кивком показывает на ту часть логова, где стоит телевизор:

— Приберись там. Чтобы ни следа не осталось. Понял?

— *Помогите, он без сознания!* — кричат наверху.

— Понял?

— Да. Но что ты заду...

— Марш в бункер.

На сей раз Ник сразу вспоминает код. Дверь, судя по всему, герметичная, как на космическом корабле, потому что при открытии издает тихий вздох. Ник входит и напоследок бросает на Билли красноречивый взгляд: да, я больше не царь великого простора, что предо мною распростерт[1]. Возможно, такой кары достаточно. Или было бы достаточно, если бы это чувство поражения не сразу покинуло Ника. Но оно, конечно, покинет, и Билли отдает себе в этом отчет.

— Хоть раз в жизни будь человеком, — говорит ему Билли.

Ник закрывает дверь, и внутри с глухим стуком срабатывает замок. Билли замечает на крючке рядом с креслами сетку с бильярдными шарами. Он берет ее, высыпает шары на зеленое сукно, забирает из ванной глок Эдисона и пистолет Ника с пола у дивана. Оба пистолета складывает в сетку. Затем обыскивает карманы Реджи — неприятное занятие, но что поделать: не хочется уезжать отсюда на ревущем драндулете с неисправным стартером. В кармане брюк обнаруживаются ключи от машины.

Свой собственный «Глок-17» Билли до этого убрал в нагрудный карман комбинезона. Поднимаясь по лестнице, он его достает. Отсюда слышно, что мать Фрэнка — которую Билли уже называет про себя Невестой Терминатора — говорит по телефону.

— Да у Ника, идиот, у Ника! Иначе с какой стати я звонила бы тебе, а не в «скорую»?!

Билли идет по коридору к кухне — вернее, крадется. Отсюда ему не видно Мардж (или Мамашу Элвис), зато

---

[1] Строки из стихотворения Уильяма Купера «Александр Селькирк» (перевод Е. Фельдмана). Александр Селькирк был прототипом Робинзона Крузо.

видно ее тень и тонкую витую тень от провода стационарного телефона, с трубкой которого она расхаживает туда-сюда по комнате. А еще видно моссберг на полу у раскинутых в стороны ног Фрэнка Макинтоша. Видимо, Мардж сняла его с трупа того охранника.

Черт, зря я его не прихватил, запоздало сокрушается Билли.

— Быстро сюда! Он едва дышит!

Билли бесшумно опускается на колени и тянется за дробовиком. Замечает, что Мардж вытерла кровь с затылка Фрэнка и положила полотенце ему на шею. Билли цепляет дробовик за дужку спусковой скобы и медленно тянет к себе, надеясь, что Мардж ничего не услышит и не обернется. У него нет ни малейшего желания иметь с ней дело.

Вдруг по затылку Билли пробегает странный холодок. Это Ник! Все-таки у него в бункере было оружие! Он вышел, поднялся по лестнице и взял Билли на прицел. Билли резко оборачивается, слыша хруст собственных шейных позвонков — похоже, это последний звук, который он услышит перед смертью, — но сзади никого нет.

Он встает. Колени щелкают. Мать Фрэнка это слышит, выбегает из-за холодильника (поменьше телевизора, но ненамного) и злобно глядит на него. Ее лицо — один сплошной синяк, и Билли вновь вспоминает Элис. Мардж все еще сжимает в руке трубку, но шнур натянулся до предела, и все витки распрямились. Губы Мардж растягиваются в оскале.

Билли показывает глоком на тело ее сына, затем подносит ствол к губам: *ш-ш-ш*.

По-прежнему скалясь, Мардж кивает.

Билли уходит, пятясь по коридору до самой двери.

6

На решетке припаркованного на площадке кроссовера Билли видит такой же логотип из трех бриллиантов, как на одном из ключей Реджи. Внутри до сих пор пахнет новой машиной, хотя этот приятный запах уже начала забивать вонь курева. На консоли стоит забитая окурками жестянка от пирога «Тейбл ток». Билли опускает боковое стекло и выбрасывает жестянку на улицу. Пусть Ник и тут приберется.

На улицу выходит Мардж. В ярком солнечном свете она похожа на ходячего мертвеца.

— *Если мой сын умрет, я тебя достану!* — кричит она. — *На краю света тебя достану, слышишь?!*

Не сомневаюсь, думает Билли. А все-таки Фрэнк получил по заслугам, и вы тоже, мэм.

Он не успел показать Нику слоган на своей футболке, зато его услышит Мардж.

Миновав труп Сэла, он выезжает в открытые ворота. На шоссе номер 45 звонит Элис и сообщает ей, что все хорошо. Удивительное дело, но это так. Единственное ранение, которое он получил в этом бою, — царапина от садового совка.

— Слава богу! — восклицает Элис. — А ты... Как тебе...

— Я приеду через пару часов, может, раньше. Тачку сменил, буду на зеленом «мицубиси-аутлендере». Собирай вещи. Мы уезжаем. Расскажу все по дороге.

Да, он расскажет все в подробностях, без утайки. Она это заслужила, тем более ему нужна ее помощь в осуществлении нового замысла. Билли пока ничего не продумал, все вилами на воде писано, однако идея начинает ему нравиться. В любом случае решение будет принимать Элис, но у Билли есть очень веские основания привлечь ее к этому делу. И она, конечно, это поймет.

— Мы возвращаемся к... твоему другу?

— Для начала да. Ты можешь остаться у него, а можешь поехать со мной на восток и покончить с этой историей. Решай сама.

— Я еду, — отвечает она без малейших колебаний.

— Не торопись с решением. Сперва узнай, куда я собрался. И зачем.

Он завершает разговор. Впереди темнеет затянутый смогом Лас-Вегас, и сегодня Билли с превеликой радостью оставит его позади. Слоган на его футболке (который он не успел показать Нику, зато прокричал напоследок Мардж) звучит очень по-вегасски: «ЛЮБИШЬ ИГРАТЬ — ЛЮБИ И ПЛАТИТЬ». Так вот, заплатить должен еще кое-кто. Роджер Клэрк.

Очень плохой человек.

Глава 21

1

Когда он подъезжает к мотелю, Элис ждет его на парковке — на том месте, где стоял их старый пикап. Как только Билли выбирается из машины, Элис стискивает его в крепких объятиях: прямо набрасывается на него. Не медля ни секунды. Он обнимает ее так же крепко. Когда с объятиями покончено, Элис задает вопрос, который одновременно забавляет и печалит Билли, ведь подобный вопрос может задать лишь девушка с преступным складом ума:

— А мы разве можем поехать на этой машине? Полиция нас не остановит?

— Можем. Трекер уже отключен. Что, впрочем, неудивительно. — К тому же владелец машины умер, а Ник полицию вызывать не станет. Слишком многое придется объяснять. Билли теперь владеет информацией, которая может спалить всю их контору к чертовой матери.

— Я все собрала. Было бы что собирать.

— Отлично. Поехали. По дороге забронируешь нам номер в Уэндовере. Это сразу за границей штата Юта.

Элис оглядывается на их нынешний мотель.

— Сомневаюсь, что у заведений вроде тех, которые мы выбираем, есть сайты... Посмотрим, конечно... — Она пожимает плечами.

— Можешь выбрать любой сетевой. Далтона Смита никто не ищет, да и нас искать больше не будут.

— Уверен?

Билли обдумывает ее вопрос. Последнее его напутствие Нику — *Хоть раз в жизни будь человеком* — наверняка возымело нужное действие. Ник был уверен, что сдохнет в своем логове, и теперь не захочет снова лезть на рожон. По крайней мере какое-то время. И еще: если Билли доберется до Роджера Клэрка, от Ника Маджаряна отвяжутся. При этом шесть миллионов наверняка останутся лежать на одном из его многочисленных счетов.

Элис все это время вопросительно смотрит на Билли.

— Уверен. Поехали.

2

Рассказывать придется долго, но и путь до Уэндовера неблизкий: за пять часов он успеет сообщить Элис, что узнал и к каким выводам пришел. И все же перед выездом он включает телефон и гуглит Роджера Клэрка. Если верить короткой биографии, родился тот в 1954 году, то есть ему шестьдесят пять, но на фотографии он выглядит лет на десять старше: бледный, одутловатый, морщинистый, лысеющий дед. Глаза похожи на блестящих зверьков, поселившихся среди обвислых складок плоти. Так выглядит лицо человека, который всю жизнь ни в чем себе не отказывал.

— Вот кто устроил весь этот цирк, — говорит Билли, вручая Элис телефон.

Пока он выезжает на дорогу, она, согнувшись над телефоном, что-то набирает, прокручивая страницы на экране и смахивая волосы со лба.

— Обалдеть! В «Википедии» написано, что он практически властелин мира. По крайней мере медийной его части.

Билли вновь вспоминает первую встречу с Кеном Хоффом: как они сидели вдвоем под зонтиком возле кафе «Место под солнцем», прямо напротив здания, с пятого этажа которого Билли предстояло произвести выстрел.

Хофф заказал бокал вина, Билли — диетическую содовую. От Хоффа уже тогда разило безнадегой, и к ней в довесок шло особое мировоззрение (благодаря которому он уже огреб от жизни и очень скоро должен был огрести еще), святая, возможно, внушенная ему с малых лет вера, что он — главная звезда фильма под названием «Замечательная жизнь Кена Хоффа». Из любой, даже самой страшной передряги он выйдет победителем, с роскошной красоткой, золотыми часами и всем прочим.

— Газеты, сайты, киностудия, *два* стриминговых сервиса...

— И телеканалы, — добавляет Билли. — Не забывай про каналы, включая ред-блаффский «Шестой». Видео с места событий у здания суда было только у них.

— Ты думаешь...

— Да.

Элис тихо чертыхается.

Я в этом году слегка на мели, кажется, так говорил Хофф? *Особенно с тех пор, как раскошелился на Дабл-ю-дабл-ю-и, но, черт возьми, три дочерних канала — как я мог от такого отказаться?*

— Ему принадлежит Дабл-ю-дабл-ю-и, — говорит Элис. — Эта сеть и еще около дюжины кабельных каналов. Один из них — новостной, знаешь, по которому без конца нахваливают Трампа? Там еще куча отмороженных ведущих...

— Да, я тебя понял.

Конечно, кто не видел «Новости 24»? Все видели. Этот канал постоянно включают в вестибюлях гостиниц и аэропортах. Билли, листая каналы, иногда на нем останавливается: послушает ересь, которую несут эти правые «обозреватели», и либо идет дальше, либо переключается на какой-нибудь канал с фильмами, если есть такая возможность и доступ к пульту. А вот о том, что Дабл-ю-дабл-ю-и прибирает к рукам местные телеканалы, он понятия не имел. Его не волновало, о чем там болтает Хофф. А зря. Очень зря. Именно поэтому к делу привлекли Хоффа. Именно поэтому съемочная группа «Шестого канала» не поехала снимать пожар в Коди. Именно поэтому Кена Хоффа нашли мертвым в собственном гараже.

— Так это он заказал тебе Джоэла Аллена? Вот *этот* тип? Он *старый*. И богатый.

Да, думает Билли. Старый, богатый и привык властвовать. Кен Хофф считал себя звездой этого фильма, но настоящей звездой был Роджер Клэрк. Это его прихоти исполнялись по первому щелчку пальцев, это ему все подносили на блюдечке. Все, включая видеозапись убийства Джоэла Аллена.

А я был официантом, думает Билли.

— Расскажи, что случилось в «Вышине».

Он выполняет ее просьбу, опустив лишь слова Ника перед тем, как Билли отправил его в бункер — точно загнал в спальню нашкодившего мальчишку. Выслушав рассказ, Элис говорит:

— Ты сделал то, что должен был.

Это правда, но это вердикт девчонки, которой еще вчера не наливали в баре. Вот и Кен Хофф наверняка думал так же.

— Да. Однако поступи я правильно с самого начала, мне не пришлось бы этого делать.

— Ну и старуха! — Элис потрясенно качает головой. — Да уж... С ней ведь все будет нормально?

— Если ее сын умрет — нет.

Она одаривает Билли взглядом, который греет ему душу: раз она может на него злиться, значит, ее дела идут на лад.

— А тебе не кажется, что часть ответственности за то, чем он занимался — работал на гангстера, — лежит и на ней?

Билли не в состоянии ответить на этот вопрос.

— Ладно, проехали. Теперь расскажи, о чем умолчал. Расскажи *за что*.

Они уже выехали на трассу. Тени начинают удлиняться. Матч «Джайентс» и «Кардиналс» наверняка закончился. Одна команда победила, а другая проиграла. Бригада спецов по зачистке мест преступлений уже направляется к «Вышине». Билли выставил на круиз-контроле ограничение скорости: семьдесят миль в час.

— Ник нанял Джоэла Аллена, чтобы кое-кого грохнуть, однако Ник был лишь посредником. Он сам мне это сказал, правда, назвался агентом. Заказ сделал Роджер Клэрк. Речь шла о миллионах долларов. Они с Ником встречались на острове в заливе Пьюджет и заключили там сделку.

— Кого он хотел убить?

— Родного сына.

3

Элис подскакивает на месте, точно у нее под ухом неожиданно хлопнули дверью.

— Питера? Или Пола? Как там его звали? Он должен был унаследовать империю отца!

— Звали его Патрик, — говорит Билли. — Ты про это слышала?

— Ну да, мимоходом. У моей мамы «Новости двадцать четыре» всегда фоном включены.

У мамы Элис и у еще семидесяти процентов кабельных наркоманов Америки, думает Билли.

— Я обычно уходила из комнаты, слышать не могу эту дрянь, но с мамой спорить себе дороже. Они целую неделю эту тему мусолили, даже больше Трампа. — Элис смотрит на него. — Теперь ясно почему. Клэрк — *владелец* канала.

— Верно.

— Говорили, будто Патрик Клэрк пал жертвой бандитских разборок. Мол, его ошибочно приняли за другого.

— Бандитские разборки тут ни при чем, и никакой ошибки тоже не было. Квартира Клэрка находилась в охраняемом жилом комплексе. Никакой бандит не смог бы пройти мимо охраны и уж тем более попасть в сам дом. К тому же никто не слышал выстрела. Аллен, должно быть, воспользовался «банкой».

— Чем?

— Глушителем.

— Помню, по телевизору твердили, что копы обязаны поймать убийцу, но никого так и не поймали. Наверное, к тому времени Аллен уже смылся из города.

— Ага, усвистал быстрее ветра, — кивает Билли. — Если бы он не проигрался по-крупному и не порешил сгоряча тех любителей покера, возможно, больше его никто и не увидел бы. Да и убийство могло сойти ему с рук, но умник поперся в Лос-Анджелес и спутал там писательницу с проституткой.

— Зачем Клэрку понадобилось... родного сына? *Зачем?*

— Мне известно только то, что сказал Ник. А подробности он сообщить не успел.

— Из-за матери того гангстера. Мардж.

— Да, из-за Мардж. Я знал, что она побежит к главным воротам, и код ей наверняка известен, а я не забрал у охранника...

— Сэла.

— Да, я не забрал у него дробовик. Поэтому время поджимало — пришлось ограничиться сокращенной версией.

— Тогда ее мне и расскажи.

— Клэрк стар. Не то чтоб древний старик, но выглядит он старше своего возраста, и проблем со здоровьем у него вагон и маленькая тележка. Так вот, все — совет директоров, я так понимаю — ждали от него имени преемника, и большинство полагали, что это будет Патрик, старший сын. Но Патрик баловался наркотой и вообще был не дурак гульнуть: к концу апреля потратил все денежки, которые ему выдали на год, и в первых числах мая пришел к отцу попрошайничать.

Элис усмехается:

— Надо было к матери идти. Они обычно добрее.

— Мать Патрика умерла от передоза. Таблетками. Может, с собой покончила. Или ее убили. С матерью младшего сына Клэрк в разводе. Его зовут Девин.

— Кажется, его тоже по телевизору показывали. Он какую-то речь толкал.

Билли кивает.

— Рассказ Ника напомнил мне басню Лафонтена про кузнечика и муравья, только тут еще есть отец, которому хватило мозгов увидеть разницу. Патрик был кузнечиком, а Девин, младше его на четыре года, — муравьем. Трудолюбивый и умный парень. По уши в работе. Настоящий трудяга. Клэрк созвал сыновей и рассказал им о своем решении. Патрик пришел в бешенство. Он-то считал, что без его гениальных идей Дабл-ю-дабл-ю-и давно бы загнулась, а братик — так, офисная крыса.

Билли вспоминает злобные блестящие глазки папаши и прямо слышит, как тот говорит что-нибудь тактичное и мягкое вроде: *Да ты все идеи брал у своих дружков-либерастов, с которыми в клубах снежок нюхал!* Как бы он ни сформулировал эту мысль, она привела старшего сына в ярость. Обычно злоба его была бессильна — что толку перечить такому отцу? — но у Роджера Клэрка имелось слабое место, о котором Патрик прознал либо к тому времени, либо чуть позже.

— Уж не знаю, как именно он узнал — Ник мне этого не раскрыл. Может, он и сам не в курсе. Патрик то ли получил наводку от своих богатеньких приятелей-лоботрясов, то ли случайно подслушал чей-то разговор. Важно другое: он, не будь дурак, сопоставил факты и вычислил адрес некоего дома рядом с Тихуаной.

— Борделя?

— Не совсем. Тот домик Клэрк содержал для личного пользования. Каждый год он платил дань — очень большие деньги — братьям Феликс, которые заправляют Тихуанским картелем. Наверняка там и другие побуждающие мотивы имелись. Отмывание денег, например. Не суть. Ник сказал, что Клэрк никогда не приводил туда друзей — во избежание слухов.

— Может, Патрик тоже с картелями сотрудничал? Наркоту для них толкал? Как там наркокурьеров называют...

— Мулы, — подсказывает Билли. — Возможно, не берусь утверждать.

— От них он и мог прослышать о том доме. Папаша Клэрк не все продумал.

Билли хлопает ее по плечу:

— Молодец, соображаешь. Точно мы никогда не узнаем, но это куда больше похоже на правду, чем «одна птичка нашептала».

Элис улыбается, но не очень-то радостно. Она поняла, куда ветер дует. Чуть менее сообразительная девушка могла бы и не понять. Та, кому не пришлось пережить изнасилование, тоже могла бы не понять. Но Элис проходит по всем пунктам.

— Клэрк любит молоденьких.

— Насколько молоденьких?

— Тринадцать, четырнадцать лет. Так Ник сказал.

— Господи.

— Дальше хуже. Хочешь это знать?

— Нет, но ты рассказывай.

— Был по меньшей мере один случай — Нику он сказал, что только один, но я не спешил бы ему доверять, — когда в тот дом привозили девочку еще младше.

— Сколько ей было? Двенадцать? — По лицу Элис видно: каким бы говном ни оказался этот старый хрыч, она хочет верить, что людской низости есть пределы.

— По словам Клэрка, ей было не больше десяти. Патрик сумел раздобыть компромат на папашу — фотографии. На той встрече с Ником Клэрк божился, что «малость перебрал и просто захотел узнать, каково это».

— Боже мой.

— Ну, а дальше просто: костяшки домино посыпались. Фотографии лежали у Патрика на флешке. Он клялся, что копий больше нет, а человек, который фотографировал, давно мертв и гниет в пустыне. Как ты уже поняла, Патрик сказал отцу, что хочет быть генеральным директором. А также потребовал передать ему большую часть папашиных акций с правом голоса, чтобы совет директоров не смог помешать ему направить деятельность Дабл-ю-дабл-ю-и в новое прогрессивное русло. Брата — «этого недоноска», как он его называл, — надлежало перевести в Чикаго, что в медийном мире приравнивается к Сибири. Изменения вступят в силу с первого января две тысячи девятнадцатого года, и все это отец должен зафиксировать в письменном виде — только в этом случае он получит флешку с фотографиями.

— А где гарантии, что нет других флешек?

Билли пожимает плечами:

— Может, они и были. Но папочке ничего не оставалось, верно? А Патрик не мог не понимать: если фотографии всплывут, акции компании резко упадут в цене — и не важно, кто там у руля.

Элис обдумывает его слова и говорит:

— Взаимное гарантированное уничтожение, да?

— Наверное. От Ника я узнал, что Клэрк согласился. Велел адвокату подготовить письмо, извещающее совет директоров о его планах — отойти от дел и передать управление компанией старшему сыну. Как только письмо попало в корпоративную рассылку, Патрик передал флешку отцу. Тот ее уничтожил. Конечно, Патрик не догадывался, что отец может обратиться к Нику Маджаряну и нанять киллера. Воображения не хватало.

— Знаешь, это не басня, а шекспировская трагедия. Причем кровавая.

— Итак, Патрика убрали. Когда Клэрк действительно решит отойти от дел — а случится это скоро, учитывая его слабое здоровье, — компания достанется Девину.

Билли подъезжает к АЗС: «мицубиси» нужен бензин, а ему нужно промочить горло. Элис заглядывает на полки со всякой мелочовкой и, пока Билли расплачивается на кассе, идет в туалет. Возвращается в слезах.

— Прости. — Ее покупки лежат в белом пакетике. Она достает оттуда пачку салфеток, вытирает нос и с трудом улыбается. — Я забронировала нам номер в Уэндовере, гостиница «Рамада инн». Хорошая вроде.

— Отлично. А извиняться тебе не за что.

— Я все думаю про этого подонка, который растлевал детей. Он заслуживает смерти.

И он получит по заслугам, думает Билли. Таков план.

4

Когда он заканчивает свой рассказ — сплетя воедино сведения, полученные от Ника, и собственные выводы, сделанные по дороге из «Вышины», — на улице уже начинает темнеть. Некоторые водители на шоссе включают фары.

— Клэрк сказал Нику, что ему нужен умелец, который сделает дело, смоется по-тихому и потом не будет трепать языком где попало. Ник сказал, что у него есть на примете такой человек...

— Ты?

— Сначала он подумал обо мне, но к Баки так и не обратился. Решил, что Патрик Клэрк не такой уж злодей и валить его я не стану: убеждения не позволят. Поэтому он пошел к Аллену. Сказал, что это обычное мокрое дело.

— У вас это так называется? Мокрое дело?

— Да. Они сговорились на восемьдесят тысяч долларов — двадцать авансом, остальное после. В принципе уговор тот же, что и со мной, только масштабы меньше.

Элис кивает.

— Он не хотел, чтобы Аллен догадался, какое это важное дело. Сколько стоит на кону.

— Естественно. И Ник не испытывал угрызений совести по этому поводу, потому что Аллен был именно тем, кого строил из себя я: исполнителем. Механиком, который устраняет проблемы, только с пушкой вместо гаечных ключей. Ник предоставил Аллену фотографии жилого дома, где у Патрика была квартира, фото самой квартиры, код от служебного входа и машину — чтобы после выполнения заказа тот сменил колеса и быстренько смотал удочки. — Билли медлит. — Ник, конечно, не все мне рассказал, но я на него работал и знаю, как это устроено. Ник не стал озвучивать Аллену причину убийства, а Аллен не стал спрашивать.

— Но он спросил Патрика, верно? Перед тем как застрелить.

Билли обдумывает ее слова.

— Возможно, хотя на Аллена это не похоже. Такие ребята обычно вопросов не задают.

— А если Патрик предложил ему флешку в обмен на... — Элис умолкает. — Впрочем, нет, флешки к тому времени у него уже не было. Он расслабился, как только совет уведомили о его назначении на должность.

— Ник не знает, что произошло, и Аллен нам уже не расскажет, как именно он вышел на Роджера Клэрка и ту девочку в Тихуане, но у меня есть догадка. Аллену было велено инсценировать ограбление, совершенное каким-нибудь наркоманом, с которым Патрик мог отвисать в Лос-Анджелесе. Украсть деньги, часы, драгоценности — что найдет, — от золотишка и прочего хлама как можно скорее избавиться, а деньги оставить себе в качестве приятного бонуса. Убив Патрика, Аллен обыскал дом и, вероятно, наткнулся на фотографию или несколько фотографий, которые Патрик все же приберег на черный день. На одном из снимков Аллен увидел Клэрка-старшего в процессе... ну, ты поняла. Похоже на правду?

Элис кивает так живо, что ее волосы пляшут вверх-вниз.

— Да, да, точно, так и было! Даже если фотография или фотографии лежали в сейфе, Аллену могли предоставить код вместе с остальными сведениями о жертве. Только вот разве он понял бы, кто на фото?

Вообще Джоэл Аллен не производил впечатления человека, который смотрел деловой канал Дабл-ю-дабл-ю-и или следил за блумбергскими рейтингами.

— Может, сразу и не понял. А потом погуглил и выяснил, что его жертва — сыночек медиамагната и по совместительству педофила.

По глазам Элис видно, что она усиленно соображает. Надо же, как увлеклась! Грех тратить такой потенциал на учебу в провинциальном экономическом колледже. А уж про парикмахерские курсы и говорить нечего.

— Значит, теперь в распоряжении этого убийцы, механика или *мокрушника*, как ты говоришь, оказалось сразу два компромата. Во-первых, отец почти наверняка заказал своего сынишку. А во-вторых, изнасиловал ребенка.

Потому что «захотел узнать, каково это». — На последних словах ее пытливый взгляд чуть затуманивается.

— Вряд ли он решил сразу монетизировать свои знания — хотя в будущем мог бы, не исключено. Он должен был понимать, что шантажировать такого богатого и могущественного человека, как Роджер Клэрк, — колоссальный риск. Думаю, он приберег компромат в качестве козыря. И разыграть этот козырь Аллену пришлось очень скоро, но не ради денег, а потому что он сглупил.

Причем сглупил дважды, если считать промашку с писательницей, думает Билли.

— Такое чувство, что он нарывался на неприятности. Хотел, чтобы его поймали, — замечает Элис. — Некоторые убийцы действительно этого хотят. — Тут она, опомнившись, кладет ладонь ему на запястье. — Те, у кого нет принципов.

Вот как ты это называешь, думает Билли.

— Вряд ли Аллен хотел попасться. А раз уж он сумел установить ценность той фотографии, полным дураком его тоже не назовешь.

— Если он не дурак, то зачем убил того типа, которому проигрался в покер? И напал на женщину в Лос-Анджелесе?

Аллен искренне считал, что в покере его надули, думает Билли. А тетка-писательница брызнула ему в лицо из перцового баллончика. Впрочем, ни то ни другое не дает ответа на вопрос Элис.

— По мне, так он сделал это из простого высокомерия. Хочешь поужинать?

Элис качает головой:

— Давай больше не будем никуда заезжать — поедим на месте. Хочу услышать остальное.

5

В следующей части истории Билли почти уверен, хотя это по-прежнему только его догадки. После того как Аллена арестовали в Лос-Анджелесе за нападение и попытку изнасилования, он сообразил, что следствие очень быстро установит его причастность к убийству на востоке, в Ред-Блаффе. В тюрьме идет весьма оживленная торговля мобильниками, главным образом — одноразовыми. Аллен мог купить такой, позвонить Нику и сказать, что, если его вернут в Ред-Блафф и будут судить за убийство в штате, где разрешена смертная казнь, один очень богатый человек с инициалами Р.К. загремит в тюрягу, где до конца своих дней будет подставлять зад Харви Вайнштейну[1]. И если в лос-анджелесской тюрьме с Алленом что-то случится, Р.К. тоже очень, очень пожалеет.

— Ник связался с Роджером Клэрком. Клэрк — действуя, разумеется, через посредника — нанял очень дорогого адвоката, чтобы тот приостановил экстрадицию. Ник и Клэрк вновь встретились на острове и прикинули, как могут разворачиваться события. Полагаю, талантливый дорогой адвокат был с ними на телефоне. Он сказал им то, что Ник понимал и сам: экстрадицию можно отложить на приличный срок, но в конце концов Аллена все равно посадят на самолет и отошлют на восток. Потому что попытка изнасилования — сущий пустяк по сравнению с убийством при отягчающих обстоятельствах.

— И тогда Маджарян нанял тебя.

— Да, примерно в это время. Чтобы я заранее расположился там, откуда удобно произвести решающий выстрел. К тому времени Аллена уже перевели в одиночную камеру, потому что кто-то на него напал. Думаю, нападение инсценировали — либо он сам это придумал, либо адвокат ему присоветовал. Так или иначе, он поселился в личных покоях, а дорогой адвокат тем временем оспаривал в суде решение об экстрадиции, регулярно встречался с клиентом и заверял его, что все под контролем. Или будет под контролем — как только он приедет в Ред-Блафф. Там ему либо организуют побег и сделают новые документы, либо дадут кому надо на лапу — и определен-

[1] Харви Вайнштейн (р. 1952) — американский кинопродюсер. В 2017 году десятки актрис обвинили его в сексуальных домогательствах. В 2020 году был приговорен к 23 годам лишения свободы.

ные вещдоки исчезнут, как по мановению волшебной палочки, а сам Аллен выйдет на свободу.

— И у него не было причин в этом сомневаться?

Билли мотает головой:

— Такие типы сомневаются во всем. Но выбирать ему не приходилось.

— А что с фотографией? Или фотографиями? Его козырем?

— Думаю, Ник и Клэрк наняли людей, которые все это время искали компромат — пока в суде оспаривали экстрадицию. Именно поэтому процесс так затянулся. И в конце концов они, видимо, нашли искомое. Одно нам известно: федеральные приставы так и не повязали Роджера Клэрка.

— Значит, его повяжем мы.

Билли очень не нравится это местоимение, но он не поправляет Элис. Его план и планом-то пока не назовешь — так, наметки. Когда все более-менее прояснится, возможно, он придумает способ не втягивать ее в это дело. Он очень хорошо запомнил слова Баки: *Она пойдет с тобой хоть на край света, если ты позволишь. А если ты позволишь — ей конец.*

6

— О-о-о, да это же настоящий дворец! — восклицает Элис, когда воскресным вечером, без четверти девять, они въезжают на парковку гостиницы «Рамада инн». — Особенно по сравнению с последними тремя мотелями.

Их смежные комнаты не тянут на дворцовые покои, но выглядят вполне прилично, а ковролин в коридоре явно знаком с пылесосом.

— Сможешь уснуть? — спрашивает Элис.

— Да, — отвечает Билли, хотя точно этого не знает.

Она не сводит с него пристального взгляда.

— Я могу лечь с тобой, если хочешь.

Билли вспоминает о Роджере Клэрке, который любил молоденьких девушек — до безобразия молоденьких, — и мотает головой:

— Ты очень добра, и я тебе благодарен, но лучше не надо.

— Уверен?

Она все еще смотрит ему прямо в глаза, и, конечно, Билли подмывает согласиться. Еще бы.

— Спасибо, Элис, но нет. Сама-то сможешь заснуть?

— Завтра мы будем у Баки?

— Должны.

— Вот там и высплюсь. Он мне нравится. С ним, ну, понимаешь... Спокойно.

Едва ли ей было бы так же спокойно, знай она хотя бы о половине дел, которые Элмер «Баки» Хэнсон провернул за долгие годы работы, но Билли ее понимает. Эти двое успели привязаться друг к другу.

— Спокойной ночи. — Билли впервые ее целует. В уголок рта.

— Сладких снов. Ах да! — Она вручает ему пакетик с тем, что купила на заправке. — Детское масло и многоразовые салфетки. Сотри ими как можно больше этой дряни, потом залезай в душ. Начисто смыть не удастся, но большую часть уберешь. — Она подходит к двери, открывает ее карточкой и на пороге оборачивается. — Не забудь про щедрые чаевые, потому что часть дряни останется на постельном белье.

— Хорошо. — Сам он об этом вряд ли подумал бы. Разве что утром, увидев свою кровать.

Она заходит в номер и бросает на него взгляд через плечо. Спокойный и серьезный.

— Я люблю тебя.

Билли даже не думает врать. Он говорит, что тоже ее любит, и уходит к себе.

7

Он звонит Нику, сомневаясь, что тот ответит. Однако Ник отвечает.

— Кто это? — И, не дожидаясь ответа: — Ты?

— Я. Ну как, все устроил?

— Завтра все будет в лучшем виде.

— Мне пришлось их убить, ты же понимаешь.

Долгая тишина, только дыхание Ника в трубке. Наконец он отвечает:

— Понимаю.

— Что с Фрэнком?

— Лежит в больнице. Его мать позвонила доку Риверсу, моему прикормленному врачу. Тот прислал частную «скорую». Она поехала с ним.

— Боевая тетка.

— Мардж-то? — Ник фыркает. — Ты даже не представляешь насколько.

А по-моему, представляю, думает Билли. Приложи я по башке ее, а не Фрэнка, глок попросту развалился бы.

— Наш пухлый приятель еще жив?

— Час назад был бодрячком, когда я звонил ему с рассказом о последних событиях. Говорит, мне следовало серьезней подойти к вопросу охраны. Четыре лба — плюс Мардж — куда уж серьезней?! А ты с какой целью интересуешься?

— В Вегасе он обслуживал мистера К., верно? Как раз для него работенка, по-моему.

— А ты куда сообразительней, чем я думал, — бормочет Ник себе под нос. — Чем все мы думали. Кроме Свина, пожалуй.

— Я прав или нет?

— Ну да, типа того. Свин звонил Джуди Блэтнер, когда знал, что К. должен приехать. Они вместе просматривали фотоальбомы, выбирали подходящую девочку. Десять-двенадцать лет назад К. требовал сразу двух, но теперь аппетиты у него поубавились. Джентльменом его не назовешь, хотя он действительно предпочитает блондинок.

— И чем моложе, тем лучше.

— Ага, — соглашается Ник. — В Вегасе он только совершеннолетних брал. Джуди давно в этом деле, у нее легальный эскорт-сервис. То есть она, конечно, не говорит в открытую, что ее девицы для секса, но все знают, что так оно и есть. От малолеток она держится подальше — понимает, что с ними можно загреметь далеко и надолго.

Билли воротит от одной мысли о том, что совсем юные девочки — пусть даже возраста Элис — ублажали эту мерзкую жабу.

— За малолетками он ездил за границу.

— Точно.

— Мне нужен телефон толстяка. Дашь?

— К мистеру К. подбираешься?

Да, но признавать это он не спешит, пусть и звонит Нику с одноразового мобильника, а личный телефон Ника скорее всего надежно защищен от прослушки. Билли только повторяет просьбу. Ник диктует ему номер Джорджо.

— Он станет со мной разговаривать?

— Если я велю — станет. Если я скажу, что ты не держишь на него зла. Ты ведь понимаешь, он не по доброй воле на это пошел. Ему надо было сделать что-то такое, что вынудило бы его резко изменить образ жизни. Если тебе нужен виноватый, можешь винить меня. Мне не надо было скинуть двести фунтов, чтобы получить новую печенку. Меня деньги ослепили, я уже говорил.

Что ж, думает Билли, вряд ли кому-то удалось бы выбить из Ника более чистосердечное признание.

— Передай ему, что зла я не держу. Джоэл Аллен остался в прошлом.

— Когда ты ему позвонишь? Предупрежу, чтобы ждал твоего звонка.

— Не сегодня. И вряд ли в ближайшие дни. Когда у него операция, день уже назначили?

— Нет. Не раньше чем в декабре. А до тех пор Свину предстоит посидеть на протеиновых коктейлях и капусте.

— Ясно. — Билли прячет бумажку с номером в бумажник Далтона Смита, за кредитные карточки на имя Далтона Смита. — Всего хорошего, Ник.

— Подожди.

Билли ждет. Любопытно, что ему скажет Ник.

— Ты знай, К. не просто зажал для тебя полтора миллиона. Для него это гроши. Он настоял, чтобы сразу после выполнения заказа тебя тоже убрали. Мол, он не хочет снова обжечься, как обжегся с Алленом. Ты ведь это понимаешь?

— Да. — А еще он понимает, что Ник принял это условие.

— Твой счет на имя Эдварда Вудли еще открыт? В барбадосском банке?

— Да. — Хотя никакой активности по счету не было с 2014 или 2015 года, если не считать пары дежурных пополнений и переводов.

— Завтра можешь проверить баланс. Слава богу, ты не убил Марка Абрамовича! Он звезд с неба не хватает, но после отъезда Свина на юг у меня никого больше нет. Прямо сейчас я могу безопасно перевести триста тысяч, остальное буду докладывать по мере возможности. В конце концов ты получишь свои полтора миллиона, обещаю.

Хоть раз в жизни будь человеком, сказал Билли Нику, когда пощадил его. И черт побери, он пытается выполнить завет, пускай и единственным понятным ему способом: с помощью денег.

— Знаю, «спасибо» я не заслужил и не жду, — говорит Ник. — Ты прекрасный работник, Билли. Свое дело ты сделал.

Билли, не прощаясь, нажимает «ОТБОЙ».

8

Протерев все тело салфетками с детским маслом, Билли залезает под душ и моется, пока стекающая с него коричневая вода не становится почти чистой. И все равно на двух банных полотенцах остаются следы автозагара.

Элис спрашивала, сможет ли он уснуть, и он ответил «да», но теперь ему не спится. Перед глазами мелькают картинки происходившего в «Вышине», где он провел не больше часа (если не меньше), хотя казалось, все пять. Особенно четко запомнилась перестрелка с Эдисоном. Летящие во все стороны щепки. Звук смыва.

Четыре лба — куда уж серьезней? — сказал Ник. Но ведь Сэл, стоявший на воротах, даже не снял с плеча свой мосси, Фрэнк ни разу не обернулся в коридоре, а Реджи и вовсе забыл вооружиться, пришлось лезть в диван за пистолетом Ника. Только Дана Эдисон был настроен серьезно: даже в туалет взял с собой пушку. И Мардж, конечно. Старуха была *очень* серьезна и почти не повелась на маскарад.

Не забыть про щедрые чаевые, напоминает себе Билли. Двадцатки должно хватить.

Он поворачивается на бок и почти засыпает, как в голову вдруг приходит неприятная мысль. Билли вновь ложится на спину и глядит в темноту. М-да, хуже не придумаешь: он оставил рисунок Шан — фламинго Фредди, переименованного в Дэйва, — на передней панели того старого пикапа. И ведь у него было время его забрать, просто он не подумал. Тогда ему хотелось одного: свалить.

Забудь, говорит он себе. Это ерунда, просто рисунок. Подумаешь.

Ерунда-то, может, и ерунда, но Билли от этого не легче. Потому что рисунок для него был — да, *был*, правильнее говорить в прошедшем времени — чем-то вроде пинетки в Фаллудже. Той, которую он посеял перед штурмом «Веселого дома».

Очередной талисман утерян. Билли пытается убедить себя, что это все предрассудки сродни россказням об отеле-призраке в Сайдуайндере, но это не помогает. Ему все равно плохо. И ведь Шан столько любви вложила в рисунок...

Спи, болван, думает Билли.

Он наконец засыпает, но просыпается в самый черный предрассветный час: во рту пересохло, кулаки крепко стиснуты. Ему приснился сон, такой правдоподобный и яркий, что первые минуты Билли даже не может сообразить, где он — в «Рамада инн» или в «Башне Джерарда». Во сне он работал над своей историей (видимо, только начал, потому как писал от имени «тупого я»). В дверь постучали. Он пошел открывать, ожидая увидеть на пороге Кена Хоффа или Фил Стэнхоуп, но скорее, конечно, Хоффа. Однако это была Мардж в том же просторном синем платье, в котором встречала его у ворот «Вышины». Только вместо сомбреро она надела бейсболку с эмблемой команды «Вегас голден найтс», а вместо совка держала в руках моссберг Сэла.

— Ты забыл своего фламинго, сучий выродок, — сказала Мардж и вскинула дробовик. Дульное отверстие показалось Билли огромным, как въезд в туннель Эйзенхауэра.

Я проснулся прежде, чем она успела выстрелить, думает Билли, пробираясь в туалет. Там, справляя нужду, он вспоминает Руди Белла по прозвищу Тако. Кошмары в Ираке были обычным делом, особенно в ходе битвы за Эль-Фаллуджу, и Тако верил (или врал, будто верит), что умирать в кошмаре нельзя, иначе умрешь и в жизни. «Просто сдохнешь от страха, старик. Не лучший способ умереть, а?»

Я ведь не умер, успел проснуться, думает Билли, возвращаясь к кровати. Но эта старуха — тот еще крепкий орешек. Дана Эдисон с идиотским пучком на башке — просто малолетний дворовый хулиган в сравнении с ней.

В номере холодно, но включать обогреватель Билли не хочет. Он наверняка будет дребезжать, почему-то эти настенные агрегаты в мотелях *всегда* дребезжат. Билли сворачивается клубком под одеялом и почти сразу засыпает. На сей раз без снов.

9

Элис предлагает не завтракать в гостинице, а поскорее выехать и купить где-нибудь по дороге сэндвичи с яйцом.

— Хочу снова увидеть горы. Там такая красота, пусть и дышать с непривычки тяжело.

Билли улыбается.

— Ладно, поехали.

Вскоре после въезда в Колорадо его ноутбук тихо звякает впервые за... черт знает сколько месяцев. Или даже лет. Билли съезжает в первый попавшийся карман, достает с заднего сиденья компьютер и открывает. Звяканье означает, что на один из его запасных почтовых ящиков пришло письмо — на сей раз это woodyed667@gmail.com. Отправитель — «Травертин энтерпрайзес». О такой конторе Билли слышит впервые, но сразу понимает, в чем дело. Он открывает письмо.

— Что там?

Билли показывает Элис экран. На счет Эдварда Вудли в «Королевском банке Барбадоса» только что поступили триста тысяч долларов от «Травертин энтерпрайзес». С припиской «за оказанные услуги».

— Это то, о чем я думаю? — уточняет Элис.

— Несомненно, — кивает Билли.

Они вновь пускаются в путь. Денек обещает быть просто прекрасным.

10

К дому Баки они подъезжают около пяти часов вечера. Билли заранее позвонил ему из Райфла, чтобы предупредить, и Баки ждет их в своем палисаднике, одетый в джинсы и флисовую куртку: с виду и не скажешь, что он много лет жил и работал в Нью-Йорке. Может, здесь он стал другим человеком, думает Билли, лучше прежнего. Элис же стала.

Она выскакивает на улицу прежде, чем Билли успевает полностью остановить машину. Баки распахивает объятия и кричит:

— Привет, солнце!

Она со смехом кидается к нему.

Ну надо же, думает Билли. Кто бы мог подумать.

Глава 22

1

Какое-то время они проводят в горах у Баки и даже застают первую снежную бурю (снег метет целый день). Сила и ярость стихии одновременно потрясают, восхищают и пугают Элис. Да, говорит она, на Род-Айленде тоже шел снег, но чтобы за день намело сугробы выше человеческого роста? Когда буря наконец утихает, они с Баки выходят во двор и делают снежных ангелов. После долгих и упорных уговоров наемный убийца тоже выходит поваляться в снегу. Два дня спустя начинается оттепель, и снег тает. Лес наполняется птичьим пением и звоном капели.

Билли не хотел задерживаться, но Элис настояла. Он должен закончить историю. Слова — это одно, но решает дело уверенный, спокойный тон, которым она их произносит. Бросать уже поздно, считает Элис, и Билли по зрелом размышлении приходит к тому же выводу.

В маленькой хижине, где он писал про «Веселый дом», нет электричества и отопления, поэтому Билли притаскивает аккумуляторный обогреватель. Его хватает, чтобы более-менее прогреть комнату — если не снимать куртку, то писать вполне можно. Кто-то повесил обратно картину с садовыми фигурами, и Билли готов поклясться, что львы стали еще ближе, а их красные глаза — еще краснее. Бык теперь стоит не за львами, а между ними.

Так было и раньше, уверяет себя Билли. Картины не меняются сами собой.

Это, конечно, так. В рациональном мире должно быть так, но картина ему все равно не по душе. Он снимает ее (снова) и поворачивает лицом к стене (снова). Открывает свой текст и возвращается к тому месту, на котором остановился. Поначалу дело идет туго. Билли то и дело косится в дальний угол, будто ждет, что картина вновь волшебным образом окажется на стене. Этого не происходит, и примерно через полчаса Билли перестает видеть что-либо, кроме слов на экране. Дверь в прошлое распахивается, и он в нее входит. Большую часть октября он проводит по ту сторону двери, и даже снежная буря ему не помеха: взяв у Баки высокие сапоги, он прилежно топает в хижину.

Покончив с событиями в пустыне, Билли рассказывает, почему решил не заключать новый контракт. Он пишет про культурный шок, испытанный по возвращении в Америку, где люди не боялись снайперов и самодельных взрывных устройств и не закрывали голову руками от каждого громкого выхлопа на дороге. Для этих людей никакой войны в Ираке будто не существовало, и то, ради чего погибли его друзья, не имело значения. Он пишет про то, как ему заказали типа из Джерси, избивавшего женщин, и как он его убил. Он пишет про встречу с Баки и все последующие заказы, не пытаясь при этом выставить себя героем или хорошим человеком. Он строчит быстро, но текст получается если не идеальным, то на удивление чистым: слова льются, как талая вода, сбегающая весной с лесистых горных вершин.

Билли отмечает, что между Баки и Элис установилась прочная связь. Элис, по сути, обрела в нем отца, которого рано потеряла. А Баки обрел в ней дочь, которой у него никогда не было. Между ними нет ни намека на сексуальное влечение, и Билли это не удивляет. Он ни разу не видел Баки с женщиной. И хотя он в принципе не так уж часто встречался с Баки лицом к лицу, во время этих редких встреч тот почти не упоминал женщин. Возможно, Баки Хэнсон гей, несмотря на два брака. Что ж, ради бога. Для Билли важно только одно: Элис с ним счастлива.

Однако в октябре душевное благополучие Элис отходит для него на второй план. История родилась — и превратилась в книгу. В этом больше нет никаких сомнений. Тот факт, что книгу никто не увидит (кроме, быть может, Элис Максуэлл), ничуть его не смущает. Важен процесс, а не результат, насчет этого она была права.

Примерно за неделю до Хэллоуина, в ослепительно солнечный и ветреный день, Билли пишет про то, как они с Элис (в книге она стала Кэтрин) подъехали к дому Баки (ставшего Хэлом) и как Баки встретил ее с распростертыми объятиями и радостным криком: *Привет, солнце!* Что ж, на этом можно и остановиться, решает он.

Скинув документ на флешку, он закрывает ноутбук, идет выключать обогреватель и замирает. Картина с садовыми фигурами вновь висит на стене. Львы стали еще ближе. За ужином он спрашивает Баки, не вешал ли тот картину на место. Нет, не вешал.

Билли переводит вопросительный взгляд на Элис.

— Я вообще не понимаю, о чем вы говорите.

Тогда Билли спрашивает, откуда в хижине взялась эта картина.

— Понятия не имею. Такие фигурные кусты стояли раньше перед отелем «Оверлук» — тем, что сгорел. Когда я купил этот дом, картина уже висела на стене. Я туда почти не захожу. Называю хижину «летним домиком», но мне там вечно холодно, даже летом.

Билли тоже это заметил — впрочем, он списал низкую температуру на осенние холода. И все же в хижине он проделал огромную работу: почти сто страниц. И зловещая картина ему не помешала. Возможно, жуткие истории лучше всего пишутся в жуткой обстановке, думает он. Это объяснение ничем не хуже других, поскольку весь процесс рождения книги по-прежнему остается для него загадкой.

Элис испекла на десерт персиковый коблер. Раскладывая его по тарелкам, она спрашивает:

— Ты закончил, Билли?

Тот уже открывает рот, чтобы ответить «да», но что-то его останавливает.

— Почти. Еще пара заключительных штрихов — и готово.

2

На следующий день холодает еще сильнее, но Билли не включает в хижине обогреватель и не снимает картину со стены. Он решил, что так называемый летний домик Баки проклят. Тут живут привидения. Раньше он не верил в такие вещи, но теперь верит. И дело не в картине — или не только в картине. Заколдован и проклят был весь минувший год.

Билли садится на единственный стул и думает. Ему не хочется привлекать Элис к этому делу — к финальной его части, — но, видимо, придется. В странной холодной комнате проклятого дома до него доходит это и еще кое-что: Элис будет рада. Потому что Роджер Клэрк — не просто плохой человек, а самый плохой из всех, кого Билли когда-либо заказывали. Тот факт, что на сей раз Билли заказал его сам, к делу не относится.

Я все думаю про этого подонка, который растлевал детей, сказала Элис. *Он заслуживает смерти.*

Триппа Донована она убивать не хотела, и Роджер Клэрк, возможно, не удостоился бы такой чести, если бы ограничивался девушками лет шестнадцати-семнадцати, может, даже пятнадцати. Конечно, он заплатил бы за содеянное — но не жизнью. Однако Клэрк не привык себе отказывать. Ему захотелось *узнать, каково это.*

Билли сидит, положив руки на колени. Кончики пальцев уже начинают неметь от холода. С каждым выдохом изо рта вылетают облачка пара. Билли представляет себе, как девочку чуть старше Шанис Акерман привезли в тихуанский домик. Она, возможно, прижимала к груди мягкую игрушку — не фламинго, а, допустим, медвежонка. А потом она услышала чьи-то тяжелые шаги в коридоре. Билли не хочет это представлять, но ничего не может с собой поделать. Быть может, так надо. И быть может, заколдованная хижина с заколдованной картиной на стене помогают ему в этом.

Билли достает из кармана бумажник и находит среди карточек номер Джорджо. Он набирает этот номер, понимая, что шансы дозвониться невелики. Свиньелли сейчас в своей тюрьме для худеющих, а значит, он может быть в тренажерке или в бассейне. Если еще не умер от сердечного приступа. Но Джорджо берет трубку на втором гудке.

— Алло.

— Здравствуй, нью-йоркский литагент. Дэйв Локридж на связи. Знаешь что? Я закончил книгу.

— Билли, господи боже! Ты можешь мне не верить, но я рад, что ты жив.

Голос у него определенно звучит бодрее, думает Билли.

— Я тоже рад, что ты жив.

— Слушай, я не хотел тебя кидать, клянусь. И убивать тем более. Но...

— Тебя поставили перед выбором, и ты его сделал, — заканчивает за него Билли. — Да, я вам доверял, а вы меня предали. Рад ли я такому повороту? Нет. Но я сказал Нику, что все в прошлом, и это действительно так. Ты мне обязан, и я надеюсь, что тебе хватит порядочности вернуть должок. Мне нужна информация.

В трубке ненадолго повисает тишина.

— Мой телефон точно не слушают. А твой?

— Тоже.

— Очень на это надеюсь. Мы сейчас про Клэрка говорим, так?

— Да. Ты знаешь, где он?

— В Вегас он больше не приезжал, значит, либо в Лос-Анджелесе, либо в Нью-Йорке. Я могу навести справки. Его перемещения несложно отследить.

— Ты знаешь, кто в этих городах поставляет ему девочек?

— Раньше этим занимался я — на пару с Джуди, — пока не отошел от дел. — Никакой неловкости в его тоне Билли не слышит.

— Джуди Блэтнер? Ник говорит, она малолеток не трогает.

— Не трогает. У нее все девочки и мальчики старше восемнадцати. И раньше Клэрка это устраивало. Но потом запросы стали расти. Ну, он звонил, говорил, мол, ягодок захотелось. Это было кодовое слово.

Ягодки, думает Билли. Господи.

— Джуди знает людей, которые могут предоставлять такие услуги. Иногда я Клэрка с ними связывал, иногда она сама.

— Джуди тоже в курсе про Тихуану?

Хотя никто их не слушает, Джорджо понижает голос:

— Ты про ту девочку. Я здесь вообще ни при чем, Джуди и Ник тоже. Свидание организовал картель. По просьбе Клэрка.

— Дай-ка я все разложу по полочкам. Если в Лос-Анджелесе ему вдруг захочется ягодок, он позвонит тебе или Джуди. Один из вас свяжет его с нужным человеком. Под человеком имеется в виду сутенер, так? — Билли подыскивает правильное словцо. Оно, кстати, хорошо сочетается с «ягодками», что неудивительно. — Фермер.

— Да. А на восточном побережье — у него там дом в Монтоке — его свяжут с человеком из Нью-Йорка. Не знаю, сколько таких свиданий устроил себе Клэрк с тех пор, как я уехал.

Свидания, думает Билли.

— Словом, полный консьерж-сервис?

— Ну, можно и так это назвать. Он платит за организацию досуга. Очень большие деньги, Билли.

А теперь настает черед главного вопроса.

— Сама Джуди когда-нибудь ему звонит? Если случайно наткнется на девочку, которая может ему приглянуться?

— Ну да, время от времени такое случается. Теперь чаще, чем раньше: макаронина-то уже толком не стоит.

— Если ты позвонишь Джуди и скажешь, что у тебя есть на примете девочка — крошка что надо, — она согласится передать эту информацию Клэрку?

Какое-то время Джорджо молчит, обдумывая вопрос. Потом отвечает:

— Да. Подвох наверняка учует — нюх у нее феноменальный, — но согласится. После случая в Тихуане она на дух не выносит этого подонка. Если кто-то захочет его завалить, она только «спасибо» скажет. Я с ней солидарен.

Что не мешало тебе его обслуживать, думает Билли. И ей тоже.

— Хорошо. Я перезвоню.

— На связи. Отсюда я никуда не денусь — да и не хочу. Поначалу мне здесь было хреново, а теперь даже понравилось. Наверное, алкоголики тоже кайфуют от своей трезвости, когда войдут во вкус.

— Сколько ты уже сбросил?

— Сто десять фунтов, — с понятной и, возможно, заслуженной гордостью отвечает Джорджо. — Осталось еще девяносто.

— Мне нравится твой голос. Уже не сипишь, как раньше. Глядишь, если похудеешь, и без операции сможешь обойтись.

— Не. Печенка полетела и уже не вернется. Операцию обещают сделать через два дня после *feliz Navidad*[1], так что советую до тех пор все решить. Здешний док честен до неприличия. Говорит, мои шансы шестьдесят к сорока. Причем не в мою пользу.

— Ладно, скоро позвоню, — говорит Билли. Но молиться за тебя не буду, не проси.

— Надеюсь, ты грохнешь этого педофила.

На которого ты работал, снова думает Билли.

Говорить вслух необязательно, Джорджо сам это признает:

— Ну да, снаряды я ему подносил. Платил он много и исправно, а я хотел жить.

— Понятно, — говорит Билли. Но все же гореть тебе в аду, Джорджи, думает он. И если ад существует, мы там встретимся. Пропустим по стаканчику серы со льдом.

— Я всегда догадывался, что ты только прикидываешься дурачком.

— Ладно, до связи, — прощается Билли.

— Главное, не тяни, — напоследок говорит ему Джорджо.

---

[1] Счастливого Рождества (*исп.*).

3

Пора посвятить Элис в свои планы, да и Баки заслуживает знать, что происходит. Чуть позже, за чашечкой кофе, Билли все им рассказывает и советует Элис хорошенько подумать, прежде чем принять решение. Элис отвечает, что думать тут нечего: она в деле.

Баки бросает на Билли укоризненный взгляд, мол, переманил-таки дитя на темную сторону. Но вслух ничего не говорит.

— Говоришь, в барах тебя просят показать права? — уточняет Билли.

— Да, но я в баре-то всего пару раз была после дня рождения. Мне исполнилось двадцать один за месяц до того... ну, как мы встретились.

— Липовые документы не делала?

— Да ей бы все равно никто не поверил, — говорит Баки. — Ты глянь на нее!

Оба переводят взгляд на Элис. Та краснеет и опускает глаза.

— Сколько ты бы ей дал? — спрашивает Билли у Баки. — Навскидку?

— Восемнадцать. От силы девятнадцать. Двадцать уже вряд ли.

Следующий вопрос Билли задает Элис:

— А еще моложе сможешь выглядеть? Если очень постараться.

Вопрос интересный; Элис от неожиданности даже забывает, что в данный момент ее лицо и тело внимательно разглядывают двое мужчин. Конечно, вопрос интересный! В двадцать один она, несомненно, не раз задумывалась о том, как ей выглядеть старше и искушеннее, но чтобы моложе? Зачем?

— Ну, я могу утянуть грудь специальным эластичным бинтом, чтобы она казалась меньше. Так трансы делают. — Она снова краснеет. — Знаю, она и так не слишком большая, но с бинтом я буду совсем... ну, плоская. Клэрку же такие нравятся? И волосы... — Она собирает их рукой в хвост. — Их можно постричь. Не совсем коротко, а так, чтобы сделать маленький хвостик. Как у старшеклассниц.

— Одежда?

— Не знаю, надо подумать. Косметики точно не надо. Или совсем чуть-чуть. Какая-нибудь розовая леденцовая помада...

— На пятнадцать потянет? — перебивает ее Билли.

— Не, забудь, — говорит Баки. — От силы семнадцать.

— А может, и меньше. Я постараюсь. — Элис встает. — Извините, мне нужно к зеркалу.

Когда она уходит, Баки подается вперед и очень тихо произносит:

— Нельзя, чтобы ее убили.

— Это в мои планы не входит.

— Планы имеют свойство рушиться.

4

На следующий день Билли вновь звонит Джорджо из стылого летнего домика. Ему пришло в голову, что Элис все-таки можно не привлекать. Он ведь снайпер, в конце концов. Высокоточная стрельба на дальние дистанции — его специальность. Во время разговора он не сводит глаз с картины, думая, что садовые фигуры вот-вот придут в движение. Не приходят.

Разговор он начинает с вопроса, нельзя ли ему применить свои снайперские навыки в деле Роджера Клэрка.

— Без шансов. В Монтоке у него поместье площадью сорок акров. В сравнении с ним невадский дом Ника — просто хлев.

Билли расстроен, но не удивлен.

— Он сейчас там?

— Да. Поместье назвал «Эос» в честь какой-то греческой богини. Если верить колонке светских сплетен газеты «Пост», он там пробудет до Дня благодарения, потом вызовет частный «гольфстрим» и полетит на праздники обратно в Ла-Ла-Лэнд, к своему теперь уже единственному сыну и наследнику.

В Лалафаллуджу, думает Билли.

— С ним будет свита?

Джорджо смеется и тут же начинает сипеть — видно, совсем уж другим человеком он пока не стал.

— Свита — как у Ника? Нет, ты что! Я слышал, у Клэрка в каждой комнате стоит по телевизору, все без звука и настроены на разные каналы. Вот тебе и свита.

— Что, даже охраны нет? — Билли не верит своим ушам: Клэрк — один из богатейших людей Америки.

— На территории поместья? Если он поверил, что тебя грохнули, никого там нет. Да и вообще, насколько ему известно, ты не в курсе, кто на самом деле заказал Аллена.

— Он думает, я приехал к Нику только для того, чтобы забрать свои деньги.

— Ну да. Полагаю, охрана может явиться по первому его зову — тревожная кнопка в доме наверняка есть, — но единственный, кто живет в доме кроме Клэрка, это его помощник. Уильям Петерсен. Как в «C.S.I.: место преступления», помнишь?

Билли слышал про такой сериал, но никогда не смотрел.

— Этот Петерсен — личный помощник и по совместительству телохранитель?

— Уж не знаю, владеет ли он дзюдо, крав-магой и прочими боевыми искусствами, но он молод, в хорошей форме и стрелять из пистолета наверняка обучен. Правда, не факт, что по поместью он ходит с пушкой.

Билли заносит информацию в свою базу.

— Вот что мне нужно. Отправишь — и мы квиты.

— Погоди секунду. — Тон у Джорджо деловой. — Я сделаю все, о чем ты просишь, если смогу. Если не смогу — так и скажу. Давай, выкладывай.

Билли выкладывает. Джорджо слушает и задает пару вопросов, но никаких новых дыр в его плане не находит.

— Может, дельце и выгорит — при условии, что девчонка пройдет смотр. Пришли мне пару фото. Нет, лучше пару дюжин. В основном лицо, несколько в полный рост, но оденется пусть поскромнее. Я выберу те, где она выглядит моложе. — Он медлит. — На самом деле она не подросток?

— Нет, — отвечает Билли. Но почти. И ее единственный сексуальный опыт был кошмаром, который она даже не запомнила (наверняка к счастью), потому что ее накачали рогипнолом или другой подобной дрянью.

— Отлично. В Нью-Йорке Джуди обычно звонит Даррену Бирну. Клэрк не раз с ним общался, поэтому ты, естественно, не сможешь представиться Дарреном, но вполне сойдешь за его брата — родного или двоюродного.

— Да. Ты прав. — Надо бы еще при этом сойти за сутенера. — Она должна будет остаться на ночь?

— Господи, нет. Припаркуешься рядом и подождешь. Он сделает свое дело — при условии, что виагра сработает, — потом она вернется в машину. Хватит его от силы на час или два.

Столько времени мне точно не понадобится, думает Билли. И виагра, которую Клэрк примет, пропадет зря.

— Ладно. Мы скоро выезжаем на восток...

— Вы с Баки?

— Мы с этой девушкой. Когда поселимся неподалеку от Монтока...

— Загляните в Риверхед. «Хайатт» или «Хилтон гарден инн».

Смотрю, хватку ты не потерял, думает Билли. Может, и номерок нам сразу забронируешь?

— Как только мы будем на месте, я тебя наберу.

— Да, но фотографии твоей шкетки я жду в ближайшее время.

— Шкетки?

— *Девушки*, Билли. И это должна быть правильная девушка. Не просто молодая — приличная. Если будет похожа на потаскуху, ничего не выйдет.

— Понял. — Ему приходит в голову еще кое-что. — А ты не в курсе, что там с Фрэнком Макинтошем? Когда я уезжал, он был жив, но досталось ему крепко.

— Док Риверс стабилизировал его состояние, но больше сделать ничего не может. Ник сказал, у него мозговое кровотечение и вроде бы сердечный приступ в придачу. Мамаша перевезла его в Рино, в больничку для безнадежных пациентов. Паллиативная помощь называется.

— Очень жаль, — говорит Билли. И не лукавит.

— Мардж сняла квартиру неподалеку. Платит за все Ник.

— Фрэнк в коме?

— Если бы! Мардж говорит, он почти все время спит, но когда просыпается, несет какой-то бред, бьется в припадках и постоянно кричит.

Билли не знает, что на это сказать.

Джорджо заявляет — не без восторга:

— Приложил ты его ого-го! Элвис покинул здание.

5

Билли, Баки и Элис едут в Боулдер, где Элис обходит три торговых центра, заглядывая в магазинчики с названиями в духе «Дэб», «Тин бит» и «Форевер 21». Все покупки она обсуждает с Баки — именно он будет делать фотографии, которые Джорджо (или Джуди Блэтнер) отправит Клэрку. Билли просто таскается за ними, ловя на себе подозрительные взгляды персонала. Элис покупает легкую стеганую парку, четыре юбки, две футболки, блузку и три платья. У одного из платьев открытые плечи, и это самый вызывающий наряд. Баки накладывает вето на туфли без каблуков и выбирает вместо них кеды.

Приглянувшиеся Элис джинсы с низкой посадкой он тоже забраковывает — по крайней мере для фотосессии.

— Если хочешь, купи их себе, но ему ты нужна в платье.

Когда все покупки — в общей сложности на четыреста долларов — сделаны, Элис заходит в салон «Ножнички». Пока ее стригут, Билли покупает себе туфли, слаксы и куртку-бомбер с внутренними карманами. Показывает

Баки ярко-зеленую шелковую рубашку, и тот хватается за голову.

— Рехнулся? Ты же не уличный сутенер! Элитный консьерж-сервис, все дела, забыл?

Билли вешает зеленую рубашку на место и берет вместо нее серую. Баки осматривает ее и кивает.

— Воротник в духе Рика Джеймса[1], но сойдет.

— Рика кого?

— Забей.

Когда они, нагруженные пакетами, подходят к «Ножничкам», оттуда выскакивает Элис. Волосы у нее стали короче. Она надела бейсболку «Колорадо рокис» и продела хвостик в отверстие сзади. Когда она бежит им навстречу, помахивая этим хвостиком, Билли думает: «Господи боже, неужели у нас все получится?»

— Стилист пыталась меня отговорить. Мол, не жалко такую красоту отрезать, столько лет отращивала! А самое смешное, она спросила, неужели мне так понравилось в школе, что я хочу быть похожа на школьницу?

Она хохочет и вскидывает открытую ладонь. Баки дает ей пять. Билли тоже, но энтузиазм его напускной. В пылу шопинга Элис позабыла, зачем нужны все эти покупки. И Баки тоже — она заразила его своим восторгом. Зато Билли помнит. Перед глазами до сих пор стоит маленькая девочка в Тихуане, которая прислушивается к шагам в коридоре, стискивая в руках плюшевого медвежонка.

6

Элис хочет устроить фотосессию сразу по возвращении, но Баки говорит, лучше это сделать утром, когда она выглядит свежее и моложе. «Как утро сентября», — добавляет он.

---

[1] Рик Джеймс (1948–2004) — американский музыкант, певец, основатель музыкального стиля фанк-рок.

— Это из песни Нила Даймонда?[1] Моя мама его любит. — Билли она говорит: — Даже не спрашивай. Я вчера ей звонила.

Может, Баки думает про Нила Даймонда, но у Билли все мысли о Поле Шабасе[2], о ребенке в доме на окраине Тихуаны и о Шанис Акерман. Две эти девочки теперь неразрывно связаны у него в голове.

7

Наутро Баки устраивает Элис небольшую фотосессию. Выбирает восточное окно, чтобы в комнате было побольше естественного света. Там стоит диван, но Баки говорит, что его надо убрать, а вместо него поставить стул. Когда Билли спрашивает почему, Баки отвечает, что фото с диваном будут иметь сексуальный подтекст, а им это не нужно. Им нужен образ невинной девчонки. Возможно, решившей продать себя один-единственный раз, чтобы помочь нищей матери.

Когда Элис выходит из ванной в новой юбке и топе, Баки велит ей вернуться в ванную и стереть большую часть косметики.

— Оставь немного румян на щеках и незаметный слой туши, просто чтобы ресницы стало видно. Помадой не злоупотребляй. Поняла?

— Поняла! — Элис взбудоражена, как ребенок, которому разрешили поиграть в переодевания.

Когда она уходит, Билли спрашивает Баки, откуда он все это знает.

— Не пойми меня неправильно, я очень рад и благодарен — мне бы и в голову не пришло... Одна одежда чего стоит!

---

[1] Имеется в виду песня Нила Даймонда «September Morn» (1979).

[2] Поль Шабас (1869–1937) — французский художник, член Академии изящных искусств Франции. Излюбленной темой работ Шабаса были обнаженные девушки на лоне природы. Одна из самых известных его картин с таким сюжетом носит название «Сентябрьское утро».

— Нет, одежда тут не главное. Нужный эффект создают волосы. Задорный хвостик.

— Ладно, но где ты этого набрался? Ты же не...

Билли осекается. А что ему, в сущности, известно о Баки Хэнсоне? Да, у него куча связей в криминальной среде, он может вывезти человека из страны и, возможно, имеет выход на высшее руководство органов юстиции. Если так, то имен Билли не знает: Баки умеет держать язык за зубами. Возможно, поэтому он до сих пор жив.

— ...не фотографировал молодых женщин так, чтобы они сошли за малолеток? Нет. Но одно время в порножурналах вроде «Пентхауса» и «Хастлера» такие снимки были популярны. Еще в восьмидесятых, когда порножурналы существовали. Что же до фотоискусства, то здесь я всему научился у отца.

— Ты вроде говорил, что он у тебя был похоронных дел мастер. Где-то в Пенсильвании.

— Да, отсюда мои познания о косметике. А фотографией он иногда подрабатывал: в основном снимал портреты для школьных фотоальбомов и свадьбы. Иногда я ему ассистировал. И там и там.

— Да я, смотрю, по адресу пришел, — улыбается Билли.

— Ага. — Но Баки не улыбается. — Не дай бог с ней что-то случится, Билли. Если ты это допустишь, сюда можешь не возвращаться: дверь будет закрыта.

Ответить Билли не успевает: Элис возвращается. В белой блузке, синей юбке и гольфах она в самом деле выглядит очень юной. Баки усаживает ее на стул и принимается крутить ее голову, поворачивать лицо, ловя свет и нужный ракурс. Фотографирует он на телефон Билли. Говорит, что у него есть «лейка» и он с удовольствием снимал бы на нее, но фотографии получатся слишком профессиональные. Может, Клэрк ничего не заметит и не почует подвох, но мало ли? В конце концов, ТВ и кино составляют львиную долю его бизнеса.

— Ладно, поехали. Элис, широко не улыбайся, но легкая улыбка допустима. Помни, какой образ нам нужен: милый и целомудренный.

Она пытается сделать милое и целомудренное лицо, но ее тут же разбирает смех.

— Давай, посмейся, это нормально. А потом вспомни, пожалуйста, что на твои фоточки будет любоваться гнусный педофил.

Эти слова сразу приводят ее в чувство. Баки принимается за работу. Сколько было предсъемочной суеты, а сама съемка занимает от силы полчаса. Баки делает шестнадцать или восемнадцать портретов Элис в разной одежде (но всегда, даже в платье с открытыми плечами, — в невысоких кедах) и с хвостиком на макушке, потом еще дюжину с распущенными волосами, подобранными заколкой, и еще десяток с ободком. Когда фотосессия окончена, он распечатывает по три набора получившихся фотографий размером восемь на десять на цветном принтере, чтобы каждый мог внимательно их рассмотреть и выбрать полдюжины лучших. В какой-то момент Элис восклицает со смесью триумфа и потрясения:

— Бог мой, вот на этой мне почти четырнадцать!

— Пометь ее, — говорит Баки.

Закончив, они останавливаются на трех портретах, к которым Баки добавляет еще парочку и велит отправить эти пять Свину.

— Он уже поставлял старому хрену цыпочек и должен знать, клюнет Клэрк на такую или нет.

— Отправлю позже, — говорит Билли. — Когда мы выдвинемся в Нью-Йорк.

— А если Клэрк ее забракует?

— Все равно поедем. Я найду способ к нему подобраться.

— *Мы* найдем, — поправляет его Элис. — Больше я одна в мотеле не останусь, не мечтай.

Билли молчит. Думает, что примет решение, когда — и если — придет время. Потом вспоминает, что пережила Элис и что Клэрк творил с девочками даже младше ее, и осознает, что решать все-таки не ему.

8

Вечером он в последний раз звонит Нику.

— Ты по-прежнему должен мне миллион двести.

— Знаю, и ты все получишь. Наш друг перевел деньги. Ему сообщили, что тебя больше нет.

— Добавь к ним еще двести тысяч. Назовем это бонусом за дерьмо, в которое ты меня втянул. И отправь их Мардж.

— Матери Фрэнка? Ты серьезно?

— Да. Скажи, что это от меня. Пусть потратит их на лечение Фрэнка. Скажи, что мне пришлось так поступить, но я приношу извинения.

— Сомневаюсь, что от твоих извинений будет какой-то прок. Мардж... — Он вздыхает. — Мардж есть Мардж.

— Еще можешь сказать, что в случившемся на самом деле виноват ты, а не я, хотя вряд ли ты так скажешь.

Несколько секунд царит тишина, потом Ник спрашивает, как поступить с остальными деньгами. Билли отвечает четко и по существу. После короткого обсуждения Ник соглашается. Значит ли это, что он выполнит волю Билли, даже если его самого не станет? Возможно, нет. Возможно, Ник скоро забудет, что Билли его пощадил. И все же он должен дать четкие инструкции, потому что умирать в Нью-Йорке он не планирует. Умирать будет Роджер Клэрк.

— Удачи, — говорит Ник напоследок. — Я серьезно.

— Ага. Ты, главное, позаботься о Фрэнке. И о другом деле.

— Билли, я только хотел сказать...

Билли вешает трубку. Его совершенно не интересует, что хотел сказать Ник. Они квиты. Больше Ник ему не нужен.

9

Билли готов выехать пораньше, но Баки просит его задержаться до десяти, потому что ему нужно съездить по одному делу. Пока он этим занимается, Билли в последний раз идет в летний домик. Снимает со стены картину с садовыми зверями и берет ее с собой на прогулку. Поднявшись до конца тропинки, он смотрит на открывающийся с горы вид и на противоположный склон ущелья, где якобы стоял отель-призрак. Элис как будто его видела, но Билли видит только пепелище. Возможно, это место все еще проклято. Возможно, поэтому никто до сих пор ничего там не построил, хотя местечко как нельзя более удачное и живописное.

Билли сбрасывает картину вниз и видит, как она застревает в верхушке сосны примерно в сотне футов от края утеса. Пусть там и сгниет, думает он и возвращается в дом. Элис уже сложила свой скромный багаж в «мицубиси». Ничто не мешает им рвануть на восток. Машина хорошая, выследить ее нельзя, и Реджи по ней скучать не будет.

— Куда ходил? — спрашивает Элис.

— Да так, прогуляться. Хотел размять ноги перед дорогой.

Они сидят в креслах-качалках на крыльце, когда возвращается Баки.

— Я встретился с другом и купил тебе подарочек, — говорит он, вручая Элис пистолет. — «Зиг-зауэр Пи-триста двадцать» с магазином на десять патронов плюс один в патроннике. Мелкий, можно в сумочке носить. Он заряжен, поэтому доставай с осторожностью.

Элис восхищенно смотрит на зиг-зауэр:

— В жизни не стреляла из пистолета!

— Это просто: наводишь на цель и нажимаешь спусковой крючок. Если стрелять придется не в упор, ты вряд ли попадешь, но отпугнуть обидчика сможешь. — Он смотрит на Билли: — Ты же не против, чтобы у нее была пушка?

Билли мотает головой.

— Вот еще что, Элис. Если нужда заставит, ты им *воспользуешься*. Обещай мне.

Она обещает.

— Ладно, теперь обними меня.

Элис обнимает Баки и начинает рыдать. Это хорошо, думает Билли. Она проживает свои чувства, как говорят в группах психологической поддержки.

Они обнимаются крепко и долго. Секунд через тридцать Баки наконец отпускает Элис и поворачивается к Билли:

— Теперь дай тебя обниму.

При всей своей нелюбви к таким объятиям Билли соглашается. Долгие годы их с Баки связывали исключительно деловые отношения, но за последний месяц они стали настоящими друзьями. Баки приютил их в трудную минуту и согласился помочь в том, что им предстоит сделать. А самое главное — он печется об Элис.

Билли садится за руль «мицубиси». Баки обходит машину (в джинсах и фланелевой рубашке он выглядит очень по-колорадски) и жестом просит Элис опустить стекло. Она опускает. Баки наклоняется и целует ее в висок.

— До новых встреч. Позаботься о том, чтобы они у нас были.

— Непременно, — говорит Элис. И снова плачет. — Я позабочусь.

— Хорошо. — Баки выпрямляется и отходит в сторону. — Ну все, езжайте и прикончите этого козла.

10

В Лонгмонте Билли подъезжает к уолмартовскому «Суперцентру» и паркуется как можно ближе к зданию, чтобы поймать вайфай. Со своего личного ноутбука с VPN он отправляет фотографии Элис на адрес Джорджо и просит как можно скорее отослать их Клэрку.

Скажи, что ее зовут Розали. Она доступна только четыре дня, и окно откроется через трое суток. Цена договорная, но не меньше $8000 в час. Скажи, что Розали «топовая девочка». Если сомневается, пусть спросит Джуди Блэтнер. Также можешь сказать, что готов предоста-

вить ее за свой счет — в качестве компенсации за осложнения, возникшие в деле Аллена. Скажи, что ее привезет двоюродный брат Даррена Бирна, Стивен Бирн. Когда ответит, сразу дай мне знать.

И подпись — буква «Б».

На ночь они останавливаются в «Холидей инн экспресс» в городе Линкольн, штат Небраска. Билли грузит багаж на бесплатную тележку и катит ее к гостинице, когда на телефон приходит сообщение. От бывшего литагента, без намека на ностальгию отмечает он.

— Джорджо? — спрашивает Элис.

— Он.

— Что пишет?

Билли протягивает ей телефон.

Дж. Руссо: Он ее хочет. 4 ноября, 20:00, Монток-хайуэй 775. Пришли мне смайлик с пальцем вверх или вниз.

— Ты точно готова? Решать тебе, Элис.

Она находит 👍 и нажимает «Отправить».

Глава 23

Мы выехали из Линкольна с утра пораньше и поехали на восток по I-80. Элис открыла мой ноут и читала то, что я успел написать в летнем домике Баки. На окраине городка Каунсил-Блаффс мимо нас проехала машина, с заднего сиденья которой на нас смотрели клоун и балерина. Клоун помахал мне рукой. Я помахал в ответ.

— Элис! — сказал я. — Знаешь, какой сегодня день?

— Четверг? — предположила она, не отрываясь от экрана. Я вспомнил Дерека Акермана и его приятеля Дэнни Фасио с Эвергрин-стрит: они так же зависали в своих телефонах.

— Не простой четверг. Сегодня — Хэллоуин.

— Ага. — От экрана так и не отлипла.

— Кем ты любила наряжаться? Самый любимый костюм.

— Хм-м... Помню, однажды я была принцессой Леей. — Элис по-прежнему пялилась в ноутбук. — Сестра меня водила по соседям.

— В Кингстоне?

— Ну да.

— И как, хороший был улов?

Она наконец подняла глаза.

— Дай почитать, Билли, я почти закончила.

Я не стал ей мешать. Вокруг было сердце Айовы, местность довольно однообразная: сплошь равнины. Наконец Элис закрыла ноутбук. Я спросил, все ли она прочитала.

— Дошла до того момента, где появляюсь я. Как меня рвало в коридоре и я чуть не захлебнулась собственной блевотой. Мне трудно это читать, поэтому я прервалась. Кстати, ты забыл изменить мое имя.

— Исправлюсь.

— Все остальное я знаю. — Она улыбается. — Помнишь, как мы смотрели «Черный список» на «Нетфликсе»? И как поливали цветы?

— Дафну и Уолтера.

— Думаешь, они выжили?

— Конечно. Что им будет?

— Неправда. Ты не знаешь, выжили они или нет.

Я кивнул.

— И я не знаю. Но нам никто не запрещает верить, что они живы, верно?

— Да, — сказал я. — Верно.

— В этом преимущество неведения. — Элис уставилась в окно на простирающиеся во все стороны кукурузные поля, побуревшие и готовые к зиме. — Люди могут верить во что захотят. Я вот решила верить, что мы доберемся до Монток-Пойнт, осуществим задуманное и сбежим, и никто нас не поймает, и мы будем жить счастливо до конца своих дней.

— Хороший план. Тоже буду в это верить.

— Тебя, например, до сих пор не поймали. Ты вон сколько народу убил — и каждый раз выходил сухим из воды.

— Прости, что тебе пришлось это прочитать. Но ты сама просила, чтобы я написал.

Она пожала плечами.

— Они плохие люди. Всех твоих жертв это объединяет. Ты не убивал священников, врачей или... случайно попавших под руку охранников.

Тут я засмеялся, и Элис тоже чуть улыбнулась, но я видел, что она о чем-то размышляет. Я не стал ей мешать. Мы просто ехали вперед, оставляя позади милю за милей.

— Я вернусь в горы, — наконец сказала она. — Может, даже поживу у Баки. Что ты об этом думаешь?

— Он будет рад.

— Недолго, только в самом начале. Потом найду работу, сниму квартиру и начну откладывать деньги на учебу. Потому что высшее образование можно получить в любом возрасте. Иногда люди в сорок и даже в шестьдесят идут учиться, да?

— По телевизору показывали передачу про одного старикана, который поступил в семьдесят пять и получил диплом в восемьдесят. Нутром чую, что ты не в экономический колледж метишь.

— Нет. В нормальный университет. Может, даже в Колорадский. Боулдер мне понравился, я могла бы там жить.

— Уже есть идеи, что будешь изучать?

Она помедлила, словно ей что-то пришло в голову, но потом передумала.

— Историю, возможно. Или социологию. Может, даже на театральный поступлю. — Она тут же добавила, словно отвечая на мое возражение: — Не на актрису, конечно. Меня интересует остальное: декорации, свет и прочее. Меня вообще многое интересует.

Я сказал, что это здорово.

— Ну, а ты? Где планируешь жить счастливо до конца своих дней?

— Ну, раз уж мы решили помечтать, я хотел бы писать книги. — Я постучал по ноутбуку, который она по-прежнему держала в руках. — Я ведь даже не знал, что умею писать, пока не начал. Теперь знаю.

— Может, попробуешь эту историю издать? Немного подправишь, чтобы стало похоже на вымысел...

Я помотал головой:

— Никто, кроме тебя, ее не прочитает. И это хорошо. Она сделала свое дело: открыла мне дверь. Так что имя для тебя можно не придумывать.

Элис помолчала.

— Мы же в Айове? — спросила она через пару минут.

— Да.

— Скукотища.

Я засмеялся.

— Думаю, айовцы с тобой поспорят.

— Конечно. Особенно дети.

Это точно, подумал я.

— Ответь мне на один вопрос.

— Отвечу, если смогу.

— Как вообще мужчина за шестьдесят может хотеть такую девчонку, как Розали? Я не понимаю. Это... не знаю, какой-то абсурд.

— Может, он чувствует себя уязвимым? Или хочет посредством контакта с тобой вернуться в собственную юность, вспомнить, каково это — быть молодым и полным сил?

Элис быстро обдумала мои слова и отрезала:

— По-моему, чушь собачья.

Тут я был с ней солидарен.

— Нет, ты подумай. О чем Клэрку говорить с подростком? О политике? О событиях в мире? О своих телеканалах? А ей о чем с ним говорить? О чирлидинге и друзьях на «Фейсбуке»?

— Вряд ли ему нужны отношения. Мы сговорились на восьми тысячах долларов за час.

— То есть секс ради секса. Слепое желание обладать. Но это же так бессмысленно! Так глупо и пусто. Ради чего, для чего? Та девочка в Тихуане...

Она замолчала и какое-то время просто глядела в окно на айовские пейзажи. Потом что-то пробормотала, но совсем тихо, я не расслышал.

— Что?

— Чудовище. — Она по-прежнему смотрела на мертвые кукурузные просторы. — Я сказала: он чудовище.

* * *

Хэллоуин мы провели в Саут-Бенде, Индиана, а первое ноября — в Лок-Хейвене, Пенсильвания. Когда мы селились в отель, на телефон пришло сообщение от Джорджо.

Дж. Руссо: Петерсен, помощник РК, попросил выслать ему фотографию двоюродного брата Даррена Бирна. Отправь ее на judyb14455@aol.com. Она готова переслать бесплатно. Сказала, что с удовольствием подложит РК свинью.

Конечно, мне не понравилось, что Петерсену нужно мое фото, но меня это не удивило. Он все-таки его телохранитель, а не просто помощник.

Элис велела не волноваться: она подстрижет и уложит черный парик, который я надевал на штурм «Вышины» («Все-таки иногда полезно иметь сестру-парикмахера», — сказала она). Мы зашли в «Уолмарт». Элис купила очки-авиаторы и крем, который должен был придать моему лицу «ирландскую бледность». Еще маленькую золотую клипсу на левое ухо, не слишком броскую. В мотеле она надела на меня парик, зачесала волосы назад и прижала их очками-авиаторами.

— Типа ты себя считаешь звездой, — пояснила она. — И ту рубашку с высоким воротником надень. Помни, Клэрк и Петерсен думают, что Билли Саммерс убит.

Она сфотографировала меня на нейтральном фоне (кирпичная стенка отеля «Бест вестерн», где мы остановились), и мы вместе стали рассматривать портрет. Придирчиво.

— Пойдет? — спросила Элис. — Лично мне кажется, что ты не похож на себя, особенно с этой усмешечкой на губах. И все-таки жаль, что с нами нет Баки.

— Пойдет. Ты правильно заметила: они думают, что меня уже закопали где-нибудь в Пайютских предгорьях.

— Да мы прямо целый заговор замутили! — восторженно заявила Элис, когда мы вернулись внутрь. — Баки, твой литагент и теперь еще эта хозяйка лас-вегасских борделей.

— Про Ника забыла, — добавил я.

Она замерла посреди коридора и нахмурилась.

— Знаешь, если кто-нибудь из них шепнет Клэрку про наши планы, он их озолотит за такую информацию. И они это понимают. Допустим, Маджарян и Свиньелли не позвонят, Баки точно нет, а как насчет этой тетки? Блэтнер?

— Она тоже не станет звонить. В сущности, он им всем осточертел.

— Надеюсь.

— А я не надеюсь — знаю, — сказал я и мысленно понадеялся, что это действительно так. В любом случае я уже все решил, пути назад нет. И Элис, похоже, твердо решила идти со мной.

* * *

Вечером второго ноября мы приехали в Нью-Джерси, а на следующий вечер заселились в риверхедский «Хайатт» — в пятидесяти милях от Монток-Пойнт. Джорджо, сидя в своей южноамериканской тюрьме для худеющих, в самом деле умудрился забронировать для нас номерок. Он знал, что документов на Стивена Бирна у меня нет, поэтому бронь была на Далтона Смита. Гостиница оказалась куда пафоснее наших прежних пристанищ, Элис даже пришлось показать на стойке липовое удостоверение личности на имя Элизабет Андерсон. Джорджо, хоть и порядком похудел, соображать не разучился: внес предоплату и за двойной номер для Стивена Бирна и Розали Форестер. Клэрк проверять не стал бы, такие мелочи его не волновали, а вот Петерсен мог. Даже если по телефону Петерсену сказали, что Бирн и Форестер пока не заселились, это вряд ли его насторожило. Все-таки сутенеры не из тех, кто ложится спать вовремя.

Напоследок я спросил администратора, нет ли для меня какой-нибудь посылки. Оказалось, есть: из лас-вегасской конторы «Новинки для веселья и развлечений» пришла коробочка. Конечно, контора была несуществующая, это Джорджо кое-что заказал по моей просьбе. Коробку я открыл у себя в комнате, при Элис. Внутри оказался небольшой аэрозольный баллончик размером с шариковый дезодорант. На сей раз я решил обойтись без средств для чистки плит.

— Что это?

— Карфентанил. В две тысячи втором году русские закачали газ на основе карфентанила в здание театра, где сорок чеченских боевиков три дня удерживали в заложниках около семисот человек. Идея заключалась в том, чтобы все отключились. Так и произошло: газ подействовал, но оказался слишком сильным. Около сотни заложников уснули и больше не проснулись. Вряд ли Путин убивался по этому поводу. Карфентанил в этом баллончике по идее разбавлен вдвое. Нам нужен Клэрк, Петерсена я убивать не хочу.

— А если он не уснет?

— Я сделаю то, что потребуется.

— Мы сделаем, — поправила меня Элис.

* * *

Четвертое ноября тянулось очень долго. Ожидание всегда мучительно. Элис прихватила с собой купальник и отправилась в бассейн, потом мы долго гуляли, а на обед взяли хот-доги из фургончика неподалеку. Элис сказала, что хочет вздремнуть. Я тоже попытался, но не смог. Позже, укладывая мой парик, чтобы он выглядел как на фото, Элис призналась, что тоже не спала.

— И ночью уснуть не удалось. Ничего, посплю, когда все закончится. Высплюсь так высплюсь!

— Слушай, к черту все, — сказал я. — Оставайся в номере. Я сам все сделаю.

Элис вымученно улыбнулась.

— И что ты скажешь Петерсену, когда появишься без обещанной девочки за восемь тысяч долларов?

— Придумаю что-нибудь.

— Ты даже в дом не попадешь! Ну, или тебе придется убить Петерсена. Ты не хочешь его убивать, и я тоже не хочу. Нет уж, я с тобой.

На том и порешили.

* * *

Мы выехали в шесть. Элис распечатала гугловский спутниковый снимок поместья и проложила маршрут на GPS-навигаторе. В конце сезона дороги были почти пусты. Я спросил, не хочет ли она остановиться и перекусить в какой-нибудь забегаловке на окраине Риверхеда, и она сдавленно хохотнула.

— Да меня вырвет прямо на новое платье, если я что-нибудь съем.

Она надела то самое, с открытыми плечами и мелкими белыми цветочками на фиолетовом фоне. Сверху накинула парку, но застегивать не стала, чтобы видно было вырез. Впрочем, выглядело это вполне целомудренно, потому что вместо бюстгальтера Элис надела специальный утягивающий бандаж. Сумочку она держала на коленях. Внутри лежал зиг. Я надел новый бомбер с глоком в одном кармане и баллончиком в другом.

— Монток-хайуэй делает петлю, — сказала Элис.

Я это знал, потому что днем, когда не мог уснуть, изучил карту на своем ноутбуке, но решил не перебивать: Элис пыталась успокоить расшалившиеся нервы.

— После маяка первый поворот налево. «Эос» стоит не на первой линии: видимо, Клэрк решил променять близость к морю на живописный вид. Вряд ли он в таком возрасте занимается водными лыжами или бодисерфингом. Тебе страшно?

— Нет. — По крайней мере не за себя.

— Тогда я буду бояться за нас двоих. Если ты не против. — Она еще раз взглянула на карту в своем телефоне. — Похоже, дом номер семьсот семьдесят пять находится примерно в миле от шоссе, сразу после «Фермерской лавки Монтока». Удобненько — свежие овощи всегда под рукой. Ты отлично выглядишь, Билли, вылитый ирландец. Можешь где-нибудь остановиться? А то я сейчас описаюсь.

Я остановился у закусочной под названием «Бризуэй», примерно на полпути между Риверхедом и Монтоком. Элис побежала внутрь, и меня так и подмывало уехать без нее. Я нарушил все заветы Баки. Скоро она станет причастной к убийству одного очень богатого и знаменитого человека, да и то — если все пойдет по плану. А еще она может умереть сама. И все-таки я остался. Потому что без Элис я не смог бы попасть в дом, но еще и потому, что решать было ей.

Она вышла из кафе с улыбкой на лице.

— Какое облегчение.

Когда я выезжал на шоссе, она добавила:

— Я думала, ты меня бросишь.

— Даже в голову не пришло, — соврал я.

Судя по ее косому взгляду, она мне не поверила.

Элис выпрямила плечи и натянула подол платья на колени. Она была похожа на благопристойную школьницу — из тех, которых больше не делают.

— Ну, за дело.

* * *

Мы проехали музей «Маяк» и в сотне ярдов впереди увидели нужный поворот налево. Уже совсем стемнело. Откуда-то справа доносился шум океана. Среди ветвей деревьев поблескивал полумесяц. Элис наклонилась ко мне, повозилась с париком, потом села обратно. Мы не разговаривали.

Дома на Монток-хайуэй начинались с номера 600 — по причинам, известным только давно почившим градостроителям. Я с удивлением отметил, что здания, хоть и ухоженные с виду, ничего особенного собой не представляют. Главным образом то были длинные одноэтажные дома типа «ранчо» или незамысловатые «кейп-коды», которые вполне гармонично смотрелись бы и на Эвергрин-стрит. Был здесь даже трейлерный парк. Ухоженный, с каретными фонарями и гравийными дорожками, но все-таки трейлерный парк.

«Фермерская лавка Монтока» — а по сути, просто наспех сколоченный ларек — стояла закрытая и без света. У входа красовалась пирамида из нескольких тыкв, еще несколько лежало в кузове старого грузовичка, на одной стороне лобового стекла которого мылом было выведено: «ПРОДАЕТСЯ», а на другой — «НА ХОДУ».

Элис указала пальцем на почтовый ящик за ларьком:

— Вот он.

Я притормозил.

— Последний шанс. Ты точно этого хочешь? Если нет, мы можем развернуться.

— Точно хочу.

Она сидела прямо, как штык: колени вместе, руки стискивают сумочку, взгляд устремлен вперед.

Я повернул на дрянную проселочную дорогу, отмеченную знаком «ПРОЕЗД ЗАПРЕЩЕН». Почти сразу стало ясно, что ухабистая дорога призвана отвадить любопытных туристов. За первым же холмом она превратилась в гудронированную и довольно широкую: две машины легко разойдутся. Я полз со включенным дальним светом — и поймал себя на мысли, что уже второй раз за последнее время пробираюсь во владения плохого человека. Хорошо бы сегодня все прошло быстро и без накладок.

Дорога сделала плавный поворот, и мы уперлись в дощатые ворота высотой около шести или семи футов. Рядом, под фонарем с металлическим абажуром, оказалась бетонная стойка с панелью домофона. Я подъехал к ней, опустил стекло и нажал кнопку звонка.

— Алло?

Домофон не желал со мной разговаривать.

Изображать ирландский акцент, по моему мнению, было глупо (Элис и Баки со мной согласились). Да Бирну и необязательно говорить с акцентом, если он всю жизнь прожил в Нью-Йорке.

— Алло! Йо, это Стив Бирн, брат Даррена! Привез тут кое-что для мистера К.

Опять тишина. Мы с Элис — судя по ее лицу — невольно напряглись. Неужели так и не попадем в дом? Через главные ворота, судя по всему, нет.

Потом раздался треск, и голос произнес:

— Выходите из машины. — Голос был ровный, лишенный каких-либо интонаций. Так мог говорить полицейский. — Вы тоже, юная леди. На земле перед воротами увидите крест, он прямо посередине. Встаньте на него и посмотрите налево. Стойте рядом друг с другом.

Я взглянул на Элис, а она на меня — широко распахнутыми глазами. Я пожал плечами и кивнул. Мы вышли и приблизились к воротам. Крест — когда-то голубой, а теперь серый — был нарисован на бетонной плите. Мы с Элис встали рядом и посмотрели налево.

— Теперь наверх.

Мы посмотрели наверх. Конечно, там висела камера.

Я услышал чье-то невнятное бормотание, затем тот, кто держал кнопку — видимо, Петерсен, — отпустил ее, и воцарилась полная тишина. Ветер стих, а для сверчков был не сезон.

— Что происходит? — спросила Элис.

Я не знал, но подумал, что нас могут слушать, поэтому велел ей заткнуть рот и ждать. Она распахнула глаза, потом до нее дошло, и она робко выдавила:

— Хорошо, сэр.

Раздался щелчок, и голос сказал:

— Я вижу, что в левом кармане вашей куртки что-то лежит, мистер Бирн. Вы вооружены?

Чертовски хорошая у них камера, подумал я. Можно было ответить «нет», и ворота остались бы закрыты, как бы Клэрку ни хотелось эту девочку.

— Да, у меня с собой пушка, — ответил я. — Для самообороны.

— Достаньте ее и поднимите повыше.

Я вытащил глок и поднял его к камере.

— Оставьте у основания стойки домофона. Здесь вам обороняться не от кого, и пистолет ваш никто не украдет. На обратном пути заберете.

Я подчинился. Баллончик был значительно меньше, и карман с той стороны не оттопыривался. Если мне удастся обезвредить человека, который разговаривал со мной по домофону, прикинул я, то с Клэрком проблем не возникнет. По идее.

Я пошел обратно к бетонной плите, но голос меня остановил:

— Нет, мистер Бирн. Оставайтесь на месте, пожалуйста. — Последовала пауза, и голос произнес: — А лучше сделайте два шага назад. Будьте добры.

Я попятился к машине.

— И еще один, — сказал голос. Тут до меня дошло: они хотят, чтобы я исчез из кадра. Клэрк осмотрит товар и решит, покупать его или отправить нас восвояси. Камера едва слышно зажужжала. Я поднял взгляд и увидел, что объектив удлинился. Они увеличили картинку.

Я подумал, что голос сейчас попросит ее открыть сумочку, и зигу предстоит отправиться туда же, куда я положил свой глок, но нет.

— Поднимите юбку, юная леди.

Говорил Петерсен, но смотрел-то Клэрк. Жадными глазками из-под морщинистых век.

Опустив взгляд в землю, Элис приподняла юбку и обнажила бедра. От синяков не осталось и следа. Ноги у нее были гладкие. Юные. Поганый голос. Сволочи, думал я, вы оба — сволочи.

— Выше, пожалуйста.

На секунду мне показалось, что она откажется. Потом, все еще глядя в землю, она задрала юбку до талии. Конечно, она была унижена — и Клэрка ее унижение заводило.

— Теперь подними глаза на камеру.

Она послушалась.

— Юбку не опускай. Мистер Клэрк просит тебя облизнуть губы.

— Нет, — сказал я. — Хватит.

Элис опустила юбку и посмотрела на меня. В ее взгляде читалось: ты что творишь?

Я подошел к бетонной плите и посмотрел наверх.

— Все, что нужно, вы увидели. Остальное дома посмотрите. Здесь дубак! — Я хотел добавить «йо», но не стал. — И деньги я должен получить сразу, как только она перешагнет порог. С этой минуты пойдет отсчет времени. Понятно?

Тишина длилась секунд тридцать. Я опять подумал, что все пропало.

— Пошли, — сказал я, беря Элис за руку. — Ну их на хрен, валим отсюда.

И тут ворота покатились в сторону на своих маленьких резиновых колесиках. Голос произнес:

— До дома восемь десятых мили, мистер Бирн. Деньги я подготовлю.

Элис села в машину, я прыгнул за руль. Ее всю трясло.

Я закрыл окна и сказал ей — полушепотом, — что сочувствую.

— Да мне плевать, что они мои трусы видели. Я боялась, что сейчас сумочку велят открыть и увидят мою пушку.

— Ты же ребенок, — сказал я. В зеркало я видел, как ворота поползли обратно. — Они просто не подумали, что ты можешь быть вооружена.

— А потом я стала думать, что нас точно не пустят. Что он скажет: «Тебе не шестнадцать, катись отсюда! Нечего тратить наше время».

По обеим сторонам дороги потянулись старомодные фонари. Впереди я уже видел огни дома, названного стариком в честь Эос, розовоперстой богини зари.

— Отдай-ка мне пистолет, — сказал я.

Элис помотала головой:

— Нет, пусть будет у меня. У тебя хоть баллончик есть.

Спорить было некогда. Мы уже подъезжали к дому — *господскому* дому, исполинскому каменному зданию, вокруг которого раскинулось не меньше двух акров газона. Безусловно, то были хоромы очень богатого человека, но они обладали архитектурным изяществом, каким не могло похвастаться ни одно из обиталищ Ника Маджаряна. Перед домом имелся разворотный круг. Я подъехал к ступеням перед круглым крыльцом, и Элис уже потянулась к ручке своей дверцы.

— Погоди. Лучше я обойду машину и открою. Как джентльмен.

Я обошел «мицубиси» спереди, открыл дверцу и взял Элис за руку. Ладонь была очень холодная. Глаза широко распахнуты, губы поджаты.

Помогая Элис выбраться из салона, я прошептал ей на ухо:

— Иди за мной и остановись у подножия лестницы. Все произойдет очень быстро.

— Мне страшно.

— Можешь этого не скрывать. Ему понравится.

Мы подошли к ступеням. Их было четыре. Элис остановилась внизу. Загорелся свет, и на гравий тут же упала ее длинная тень — руки по-прежнему крепко сжимали сумочку. Она держала ее перед собой, словно щит, в безотчетной попытке защитить себя от того, что должно было произойти в следующие минуты. Открылась парадная дверь, и я оказался в овале света из дверного проема. Стоявший на пороге человек был высокий и хорошо сложенный. Из-за яркого света я не мог определить его возраст и даже просто рассмотреть его лицо, но кобуру на бедре заметил. Маленькую кобуру с маленьким пистолетом внутри.

— Почему она стоит внизу? — спросил Петерсен. — Пусть поднимается.

— Деньги вперед, — сказал я ему, а через плечо бросил: — Стой на месте, детка.

Петерсен сунул руку в передний карман брюк — с противоположной стороны от кобуры (внутри она наверняка была пластиковой — чтобы пистолет гладко из нее выскальзывал, если понадобится быстро его выхватить), достал стопку купюр и вручил ее мне со словами:

— У тебя нет ирландского акцента.

Я засмеялся, пересчитывая деньги. В стопке были одни сотни.

— Еще бы он был — после сорока лет в Куинсе! А где босс?

— Не твое дело. Шли девчонку наверх, а сам припаркуйся вон там, возле гаража, и жди. Из машины не выходить.

— Хорошо, но ты сбил меня со счета!

Я начал пересчитывать заново. Тут Элис за моей спиной сказала:

— Билли? Мне холодно.

Петерсен слегка напрягся.

— Билли? Почему она назвала тебя Билли?

Я опять рассмеялся.

— Да она постоянно так меня называет. Парня ее так зовут. — Я широко ухмыльнулся. — Он не знает, что она здесь, понятно?

Петерсен молчал. Явно не поверил. Его рука поползла к скоростной кобуре.

— Ладно, все бабки на месте, — сказал я.

Сунув деньги в карман бомбера, я достал оттуда баллончик. Видел его Петерсен или нет, пистолет он выхватил. Я ударил его кулаком по руке сверху вниз, как будто мы играли в «камень-ножницы-бумага». Потом брызнул из баллончика. Белое облако капель опустилось на его лицо. Небольшое облако, но результат не заставил себя ждать: Петерсен зашатался и рухнул как подкошенный. Пистолет упал на ступени и выстрелил — с негромким хлопком, будто разорвалась маленькая петарда. Очень странно. Видимо, Петерсен его как-то модифицировал. Я почувствовал, как пуля просвистела рядом с лодыжкой, и обернулся посмотреть, не задело ли Элис.

Она уже взбегала по ступеням с перекошенным от страха лицом.

— Прости, прости, я такая дура, совсем вылетело из...

Тут из дома донесся хриплый прокуренный окрик:

— Билл? *Билл!*

Я чуть не откликнулся, но вовремя вспомнил, что лежащего в дверях человека тоже зовут Билли. Имя-то распространенное.

— Что такое? — Рыхлый, влажный кашель, а следом — звук откашливания. — Где девчонка?

Посреди длинного коридора открылась дверь. Из нее вышел Клэрк: синяя шелковая пижама, зачесанные наверх белые волосы (я невольно вспомнил Фрэнка). В руке трость.

— Билл, где дев...

Тут он замер и прищурился. Опустил взгляд, увидел на полу своего телохранителя, а в следующий миг развернулся и быстро поковылял обратно к двери, помогая себе тростью. Он держал ее обеими руками, как шест для прыжков в высоту, и двигался на удивление проворно для своих лет. Я бросился следом, не забыв задержать дыхание в коридоре, и успел схватиться за дверь, когда он уже пытался ее закрыть. Я ударил его дверью, и он упал. Трость отлетела в сторону.

Клэрк сел и уставился на меня. Мы были в гостиной. Ковер, на который он плюхнулся, выглядел дорого: турецкий или обюссонский. На стенах висели не менее дорогие картины. Мебель массивная, обитая бархатом. В ведерке со льдом на хромированной стойке потела бутылка баснословно дорогого шампанского.

Клэрк начал отползать, щупая пол в поисках своей трости. Его аккуратная прическа уже развалилась; морщинистое и дряблое лицо обрамляли седые лохмы. На обиженно выпяченной нижней губе блестела слюна. До меня донесся запах его одеколона.

— Что ты сделал с Биллом? Застрелил? Я слышал выстрел!

Он наконец схватил с пола трость и теперь потрясал ею, все еще сидя на полу с раздвинутыми ногами. Пижамные штаны немного сползли, обнажив жировые складки на боках и седеющие лобковые волосы.

— Убирайся! Кто ты вообще такой?!

— Я человек, который убил человека, который убил твоего сына, — сказал я.

Он вытаращил глаза и попытался огреть меня тростью. Я схватил ее, выдернул и отшвырнул в другой конец комнаты.

— Ты устроил пожар в Коди и сделал так, чтобы к зданию суда попала только одна съемочная группа — твоя! Так было дело?

Его верхняя губа судорожно подергивалась: ни дать ни взять старый цепной пес с очень скверным нравом.

— Не понимаю, о чем ты.

— Еще как понимаешь. Диверсия была не для меня — пожар случился слишком рано. Так зачем?

Клэрк встал на колени и пополз к дивану, выставив напоказ свой полуголый зад — глаза бы мои не глядели. При этом он тщетно пытался подтянуть штаны. Мне было его почти жалко. Но только почти. *Мистер Клэрк желает видеть твои трусики. Мистер Клэрк хочет, чтобы ты облизнула губы*.

— Зачем? — Можно подумать, я не знал. — Отвечай.

Клэрк схватился за подлокотник дивана и подтянулся. Он жадно глотал воздух, и я заметил в его ухе кнопку телесного цвета — слуховой аппарат. Тяжело рухнув на диван, он захрипел.

— Ладно, ладно. Я скажу. Аллен пытался меня шантажировать, и я хотел увидеть, как он умирает.

Конечно, подумал я. Причем ты наверняка просмотрел видео много раз — в обычном режиме и в замедленном.

— Ты Саммерс, я понял. Маджарян сказал, что убил тебя. — И тут он не выдержал, заорал в приступе нелепого и устрашающего гнева: — Я этой жидовской морде несколько миллионов заплатил! Он меня обокрал!

— Надо было потребовать с него фотографию трупа. Почему ты не потребовал?

Клэрк не ответил, но в этом и не было нужды. Он так привык быть властелином империи, что мысль о неповиновении подданных даже не закралась ему в голову. *Сними казнь на видео. Убей палача. Задери юбку и покажи трусики. На сей раз я хочу совсем молоденькую.*

— Я должен тебе денег. Ты за ними пришел?

— Ответь мне на еще один вопрос. Расскажи, каково это — заказать родного сына.

Губа снова приподнялась: зубы казались неестественно белыми и безупречными на таком лице.

— Он это заслужил. Никак не хотел угомониться... — Клэрк умолк и уставился мне за спину. — А это кто? Та девчонка, за которую я заплатил?

Элис вошла в гостиную и встала рядом со мной. В левой руке она держала сумочку. В правой — зиг.

— Ты хотел узнать, каково это, да?

— Что? Не понима...

— Каково это — изнасиловать ребенка.

— Ты спятила! Я понятия не имею...

— Думаю, ей было больно. Примерно вот так. — Элис выстрелила. Целилась, должно быть, в яйца, но попала в живот.

Клэрк закричал. Очень громко. Этот крик моментально изгнал гарпию, что овладела разумом Элис и нажала спусковой крючок. Элис выронила сумочку и закрыла ладонью рот.

— *Я ранен!* — завизжал Клэрк. Он сжимал живот, кровь сочилась сквозь его пальцы и стекала на шелковые пижамные брюки. — *О господи я РА-АНЕН!*

Элис повернулась ко мне: глаза выпучены, рот распахнут. Она прошептала что-то, но я не расслышал слов, потому что выстрел из зиг-зауэра был гораздо громче, чем хлопок пистолета Петерсена. Возможно, она сказала: *Я не знала.*

— Мне нужен врач, мне *БО-О-ОЛЬНО*!

Кровь уже лилась из него рекой, он выталкивал ее наружу своими криками. Я взял пистолет из безжизненной руки Элис, приставил ствол к его левому виску и нажал спусковой крючок. Клэрк опрокинулся на спину, один раз дернулся и сполз на пол. Его дни — дни, наполненные насилием над детьми, убийством родных сыновей и бог знает чем еще, — подошли к концу.

— Это не я, — проговорила Элис. — Билли, это не я стреляла, клянусь!

Но это была она. Внутри Элис проснулось нечто чужое и неведомое, и отныне ей придется жить с ним, потому что оно — ее часть. Она увидит его, когда в следующий раз посмотрит на себя в зеркало.

— Идем. — Я сунул зиг за пояс и накинул сумочку ей на плечо. — Нам пора.

— Я просто... Я как будто вышла из своего тела и...

— Знаю. Нам пора, Элис.

— Боже, как это было громко. Да?

— Очень. Пошли.

Я повел ее по коридору и только сейчас заметил на стенах гобелены с рыцарями, прекрасными девами и, кто бы мог подумать, гребаными ветряными мельницами.

— Он тоже умер? — Элис смотрела на Петерсена.

Я опустился на одно колено, но мне даже не пришлось нащупывать пульс: я слышал его дыхание — спокойное, ровное.

— Жив.

— Он вызовет полицию?

— В итоге да, вызовет, но нас к тому времени здесь не будет. Очнется он не скоро, а потом будет долго приходить в себя. Долго и мучительно.

— Клэрк это заслужил, — сказала она, когда мы спускались по ступеням крыльца, и вдруг оступилась — то ли потому, что все-таки вдохнула немного газа, то ли от шока, а скорее, по обеим причинам. Я обхватил ее за талию. Она перевела взгляд на меня. — Да?

— Думаю, да, но утверждать не берусь. Таким людям закон не писан. Они считают, что любое их преступление останется безнаказанным. Но мы его наказали. За ту девочку в Мексике. И за убийство родного сына.

— Он был плохой человек, да?

— Да, — кивнул я. — Очень плохой.

* * *

Мы сели в машину, развернулись на круге перед домом и покатили назад. Я гадал, осталось ли видео с нашим приездом на той камере, через которую за нами наблюдали

Петерсен и Клэрк. Если да, то полицейские увидят типа с черными волосами и девушку, которая задрала юбку, но почти все время стояла с опущенной головой — только пару раз украдкой посмотрела в камеру. Когда Элис перекрасит волосы, опознать ее будет почти невозможно. Сейчас меня больше волновали ворота. Если потребуется ввести код, чтобы их открыть, мы попали. Но нет, код не понадобился: подъезжая к воротам, машина пересекла невидимый луч, и они открылись сами собой. Мы выехали, и я остановился.

— Зачем?

— Пистолет заберу. Мне велели положить его у стойки. Там мои отпечатки.

— Боже, точно! Какая я дура.

— Не дура, просто немного не в себе. У тебя шок. Скоро пройдет.

Она повернулась ко мне. В тот миг она выглядела не младше, а наоборот, старше своего возраста.

— Правда? Обещаешь?

— Обещаю.

Я вышел из машины и начал обходить ее спереди. Когда я оказался в свете фар, словно актер на сцене, из-за деревьев в десяти футах от ворот вышла женщина. На ней были камуфляжные брюки и куртка, а не синее платье, и вместо совка она держала в руке пистолет. Ей совершенно неоткуда было взяться в этой части Штатов, ведь она должна была сидеть у койки своего умирающего сына, но я сразу понял, кто это. Сомнений быть не могло. Я выхватил зиг, но она оказалась проворнее.

— Сучий выродок, — сказала Мардж.

И выстрелила.

Я выстрелил секундой позже и увидел, как дернулась ее голова. Мардж упала в траву, а ее ноги в кедах остались лежать на дороге.

Элис с криком бросилась ко мне:

— Ты ранен? Билли, ты ранен?

— Нет. Она промахнулась. — И тут я ощутил боль в боку. Промахнулась, да не совсем.

— Кто это?!

— Злая тетка по имени Мардж.

Собственные слова меня насмешили: так мог бы называться артхаусный фильм из тех, что умные люди смотрят в артхаусных кинотеатрах. Я засмеялся, и бок заболел сильнее.

— Билли?

— Видимо, она догадалась, куда я поеду. Или Ник рассказал ей про мои планы... Хотя вряд ли. Думаю, она просто держала ушки на макушке, подавая Нику обед и ужин.

— Это та старуха, что огрела тебя совком, когда ты подъехал к служебным воротам?

— Да. Она самая.

— Она мертва? — Элис зажала руками рот. — Если она жива, умоляю, не убивай ее...

— Я не стану ее убивать, если она жива.

Ложь была простительная: я знал, что Мардж больше нет. Понял по тому, как дернулась ее голова.

Я ненадолго опустился на колени рядом с ней.

— Мертва. — Вставая, я поморщился. Не смог сдержаться.

— Ты же сказал, она промазала!

— В тот момент мне так показалось. Не переживай, это просто царапина.

— Я хочу посмотреть!

Я тоже хотел, но не сейчас.

— Сначала нам надо отсюда убраться. Пять выстрелов — это на четыре больше, чем надо. Забери мой глок, он под стойкой.

Пока Элис выполняла мою просьбу, я взял револьвер Мардж — смит-вессон — и вместо него вложил ей в руку зиг-зауэр, предварительно протерев его футболкой. Затем я протер баллончик, оставил на нем отпечатки ее пальцев и спрятал его в карман ее куртки. Когда я вставал во второй раз, боль немного усилилась. Не то чтобы она была ужасная, но я чувствовал, как моя козырная сутенерская рубашка пропитывается кровью. Ну вот, даже поносить не успел — сразу изгадил! Лучше бы зеленую выбрал.

— Готово, — сказал я. — Валим отсюда.

* * *

Мы вернулись в Риверхед, по дороге заехав в «Уолгринс» за пластырями, марлей, перекисью и бетадиновой мазью. Элис пошла в аптеку, а я остался ждать в машине. Пока мы добирались до отеля, мое туловище и левая рука изрядно затекли. Мы вошли через боковую дверь, которую Элис открыла при помощи карточки. В номере она помогла мне снять куртку. Посмотрела на дыру в ней, затем на мою рубашку.

— Господи.

Я сказал ей, что выглядит это дело наверняка хуже, чем есть. Большая часть крови уже высохла.

Потом Элис помогла мне снять рубашку и снова помянула Господа, только голос ее звучал глухо, потому что она прикрыла рот ладонью.

— Это не царапина!

Ну да. Пуля вспорола плоть прямо над тазовой костью. Рана была глубиной примерно в полдюйма. Из нее сочилась свежая кровь.

— Быстро в ванную. Если не хочешь тут кровищей все перепачкать...

— Да она уже почти остановилась.

— Ага, конечно! Стоит пошевелиться, она снова течь начинает. Надо тебя раздеть и поставить в ванную, чтобы я могла нормально обработать и перевязать рану. Чего я, между прочим, никогда в жизни не делала. Хотя сестра однажды накладывала мне повязку, когда я на велике въехала в почтовый ящик Симекисов.

Мы пошли в ванную, и я сел на крышку унитаза, чтобы Элис могла снять с меня обувь и носки. Потом встал — рана вновь закровоточила, — и Элис расстегнула мой ремень. Я хотел сам снять брюки, но она не дала: опять усадила меня на крышку унитаза, присела и быстро их стянула.

— Белье тоже. Трусы с левой стороны пропитались кровью.

— Элис...

— Не спорь! Ты же видел меня голой, так? Ну вот, теперь мы в расчете. Полезай в ванну.

Я встал, скинул трусы и забрался в ванну. Пока я это делал, она поддерживала меня под локоть. На левой ноге кровь запеклась аж до колена. Я потянулся за лейкой душа, но Элис поймала меня за руку.

— Может, завтра. Или послезавтра. Сегодня точно не стоит.

Она включила кран, намочила под струей воды салфетку и стала бережно протирать кожу, стараясь не задевать рану. В слив потекла красная вода с маленькими сгустками крови.

— Господи, у тебя бок прямо вспорот! Как ножом.

— В Ираке я и похуже раны видел, — сказал я. — А с такими парни уже на следующий день кварталы зачищали как ни в чем не бывало.

— Правда?

— Ну, ладно, через пару-тройку дней.

Она выжала салфетку и бросила ее в корзину для мусора с полиэтиленовым пакетом внутри, а мне дала другую, чтобы отереть пот с лица. Вторая салфетка отправилась следом за первой.

— Их мы заберем с собой.

Она вытерла меня полотенцем для рук, выбросила в мусор и его, затем помогла мне выбраться из ванны. Вылезать было сложнее, чем залезать.

Элис подвела меня к кровати, и я сел — очень осторожно, стараясь не сгибать торс. Она надела на меня последние чистые трусы, затем продезинфицировала рану — это оказалось больнее, чем когда в меня угодила пуля. Пластыри не пригодились. Рана была слишком длинная, края разошлись, образовав широкую клиновидную выемку в моем боку. Элис сделала марлевую повязку и закрепила ее ленточным лейкопластырем. Потом наконец села на корточки рядом с кроватью. Ее пальцы были перепачканы моей кровью.

— Постарайся лежать как можно спокойней и только на спине. Не ворочайся, иначе зальешь кровью все постельное белье. Могу полотенце под тебя подстелить.

— Да, пожалуй, это хорошая идея.

Она ушла за полотенцем — на сей раз банным. Заодно принесла пакет с использованными салфетками и полотенцем для рук.

— У меня в сумочке есть тайленол. Две таблетки прими сейчас, а две оставим на потом, идет?

— Да. Спасибо.

Она посмотрела мне в глаза.

— Не за что. Я для тебя что угодно сделаю, Билли.

Я хотел сказать ей, что не надо так говорить, но не стал.

— Выехать надо с утра пораньше, — сказал я вместо этого. — До Сайдуайндера путь неблизкий...

— Чуть меньше двух тысяч миль, — перебила меня Элис. — Я погуглила.

— ...и я не знаю, долго ли просижу за рулем.

— Сейчас тебе за руль нельзя, если не хочешь, чтобы рана опять вскрылась. По-хорошему тебе надо наложить швы, но *это* я делать точно не рискну.

— И не надо. Подумаешь, велика беда — шрам останется. Пройди пуля на пару дюймов правее, у меня были бы серьезные неприятности. Мардж. Господи. Эта сука Мардж. Не убирай покрывало, Элис, буду спать прямо так. — Если смогу уснуть, подумал Билли. Жжение от перекиси уже прекратилось, и боль была не очень сильная, зато постоянная. — Только полотенце расстели.

Сделав это, она подсела ко мне.

— Хочешь, я останусь тут? Лягу с другой стороны.

Я помотал головой:

— Нет. Только принеси тайленол, а потом иди спать к себе. Ты должна хорошенько выспаться, если собираешься сесть за руль. — Я взглянул на часы и увидел, что уже четверть двенадцатого. — Мы должны выехать хотя бы в восемь.

* * *

Мы выехали в семь. Элис довезла нас до границы с Нью-Йорком и с явным облегчением передала руль мне. Я одолел Нью-Джерси, а на въезде в Пенсильванию, сразу после пересечения границы штата, мы вновь поменялись местами. Рана начала кровить, и перед заселением в очередной захудалый мотель нам пришлось опять закупиться марлей. Ничего страшного со мной не произошло, но боевой шрам должен был остаться здоровенный — в придачу к наполовину отстреленному в Ираке большому пальцу ноги. Вот только «Пурпурное сердце» за это ранение мне не светило.

На ночь мы остановились в «Придорожных хижинах Джима и Мелиссы» — за оплату наличными там давали десятипроцентную скидку. На следующий день мне стало лучше, бок уже почти не болел, туловище не казалось таким деревянным, и я смог сесть за руль. Вечером мы заехали в ветхий, убитый мотель на окраине Давенпорта под названием «На огонек».

Почти весь тот день я провел в раздумьях и попытках составить план дальнейших действий. Деньги у меня лежали на трех разных счетах, к одному из которых имел доступ только Далтон Смит — к счастью (милостью Божьей, не иначе), об этой моей личности до сих пор никто не проведал. Вроде бы. Еще часть денег должна была лежать на счете Вудли — при условии, что Ник сдержал слово, а я полагал, что он его сдержал. В конце концов, его проблема с Роджером Клэрком решилась, причем как нельзя более выгодным для него образом.

Прежде чем Элис ушла в свой номер, я обнял ее и расцеловал в обе щеки.

Она взглянула на меня своими темно-синими глазами, которые я так полюбил — не меньше, чем полюбил когда-то темно-карие глаза Шанис Акерман.

— Это за что?

— Просто так. Захотелось.

— Ладно. — Она встала на цыпочки и поцеловала меня в губы. Поцелуй был долгий и решительный. — А мне захотелось этого.

Не знаю, какое у меня было лицо, но она расплылась в улыбке.

— Спать ты со мной не станешь, я это понимаю, но и ты пойми: я не твоя дочь, и мои чувства к тебе нельзя назвать дочерней любовью. Даже близко.

Она зашагала к себе в номер. Я видел ее в последний раз, но должен был узнать еще кое-что.

— Слушай, Элис, — окликнул ее я. — Как ты? Я про Клэрка.

Она обдумала мой вопрос, проводя рукой по волосам. Они снова были черные.

— Нормально, — наконец ответила она. — Почти.

Я решил, что этот ответ меня устраивает.

У себя в номере я поставил будильник на час ночи — к тому времени она точно заснет. Проснувшись, я проверил повязку. Крови не было, боли почти тоже. На смену ей пришел глубокий сухой зуд: рана заживала. Конечно, никаких канцелярских товаров в этом мотеле быть не могло, но у меня в чемодане остался блокнот «Стейплз» из «Башни Джерарда». Я вырвал из него пару страниц и написал прощальное письмо.

Дорогая Элис!

Если ты это читаешь, меня здесь уже нет. Я потому и решил здесь остановиться — в полумиле от мотеля есть стоянка для грузового транспорта «Счастливый Джек». Там я наверняка смогу найти дальнобойщика, который за сотню баксов согласится взять меня на борт. Я поеду на запад или на север, пока не решил, куда именно. Точно не на юг и не на восток, там я уже побывал и возвращаться не хочу.

Пожалуйста, знай: я не бросаю тебя.

Я ведь спас твою жизнь, когда очень плохие и глупые люди бросили тебя умирать на обочине Пирсон-стрит, верно? Вот и сейчас спасаю. Вернее, пытаюсь спасти. У меня не идут из головы слова Баки. Мол, ты пойдешь за мной хоть на край света, если я тебе позволю. А если я позволю — тебе конец. До меня дошло, что он прав насчет края света, когда ты поехала со мной к Клэрку в Монток-Пойнт. Насчет конца он тоже прав, но конец пока не пришел, и я надеюсь этого не допустить. Вечером на мой вопрос ты ответила, что все почти нормально. Я знаю, что это так и что со временем ты действительно сможешь оставить случившееся позади. Но хорошо бы не слишком скоро. Клэрк кричал, помнишь? Он кричал, что ему больно, и я надеюсь, эти крики будут преследовать тебя еще долго после того, как ты смиришься с моим отъездом. Да, он поплатился за то, что сделал с той девочкой в Мексике. И с родным сыном. И с остальными девочками тоже. Но когда ты причиняешь человеку боль — не такую ерундовую, как та, что тревожит мой заживающий бок, а настоящую боль, смертельную, — она оставляет шрам. Не на теле, а в душе. Так и должно быть.

Я должен тебя покинуть, потому что я тоже плохой человек. Раньше я пытался гнать от себя эту мысль — в основном с помощью книг, — но больше не могу закрывать на это глаза. Я боюсь заразить тебя и потому ухожу.

Езжай к Баки, только не оставайся у него надолго. Ты ему небезразлична, и он позаботится о тебе, но не забывай, что он тоже плохой человек. Баки поможет тебе начать новую жизнь под именем Элизабет Андерсон, если ты захочешь. На счете у некоего Эдварда Вудли лежат деньги — и скоро их станет больше, если Ник сдержит свое обещание. Еще я оставляю деньги в «Банке Бимини» — на имя Джеймса Линкольна. У Баки есть все пароли и расчетные данные. Он подскажет тебе, как лучше организовать перевод средств на твой счет, а также даст контакты проверенного налогового консультанта. Не пренебрегай этим, потому что неучтенные, взявшиеся ниоткуда деньги — это люк, который может распахнуться под твоими ногами в самый неожиданный момент. Часть денег предназначена для Баки. Остальное твое — чтобы ты могла выучиться и стать независимой порядочной женщиной. Ты именно такая, Элис, и всегда будешь такой.

Если хочешь, оставайся жить в горах. Боулдер — славный город. Грили, Форт-Коллинз и Эстес-Парк тоже славные. Живи и радуйся. Быть может, однажды — когда тебе будет лет сорок, а мне лет шестьдесят — я тебе звякну. Сходим куда-нибудь, пропустим по стаканчику. Нет, по два! Ты выпьешь за Дафну, а я за Уолтера.

Я полюбил тебя, Элис. Всей душой. Если ты тоже меня любишь, как говорила, постарайся придать своей любви материальную форму: будь хорошим человеком и приноси пользу людям.

Твой Билли.

P.S.: Я забираю свой ноутбук — это старый товарищ, — но оставляю флешку с моей историей. Она лежит в моем номере, вместе с ключами от машины. История обрывается на том, как мы отправились в Монток-Пойнт, но, быть может, тебе удастся ее закончить. Без сомнений, ты отлично знаешь мой стиль! Делай с ней что пожелаешь, только не упоминай имя Далтона Смита. И свое собственное.

Я сложил листок, сунул в него свой ключ, печатными буквами вывел сверху ее имя и затолкал квадратик под дверь ее номера. Прощай, Элис.

Закинув на правое плечо сумку с ноутбуком, я взял чемодан и вышел из мотеля через черный ход. Пройдя полмили, я остановился передохнуть и сделать еще кое-что: открыл чемодан, нашел там глок и смит-вессон, из которого в меня стреляла Мардж, достал патроны и закинул сами пистолеты как можно дальше. Патроны решил бросить в одну из урн на стоянке.

Сделав это, я пошел навстречу огням, фурам и новой жизни. А может, и навстречу искуплению, хотя сомневаюсь, что мне стоит на него рассчитывать.

Глава 24

1

На дворе 21 ноября 2019 года, до Дня благодарения осталась неделя, но у обитателей дома в конце Эджвуд-маунтин-драйв настроение не праздничное. Снаружи холодно — как в жопе у землекопа, говорит Баки, — и вот-вот пойдет снег. Баки развел огонь в кухонной печке и сидит в одном из кресел-качалок, закинув ноги в теплых носках на решетку. На коленях у него открытый ноутбук, изрядно поцарапанный и побитый жизнью.

За спиной открывается дверь, и в кухню заходит Элис. Она садится за стол. Лицо у нее бледное и осунувшееся, как у заморенной голодом фотомодели: она скинула по меньшей мере десять фунтов с тех пор, как Баки с ней познакомился.

— Закончил? Или еще читаешь?

— Закончил. Концовку пересматриваю. Что-то здесь не сходится.

Элис молчит.

— Если он оставил тебе флешку, то откуда этот кусок про то, как он идет по дороге и выбрасывает пистолеты?

Элис молчит. После возвращения она вообще мало говорит, и он не лезет к ней с расспросами. В основном она спит и пишет — на ноутбуке, который Баки теперь закрывает и поднимает в воздух.

— «Макбук-про». Хорошая машинка, но видавшая виды.

— Ага.

— В истории Билли взял этот ноутбук с собой, однако же вот он. Добавим сюда то, чего не могло быть на флешке, и получится не быль, а чистой воды вымысел.

Молодая женщина, сидящая за столом, по-прежнему молчит.

— Впрочем, выглядит все вполне правдоподобно. У читателей нет повода заподозрить, что Билли не поселился где-нибудь на западе. Или в Австралии — помню, он часто об этом мечтал. Может, он там пишет книгу. Вторую. Об этом он тоже иногда мечтал, но мне и в голову не приходило, что он действительно что-то напишет.

Баки смотрит на Элис. Элис смотрит на Баки. На улице завывает холодный ветер, и, кажется, вот-вот повалит снег, но здесь тепло. В печке с треском взрывается сучок.

Наконец Баки спрашивает:

— А читатели-то будут, Элис?

— Не знаю... Надо изменить имена.

Он мотает головой.

— Про убийство Клэрка трезвонили по всему миру. Хотя... — Увидев ее расстроенное лицо, он пожимает плечами. — Народ может подумать, что это такой *roman à clef*. Роман с ключом. Кстати, я от Билли про это узнал. Когда читал при нем какую-то старую книжку в бумажной обложке, подобранную на Стрэнде. Называлась «Долина кукол»[1]. — Он пожимает плечами. — Если меня там не будет, издавай, я не против. Окрести меня каким-нибудь Тревором Уитли и посели в Саскачеване или Манитобе. Что же до Ника Маджаряна... Этот козел и сам может о себе позаботиться.

— Книга-то стоящая?

Он откладывает ноутбук — старую рабочую лошадку Билли — на кухонный стол.

— Мне кажется, да, но я не литературный критик.

— Похоже, что он написал?

[1] Речь о романе Жаклин Сьюзанн «Долина кукол» (1966). Под «куклами» имеются в виду барбитураты, которыми злоупотребляли многие голливудские звезды. Считается, что прототипами главных героинь романа стали Джуди Гарлэнд, Кэрол Лэндис и Этель Мерман.

Баки смеется.

— Милая, я никогда не читал его писанину, поэтому судить не берусь, но мне в самом деле казалось, что это его голос. Вплоть до самого конца. Скажем так: я понятия не имею, с какого места подхватила ты.

С тех пор как Элис вернулась, улыбки от нее было не дождаться, но тут она улыбается.

— Отлично. Мне кажется, это самое главное.

— Про то, что я тоже плохой человек, ты сама придумала?

Она не прячет глаза.

— Нет. Это он сказал.

— Ясно. Ты написала про то, чего хотелось бы тебе. Чтобы герой, прихватив чемоданы, гордой походкой ушел в будущее. А теперь расскажи, как было на самом деле.

И Элис рассказывает.

2

Они вернулись в Риверхед, заехав по дороге за бактерицидными пластырями, рулоном марли, лейкопластырем, перекисью и бетадиновой мазью. Элис идет в аптеку, а Билли остается ждать в машине. В гостиницу они попадают через черный ход. В номере Элис помогает ему снять бомбер и замечает в нем дырку. И еще одну в рубашке. Ткань не просто разорвана, это именно аккуратное отверстие, и не в боку, как Билли сказал изначально, а дальше.

— Господи! — восклицает Элис. Ее голос приглушен, потому что она прикрыла рот ладонью. — Это не царапина! Пуля сидит у тебя в *животе*!

— Да, наверное. Или пониже? — Голос у него озадаченный.

— Быстро в ванную, — распоряжается Элис. — Если не хочешь все кровью заляпать.

Но в ванной, сняв с него рубашку, она видит, что почти никакой крови из красно-черной дыры не идет. Обработав отверстие перекисью и бетадином, она умудряется залепить его бактерицидным пластырем.

Ей приходится уложить Билли в кровать. Он идет медленно, кренясь вправо. Лицо его покрыто испариной.

— Мардж, — говорит он. — Сука Мардж!

Билли садится и сразу, как только его туловище сгибается, резко втягивает ртом воздух. Элис спрашивает, очень ли ему больно.

— Не очень.

— Врешь?

— Нет, — отвечает Билли. — Ну, самую малость.

Она прикасается к его животу справа от пулевого отверстия, и он опять охает.

— Не трогай.

— Тебе в больницу надо. — Она умолкает. — Но мы не можем отвезти тебя в больницу, так? Потому что это огнестрел, а значит, врачи обязаны вызвать копов.

— Ты прямо в матерую уголовницу превращаешься, — с ухмылкой произносит Билли. — Ей-богу!

Элис мотает головой:

— Просто слишком много смотрю телевизор.

— Все будет хорошо. В Ираке я и похуже раны видел, и ребята на следующий день уже опять кварталы зачищали.

Элис мотает головой:

— У тебя внутреннее кровотечение! Так ведь? И пуля осталась внутри.

Билли не отвечает. Он глазеет на свой пластырь. Выглядит по-дурацки: таким царапины заклеивают.

— Постарайся не ворочаться. И лежи на спине. Тайленол дать? У меня есть в сумочке.

— Выпью все, что дашь.

Элис дает ему две таблетки и помогает сесть, чтобы запить их водой. Он кашляет, прикрывая рот ладонью. Она хватает ее и переворачивает: крови нет. Может быть, это хорошо. А может, не очень. Она не знает.

— Спасибо.

— Пожалуйста. Я что угодно для тебя сделаю, Билли.

Он поджимает губы.

— Выезжать надо с утра пораньше.

— Билли, нам нельзя...

— Нельзя оставаться.

— Я позвоню Баки! У него есть связи. Вдруг он знает какого-нибудь врача в Нью-Йорке, который лечит пулевые ранения.

Билли мотает головой:

— Такое только в сериалах бывает, а в жизни все иначе. Баки решает другие проблемы. Вот если мы доберемся до Сайдуайндера, оружейного края, там он, может, и подыщет мне врача.

— Но до Сайдуайндера почти две тысячи миль! Я погуглила.

Билли кивает.

— Рулить придется в основном тебе, а может, и все время, и ехать надо как можно быстрее. Если попадем в снежную бурю — пиши пропало.

— Две тысячи миль! — Это число тяжелым камнем ложится ей на плечи.

— Возможно, есть способ подхлестнуть коней.

— Коней?

— Это из пьесы[1]. Не важно. — Морщась, Билли залезает в задний карман брюк, достает свой бумажник и вручает его Элис: — Найди мою карточку. Тут в подвале есть банкомат. Мой пин-код — десять пять пять. Запомнишь?

— Да.

— За один раз можно снять четыреста долларов. А завтра утром, перед отъездом, снимем еще четыреста.

— Зачем так много?

— Пока не думай об этом. Может, ничего и не получится, но будем оптимистами. Найди карту.

Порывшись в бумажнике, Элис находит нужную карту на имя Далтона Кертиса Смита. Показывает ее Билли, вопросительно приподняв брови.

---

[1] Имеется в виду сатирическая пьеса «Пошевеливайся» (1988) Дэвида Мэмета, высмеивающая американскую киноиндустрию.

— Иди, девочка.

И девочка идет. В подвале никого, из колонок доносится тихая фоновая музыка. Элис вставляет карту и набирает пин-код. Почему-то ей кажется, что сейчас автомат съест карту или даже поднимет тревогу, но в следующий миг он выплевывает карточку, а потом и деньги. Все двадцатки — новенькие, гладкие. Элис складывает их пополам и убирает стопку в сумочку. Когда она возвращается в номер, Билли лежит в постели.

— Ну как? — спрашивает она.

— Терпимо. Я даже смог дойти до туалета и отлить. Крови нет. Даже хорошо, что пуля не прошла навылет — может, она заткнула дырку и остановила кровотечение.

Элис это кажется маловероятным — примерно как слова ее бабули о том, что сигаретный дым лечит отит. Но вслух она этого не говорит. Порывшись в сумочке, Элис достает оттуда пузырек тайленола.

— Еще одну?

— Боже, да.

Она идет за водой в ванную, а когда возвращается, Билли сидит, прижимая ладонь к боку. Приняв таблетку, он опять ложится, морщась.

— Я побуду с тобой. Даже не спорь, это бесполезно.

Он не спорит.

— Выехать надо в шесть. Не позже семи. Так что ложись спать.

3

— И ты смогла? — спрашивает Баки. — Поспать?

— Чуть-чуть. Немного. А вот он наверняка глаз не сомкнул. Я не знала, насколько серьезно его ранение, как глубоко засела пуля.

— Видимо, она пробила ему кишки. Или желудок.

— А ты смог бы найти ему врача? Если бы я все-таки тебе позвонила?

Баки обдумывает ее вопрос.

— Нет, но я мог позвонить кое-кому, кто смог бы в краткие сроки найти нужного человека... С медицинским призванием, так сказать.

— Билли это знал?

Баки пожимает плечами.

— Он был в курсе, что у меня много связей.

— Тогда почему он не дал мне хотя бы попытаться?

— Может, не хотел? — предполагает Баки. — Может, ему хотелось только доставить тебя сюда и положить всему конец.

4

Из отеля они выезжают в половине седьмого. Билли сам, без помощи Элис, доходит до машины. Говорит, после пары таблеток тайленола боль становится вполне терпимой. Элис хочет в это верить, но не может. Он хромает и прижимает руку к левому боку. Садится на пассажирское сиденье — медленно, вдумчиво, осторожно, как старик с артритом тазобедренных суставов. Элис заводит двигатель и включает печку, чтобы прогнать из салона утренний морозец. Потом бежит обратно в отель — снять еще четыреста долларов в банкомате. На обратном пути она прихватывает тележку для багажа и подвозит сумки к машине.

— Поехали, — говорит он, пытаясь пристегнуться. — Черт, не могу!

Элис пристегивает его, и они выезжают.

До Лонг-Айлендской скоростной трассы добираются по шоссе номер 27, а с ЛАСТ выезжают на I-95. Количество машин на магистрали растет, и Элис сидит за рулем прямо, как штык, крепко вцепившись в руль на десять и два часа, с тревогой косясь на сплошной поток автомобилей по обе стороны от их «мицубиси». Она получила права примерно три года назад и никогда не выезжала на такие загруженные трассы. Из головы не идут картины аварий, в которые она может попасть по неопытности. В худшем случае они погибнут мгновенно, в груде из четырех автомобилей. Или выживут, а потом прибывшие на место аварии полицейские обнаружат пулевое ранение в боку Билли.

— Поверни на следующий съезд, — говорит Билли. — Поменяемся местами. Я провезу нас через Нью-Йорк и Нью-Джерси. В Пенсильвании снова сядешь за руль. Все будет хорошо, ты справишься.

— А ты?

— Конечно! — На его лице появляется вымученная улыбка, которая Элис совсем не по душе. Пот ручьями течет по его лицу, щеки красные. Неужели в кровь уже проникла инфекция и поэтому его лихорадит? Элис не знает. Но если это так, то тайленол здесь бессилен. — Если повезет, я даже смогу устроиться за рулем с относительным комфортом.

Элис перестраивается, чтобы повернуть на съезд. Сзади кто-то сигналит, и сердце у нее уходит в пятки. Движение просто *безумное*.

— Это он виноват, между прочим, — говорит Билли. — Прижался к тебе сзади, нет бы дистанцию соблюдать. Фанат «Янкиз» небось. Видишь вывеску? Нам туда.

На вывеске дальнобойщик машет рукой и скачет через розовую неоновую фуру. Ниже надпись, тоже розовым неоном: «СТОЯНКА ДЛЯ ГРУЗОВОГО ТРАНСПОРТА “СЧАСТЛИВЫЙ ДЖЕК”».

— Видел ее, когда выезжал из города. Давно, еще до того, как Мардж меня продырявила.

— У нас почти полный бак, Билли.

— А мне не бензин нужен. Припаркуйся сзади. И спрячь-ка это в сумочку.

Он достает из-под сиденья принадлежавший Мардж смит-вессон.

— Не хочу. — Это правда. Она больше в жизни не притронется к оружию по своей воле.

— Понимаю, но все равно возьми. Он не заряжен. Шансы, что тебе придется им воспользоваться, примерно один к ста.

Элис берет револьвер, бросает в сумочку и объезжает заправку: там рядами стоят фуры, десятки фур, и большинство из них тихо урчат.

— Ни одной плечовки. Спят, наверное.

— Плечовки? Это кто? Проститутки, что ли? Которые на трассах работают?

— Да.

— Какая прелесть.

— Слушай. Тебе нужно не спеша пройтись по этой парковке, как ты ходила по магазинам, присматривая себе одежду. Сюда мы тоже приехали за покупками.

— А они не примут меня за плечовку?

Он смотрит на Элис не с ухмылкой, а с улыбкой, которую она успела полюбить. Окидывает взглядом ее синие джинсы, парку, особенно внимательно изучает лицо, на котором нет ни следа косметики.

— Конечно, нет! Поищи грузовик с опущенным козырьком. На нем должно быть что-то зеленое, бумажка или обрывок полиэтиленового пакета. Может, зеленая лента на дверной ручке. Если водила сидит в кабине, встань на подножку и постучи. Пока все ясно?

— Да.

— Если он не пошлет тебя, если откроет окно, ты ему расскажешь такую историю. Мол, вы с парнем отправились на машине через всю страну, от одного побережья до другого, и он сорвал себе спину. Скажи, что рулишь в основном сама и поэтому ищешь для него обезболивающее посильнее тайленола, а для себя — что-нибудь стимулирующее, но позабористей кофе и энергетиков. Запомнила?

Теперь Элис поняла, зачем дважды снимала деньги в банкомате.

— В идеале мне нужен оксиконтин, но перкоцет или викодин тоже сгодятся. Если будет окси, скажи, что готова заплатить десять за десятки и восемьдесят за восьмидесятки.

— Не поняла.

— Десять баксов за таблетки с дозировкой десять миллиграммов, восемьдесят — за восьмидесятимиллиграммовые, зелененькие. Если водила попытается задрать цену... — Билли ерзает на месте, морщась от боли, — шли его куда подальше. Себе возьми спиды, аддералл подойдет, но лучше провигил. Усекла?

Элис кивает.

— Только мне сначала нужно в туалет. Нервы.

Билли кивает и закрывает глаза.

— Запри машину, ладно? В таком состоянии я вряд ли отобьюсь от угонщиков.

Элис идет в туалет, покупает на заправке какие-то закуски и напитки, затем выходит на стоянку для фур. Ей свистят. Она пропускает это мимо ушей, только внимательно глядит по сторонам в поисках фуры с опущенным козырьком и каким-нибудь зеленым опознавательным знаком, может, зеленой лентой на ручке дверцы. Когда она уже почти отчаялась найти такой грузовик, ей на глаза попадается рычащий «петербилт» с зеленым распятием на передней панели. Элис безумно страшно — водила наверняка либо заржет ей в лицо, либо посмотрит на нее как на сумасшедшую, — но Билли страдает, а ради него она готова на все.

Элис встает на подножку и стучит в окно.

Стекло опускается. За рулем сидит водитель нордической внешности с соломенно-белыми волосами, глазами цвета голубого льда и непременным пивным брюхом. Он обращает на Элис безучастный взгляд:

— Если вам нужна помощь, звоните в сервис.

Она рассказывает историю про сорванную спину и долгое автомобильное путешествие. Говорит, что готова заплатить, но не очень много.

— Откуда мне знать, что ты не коп?

От неожиданности Элис смеется, и ее реакции дальнобойщику достаточно. Они торгуются. В итоге Элис расстается с пятью сотнями из восьмисот и уходит с десятью таблетками окси по десять миллиграммов, одной восьмидесяткой (которую Билли назвал «зелененькой») и дюжиной оранжевых таблеток аддералла. Да, он содрал с нее три шкуры — ну и плевать. Элис бежит обратно к «мицубиси» и широко улыбается на бегу. Отчасти ее улыбка вызвана облегчением, отчасти — гордостью: надо же, впервые сама купила наркотики! Уж не в уголовницу ли превращается?

Билли дремлет, запрокинув голову: заостридшийся подбородок смотрит в лобовое стекло. Лицо его осунулось, в щетине видна проседь. Когда Элис стучит в окошко, он открывает глаза и, морщась от боли, тянется к замку на водительской двери. Чтобы снова сесть прямо, он вынужден опереться на руль. Элис ловит себя на мысли, что он и двух миль не проедет за рулем, не то что весь Нью-Йорк и Нью-Джерси по загруженным трассам.

— Ну что, успех? — спрашивает он, когда она садится за руль.

Элис разворачивает носовой платок, в который спрятала таблетки. Билли смотрит и говорит, что она молодец, все правильно сделала. Элис счастлива.

— Револьвер пришлось доставать?

Она мотает головой.

— Так и думал. — Билли проглатывает зелененькую. — Остальные на потом.

— А ты не отключишься?

— Нет. Если принимать их как наркотик — чтобы накрыло, — да, будет клонить в сон. Но у меня другая цель.

— Точно сможешь вести машину? А то я без проблем...

— Через десять минут поймем.

Проходит пятнадцать. Билли открывает пассажирскую дверь и говорит:

— Меняемся местами.

Он почти не хромает, когда обходит машину, и за руль садится спокойно, не морщась.

— Джонни Кэппс был прав, окси творит чудеса. Тем и опасен, конечно.

— Все хорошо?

— Отлично, — отвечает Билли. — По крайней мере на ближайшее время.

Он выезжает со стоянки, где спят большегрузы, и плавно вливается в поток машин на ЛАСТ, точно встроившись между пикапом с лодочным прицепом и мусоровозом. Элис представила, как растерялась бы в такой ситуации:

сначала долго стояла бы на месте, не решаясь выехать на трассу и собирая сзади очередь из злобно сигналящих автомобилей, а потом в самый неподходящий момент рванула бы и получила в бок.

Вскоре они уже едут со скоростью шестьдесят пять миль в час: Билли уверенно перестраивается из ряда в ряд, выбирая более быстрые потоки. Элис морально готовится к тому, что окси вот-вот повлияет на скорость его реакции, но этого не происходит.

— Включи-ка новости, — говорит он. — Попробуй найти АМ-станцию Десять-десять Дабл-ю-ай-эн-эс.

Элис находит. Репортаж об утечке нефти в Северной Дакоте сменяется новостями об упавшем в Техасе самолете и расстреле школьников в Санта-Кларе. Про убийство медиамагната из Монток-Пойнт — ни слова.

— Вот и чудно, — говорит Билли. — Фора нам очень нужна.

Уголовники, думает Элис, как есть уголовники.

Когда на горизонте появляются очертания Нью-Йорка, Билли уже снова потеет, но машину ведет по-прежнему уверенно и плавно. Они въезжают в Нью-Джерси через туннель Линкольна. По указанию Элис, следящей за дорогой по навигатору, Билли съезжает на I-80. До границы с Пенсильванией он недотягивает: сворачивает на крошечную стоянку в Нетконге.

— Больше не могу, — говорит он. — Теперь твоя очередь. Прими аддералл прямо сейчас и еще пару таблеток около четырех, когда начнешь клевать носом. Если сможешь ехать без остановок до десяти часов вечера, оставим позади почти восемьсот миль.

Элис с опаской смотрит на оранжевую таблетку аддералла.

— Как она на меня подействует?

Билли улыбается.

— Все будет хорошо, поверь.

Она глотает таблетку. Билли медленно выбирается из салона и обходит машину, но на полпути пошатывается и хватается за капот «мицубиси». Элис подбегает.

— Плохо, да?

— Не очень, — отвечает он, но не выдерживает ее пытливого взгляда и признается: — Вообще да, плохо. Я заберусь назад и постараюсь лечь. Дай мне еще две десятки. Может, смогу поспать.

Элис как можно аккуратнее ведет его к задней двери и помогает забраться в салон. Она хочет поднять рубашку и осмотреть кожу вокруг пластыря, но Билли не позволяет. Она не настаивает: во-первых, ему не терпится ехать, а во-вторых, картина наверняка ей не понравится, так что толку смотреть?

Таблетка начала действовать. Или ей мерещится? Нет, судя по бешеному сердцебиению и тому, как все прояснилось перед глазами, не мерещится. Вокруг небольшой стоянки для отдыха растет трава, и Элис видит тень каждой травинки. Пролетающий мимо пакетик из-под чипсов выглядит *безумно* аппетитно. И еще Элис с удивлением обнаруживает, что ей не терпится прыгнуть за руль и увидеть, как «мицубиси» проглатывает милю за милей.

Билли то ли читает ее мысли, то ли по опыту знает, как аддералл может подействовать на девчонку, в жизни не принимавшую ничего стимулирующего крепче утреннего кофе.

— Только не спеши, шестьдесят пять вполне достаточно. На обгоне можно семьдесят. Мы не хотим увидеть в зеркале мигалки, ясно?

— Ясно.

— Ну, погнали.

5

— И мы погнали, еще как, — говорит Элис. — У меня был жуткий сушняк, я выпила и диетическую колу, и спрайт, но в туалет не хотелось очень долго. Такое чувство, что я оставила мочевой пузырь в «Счастливом Джеке».

— Спиды дают такой эффект, — говорит Баки. — Есть тоже не хотелось?

— Нет, но я знала, что надо. Около трех часов дня я остановилась купить сэндвичи, Билли остался в машине. Он спал, и я не стала его будить.

Баки сомневается, что Билли спал, — человеку обычно не до сна, когда у него внутреннее кровотечение и инфекция расползается по всему телу, — но он помалкивает.

— Я проглотила еще две таблетки и поехала дальше. На ночь остановились в очередном богом забытом мотеле — фишка у нас такая — на окраине Гэри, штат Индиана. Билли к тому времени проснулся, но сказал, чтобы я заселялась сама. До номера его пришлось вести, он с трудом держался на ногах. Я велела ему принять еще окси, а он сказал, что прибережет их на завтра. Я уложила его и осмотрела рану. Он не хотел, но слишком ослаб, чтобы сопротивляться.

Элис говорит ровным голосом, но то и дело вытирает глаза рукавом свитера.

— Там все почернело, да? — спрашивает Баки. — Некроз начался?

Она кивает:

— Да, почернело и опухло. Тебе помощь нужна, говорю, а он только головой мотает. Тогда я заявила, что все равно найду ему врача, помешать он мне не может. Да, поищи, говорит, и проведешь лет тридцать или сорок в тюрьме. К тому времени про Клэрка уже рассказывали в новостях. Думаешь, он меня напугать хотел?

— Нет. Он о тебе заботился. Если бы копы — и ФБР, их тоже наверняка привлекли, — смогли доказать твою причастность к убийству Клэрка, ты загремела бы далеко и надолго. А они ее доказали бы, ведь вы с Билли останавливались в «Хайатте».

— Ты нарочно так говоришь. Пытаешься меня успокоить.

Баки бросает на нее раздраженный взгляд.

— Конечно, пытаюсь. Только сути дела это не меняет. — Он умолкает. — Когда он умер, Элис?

6

Нормально поспать не удается ни ему, ни ей: Билли мучают боли (наверняка невыносимые), Элис еще на подъеме после приема спидов, с которыми ее организм столкнулся впервые. Где-то в четыре тридцать утра, задолго до рассвета, Билли говорит, что пора ехать. Ей придется вести его к машине, и он хотел бы сделать это до того, как мир проснется.

Он принимает последние четыре таблетки окси и идет в туалет. Она заходит после. Большую часть крови Билли смыл, но на кафеле и ободке унитаза немного осталось. Она вытирает все салфетками, а пакет опять забирает с собой: преступный склад ума.

К тому времени обезболивающие уже подействовали, но до машины Билли и Элис идут почти десять минут, каждые два-три шага делая передышки. Он опирается на нее и тяжело дышит, словно только что пробежал марафон. Изо рта у него воняет. Элис в ужасе: если по дороге он упадет, придется волочить его по земле, потому что поднять его она не сможет. К счастью, они благополучно добираются до машины.

Медленно, поскуливая и охая (Элис больно слышать эти звуки), Билли залезает на заднее сиденье. Когда он наконец устраивается, подложив под голову одну руку, его лицо расплывается в удивительно солнечной улыбке.

— Сука Мардж! Все обошлось бы, пусти она пулю на полдюйма левее.

— Сука Мардж, — соглашается Элис.

— Скоростной режим прежний: шестьдесят пять миль в час, на обгонах можно быстрее. Как доберемся до Айовы и Небраски, выжмешь семьдесят пять. Чтобы никаких мигалок в зеркалах, поняла?

— Есть «никаких мигалок в зеркалах», сэр! — восклицает Элис, отдавая честь.

Он улыбается.

— Люблю тебя, Элис.

Она принимает две таблетки аддералла. Подумав, закидывает в рот третью. И они выезжают.

Движение на трассах к югу от Чикаго просто кошмарное: шесть-восемь полос в обе стороны. Впрочем, аддералл помогает Элис бесстрашно лавировать в потоках машин. К западу от города дороги становятся чуть свободнее, за окнами мелькают небольшие городишки: Ла-Саль, Принстон, Шеффилд, Аннаван. Сердце быстро и ровно стучит в груди Элис. Она вошла во вкус и летит со свистом, как тот дальнобойщик из песни[1], время от времени поглядывая в зеркало на Билли, лежащего на заднем сиденье. Когда Давенпорт остается позади и они выезжают на просторы Айовы — поля в ожидании зимы стоят серые и неподвижные, — он начинает что-то говорить. Несет околесицу, но ей все понятно. Он при смерти, думает Элис. Он бродит во мраке, пытаясь найти выход. Ох, бедный мой, бедный Билли, как же так?

То и дело всплывает имя Кэти. Он просит ее не возиться с печеньем, а подождать маму, пусть та вернется и поможет. «Понимаешь, — говорит он Кэти, — Боба Месса кто-то побил, и домой он придет злющий как собака». Еще что-то про Корин. Мол, только Корин за него и заступилась. Потом про Шан и какой-то тир в Коди. Про Дерека и Дэнни. Этим призракам он сообщает, что не будет играть в поддавки только потому, что они дети. Элис думает, что речь о «Монополии», потому что дальше Билли просит не тупить и быстрее бросать кости. Железные дороги — выгодная покупка, а вот коммунальные службы — не очень. Однажды он вскрикивает, так громко и неожиданно, что Элис от страха бросает руль. Не иди туда, Джонни, кричит он, за дверью моджахед, брось сперва слепуху и выкури его оттуда. Потом Билли вспоминает Пегги Пай, девочку из приемной семьи, куда его отдали на воспитание, когда мать лишили родительских прав. Только на краске эта развалюха и держится. Еще он много говорит о девушке,

[1] Речь идет о песне кантри-исполнителя Билли Дина «Hammer Down».

в которую был влюблен, называя ее то Ронни, то Робин (Элис знает, что так ее звали по-настоящему). Про «мустанг» с откидным верхом и про музыкальный автомат («Если вдарить ему куда нужно, играть будет всю ночь напролет, помнишь, Тако?»), про отстреленный большой палец и потерянную навсегда пинетку. Про Баки, Элис и какую-то Терезу Ракен. Снова и снова Билли вспоминает младшую сестру и полицейского, который вез его в Дом Вековечной Краски. Тысячи машин со сверкающими на солнце лобовыми стеклами — называет их «раскуроченной красотой». На заднем сиденье краденой машины он вспоминает всю свою жизнь, и сердце Элис сжимается от боли.

Наконец он умолкает. Поначалу ей кажется, что он заснул, но когда она смотрит в зеркало в третий или четвертый раз, а Билли так и лежит, поджав колени, она понимает: скорее всего он умер.

Они уже в Небраске. Элис съезжает с трассы по указателю на Хемингфорд-Хоум и оказывается на прямой, как струна, двухполосной дороге между бескрайних кукурузных полей, уже готовых к зиме. День почти на исходе. Спустя милю Элис сворачивает на проселочную дорогу и отъезжает подальше, чтобы их не было видно с асфальта. Она выбирается из машины, открывает заднюю дверь и сперва облегченно выдыхает — Билли смотрит на нее! — а потом столбенеет от ужаса: умер с открытыми глазами! Тут он моргает и спрашивает:

— Почему мы остановились?

— Хочу немного размяться. Как ты, Билли?

Глупый вопрос, но о чем еще спрашивать? Ты знаешь, кто я, или принял меня за свою погибшую сестру? Ты в себе или окончательно спятил? И кстати, тебя уже не спасти? Элис думает, что ответ на последний вопрос ей известен.

— Помоги мне сесть.

— Не знаю, стоит ли...

— Помоги мне сесть, Элис.

Значит, он все понимает. Он в своем уме — пока.

Она берет его за руки и помогает ему сесть и поставить ноги на безымянную проселочную дорогу городка под названием Хемингфорд-Хоум. В горах Колорадо сейчас почти стемнело. Здесь, на равнинах, вечер плавно приходит на смену дню даже в ноябре. Здесь красный закатный свет разливается по кукурузным полям, что шуршат и вздыхают на легком ветру. Руки у Билли горячие, лицо пылает. Губы от лихорадки потрескались.

— Похоже, я спекся.

— Нет, Билли, нет. Держись. Я дам тебе два окси, и у меня еще осталось две таблетки аддералла. Я буду гнать всю ночь.

— Нет, не будешь.

— Я могу, Билли, серьезно!

Он мотает головой. Она по-прежнему держит его за руки, боясь отпустить: тогда он хлопнется на сиденье, рубашка задерется, и она увидит его живот, черно-серый, с красными прожилками инфекции, которые уже дотянулись до груди. До сердца.

— Слушай меня. Ты слушаешь?

— Да.

— Я спас твою жизнь, когда те уроды выкинули тебя из машины, помнишь? Теперь я снова тебя спасаю. Вернее, пытаюсь. Баки сказал мне, что ты пойдешь за мной хоть на край света, если я позволю. И если я позволю, тебе конец. Он прав.

— Разве это конец? Наоборот, ты меня спас!

— Тихо. Пока не конец, и это самое главное. У тебя все будет хорошо. Я знаю. Потому что в тот вечер, когда мы убили Клэрка, я спросил тебя: «Как ты?», — а ты ответила, что все почти нормально. Верю, так и есть, и со временем ты действительно сможешь оставить все позади. Правда, не во снах.

Красный свет все не гаснет. Кукуруза пылает. Как же здесь тихо... Его руки горят огнем в ее ладонях.

— Клэрк кричал, помнишь?

— Да.

— Он кричал, что ему больно.

— Хватит, Билли, это ужасно, и нам пора возвращаться на тра...

— Пусть он заслужил эту боль, но когда ты причиняешь боль другому человеку, она оставляет шрам. Шрам в мыслях и в *душе*. Так оно и должно быть, потому что причинить кому-то боль, *убить* кого-то — это не пустяки. Можешь мне верить, я знаю об этом не понаслышке.

Из уголка его рта вытекает струйка крови. Нет, из обоих уголков. Элис понимает, что его невозможно остановить. Он должен выговориться перед смертью, а ее долг — просто слушать. До последнего. Она не возражает даже тогда, когда он называет себя плохим человеком. Это не так, но сейчас не время спорить.

— Езжай к Баки, только не оставайся у него надолго. Ты ему небезразлична, и он позаботится о тебе, но не забывай, что он тоже плохой человек. — Билли кашляет кровью. — Он поможет тебе начать новую жизнь под именем Элизабет Андерсон, если захочешь. У меня есть деньги, много денег. Часть лежит на счете некоего Эдварда Вудли. Еще часть в «Банке Бимини» на счете Джеймса Линкольна. Запомнила имена?

— Да. Эдвард Вудли, Джеймс Линкольн.

— У Баки есть все пароли и расчетные данные. Он подскажет, как организовать перевод денег на твой банковский счет, чтобы не привлекать внимания налоговой. Это важно, потому что именно на этом многие и засыпаются. Деньги из ниоткуда могут... Ты... — Снова кашель. Снова кровь. — Ты все поняла?

— Да, Билли.

— Часть денег предназначена для Баки. Остальное — твое. Этого хватит, чтобы выучиться и начать новую жизнь. Он тебя не обманет. Договорились?

— Договорились. Тебе надо прилечь.

— Я прилягу, но рулить всю ночь нельзя, в аварию угодишь. Найди в телефоне городок поблизости, где есть «Уолмарт». Припаркуйся рядом с кемперами. Выспись. Утром у тебя появятся силы, и к обеду ты уже будешь у Баки. В горах. Тебе ведь понравилось в горах, да?

— Да.

— Пообещай.

— Обещаю выспаться ночью.

— Сколько кукурузы, — говорит Билли, глядя через ее плечо. — И солнца. Читала Кормака Маккарти?

— Нет, Билли.

— Почитай. «Кровавый меридиан». — Он улыбается. — Сука Мардж, а?

— Да уж, — откликается Элис. — Вот ведь сука.

— Пароль от ноутбука я записал на бумажке и сунул тебе в сумочку.

Сказав это, он отпускает ее руки и падает назад. Она поднимает его ноги и умудряется запихнуть их обратно в машину. Если ему и больно, виду он не подает. Он смотрит на нее.

— Где мы?

— В Небраске, Билли.

— Как мы сюда попали?

— Не важно. Закрой глаза. Спи.

Он хмурится:

— Робин? Это ты?

— Да.

— Я люблю тебя, Робин.

— И я люблю тебя, Билли.

— Пойдем проверим, не осталось ли в подвале яблок.

7

В печке стреляет очередной сучок. Элис встает, подходит к холодильнику и берет себе пиво. Откручивает крышку и разом выпивает полбутылки.

— Это были его последние слова. Когда я припарковалась рядом с кемперами возле «Уолмарта» в Керни, он был еще жив. Я слышала его дыхание. Хрипы. Когда в пять утра я проснулась, он умер. Пива?

— Да. Спасибо.

Элис приносит ему бутылку и садится. Вид у нее усталый.

— «Пойдем проверим, не осталось ли в подвале яблок». Наверное, он это Робин говорил или своему приятелю Гэду. Так себе последние слова. Если бы сценарий к нашей жизни писал Шекспир, было бы интересней. Хотя вспомнить «Ромео и Джульетту»... — Она допивает пиво. Щеки ее розовеют. Баки кажется, что теперь она выглядит чуть лучше. — Я дождалась открытия «Уолмарта» и купила там кое-какие вещи — одеяла, подушки, кажется, спальный мешок...

— Да, — кивает Баки. — Спальный мешок был.

— Я прикрыла труп и выехала на трассу. Скорость не превышала, как он и просил, — максимум на пять миль выше лимита и только на обгонах. Однажды сзади появилась патрульная машина с включенными мигалками, так я чуть не умерла от страха, но они пронеслись мимо. Я приехала сюда. И мы его похоронили. Вместе со всеми вещами, которых было не так-то и много. — Она умолкает. — Подальше от летнего домика, ему там не нравилось. Он ходил туда работать, но ему там не нравилось.

— Помню, он как-то сказал, что дом проклят, — замечает Баки. — Какие планы на будущее, дорогая?

— Спать. Никак не могу отоспаться. Я думала, станет получше, когда я допишу его историю, но... — Она пожимает плечами и встает. — Ничего, подумаю об этом завтра. Так говорила Скарлетт О'Хара, ты же знаешь?

Баки Хэнсон ухмыляется.

— «Я подумаю об этом завтра, ведь завтра будет новый день».

— Да-да. — Элис уходит в спальню, где провела большую часть времени с тех пор, как приехала (в основном спала и работала над книгой), но на пороге оборачивается. И улыбается. — Билли сказал бы, что это дурацкая строчка.

— Наверное.

Элис вздыхает.

— Издать мне ее не удастся, так ведь? Его книгу. Даже в качестве *roman à clef*. Ни спустя пять лет, ни спустя десять. Никогда. И нечего себя обманывать.

— Возможно, ты права, — кивает Баки. — С тем же успехом Д. Б. Купер мог написать автобиографию и назвать ее «Как я это сделал».

— Я не знаю, кто это.

— В том-то и дело, что никто не знает. Какой-то тип угнал самолет, получил выкуп, выпрыгнул за борт с парашютом, и больше его никто не видел. Почти как Билли в твоей версии истории.

— Думаешь, ему бы понравилось? Что я оставила его в живых?

— Он был бы в восторге, Элис.

— Мне тоже так кажется. Если бы мне все же удалось издать книгу, знаешь, как я ее назвала бы? «Билли Саммерс: история неприкаянного человека». Как тебе?

— То, что надо.

8

Ночью идет снег. Его выпадает не очень много, от силы пара дюймов, а к семи утра, когда Элис просыпается, небо уже такое ясное, что кажется прозрачным. Баки еще спит; она слышит его храп даже сквозь дверь спальни. Она ставит кофе, набирает поленьев из кучи наколотых дров за домом и разводит в печке огонь. К тому времени кофе уже готов, и она выпивает чашку перед тем, как надеть куртку, сапоги и шерстяную шапку с ушами.

Элис заходит в свою комнату, прикасается к ноутбуку Билли, затем берет со стола книгу в бумажной обложке и кладет ее в задний карман джинсов. Выходит на улицу и идет вверх по тропе. Свежий снег уже испещрен множеством оленьих следов и странными следами енотов, похожими на отпечатки крошечных рук. Однако перед летним домиком подозрительно чисто.

Неподалеку от того места, где тропа заканчивается, стоит старый тополь с расколотым стволом. Это ее ориентир. Элис сворачивает в лес и начинает считать шаги. Когда они принесли сюда Билли, шагов было двести десять, но сегодня идти скользко, поэтому она насчитывает двести сорок, когда выходит на небольшую полянку. Чтобы на нее попасть, приходится перелезть через поваленную сосну. В центре полянки остался квадрат коричневой земли, который они присыпали сосновым опадом и листьями. Сразу ясно, что это могила, хотя землю и хвою уже припорошило снегом. Со временем ничего не будет видно, заверил ее Баки. К следующему ноябрю случайный турист, который здесь пройдет, даже не заподозрит, что под землей что-то есть.

«Хотя не будет тут никаких туристов. Это моя земля, и я везде поставил соответствующие таблички. Может, пока меня не было, туристы здесь и ходили — поглазеть на место, где раньше стоял «Оверлук», — но теперь я приехал и уезжать не собираюсь. Благодаря Билли я отошел от дел. Буду эдаким одиноким горцем. Отсюда и до Западного Склона таких тысячи — стариков, что отращивают бороды до пупа и слушают старые пластинки “Steppenwolf”».

Элис подходит к могиле и говорит:

— Привет, Билли. — Странно, что слова даются ей легко; она не знала, что так будет. — Я закончила твою историю. Только финал изменила. Баки говорит, ты не возражал бы. Она хранится на той же флешке, которой ты пользовался еще в офисе. Когда доберусь до Форт-Коллинза, сниму банковскую ячейку и положу ее туда вместе со своими документами на имя Элис Максуэлл.

Она возвращается к упавшей сосне и садится на нее, сперва достав из кармана джинсов книжку и положив ее себе на колени. Хорошо здесь. Спокойно. Прежде чем завернуть труп в брезент, Баки что-то с ним сделал — не сказал, что именно, однако падалью здесь вонять не будет, даже когда вернется жара (если вернется), и лесные звери Билли не потревожат. Баки сказал, так поступали с покойниками в старые добрые времена, в эпоху обозов и серебряных рудников.

9

— Я решила учиться в Форт-Коллинзе. Поступлю в Колорадский государственный. Я видела фотографии, там очень красиво. Помнишь, ты меня спрашивал, на кого я хочу выучиться? Я ответила, что на историка или социолога, а может, на театральный поступлю. Мне было неловко рассказывать о своей мечте, но ты, наверное, уже догадался. И тогда догадывался, да? На самом деле я задумывалась об этом и раньше, еще в старших классах, потому что английский и литература давались мне лучше всего. Дописав твою историю, я приняла окончательное решение.

Она умолкает, потому что остальное произнести вслух очень трудно, даже если вокруг никого нет. Очень уж претенциозно звучит. Мама сказала бы: «Кем ты себя возомнила?» Но она обязана это произнести, это ее долг.

— Я хочу писать свои собственные истории.

Она вновь умолкает и вытирает глаза рукавом куртки. Здесь холодно. Но тишина просто невероятная. В такую рань даже вороны еще спят.

— Понимаешь, когда я это делала, когда... — Она медлит; почему это слово так трудно ей дается? Почему? — Когда *писала* книгу, я даже грустить забывала. Забывала волноваться о будущем. Забывала, кто я и где. Даже не думала, что такое возможно. При желании я могла притвориться, что мы с тобой в том мотеле «На огонек» под Давенпортом, Айова. Только это не было притворством, хотя такого места не существует на самом деле. Я видела пластиковые панели под дерево, голубое покрывало и стаканчик в ванной, запаянный в пакет с надписью «СТЕРИЛЬНО. ЗАБОТИМСЯ О ВАШЕМ ЗДОРОВЬЕ». Но это было не главное.

Она вытирает глаза, нос и смотрит, как исчезают в морозном воздухе белые облачка пара из ее рта.

— Я могла представить, что Мардж — сука Мардж — действительно только поцарапала тебя. — Элис мотает головой, словно хочет вытряхнуть из нее все мысли. — Нет, не так. Пуля в самом деле только поцарапала тебя. Ты в самом деле написал мне письмо и сунул его под дверь, пока я спала. Ты дошел до стоянки для фур, хотя стоянка осталась в Нью-Йорке, и оттуда двинулся дальше. Ты в самом деле жив. Знал, что так бывает? Что можно сидеть перед компьютерным экраном или с блокнотом и карандашом в руках — и менять мир? Ненадолго, конечно. Мир всегда возвращается, но до тех пор... Это чудо какое-то. Самое важное чудо. Все может быть так, как я хочу, а я хочу, чтобы ты был жив, и в этой истории ты действительно жив. И так будет всегда.

Она встает и подходит к коричневому квадрату, который выкопали они с Баки. Там, под землей, — невыдуманный мир. Она опускается на одно колено и кладет книжку на землю. Может, ее засыплет снегом или унесет ветром. Не важно. Для нее эта книжка всегда будет здесь. «Тереза Ракен» Эмиля Золя.

— Теперь я поняла, кого ты имел в виду, — говорит она.

10

Элис доходит до конца тропы на краю глубокой прорези ущелья и смотрит туда, где некогда стоял старый отель, по словам Баки, населенный призраками. Однажды ей показалось, что она его увидела (конечно, то была галлюцинация: просто мозг еще не привык к разреженному горному воздуху). Сегодня Элис ничего не видит.

Зато я могу сделать так, чтобы он появился, думает она. Он появится так же, как мотель «На огонек» — со всеми крошечными подробностями, которых я не придумывала, вроде того запечатанного в пакет стаканчика или пятна в форме штата Техас на ковре. Я могу его создать. И даже населить призраками, если захочу.

Она стоит, глядя на бездну ледяного воздуха между двумя склонами ущелья, и думает, что теперь может создавать миры. Билли дал ей этот шанс. Она здесь. Она обрела себя.

12 июня 2019 г. — 3 июля 2020 г.

От автора

Робин Ферт и Майк Коул помогали мне собирать данные, находили сюжетные нестыковки и внесли множество ценных редакторских предложений. Благодарю их обоих. По традиции оговорюсь: если вы встретите в тексте ошибку, это не их вина, а моя. Также хочу поблагодарить Фрэнсиса «Бинга» Уэста за его книгу «Не будет славы» («No True Glory») — потрясающий рассказ о двух операциях по штурму Эль-Фаллуджи. Он мне очень помог.

От переводчика

Переводчик выражает глубокую признательность за помощь в переводе оружейных терминов Антону Баранову, автору и ведущему Youtube-канала «Контрольный спуск» (https://www.youtube.com/КонтрольныйСпуск).

Е.Р.

Оглавление

Литературно-художественное издание

Кинг Стивен

Билли Саммерс

Роман

Ответственный редактор *А. Батурина*
Редакторы *К. Егорова, С. Тихоненко, М. Гарутин*
Компьютерная верстка: *Р. Рыдалин*
Технический редактор *Т. Полонская*

Подписано в печать 14.08.2024. Формат 84x108 $^{1}/_{32}$
Печать офсетная. Гарнитура Newton.
Усл. печ. л. 28,56. Доп. тираж 3000 экз. Заказ № 3750/24.

Общероссийский классификатор продукции ОК-034-2014 (КПЕС 2008);
58.11.1 – книги, брошюры печатные

Произведено в Российской Федерации
Изготовлено в 2024 г.
Изготовитель: ООО «Издательство АСТ»
129085, г. Москва, Звёздный бульвар, дом 21, строение 1, комната 705,
пом. I, 7 этаж.
Наш электронный адрес: **www.ast.ru.** Интернет-магазин: **www.book24.ru.**
E-mail: **ask@ast.ru.** ВКонтакте: **vk.com/ast_neoclassic.**

«Баспа Аста» деген ООО
129085, г. Мәскеу, Жұлдызды гүлзар, д. 21, 1 құрылым, 705 бөлме, пом. 1, 7-қабат
Біздің электрондық мекенжаймыз: **www.ast.ru**
Интернет-магазин: **www.book24.kz** Интернет-дүкен: **www.book24.kz**
Импортер в Республику Казахстан и Представитель по приему претензий
в Республике Казахстан — ТОО РДЦ Алматы, г. Алматы.
Қазақстан Республикасына импорттаушы және Қазақстан Республикасында
наразылықтарды қабылдау бойынша өкіл — «РДЦ-Алматы» ЖШС, Алматы
қ., Домбровский көш., 3«а», Б литері офис 1. Тел.: 8(727) 2 51 59 90,91,
факс: 8 (727) 251 59 92 ішкі 107; E-mail: **RDC-Almaty@eksmo.kz, www.book24.kz**
Тауар белгісі: «АСТ» Өндірілген жылы: 2022
Өнімнің жарамдылық; мерзімі шектелмеген.

Отпечатано в Публичном акционерном обществе
«Можайский полиграфический комбинат»
143200, Россия, г. Можайск, ул. Мира, 93.
www.oaompk.ru, тел.: (49638) 20-685

16+